KB213409

양정·인물·평전

주강현

해양문명사가. 제주대 석좌교수로 오래 있었고, 제주도에서 복합문화공간 〈라키비움 바다〉를 만드는 중이다. 포르투갈 해양학술원(Marinha Aacademy) 원사이기도 하다. 국립해양박물관장, 아시아퍼시픽해양문화연구원장 등을 거쳤으며, 민속학·인류학·역사학·해양학 등을 기반으로 분과학문을 뛰어넘어 전방위적으로 연구하고 집필하고 있다. 《해양실크로드 문명사: 유럽 이전의 바닷길》, 《바다를 건넌 붓다: 세계 불교 바다연대기》, 《조기평전》, 《환동해 문명사》, 《두레》, 《돌살》 등 많은 저서가 있다. 양정 57회다.

양정 인물 평전
어느 민족사학의 인물로 본 120년 궤적

| 1판 1쇄 발행 2025년 1월 20일 | 지은이 주강현

펴낸곳 바다위의정원
펴낸이 강영선

출판등록 제2020-000161호
주소 서울특별시 마포구 잔다리로 48, 3층 3001호(서교동, 정원빌딩)
전화 02-720-0551
팩스 02-720-0552
이메일 oceanos2000@daum.net

ISBN 979-11-981970-7-8 03990

양정 · 인물 평전

어느 민족사학의 인물로 본 120년 궤적

주강현 지음

감사의 글

세종문화회관 뒤 도렴동 기와집에서 시작된 양정의숙, 서울역 뒤편 만리동의 감나무 우거진 삼태목골의 양정고등보통학교(양정고보), 다시 목동 신도시로 이전한 역사. 대한제국, 일제강점기, 해방공간 그리고 한국전쟁이 그림처럼 곁을 지나갔습니다. 마르셀 프루스트의《잃어버린 시간을 찾아서》처럼 그들의 공간을 거쳐 간 인물들은 날줄, 씨줄처럼 엮여서 때로는 선명하게, 때로는 몽롱하게 기억의 저장과 분실을 거치면서 우리 앞에 남아 있습니다. 어떤 기억은 지금도 우리 곁을 떠나 흩어지고 있으며, 새로운 기억이 만들어지고, 우리는 어쩌다 이를 추억담으로 소환하는 중입니다.

'산실(産室)'이라는 표현을 쓰기도 합니다. 학교는 누구에게나 자신의 생애가 본격화하는 젊은 꿈의 산실입니다. 어느 사람에게나 장기 지속적으로 기억되며, 더군다나 양정같이 120년에 달하는 장구한 역사의 무게는 쉽게 전모를 드러내지 않는 총량의 무게로 다가오곤 합니다. 이러한 총량을 한 권으로 압축해 서술함은 약간의 용기와 만행이 필요한 대목이기도 합니다.

005

120년사에서 우리가 간과하는 것은 초기 양정의숙의 역사입니다. 일제의 조선인 고등교육 억제 정책, 근본적으로는 조선 왕실의 후원으로 창립된 법률전문학교 양정의숙이 일반 고보로 강등된 흑역사를 기억해야 합니다. 오늘날의 고려대 전신인 보성전문과 쌍벽을 겨루던 법률전문 양정의숙의 소멸은 한국 근대 교육사에서 중요한 사건이었으나 너무 오래전의 일이라 많은 이들의 기억에서 사라졌습니다. 그 양정의숙을 포함함으로써 온전히 120년사가 채워지는 것입니다.

2024년은 저에게도 고교 졸업 50주년, 인생의 중간 정리가 필요한 시점입니다. 졸업 50주년이라니 '어제 같은 옛날'입니다. 그러나 이 책은 일반적 추억담은 아닙니다. 대한제국 말에 탄생해 일제강점기를 거치고 해방공간에 이르기까지 120년에 이르는 어느 민족사학의 연대기입니다. 2025년은 을사조약이 체결된 지 120년이 되는 해입니다. 국난의 그 어려운 조건 속에서 양정의숙이 탄생한 것이지요.

역사적 궤적에는 각각의 인물군이 존재합니다. 창학자와 교사, 학생, 동문, 심지어 학부모까지 개입되어 있습니다. 그 역사적 궤적을 밝혀냄으로써 한 사학의 역사가 함의하는 한국 근대사와 근대 인물군의 층위를 보여주자는 의미도 있습니다. 여러 인물을 대상으로 인물에 대한 평가를 겸해 양정의 정체성을 드러낸다는 점에서《양정인물평전》인데, 평전은 사마천의《사기》이후 장기 지속되어온 열전(列傳)의 현대적 버전입니다.

1440년에 세워진 영국의 명문 사학 이튼스쿨 역시 하루아침에 이루어지지 않았으며, 역사적 축적을 통해 가능했습니다. 오늘은 창학 120년을 말하지만, 불현듯 150년, 언젠가 200년이란 긴 역사가 될 것입니다. 시간은 생각보다 빠르게 흘러갑니다. 그러나 저절로 생겨나는 것이 아니라 담당 주체들에 의한 '만들어진 역사'일 것입니다. 이 책 역시 '역사적 서사 만들기'의 한 작업입니다.

교사(敎史)는 역사학 일반에서는 잘 다루지 않습니다. 교사는 해당 졸업생의 역사이므로 역사학이 다룰 필요가 없다는 데서 출발합니다. 19세기 말부터 20세기 전반의 교사는 격동의 시대를 살아간 인물들의 살아 숨 쉬는 역사이기도 합니다. 교사를 역사학에서도 중요하게 다룰 필요가 있습니다. 조합, 기업, 학교, 병원, 철도의 역사 등등 부분에 관한 미시 접근과 통시 고찰이 어우러진다면 역사의 지평은 한결 풍부해질 것이라 생각합니다. 그런 면에서 이 책은 양정이라는 120년 학교의 미시적 서사인데, 그 관통하는 시대적 상황은 지극히 거시적인 서사라서 미시와 거시가 하나로 엮일 수밖에 없습니다. 그 120년이 하나의 '어제 같은 오늘'로 다가오기 때문입니다.

학창 시절 신문반장으로《월계수》를 편집하면서 문학에 심취했습니다. 입시 공부는 등한시하고 소설과 철학책을 옆에 끼고 글을 쓰던 일이 눈에 선합니다. 신문반장으로서 소전 손재형 선생을 찾아 석파정에 간 적도 있습니다. 개교를 기념하는 간단한 휘호를 받아 신문지에 돌돌 말아서 만리동으로 돌아왔고,《월계수》개교 기념호에 그 글씨를 실었습니다. 석파정에서 글씨를 쓰는 생전의 선생을 목격한 행운을 누린 셈이지요.

제가 김교신 선생의 이야기를 처음 들은 것은 중학 1학년 때인 1968년입니다. 이은용 담임은 역사 교사로, 어린 학생들에게 김교신 선생에 관한 이야기를 지나가는 말로 해주셨습니다. 그 자신 일제강점기 말에 양정고보를 다니면서 김교신 선생에게 크게 감화됐기 때문입니다. 이처럼 일제강점기의 교육이 1960년대로 이어져서 오늘을 기억하게 만듭니다. 교실에서 예민한 청소년기 학생들에게 들려주는 교사의 가르침은 장기 지속으로 이어지는 중입니다.

반백년 넘게 오로지 글을 써왔고 그것이 지금까지 일관된 천직입니다. 장안의 지가를 올린 베스트셀러도 여러 권 펴냈고, 전 세계를 다니며 해양문명사를 개척해온 현역입니다. 졸업 50년, '한번은 모교의 역사를 제대로 씀이 어떨까' 하는 생각에 문득 용기 내게 됐습니다. 지금까지 펴낸 경향성과 그 목적하는 바가 전혀 다른 책을 생애 처음으로 쓰게 된 계기입니다. 국립 제주대학교 석좌교수로 제주를 제2의 고향 삼아 오래 살았고, 나아가 전 세계를 상대로 오호츠크해로부터 아프리카까지 현장 조사를 다니며 고향 서울보다 객지에서 생활한 기간이 더 깁니다. 덕분에 동문회는 거의 나가지 않는 형편입니다. 돈 있는 사람은 돈으로, 힘 있는 사람은 힘으로 모교에 힘을 보태는데, 저는 백년서생이기에 이번 저술로 그간의 동참 부족을 대신하고자 합니다.

인물은 소수로 제한합니다. 역사사회적 전개 과정에 반드시 다루어야 할 분을 위주로 간추렸는데, 그중에는 전혀 알려지지 않은 인물도 있습니다. 본문에서 다루지 못한 분은 에필로그의 계보학에서 총체적으로 다루었습니다. 이들 인물군은 내적 콘텍스트로 서로 연결되어 사제동행의 맥락을 짚어줍니다. 서술 범주는 대한제국 시기 양정의숙으로부터 해방공간에 이르기까지 약 45년에 국한합니다. 국난 위기에 몰려든 우국 청년으로부터 일제강점기 고난의 시절과 해방공간의 서사에서 멈춥니다. 책에 등장하는 그 모든 분은 세상을 떠났습니다. 1950년대 이후 인물에 관한 평가와 서술은 후학의 몫입니다. 역사란 일정 시점이 지난 뒤, 평가가 올바르게 내려질 후대에 서술됨이 마땅하기 때문입니다.

일제강점기 앨범에는 학생의 출신지를 표기한 전국 지도가 실려 있습니다. 중부권이 다수지만 함경도와 평안도, 전라도와 충청도 등 전국에서 몰려왔습니다. 분단과 동시에 북한 거주자나 월북 등으로 인해 인연이 끊긴 사람도 있습니다. 어쩔 수 없이 이 책 역시 '절반의 평전'이라는 생각이 듭니다. 이 책이 훗날의 서술에 디딤돌이 될 것이라 믿습니다. '어느 민족사학의 인물로 본 120년 궤적'이라는 부제처럼 한국 근현대 교사의 표본으로 쓰이길 희망합니다.

오늘의 교육은 교사나 학생, 학교 경영자나 학부모 모두 이상과 현실의 괴리 속에서 오로지 입시에만 매몰될 수밖에 없는 상황에 놓여 있습니다. 이 책에 등장하는 많은 인물은 어쩌면 '교실 밖의 인물'입니다. 그러나 묵묵히 제 갈 길을 걸어간 분들입니다. 탄탄대로도 있지만 우여곡절의 외길을 걸어 나간 개척자도 많습니다. 이 책을 통해 '마라톤 양정'으로만 이해하던 판에 박힌 고정관념에서 벗어나 사고가 확장, 전환되길 희망합니다. 각주 처리, 한자 등으로 인해 읽기 어려운 대목도 있으나 출전을 분명히 함으로써 전거 찾기와 추가적 책 읽기가 가능하게 했습니다. 가능한 한 대중적 서술을 지향했으나, 출처를 분명히 하여 사서(史書)로서의 정체성도 분명히 합니다.

책을 쓰는 과정에서 평양미술관 수장고에 있는 양정의 보물 같은 소중한 자료, 즉 100년이 넘은 1920년 봄 만리동 교사 낙성식 기념 화첩이 남북역사교류협회의 필름 아카이브에서 발견되어 이 책에 수록되는 '일대 사건'이 벌어졌습니다. '우연적 필연'이기도 하고 '필연적 우연'이기도 한데, 이런 발견은 확률적으로도 결코 쉽지 않은 사건입니다. '지성이면 감천'이라고 양정 120주년을 기려서 하늘이 내려준 선물이라고 생각합니다.

한말-일제강점기 신문 기사, 잡지, 회상기와 기념사업회의 책자, 일제 고등경찰의 비밀문서 그리고 양정 창학 100주년 기념사진첩, 양정역사관의 수장품 등 많은 아카이브도 참조했습니다. 인용문에서는 일제강점기 신문 기사 등의 옛 문투를 현대어로 바꾸지 않고 그대로 사용합니다. 만리동 손기정기념관, 울산의 박상진의사기념관, 부산의 백산안희제기념관, 대구의 근대역사관, 목포의 문학기념관, 장성의 백양사 성보박물관, 진도의 소전미술관, 양주 시립 장욱진미술관, 국립중앙박물관 박병래전시실 등등 많은 기념관이나 생가 등을 찾아다니며 사진 등 자료를 챙겼습니다. 가령 울산의 박상진 의사를 친견할 때 증손자 박충훈 옹은 자신의 선대가 양정의숙 출신임을 자랑스러워하면서 두툼한 자료집을 건네주었습니다. 용인의 장욱진미술문화재단에서는 도판을 사용하게 배려해주었습니다. 이런 식으로 후손에 의해 양정의 기억은 곳곳에서 전승되고 있어 '양정 역사 루트'를 만들어 이런 공간을 공동 답사할 수 있는 기회가 주어졌으면 합니다.

책이 나오기까지 동기를 유발해준 김치중 변호사의 우정에 감사드리며, 그리고 이영기 변호사의 격려가 힘이 됐습니다. '양정역사관' 지킴이인 김병수 교사, '양정의숙연구회'를 만들어 사재를 털어 사료를 수집, 연구하는 가톨릭의과대학교 명예교수 이영석 회장, 학교법인 양정의숙의 이승목 이사, 양정문예의 어른이신 이건청 시인, 오랜 인연의 양정장학회 인승일 선배, 호남에서 잠시 집필실을 내준 송일준 동문, 교사(敎史)의 의미를 되짚어준 인류학자 박현수 교수, 영남권 길라잡이 김정화 음악학자 등에게 감사드립니다. 난삽한 원고와 사진 등을 다듬어준 도서출판 바다위의정원에도 감사드립니다.

졸업 50년, 창학 120년을 기리며
제주 애월바다가 바라보이는 언덕에서
주강현

감사의 글

교사낙성첩(校舍落成帖), 1920, 평양 조선미술박물관

2005년 남북문화교류 차원에서 평양 조선미술박물관에 수장된 근대 이전 회화 촬영 과정이
있었다. 그때 양정 만리동 교사 낙성식 기념화첩이 발견됐다. 현지 사진작가가 촬영한 것을
통일부의 반입 승인을 거쳐 남북역사가협회가 주관하여 남한에 들여왔다. 당대의 화가
10명이 총출동해서 화첩으로 엮었는데, 양정에 있던 이 화첩이 왜 북한에 가 있는지는 아무도
모른다. 아마도 한국전쟁기에 양정 졸업생 관계자가 들고 올라간 것으로 유추된다. 안종원이
기념 화첩 제작을 주도했을 것으로 여겨진다. 그림은 김은호의 〈설경〉, 김경원의 〈돌〉,
고희동의 〈풍경〉, 이용우의 〈적벽야우도〉, 심인섭의 〈대〉, 노수현의 〈풍경〉, 변관식의 〈가을〉,
이상범의 〈낚시질〉, 이도영의 〈송학도〉 등이다. 표지가 포함된 이 그림을 비롯해 나머지
그림은 추후 양정역사관 등을 통해 공개된다.

2 글씨와 그림, 의사와 컬렉터

3 나의 예술, 나의 조국

4 하늘·길·구도

대한제국에서
해방공간까지
_양정의숙에서 양정고보까지

순헌황귀비의
사학 지원 육성

1905년 양정의숙(養正義塾)이 성립될 때 그 주역이었던 춘정(春庭) 엄주익은 한국 근대 사학사에서도 중요한 인물이다. 양정의숙 성립의 독특성은 다른 사학과 다르게 황실의 지원을 받았다는 점이다. 의숙 창건에 순헌황귀비(엄귀비)가 자금을 지원한 대목은 제한적이나마 알려져 있다. 따라서 엄귀비와 엄주익의 관계부터 살펴보고 넘어가는 것이 필요하다.

고종은 혈통상으로 선왕 철종과 십칠촌 방계 혈족이다. 그러나 할아버지 남연군 이구(李球)는 인조의 셋째 아들 인평대군의 후손으로, 정조의 이복동생 은신군의 양자로 입적해 가까운 직계 왕실의 일원이 됐다. 남연군은 흥선대원군 이하응의 부친이다. 흥선대원군의 정치적 로비가 고종을 왕위에 앉히는 데 결정적이었다. 중전 민씨(사후에 명성황후로 추존)가 등장하면서 흥선대원군과 중전 민씨의 피어린

정쟁이 빚어진다.

　　흥선대원군 섭정 10년이 되던 1873년, 스무 살을 넘긴 고종은 친정(親政)하기를 원했다. 여기에 외척인 여흥민씨 가문이 배경으로 작용하면서 권력 싸움이 전개됐다. 중전 민씨의 친정 조카 민영익을 등용한 개화 정권의 무모함으로 인해 임오군란이 일어났고, 왕실은 끝내 청의 구원을 요청한다. 흥선대원군은 청군에게 납치되고 잠시 은둔했던 중전 민씨는 경복궁으로 복귀했다. 1884년에는 갑신정변이 일어난다. 청군의 개입으로 갑신정변은 3일 천하로 끝난다. 외세에 의존한 결과 마침내 모든 모순 관계가 청일전쟁으로 비화해 일본의 승리로 끝이 나며, 동학농민운동이 요원의 불길처럼 번져 나갔다. 이후 중전 민씨가 노골적인 일본을 견제하기 위해 자주 노선을 천명하자 걸림돌을 제거하기 위해 일본 공사관을 중심으로 낭인들이 동원되어 1895년 8월 민씨를 시해한다. 시대를 현명하게 읽지 못한 봉건 군주와 탐욕스러운 외척의 발호로 나라가 펄밭으로 잠겨 들어가던 시절이었다.

　　고종의 후궁인 엄귀비가 중전 민씨 시해 이후 본격적으로 등장한다. 그녀는 '희대의 여걸'로 불린 고종의 정궁 중전 민씨에게 결코 뒤지지 않는 인물이었다. 외모는 잘생긴 축에 속하지 못했으나, 명민한 지능과 기민한 책략, 능란한 수완과 대담한 뱃심, 날카로운 판단력과 단호한 행동력을 갖추고 있었다. 5세 때 나인으로 입궁해 화려한 문벌이나 가문의 지원 없이 스스로 몸을 일으켜 대한제국의 황귀비(皇貴妃) 자리에까지 올랐다. 중전 민씨가 왜인에게 시해된 이후 대한제국이 멸망할 때까지 그녀는 이 땅에서 산 여인들 중 명실상부한

순헌황귀비, 1900년대 초반, 고궁박물관

일인자였다.[1]

영휘원(永徽園) 묘비에는 엄귀비의 출생 시기가 철종 5년 갑인년(1854), 입궁 시기가 철종 10년 기미년(1860)으로 기록돼 있다. 대원군 집정 시대를 거쳐 이른바 고종 친정 시대에 이르러 그녀는 대전의 지밀상궁이 됐는데, 32세의 적지 않은 나이에 고종의 승은(承恩)을 입는다. 얼굴이 반반한 궁녀를 들여서 사단이 날 것을 우려해 얼굴이 못생긴 엄 상궁을 지밀상궁으로 두었더니 임금과 잠자리를 하는 일이 벌어지고 만 것이다. 이로 인해 대경실색한 중전 민씨의 엄청난 공격과 견제를 받으며 엄귀비는 궁 밖으로 내쫓김을 당한다.

1895년에 민씨가 시해된 뒤, 고종은 엄귀비를 곧바로 궁으로 불러들인다. 일본이 목숨을 노리는 불안한 상황에서 의지할 데 없는 고종의 선택이었다. 엄귀비가 지밀상궁 출신으로 궁내 사정을 두루 꿰뚫고 있다는 점도 고려됐을 것이다. 명민한 엄귀비는 자신의 가마에 임금을 숨겨서 아라사공사관으로 탈출해 임금을 보호하려고 했다. 이것이 아관파천(1896)이다.

엄귀비는 아라사공사관에서 2월 11일부터 다음 해 2월 25일까지 고종을 모셨다. 고종은 외세의 틈바구니 속에서 엄귀비에게 의지한다. 일본의 영향력을 배제한 상황에서 친러내각이 구성됐고 대한제국이 선포됐으며, 러일전쟁 시기까지 제한적인 개혁도 시도됐다. 그러나 개혁은 실종되고 나라의 앞길은 표류해 훗날 식민지가 되는 씨앗이 잉태되고 있었다. 고종은 황제 자리 보존에나 급급했다.

이때 아관파천에 동행한 엄귀비는 공사관에서 아기를 잉태해

환궁 이후에 황태자를 낳으니, 그가 영친왕 이은이다. 아기를 낳자 품계가 정5품 상궁에서 종1품 귀인으로 뛰어오르고 경선당(慶善堂)이라는 당호가 하사된다. 정궁이 사라진 상태에서 엄귀비를 정식 황후로 책봉하려는 작업이 한쪽에서 진행되었다. 신하들이 대궐 앞에서 엄귀비를 황후로 책봉할 것을 청했다. 엄귀비와 종형제 사이인 엄주익과 엄준원 등이 이 일을 도모했다고 매천(梅泉) 황현이《매천야록》에 기록했다.

그러나 궁중의 오랜 전통과 법도를 깨는 일은 임금도 함부로 할 수 없었다. 아들을 낳았다고 하여 누구나 곧바로 황후에 오르는 일은 불가했다. 다만 황귀비 지위에 오름으로써 엄귀비는 사실상 정궁이 됐다.《매천야록》은 1902년 9월에 이런 기록을 남겼다.

순비(淳妃) 엄씨를 봉해서 황귀비로 삼았다. 이후로도 황후 책봉 요청이 끊이지 않았으나 끝내 윤허하지 않았다.

《매천야록》은 1903년 1월 황후 책봉 문제에 관한 장문의 기록을 남겼다. 조희일이 귀인 엄씨를 황후로 책봉할 것을 청했는데, 덕분에 그의 아들 조성재가 평창군수 자리를 얻게 된다. 황후 책봉 상소로 벼슬길이 열리자 이때부터 책봉 상소가 날마다 가득했다고 한다.

임금은 태자 때문에 그 문제를 난처하게 여긴 데다 말하는 자들이 들러붙는 것을 헤아려서, 그 문제에 대해서 살펴보려고 하지 않았다. 엄씨는 비록 총애를 독차지하고 있었으나 기민하고 술수가 있어, 황후로 책봉하자는 상소가 올라올 때마다 문득 놀라며, "황후라니! 내가 죽을 날이다"라고 하고, 임금께 권해 윤허하지 말도록 했다. 군소배들은 그런 점을 알고 힘써 청하지 않았다. 그래서 엄씨는 비(妃)로 책봉되는 데 그쳤다.

고종의 애매한 입장, 당대를 지배하던 민씨 세력의 견제 그리고 현명한 엄귀비의 판단 등으로 인해 귀비에 머물 수밖에 없던 것이 당대의 사정이었다.

황후 등극 문제와 별개로 당대 실력가인 엄귀비의 경선당으로 많은 재물이 모여들고 있었다. 이러저러한 벼슬은 여전히 공정과 무관하게 왕실에 의해 결정됐고, 아부하는 무리가 권력의 권력을 따라서 움직였다. 귀비에 걸맞게 부여된 토지와 배분되는 봉물, 매관매직 성격의 재력도 경선궁을 살찌우는 힘이었다. 그러나 1905년에 일제는 을사조약을 강제하고, 1907년 황실 재산을 탐내는 제실재산정리국(帝室財産整理局)을 설치한다. 제실재산정리국은 본질적으로 대한제국 황실의 재산을 해체하기 위해 설립된 기구였다.[2]

자칫 재산을 빼앗길 위기에 봉착했음을 감지한 엄귀비는 빠르게 움직인다. 당시 경선궁은 어마어마한 재산을 갖고 있었다. 황귀비에 오르면서 막대한 땅과 돈이 몰려들었기 때문이다. 엄귀비는 여학교를 세우는 데 전답 500만 평, 재정 위기를 겪던 양정의숙에 200만 평을 하사했다. 엄귀비가 진명, 명신, 양정의숙 세 학교에 기증한 논과

밭 문서를 보면, 토지가 파주군, 강화도, 영종도, 부천, 황해도 신천군·은율군·재령군·안악군, 전남 완도군 등 도처에 널려 있었다.[3]

엄주익이 발기인 기부금과 자신의 사재를 기울여 양정의숙을 세웠을 때, 그 사재의 바탕에 엄귀비의 지원을 떼어놓고는 생각할 수 없을 것이다. 사학 창건에 뜻을 두고 이를 밀어준 엄귀비의 식견과 판단은 대단했다. 그 돈은 다른 용도로 유용될 수도 있었는데, 엄귀비의 판단은 달랐다. 학교를 세우고 지원하겠다는 뜻을 명확히 한 것이다.

마침 엄귀비의 동생 엄준원도 여성 교육의 뜻을 논하고 1906년 4월 21일 진명학교, 한 달 뒤인 5월 22일에는 숙명학교의 전신인 명신여학교를 세운다. 기존 사립 여학교가 외국인 선교사가 세운 학교임에 반해 진명학교는 한국인에 의해 설립된 최초의 여학교였다.[4] 경선궁과 영친왕궁에서 지원한 농경지 수익금을 재원으로 1912년 재단법인 숙명학원이 설립됐다. 설립 당시에는 양정, 진명, 숙명을 '오누이 학교'라고 불렀으며, 양명회(養明會) 모임이 일제강점기까지 있었다.

애국계몽운동과 민간 사학의 태동

위정척사운동은 외세의 위협에 대처한다는 차원에서 비롯됐지만, 이단 세력에 의한 봉건 왕조의 위기에 대처한다는 측면이 부각됐다. 집권자의 입장에서 체제에 도전하는 세력을 탄압하는 역할을 수행했다. 그러나 1800년대 중반 이후 열강의 침략 의도가 노골화하자 위정척사운동은 양이로 공격의 초점을 돌리게 됐다. 기존의 상소와 항의 수준에서 벗어나 새로운 단계, 즉 의병투쟁의 길을 모색했다. 의병은 유생이 중심이 되어 궐기했다. 1905년 을사조약이 체결되자 의병투쟁은 명망가보다도 무명의 유생과 농민이 주축이 되었다.

의병장 왕산 허위는 의병운동사에서도 남다른 위치를 차지한다. 을미사변 이후부터 1908년 체포되어 처형당할 때까지 여러 차례 의병을 일으켰다. 허위의 제자인 박상진은 그의 권유로 양정의숙에 입학했으며, 비밀결사 대한광복회를 전국 조직으로 만들었다. 근왕주의에서 벗어나 공화정으로 나아간 것은 혁신 유림이 취한 최대치의 선택이었다. 혁신 유림의 세례를 받은 상태에서 양정의숙에서 법률을 공부함으로써 근대적 자아를 갖추게 된 것으로 보인다. 그러한 점에서 엄주익은 전통 유교의 세례를 받은 기반에서 근대적 법률전문학교를 설립, 경영함으로써 박상진 같은 혁신 유림까지 배출하는 일종의 시대적 디딤돌 역할을 해낸 것이다.

한말이라는 짧은 시간 내에 봉건시대에서 근대로 전환되고 있었고, 양정의숙이라는 사학의 울타리 내에서도 이러한 전환이 실험되고 있었다. 양정의숙 초기에 일부 학생이 독립 전선에 뛰어든 것도 이러한 시대적 배경에서 가능했다. 기층 대중의 광범위한 동학농민운동이 좌절되고 의병운동도 일제에 의해 무참하게 무너져 내리는 상황에서 개화운동과 애국계몽운동이 본격화됐으며, 양정의숙 같은 사학도 그러한 운동의 근거지였다.

1895년 고종은 교육의 실체는 덕육, 체육, 지육에 있다 하여 사교육 대강령 3조를 담은 〈교육입국조서(教育立國詔書)〉를 발표한다. 한성사범학교관제, 외국어학교관제, 성균관관제, 소학교관제 등이 이 시기에 속속 제정, 공포된다. 서양인에 의한 근대 학교 창설도 뒤를 이었다. 1883년 독일인 묄렌도르프와 영국인 핼리팩스의 영어학교, 1885년 북감리교 선교사 아펜젤러의 배재학당, 1886년 스크랜턴 부인의 최초 여학교 이화학당, 같은 해 언더우드의 정신학교가 설립되고, 1886년 미국인 길모어를 초빙해 정부가 최초로 설립한 관립 육영공원이 개교한다. 1888년에는 미국이 연무공원을 설치해 미국식 사관교육을 시작했고, 1891년에는 관립 일어학교가 설립된다.

기독교계 학교는 신분을 차별하지 않고 학생을 받아들이는 근대성을 보여주었지만, 당대의 제국주의와 기독교 담론에서 자유롭지 못했다. 반면 관립학교는 자생적 근대화를 지향하면서도 주로 양반 자녀에 한정하는 전근대적 한계가 있었다. 갑오개혁기에 학교 설립이 계속되면서 갑신정변 후 미국 망명에서 돌아온 서재필이 중심이 되어 독립협회가 만들어졌는데, 부르주아 국가를 건설하고자 하는 지식인의 지향을 반영했다.

사립학교는 갑오경장 이후 헤아릴 수 없이 많이 생겨났다. 1898년 민영환의 흥화학교, 1896년 민영기의 중교의숙, 1897년 미국 북장로회의 평양 숭실학교 등이 생겨났다. 을사조약 등 외침이 강화되는 시점에서 애국계몽운동은 본격화됐다. 애국계몽운동은 정규 사립학교 외에도 각종 강습소, 야학, 서당 등을 통해 전개됐다. 근 10여 년간 우산학교, 숭의여학교, 호수돈여학교, 루씨여학교, 진명여학교, 명신

여학교, 휘문의숙, 동덕여자의숙, 보성학교, 오산학교, 중동학교 등이 무수하게 태어났다.

양정의숙도 이러한 전국적인 민족학교 설립의 물결 속에 있었다. 1900년을 전후해 만들어진 학교는 기독교계거나 관립학교였다. 계몽단체가 만든 대한자강회, 대국협회, 헌정연구회, 인민대의회, 서북학사, 기호흥학회, 영남학회, 대돈학회 등이 속속 발족해 나라의 독립과 자주적 근대화를 모색했다. 양정의숙의 공동 창설자이자 2대 교장이었던 안종원도 대한자강회 회원이었다.

양정의숙은 전문 법률교육기관으로 설립되어 이후 경제과를 추가하며 전문대학으로서 위상을 갖추었다. 근대 국가 체제에서 가장 중요한 근간인 국가법, 외국과의 관계에서 중요한 외교법 그리고 근대 자본주의 체제의 근간인 재산법 등 법률 체계를 본격적으로 가르치는 전문학교로 출범했다는 점이 다른 사학과의 차별성이다. 한말~일제강점기 초에 법률을 전문으로 가르치는 드문 경우였으며, 그에 부합하는 인물이 배출됐다.

민족사학을 만든 엄주익과 발기인

엄주익은 한성부에서 엄인영의 둘째 아들로 태어났다. 엄귀비의 칠촌 조카였으나 엄귀비의 친정집이 대가 끊겨졌기에 엄귀비의 오빠 엄봉원의 양자로 입적됐다. 그 결과 법적으로는 엄귀비와 3촌 사이인 고

모와 조카가 되어 경선궁의 일을 도맡아서 보살폈다. 진명학교 설립과 운영 실무를 맡은 엄준원은 엄귀비의 친정 동생이라지만, 본래는 엄귀비의 사촌동생이다. 엄귀비의 아버지가 사망한 뒤 양자가 되면서 법적으로는 엄귀비와 남매가 됐다. 이렇게 엄귀비와 가까운 사이가 된 두 양자 엄준원과 엄주익은 모두 관직에 올라 승승장구했다.

엄주익은 28세에 첫 관직에 올랐다. 1900년 농상공부 통신사 통신원 전화과(電話課) 주사로 출발해, 1901년 내장원 종목과장(種牧課長)이 됐다. 1902년 7월에는 한성부 판윤에 임명됐다. 당시 한성부 판윤은 한성부 재판소 수반판사를 겸했다. 1902년 군부 포공국장(砲工局長), 1903년 군부 협판(協辦), 그해 4월에 보병 참령이 됐다. 단기간에 급속 승진을 거듭했다. 엄귀비의 품계에 맞게 벼슬 직급을 맞추려는 의도에서 비롯된 일이다. 직급 승진은 대체로 엄준원이 밟아 나간 직책을 뒤따라가는 방식이었다.

엄주익은 1904년 근대적 군사제도를 시찰하기 위해 일본으로 건너갔다. 그는 일본의 근대화에 감명을 받았다. 그해에 법부 협판, 육군 참장, 군부 협판, 군부대신 서리 등을 역임했다. 1905년 2월 교육부 총감 서리가 됐다. 학교 설립의 배경에는 일본에서 받은 감흥의 충격도 있었다. 의숙의 모범은 일본 개화의 선구자 후쿠자와 유키치가 1858년에 세운 란가쿠주쿠(蘭学塾)에서 유래한 게이오기주쿠(慶応義塾)였다. 당시 상황에서 급선무는 교육의 보급임을 절감한 그는 1904년 일본에서 돌아온 이후 안종원, 이철우, 윤정석, 박용숙, 장현주, 김진현, 한만용 등과 함께 양정의숙 설립을 추진했다.

029

엄주익

군부 협판 엄주익 씨와 기타 유지신사(有志紳士)가 각기 의금(義金)을 각출해 정치, 법률, 경제 등 실제의 학문을 구원(敎授)하기 위하야 1 학교를 설립하는데, 교명은 양정의숙이오, 교사는 공조(工曹) 후동(後洞)으로 정하고, 개학(開學)은 내(來) 3월 초 시작할 터이라더라.[5]

엄주익은 자신과 같은 생각을 가진 이들과 3년제 법학대학을 설립한 뒤 초대 숙장(塾長)에 취임했다. 발기인의 기부금과 본인의 사재를 털어 도렴동에 숙사를 마련했다. 1907년 순헌황귀비가 자신이 가진 황실 토지 일부를 양정의숙에 하사했다. 황귀비의 하사 이전에 엄주익과 경선궁 사이에 어떤 사전 교감이 있었을 것이다. 엄주익은 양정의숙을 설립한 뒤에도 교육부 총감 사무서리, 군부대신 서리, 평리원 재판장, 적십자사 부사장, 육군법원장, 군부 협판, 진상사 제조, 궁내부 특진관 등을 역임했다. 1907년 11월에는 통감부에 의해 강제로 일본 유학을 떠나게 된 영친왕 이은을 모시고 따라갔다. 그 밖에 규장각 지후관, 경선궁 감무 등을 역임하는 동안 신문화를 받아들이기 위해 여러 차례 일본을 방문했다. 양정의숙이 경제적 어려움에 처했을 때 엄귀비의 결정적 도움을 받은 것은 앞에서 밝힌 바와 같다. 이미 학교 설립 과정에서 엄귀비의 지원을 약속받았을 것이며, 초기부터 경선궁의 일정 재원이 투입됐을 것이다.

그가 양정의숙 숙장으로 재임하는 동안 독립운동가 박상진, 안희제, 안정근 등 많은 열혈 청년이 한 울타리에서 지냈다. 의숙에 관한 구체적 자료, 특히 당시 학생 기별 명부 같은 것은 제한적으로 남아 있고, 선생과의 관계 등도 잘 알 수 없지만, 의숙은 많은 교감 속에서 민족운동의 본산 역할을 했을 것으로 짐작된다.

1910년 10월 2일 한일병탄조약 체결 후 엄주익은 관직에서 물러났다. 이후 사망할 때까지 그는 교육 사업에만 전념했다. 1913년 재단법인 양정의숙 이사장과 양정고등보통학교(양정고보) 교장에 선임됐다. 당대의 사회 지도층 인사들이 많이 변절했음에도 엄주익은 건실하게 교육 사업에만 몰두하며 학교 설립, 도렴동에서 만리동으로 교사 이전, 1920년대 학교 성장 등을 도모했다. 잡지《개벽》은 엄주익을 이렇게 묘사했다.[6]

> 엄주익 씨는 부단부장(不短不長)한 체격에 양복을 맵시잇게 입고 팔자염(八字髥)을 씨다듬는다. 그의 당당한 자세는 사립 경성중학교장 중 제1일 것 갓다.

그런데 엄귀비가 물려준 재산을 둘러싸고 엄준익의 아들 엄주명과 상속 분쟁이 여러 번 벌어졌다. 1918년 신문에 〈엄비 본가의 봉사손(奉祀孫), 엄주명 씨와 엄주익 씨의 송사질〉이라는 기사가 실렸고,[7] 1923년에도 엄주명이 엄주익에게 8만 원을 청구하는 일이 있었다.[8] 엄주명은 엄준익의 아들로 당시 일본 육군사관학교에 입교한 상태였다. 가문의 재산을 둘러싼 갈등은 당시 엄씨 가문의 비상한 관심이었다. 양 집안의 다툼은 3심까지 올라가서 엄주명이 승소하고 그가 상속받는 것으로 귀결된다. 엄주명은 부친 엄준원과 함께 훗날 민족

문제연구소의《친일인명사전》에 등록된다.

엄주익은 1931년 4월 16일 60세를 일기로 서거했다. 교사 일동을 대표해 안종원이 조사를 썼다. 영결식은 훈련원 광장에서 학교장으로 거행됐다. 양정고보생 600여 명과 진명, 숙명 여학교 대표 학생들, 조선군 사령부에서 보내준 의장대 200명이 장례식을 함께했다. 그는 경기도 광주군 구천면 암사리(현 암사동)에 안장됐다.[9]

그해 5월 27일, 57세의 안종원이 2대 교장으로 취임한다. 양정의숙 창설 이래 약 25년간 이끌던 엄주익이 사망하고 창학 공동 발의자였던 안종원 교장의 시대가 열린 것이다. 1935년 9월 28일 개교 30주년 기념식에 맞추어 엄주익의 흉상 제막식이 거행된다. 이 흉상은 일제강점기 말 군수물자 수거로 사라졌다가 개교 50주년 행사를 맞이하면서 재건 제막식으로 다시 설치됐으며, 그 후 만리동 교정에 있다가 현재 목동 교정에 서 있다. 안종원은 노환으로 1940년 교장직을 사임했으며, 뒤를 이어 서봉훈 교장이 3대 교장으로 취임했다. 서봉훈 역시 양정의숙 3회 졸업생(1909)으로, 교사로 복무하다가 1941년에 교장이 됐다. 이후 양정보통학교 출신인 엄주익의 아들 엄경섭이 교사로 있다가 나중에 양정 교장으로 취임해 오래 봉직했다.

양정의숙의 탄생_대한제국기

양정의 창학 정신은《주역》의 '몽이양정(蒙以養正) 양심정기(養心正己)'

에서 출발한다. '몽이양정 성공야(蒙以養正 聖功也)', 즉 순수한 어린 인간을 올바르게 성장시키는 교육이 최고의 가치를 가진 성스러운 일이라고 여겼다. 양심정기는 바른 것을 육성함을 뜻한다.

1905년 5월 12일 12시에 역사적 개교식이 열렸다. 《황성신문》 1905년 5월 15일 자 기사에서 이 사실을 알리고 있다. 의숙 설립 움직임은 당시 신문에서도 크게 주목했다. 국운이 위태로운 절명의 시기에 학업을 통한 계몽과 각성은 시대적 당위였으며, 전국의 엘리트가 모여들었다. 엄주익 숙장은 군대 해산으로 울분에 싸여 있던 해직 군인 안준호와 정규환을 체육 교사로 채용했다. 두 해직 군인은 법학 전문 교육을 받던 학생들에게 체조를 가르치면서 실력을 쌓고 신체를 길러야 한다고 강조했다.[10]

의숙의 출발지는 세종문화회관 뒤편의 도렴동 105번지로 추정되며, 현재 창학 기념비가 서 있다. 궁궐 바로 앞 광화문 일대에서 양정의숙이 출발한 것이다. 엄주익이 제공한 대지 300평과 목조 기와집 세 채로 시작했는데, 개교 당시 학생 수는 70여 명이었다. 학생 모집 광고를 보자.[11]

1학년: 국가학, 법학통론, 경제원론, 민법총론, 형법총론, 만국역사, 산술, 일어

2학년: 형법각론, 민법(물권, 채권), 행정법(총론, 각론), 상법(총론, 각론), 재정학, 일어

3학년: 국제공법, 국제사법, 대폐론, 은행론, 근시외교사, 일어

1회 졸업생인 윤우식의 졸업증서(1908년 4월 13일, 양정역사관 소장)를 보면 법학전문과로 명기되어 있다. 이수 과정은 법학통론, 헌법, 국가학, 형법(총론·각론), 민법(총론·물권법·채권법·상속법), 고법(총론·회사법·상행위론·해상법론), 형사소송법, 민사소송법, 행정법, 파산법, 국제법(평시국제공법·전시국제공법), 국제사법, 경제학, 재정학 등이다. 양정역사관 소장의 오택선 자료(1909년 4월)를 보면, 학년이 올라갈 때마다 진급 증서를 발부해 전문과를 마쳤음을 강사들의 연대 서명으로 증명했다. 서구식 법학을 도입해 3년간 20여 교과목을 가르쳤다. 법학 공부는 민족의식을 각성시키고 주권국가로서의 태도를 견지하는 역할을 했다. 당시 양정의숙은 보성전문과 쌍벽을 이루는 법률학교였다.

개교 1주년이 되던 1906년 5월 13일, 개운사 뒷산에서 찍은 교직원과 학생들 사진에는 갓을 쓰고 두루마기를 입은 70여 명이 보인다. 개교 이후 3년 뒤인 1908년 4월 13일에 첫 졸업생 22명을 배출한다. 사진을 보면 20여 명이 보이는데, 정중앙에 엄주익이 앉아 있다. 영국인 베델이 경영하던 《대한매일신보》(1980년 4월 21일) 등에서 졸업식을 자세히 다루었다. 숙장은 엄주익, 숙감(塾監)은 안종원, 학감은 석진형 그리고 순회강사로 이루어졌다. 당시 생겨나던 학교에 이들 강사가 순회하면서 강의했을 것이다. 강사 명단에서는 《금수회의록》을 펴낸 안국선도 눈에 띈다.

의숙 제1기에는 1905년 입학, 1908년 졸업한 김계근, 윤우식 등이 있다. 윤우식의 졸업장에는 엄주익 숙장, 안종원 숙감 그리고 교강사 전체의 명단이 박혀 있다. 의숙 제2기는 1906년 입학, 1909년 졸

035

'양정숙', 순종 친필. 양정역사관

양정의숙 교과서. 양정역사관

양정의숙 1회 졸업생. 1908년 4월 13일. 양정역사관

업했는데, 2대 교장 서화가 안종원, 3대 교장 서봉훈 등이 2기에 속한다. 제3기는 1907년 입학, 1910년 졸업인데, 광복회 총사령 박상진이 포함된다. 박상진은 판사 임용시험에 합격해 평양법원으로 발령이 났으나 이를 포기하고 독립운동 전선에 뛰어든다. 박상진이 3기라는 것은 추정으로, 양정의숙 학적부가 남아 있지 않기 때문에 구전으로 어림잡은 것이다. 대체로 법률과 전공자인데 3기에 유일하게 경제과 졸업생으로 백산 안희제가 있다. 양정의숙에서 경제과는 1회가 마지막으로, 법률과만 존속됐다.

제4기는 1908년 입학, 1911년 졸업인데, 안중근의 친동생 안정근이 있다. 안정근은 여순감옥에서 사형을 선고받은 형의 법정투쟁과 마지막을 지켜보기 위해 의숙을 수료하지 못했으며, 그대로 연해주로 넘어간다. 제5기는 1909년 입학, 1912년 졸업인데, 구자혁의 졸업증서가 남아 있다. 제6기는 1910년 입학, 1913년 졸업인데, 1910년 4월 7일 83명의 응시자 중 31명이 합격한 기록이 남아 있다. 제7기는 1911년 입학, 1914년 졸업인데, 1911년 4월 1일 80명의 응시자 중 40명이 합격한 기록이 남아 있다. 양정의숙은 이상 총 7기에 걸쳐 200명이 안 되는 제한된 졸업생을 배출한 엘리트 교육을 했다. 근대 국가 체제를 만들어내는 근거인 법률을 습득하는 '대학'이었다.

양정의숙 개교 이전에 법관은 법관양성소를 통해 배출되고 있었다. 법관양성소는 1895년 고종이 반포한 칙령인 '법관양성소규정'에 따라 당시 법원인 평리원 안에 설치됐다. 갑오개혁으로 근대 사법 제도가 도입되면서 법관을 양성하기 위한 목적이었다. 1895년 1회(47

명), 1896년 2회(38명) 졸업생을 배출하고 1896년 폐쇄됐다가 1903년 다시 개교했다. 졸업 후 사법관(판·검사) 임용을 관장하는 법관전고소 (法官銓考所)에서 실시하는 시험에 합격해야 임관됐다. 그러한 의미에서 양정의숙의 법학 교육은 한국 법학 교육사에서도 남달랐다고 할 수 있다.[12]

갑오개혁기에 사립 법률학교는 근대 사법제도의 도입, 나아가 잠시 문을 닫은 법관양성소라는 배경 아래 사법관 양성을 보조하기 위해 설립됐다. 현직 법부대신이 사립 법률학교의 설립 주체였거나 또는 법부가 사립 법률학교의 운영을 조력했다는 점을 통해 알 수 있다. 즉 법부대신 장박은 사립 법률학교를 설립했으며, 마찬가지로 법부대신 권재형은 광흥학교 교장 부임 후 법률전문과를 설치했다.

통감부기에 사립 법률학교는 사법관임용제도 정비 차원에서 재차 설립됐다. 이 시기에 대한제국 정부는 법률학교 졸업자를 사법관으로 임용하는 제도를 재차 제정했을 뿐만 아니라, 실제로 이를 실행했다. 기타 사립 법률학교 졸업자는 변호사시험 응시 자격을 부여받았으며, 일반 문관 임용도 준비할 수 있었다. 이 시기에 설립된 한성법학교·대동전문학교·보성전문학교·양정의숙은 입학 자격을 격상하고 이미 전문학교로서의 성격을 갖고 있었던 법관양성소를 표준으로 하여 교육과정을 개정함으로써 점차 전문학교의 성격을 강화하고 있었다. 현재 국립중앙도서관에는 양정의숙에서 발간한 물권법(유치형 저), 국가학(김상연 역술) 등이 보존되어 있어 양정의숙 법학교육의 전문성을 잘 보여준다.

039

일제강점기 초에 몇몇 사립 법률학교는 일제의 사법권 박탈과 사립학교 탄압으로 폐교됐다. 즉 이 시기에 양정의숙도 양정고등보통학교로 개편됐으며, 대동전문학교는 폐교됐다. 사립 법률학교는 갑오개혁기에 근대 사법제도 도입을 목적으로 설립되고 통감부 시기에 점차 전문학교로서의 성격을 강화하고 있었으나, 일제강점 초기에 강제 폐교됨에 따라 전문학교로 발전할 수 없었다. 강제 폐교는 한국 근대 고등교육사에서 사학, 특히 일반계 사학이 성장·발전하는 데 부정적 영향을 미쳤으며, 조선인이 법학 지식을 습득하는 데도 걸림돌로 작용했다.[13]

양정의숙은 법관양성소, 보성전문학교와 함께 근대 한국에서 최초로 서양식 법학을 가르친 전문학교다. 1905년에 설립되어 1913년 양정고등보통학교로 격하되기까지 8년 동안 존속했고 약 200명의 졸업생을 배출했음에도 이들의 이름은 양정동문록에도 실려 있지 않으며 법학 전문학교로서의 양정을 기억하는 사람도 별로 없다. 양정의숙과 양정고등보통학교는 단절됐으며, 사학사 측면에서도 양정의숙의 소멸은 큰 손실이다. 따라서 양정의숙 외에도 한성법학교와 대동전문학교 등 법학 교육기관으로서 명목만 전해지는 학교에 대한 총체적 연구가 이루어져야 한다.[14] 양정의 교사(敎史) 입장에서는 양정의숙과 양정고보의 역사적 연맥성에 관한 충실한 이해가 공유되어야 한다.

초대 조선 총독 데라우치 마사타케(寺內正毅)의 교육 방침은 조선민족에게 이성이 발달할 수 있는 교육 기회를 주지 않는 데 있었다.

1911년 8월에 전문 30조로 이루어진 제1차 '조선교육령'이 제정돼 교육 규칙과 학교 관제 등이 공포됐다. 조선 교육은 신민화의 토대가 되는 일본어 보급, 이른바 충량(忠良)한 제국 신민과 부림을 잘 받는 근로인·하급 관리·사무원 양성에 국한했다.

양정의숙은 1913년 양정고보로 강등됐다. 지식인 양성을 억제하고 하급의 기능적 인물만 배출하는 일제의 교육 정책에서 법률 전문학교 등은 가당치 않았던 것이다. 많은 교수진이 이탈했으며, 학생 중에도 이탈자가 생겨났다. 가령 국어학자 일석 이희승은 1912년 4월 의숙에 입학해 법학을 전공하던 중 1913년 10월 양정의숙이 양정고보로 개편되면서 자퇴했다. 보성전문학교(고려대학교의 전신)와 쌍벽을 이루던 양정의숙이 고등보통학교로 하향된 것은 조선 황실이 후원하는 민족학교이자 전문가를 양성하는 기관이었기 때문이다. 학생들의 동향도 일제의 심사를 뒤틀리게 했을 것이다. 가령 1908년에 이런 신문 기사가 확인된다.

> 양정의숙 토론회. 양정의숙에서 명일에 소송 연습을 거함하기로 작명했더니 무삼 사단이 있던지 중지하고 오는 일요일에 각 전문학교를 연합해 토론회를 한다더라.[15]

이후 양정의숙은 학교 이름이 아니라 재단 이름으로만 남게 된다. 《조선총독부관보》 고시 제46호에는 '경기도 경성부 서부 도렴동의 사립 양정의숙을 재단법인 사립 양정의숙으로 1913년 2월 22일에

041

허가한다'는 기록이 나온다.[16] 또한 일제는 재단법인 양정의숙에 조선인 외에 일본인 이사를 넣어 법적 통제를 가하기도 했는데,《조선총독부관보》에 '사립 양정의숙 이사 고스기 히코지(小杉彦治)가 1916년 4월 7일부로 경성부 계동 128번지로 이전'이라는 기사가 나온다.[17]

의숙의 재산이 일제에 의해 임의로 차압되는 일도 있었다. 가령 양정의숙에 속한 '봉래정 316번지 245평의 토지를 조선총독부 경기도 고시 제16호에 의거, 삼림령 1조 규정에 따라 1921년 3월 9일부로 보안림에 편입'하는 조치가 있다. 비록 작은 땅이지만 자신들의 통제권을 행사한 사례다.[18]

1917년(3월 27일) 양정고보 1회 졸업식이 열렸는데, 무단정치 시기인지라 제복 차림에 칼 찬 교사들이 중앙에 앉아 있다. 1906년 양정의숙 1주년 기념사진 속 인물들이 대부분 두루마기를 입고 있었다면, 11년 만인 1917년 사진에는 교사들이 대부분 양복을 입고 있다. 흥미로운 것은 양정의숙 부활운동이 1920년에 벌어진 것이다. 일제에 의해 강제로 강등된 양정의숙 부활 움직임이 3·1운동 직후에 일어난 것이다.

사립 양정고등보통학교는 원래 사립 양정의숙의 후신임은 세상에서 다 아는 바이어니와 지나간 4일 밤에 양정의숙 졸업생 약 30명이 동교에 모여 동교 내에 새로 법률전문과를 설치하기로 결정하고, 장차 구체적으로 동교 재단과 교섭해 양정의숙을 다시 일으키기로 결의했다더라.[19]

양정고보의 만리동 시절_일제강점기

양정고보 1회 졸업생까지는 도렴동 교사에서 수업을 들었으며, 이듬해인 1918년에 양정고보는 만리동으로 이사한다. 봉래산 기슭 삼태미 감나무골(만리동) 교사 낙성식은 1920년 6월 12일에 거행된다. 낙성식을 겸해 안중식, 안종원, 김진우, 이상범, 이도영, 김은호, 고희동 등 당대의 서화가 10여 명이 기념화를 남겼다.

만리동에는 기숙사 시설도 마련되어 지방 학생에게 제공됐다. 당시 학생들의 출신지는 서울뿐 아니라 전라·경상·함경·평안·황해·충청·강원 등 전국을 망라했다. 졸업 앨범에는 전국에서 모여든 학생들의 지역 분포가 지도로 그려져 있다. 1920년 당시 배재, 휘문, 보성, 송도고 등의 입학생이 100~200명 선이었던 것에 반해 양정은 62명이었다. 식민지 상황에서 조선인의 학구열은 뜨거울 정도로 상승하고 있었던 반면에 학교 수용 인원은 제한적이었다. 일제는 조선인의 학구열을 채워줄 의사가 별로 없었다. 당시 부교장은 일본인이었다. 조선인 학교 통제 정책으로 부교장에 일본인을 배치한 것이다. 3·1운동 이전에는 일본인 교사가 칼을 차고 교실에 들어오는 일이 양정고보에서도 흔히 볼 수 있는 풍경이었다. 그 증거는 졸업 사진 등에 남아 있다.

만리동으로 이전한 다음, 학교는 새로운 성장기를 맞는다. 양정의숙 시절 부르던 창가풍 노래가 있었을 것으로 보이지만, 전해지지 않는다. 최남선에게 의뢰해 1924년 교가가 작사되며, 작곡은 홍난파,

043

양정고보 만리동으로 교사 이전. 당시 본관은 현재 손기정기념관이다.
1918년 11월 22일

이상준 등을 길러낸 음악 교육가 김인식이 맡았다. 같은 해 12월에 교
지 《양정》이 창간된다. 《양정》1호에 엄주익이 축사를 썼다. 이 글에
나타난 엄주익의 교육관은 유교적 세계관에 뿌리내린, 매우 진지하고
엄숙한 것이었다.

　　1925년부터 본격적으로 수학여행이 시작되는데 경주, 부여, 만
주 봉천, 금강산 등으로 갔다. 식민지 학생들에게 외부 견문은 주로
수학여행을 통해서였을 것이다. 추억의 졸업 앨범이 남아 있다. 1927
년에는 교사 증축 공사가 있었다. 1층(화학실험실과 준비실, 물리실험실과

준비실, 박물학실)과 2층(네 개의 일반 교실, 여덟 평의 응접실과 숙직실)을 완공했다. 만리동 교사의 기본 형태가 엄주익 교장 시대인 1920년대에 마련된 것이다.

1920년대부터 양정은 체육부를 대대적으로 키운다. 육상부, 정구부, 야구부, 빙상부, 유도부, 검도부 등이 속속 만들어졌다. 체력이라도 일본을 능가하겠다는 의지가 일부 반영됐을 것이다. 양정의숙에서 활동한 구한국 군인 출신 체육 교사가 만들어낸 토양 위에 일본에서 공부한 교사들이 부임하면서 근대적 체육 교육이 속속 뿌리를 내렸다. 양정이 강세를 보인 육상은 하루아침에 완성된 것이 아니라 적어도 10년 넘게 축적된 조건에서 이루어진 것이다. 훗날 1936년 베를린 올림픽에서 손기정이 금메달을 획득해 조선인의 긍지를 만천하에 알린 것도 이러한 양정 체육 교육의 저력이 있었기에 가능했을 것이다.

한편 양정의숙에서 양정고보로 변하는 와중에 1919년 3·1운동이 일어났다. 당시 안종원 학감의 사랑방에서 백홍균, 권영중 학생이 격문을 작성해 배부하는 등 많은 양정고보생이 시위에 뛰어들었다. 일제는 모든 학교에 임시휴교령을 내리며 제압에 나섰으나, 만세운동은 전국으로 치닫고 있었다. 5월에 접어들어서야 학교 사정이 어느 정도 수습되는데, 양정은 5월 15일 190명 정원에 118명 출석으로 60퍼센트 정도의 출석률을 보였다.[20] 참고로 그해 12월 양정고보생 53명이 무기정학에 처해졌다.[21] 3·1운동 이후 동맹휴학이 계속 되었는데, 이 같은 맥락은 1926년 6·10만세운동, 1929년 광주학생항일운동으로 이어졌다.

그런데 학생과 교사 층위에서 시대별 차이가 발견된다. 양정의 숙 시절에는 항일투쟁을 하다 중국으로 망명하는 등 독립지사를 배출하는 의사적 기풍이 강했다. 그런데 양정고보로 바뀐 다음에는 3·1운동을 기점으로 사회주의운동이 독서회, 야체이카(세포 조직) 등의 이름으로 교실에서 확산됐으며, 경성 시내의 동맹휴교 같은 방식으로 표출됐다. 교사배척운동도 자주 벌어졌다.

1921년 11월 김종원 교사 배척운동으로 많은 학생이 제적 및 정학됐는데, 학부모들이 엄주익 교장과 담판을 짓고 해결한 사건이 있었다.[22] 배척운동은 계속 이어졌다. 1928년 양정고보 3, 4학년 180명 전원이 역사 선생 외에 교사 3인의 배척을 요구했는데, 학교에서는 정학 처분으로 응수했다.[23] 주모자 17명을 서대문서에서 취조했다.[24] 당시 역사 교사 중에는 일본인도 있었다. 학교로서는 일면 단호하게 대처했는데, 조선총독부의 압력과 강제가 있었을 것이다. 식민지의 학교 경영 자율성이 제한적이었을 것은 분명하다. 3·1운동 직후 양정고보 졸업식에 조선총독부의 실세인 정무총감이 참석했다는 것은 상징하는 바가 크다.[25] 조선총독부 기관지《매일신보》는 〈맹휴병 들린 각지 학교, 19명에게 돌연 퇴학 처분 (…) 엄중 처분한다고, 양정고보 맹휴 악화〉 같은 악의적 기사를 싣고 있다.[26]

학교 소요는 광주학생항일운동이 벌어진 1929년에 자주 확인되는데, 양정에서도 많은 학생이 제적됐다.《동아일보》에서 다음과 같은 기사가 확인된다.

시내 본정서(本町署) 고등계에서는 27일 아츰 8시경에 시내 주교정(舟橋町)에서 양정고등보통학교 2년생 리수연(李秀煙)(18)을 인치하야다 노코 취됴 중인데, 내용인즉 양정고등보통학교 동요 때에 수모가 되어 맹휴 안건까지 작성하얏다는 혐의라더라.[27]

이수연 학생의 그 후 행적은 알려진 것이 없다.

동맹휴학이 일어난 것은 대학 합격률, 학교의 미비한 설비, 일본인의 통제 등도 한몫했다. "양정은 사립학교이면서도 관립학교에 지지 않을 만큼 관료식이면서도 졸업생 성적은 좋지 못해 현재 대학 예과를 비롯해 우수한 학교의 입학시험에 입학의 명예를 얻은 사람이 별로 없고, 더구나 설비가 불안전할 뿐 아니라, 현재 부교장으로 있는 고스기 히코지 씨의 손에서 벗어나는 훌륭한 교원을 채용치 아니한다"라는 평을 들었다. 고스기 히코지는 일찍이 1905년부터 대한제국 학정참여관으로 초빙되었다. 학부의 모든 교육 문서는 그의 자문을 거쳐야 했다.[28] 또한 양정의숙 재단이사로 등재된 일본인으로, 교내에서 부교장을 맡아 관리 감독을 하고 있었다. 일본인의 직접 통제가 극심했음을 알려준다.

흥미로운 것은 광주학생항일운동으로 광주고보나 공주고보에서 제적된 학생들, 경성제일고 등에서 일본인 교사와 문제가 생겨 퇴학당한 장욱진, 윤석중 등을 양정에서 받아들였다는 점이다. 여기에는 학교장이나 김연창, 장지영 등 우국지사형 교사의 노력도 보탬이 됐을 것이다. 한편으로 학교는 동맹휴학 등에 강경 대응했으며, 이에

047

학생들이 다시 반발해 항의하는 방식이 되풀이된다. 1920~1930년대 신문 기사에 양정이 등장하는 경우는 첫째는 스포츠 기사, 둘째는 동맹휴학과 강제 처분 기사였다. 1920~1930년대에는 또 다른 차원에서 학생운동이 전개된다. 경성 시내 학생의 비밀결사가 발각됐으며 양정도 예외가 아니었다.

1930~1940년대 교사 중에는 김교신, 장지영, 김연창, 서웅성, 이학선, 안광호, 조종관, 양주화 등 창씨개명에 반대했을 뿐 아니라 학교에서 퇴직당하거나 감옥에 간 사람도 있었다. 학교에서 일본어가 아니라 공공연하게 조선어를 썼고, 금지된 조선어를 비밀리에 가르치는 교사도 있었다. 그러한 면에서 양정은 당시 관립학교 등에 비하면 민족학교라고 할 만하다. 해방 당시 양정의 교실에는 대부분의 조선인 학생이 그대로 있었던 반면, 관립학교에서는 일본인 학생이 대거 되돌아가서 교실이 비었던 것과 대조된다.

양정 출신이라고 해서 악독한 친일분자가 없었을 리는 없으나 다행히 반민족행위자는 제한적이다. 엄주익, 안종원, 서봉훈 등의 교장이 교육자로서 중심을 잘 잡았기에 가능했던 자주적 역사였다. 다음의 구술은 일제강점기 당시 민족학교로서의 교풍이랄까, 그 분위기를 잘 설명해준다.

총독부에 취직시키기에는 관립학교가 낫겠지만, 사람을 사람답게 키우는 데는 양정이 훨씬 낫다.[29]

교무실 풍경. 1933년 졸업 앨범

한강의 황포돛배를 탄 학생들. 1933년 졸업 앨범

박상진
固軒 朴尙鎭
양정의숙
1884~1921

안희제
白山 安熙濟
양정의숙
1885~1943

안정근
Cyrillus 安定根
양정의숙
1885~1949

박준채
海村 朴準埰
양정고보 17회
1914~2001

열혈 · 애국 · 청년

Ⅰ

박상진

固軒 朴尙鎭
양정의숙
1884~1921

광복회 총사령,
항일무장독립운동사의
선구자

서울까지 달려와 양정의숙에 입학한
열혈 애국 청년

고헌(固軒) 박상진은 1884년 12월 7일 울산도호부 농소면 자당리(현 울산시 북구 송정동 자당마을)에서 태어났다. 경주 출신의 만석지기 승지 박시규와 여강이씨 사이에서 장남으로 출생했는데, 태어난 지 100일 만에 백부의 양자가 된다. 당시에는 대를 잇기 위해 형제간 양자가 흔한 일이었다. 네 살 때 경주로 이사해 성장했는데, 1898년 15세에 월성최씨 영백(최현교의 맏딸)과 혼례를 올린다. 최영백은 경주의 최고 부자 최준의 사촌 누이였다. 박상진의 집안은 매우 유복한 편이었다.

박상진은 어릴 때부터 집안 어른인 유학자 박규진과 박시주에게 가르침을 받았다. 두 사람은 세상의 번잡함을 싫어해 경북 진보로 옮겨가서 세상사 명리와 거리를 두고자 했다. 박상진은 집안 학풍에 따라 어릴 적부터 한학을 배웠으며, 특히 사종(四從) 형 박규진에게 배웠다. 박규진은 퇴계학을 계승한 혁신 유림 계열의 인물이었고, 그러

053

박상진, 울산기념관

한 전통이 박상진의 혁신적 성향에 영향을 미쳤을 것이다.

퇴계학파의 한 줄기인 정재(定齋) 유치명은 정재학파를 형성하며,[1] 이 계보에 속하는 이들이 영남 의병운동의 주역이 된다. 정재학파는 수많은 순국자를 배출했으며, 많은 이들이 국내외에서 독립운동에 헌신했다. 을미의병 이후 정재학파의 일부가 청송 진보에 은거했는데, 그곳을 찾은 박상진이 구미 출신의 왕산(旺山) 허위와 운명적으로 만났다.[2] 청송 주왕산 자락 화전등(花田嶝)에는 1896년 항일 의병의 전투를 기념하는 '화전등 항일 전적비'와 함께 항일운동기념공원이 있다.

허위는 진보로 거처를 옮겨온 상황이었다. 그러나 둘의 만남은 채 1년을 넘기지 못했다. 허위는 당시 학부대신 신기선의 추천을 받아 한양으로 벼슬길에 나섰기 때문이다. 박상진은 1901년 첫아들을 얻은 다음 해에 부친의 허락을 얻어 서울로 유학한다. 한달음에 상경해 허위의 거주지에 수시로 출입한 박상진에게 서울 생활은 강렬한 동기 부여가 됐다. 많은 것을 보고 듣고 배울 수 있었다. 지금까지 자신의 삶이 우물 안 개구리였음을 깨달았다. 세상은 급격하게 돌아가고 있었다.

21세가 되던 1905년, 러일전쟁에서 승리한 일제는 그 여파를 몰아 대한제국과 불평등조약인 을사조약(을사늑약)을 맺는다. 대한제국은 일본에 외교권을 빼앗기고 보호국으로 전락해 사실상 반식민지가 된다. 을사조약이 체결되던 해, 스승 허위는 제자에게 신학문을 간곡하게 권유한다. 자신이 살아온 세상과 제자가 살아야 할 세상이 다른 만큼 신학문을 배워야 할 필요성을 역설한 것이다. 그는 엄주익이 설립하고 엄귀비가 후원한 양정의숙을 넌지시 추천했다.[3]

양정의숙에 입학한 뒤 박상진은 많은 일을 겪었다. 평민 출신 태백산 호랑이 신돌석과 홍성에서 상경한 백야(白冶) 김좌진을 만나 의형제를 맺었다. 김좌진은 이후 신민회와 대한광복회(광복회)에서 활동하게 된다. 당시 양정은 국권이 상실되던 나라의 본격 사학으로, 큰 뜻을 지닌 이들이 몰려들고 있었다. 법률·경제 전문 교수가 포진하고 있었고, 신학문을 배우겠다는 학도가 전국에서 모여들었다. 서울에 있다고 하여 서울 사람만 다니는 학교가 아니었다. 같은 영남 출신 백산 안희제도 이때 양정의숙에 입학해 박상진과 같이 배웠다.

박상진은 양정의숙에서 법률과 경제를 공부했다. 나라의 틀과 제도를 세우기 위한 신식 법률과 경세치류의 경제는 당시 양정의숙의 중요 전공이었다. 오늘로 치면 고등학교가 아니라 대학교였다. 신학문의 세례를 받으며 구국의 일념으로 공부에 몰두했다. 하지만 당시 긴박하게 돌아가던 세상 상황은 박상진으로 하여금 온전히 공부에만 전념할 수 없게 만들었다. 1908년 스승이자 의병장인 허위가 일제의 교활한 농간에 빠져 체포되어 사형되자 스승의 시신을 수습한 후 홍성에서 상경한 김좌진을 만나 의형제를 맺는다. 이는 뒷날 김좌진이 광복회 부사령으로 활동하는 계기가 된다.

박상진은 1909년 양정의숙 법률경제과를 졸업했다. 이때 비밀 결사인 신민회에 가입한다. 신민회는 1907년 4월에 안창호의 발기로 양기탁, 전덕기, 이동휘, 이동녕, 이갑, 유동열, 안창호 7인이 창립위원이 되고 당대 애국지사가 대부분 모여들어 결성됐다. 신민회는 한말의 지도적 인사들이 거의 모두 회원이 됨으로써 전국 규모의 막강한 영향력을 가진 애국계몽운동단체가 됐다. 1910년경 회원 수가 약 800명에 달했다. 애국 청년 박상진의 신민회 가입은 너무도 당연했다.

1910년 대한제국은 국권을 상실한다. 학교를 졸업한 박상진은 판사 등용 시험에 합격한다. 그러나 법원 및 법치 시스템 모두가 일제에 접수된 상황이었다. 그는 평양법원으로 발령이 나지만, 나라가 망해 식민지가 된 마당에 판사직이 무슨 의미가 있겠느냐면서 부임도 하지 않고 사퇴하고 만다. 영민하고 가슴 뜨거웠던 열혈 청년이 갈 길은 일제 치하의 판사가 아니었다. 자신에게 주어진 안온한 자리에 연연하지 않은 그는 모든 것을 내려놓고 계몽운동과 의병 활동을 통한 무력항쟁이라는 양대 전략을 가지고 항일애국독립운동 전선에 뛰어든다. 일제 경찰은 이렇게 기록했다.

> 본회의 수괴 박상진은 경북 경주에서 저명한 양반 박시규의 장남으로 경성 양정의숙에서 공부해 판사 등용 시험에 합격한 학력이 있다. 게다가 당시 참찬 허위에게 사숙해 그 훈도를 받았다. 1908년 중 허위가 당시 정부에 반항해 폭동을 일으켜 사형에 처해지자 분한 마음을 금치 못했다. 더불어 병합이 일어나자 그는 이에 은사 허위의 유지를 계승해 국권 회복의 기도를 결의하고 시기가 오기를 기다리고 있었다.[4]

박상진 _ 광복회 총사령, 항일무장독립운동사의 선구자

왕산 허위의
죽음을 거두다

박상진은 당대 개신 유림의 거두 허위의 문하에서 애국운동의 깊은 영향을 받게 된다. 박상진의 애국운동을 이해하려면 허위를 중심으로 한 영남 출신 무력항쟁가들을 살펴볼 필요가 있다. 무력항쟁을 통해 일제에 항거한 허위는 당대 열혈 청년에게 많은 감화를 주고 있었다. 안중근도 '본시 고관이란 제 몸만 알고 나라는 모르는 법이지만, 허위는 그렇지 않았다. 허위는 관계 제1의 충신이라 할 것'이라고 했다. 13 도창의대진소의 서울 탈환 작전은 1908년 1월과 4월 두 차례 있었으며, 허위는 전국 의병 총대장으로서 모든 작전을 지휘했다. 서울에서 박상진이 양정의숙을 다니던 때였다. 박은식은 《한국독립운동지혈사》(1920)에서 허위를 이렇게 기록했다.[5]

허위는 경상도 선산 사람이었다. 그의 아버지는 가난했지만 근검절약해 집안을 일으켜 해마다 받는 소작료가 천 석이나 됐는데, 그 반액을 교육에 사용해 서당을 세우고 서적을 수장했으며 사방의 선비를 맞이해 그들에게 의식을 제공하고 또 학업을 닦게 했다. 허위는 그의 형 허겸(許蒹)과 더불어 일찍이 학문에 힘써 영남의 유명 선비가 됐다. 1895년 허위가 이병채와 의병을 일으켜 적을 토벌하고 또 서울로 들어가 여러 번 상소해 복수의 의리를 아뢰었다. 1901년 봄에 임금이 특별히 그를 발탁해 의정부 참찬을 시켰으나, 며칠 못 되어 일본인의 미움을 받아 교체됐다. 그는 팔방의 여러 선비들과 연락하며 격문을 보내어 일인이 국권을 빼앗고 백성을 박해하는 일을 성토하다가 체포되어 누차 곤욕을 당했다. 을사보호조약이 체결된 후 이인용·이은찬 등이 의병을 일으키면서 허위를 군사장으로 추대했다. 그들은 각 방면의 모든 군사와 함께 서울로 진격해 단번에 통감부를 파괴하고 늑약을 흔적 없이 없애기로 약속했다. 허위가 군사 300명을 거느리고 먼저 동대문 밖에 이르러 일병들의 습격을 받아 모든 군사들이 패퇴하고, 허위도 체포되어 구금됐다. 감옥에 있으면서도 굽히지 않고 항변하다가 죽었다.

허위는 당시 국제 동향을 꿰뚫고 있었고, 암중모색하고 있던 실천적 지식인이었다. 허위가 41세 되던 1895년(고종 32)에 을미사변과 단발령을 계기로 각지에서 의병이 일어났다. 그는 이기찬, 이은찬, 조동호, 이기하 등과 함께 1896년 2월 10일 의병 수백 명을 모집했다. 이때 고종이 내밀봉서(內密封書)로 내린 해산 명령을 받은 허위는 그만 의병을 해산하고 귀향해버렸다. 1899년 2월 허위는 조정의 부름을 받고 상경, 원구단 참봉을 시작으로 관계에 진출해 곧 성균관 박사, 1904년 중추원 의관, 평리원 수반판사와 재판장, 의정부 참찬 등을 역임하고 1905년 비서원승이 됐다. 이때 일본의 국정 간섭에 대한 죄상을 열거한 격문을 살포, 최익현·김학진과 함께 체포됐다가 4개월 만에 석방됐다. 그 뒤 일본인이 회유책으로 그를 칙임관 2등으로 서품했으나 거절했다.

박상진은 1902년부터 허위의 문하에서 척사적 반외세 민족의식을 키웠다. 둘은 서른 살가량 나이 차가 있었다. 1905년 11월(양력) 을사조약이 체결되자 허위는 경상·충청·경기·강원·전라도 등지를 돌아다니며 유인석 등 여러 지사들과 만나 의거를 결의했다. 박상진이 양정의숙에 입학하던 1906년 상황은 이와 같이 긴박하게 돌아가던 시점이었으므로 그가 스승의 움직임을 모를 리가 없었다. 1907년 고종이 강제 퇴위되고 군대가 해산되자, 허위는 새로이 보국을 결의하고 9월 민긍호·이강년 등의 의병부대와 서로 연락하면서 경기도 연천에서 의병을 일으켰다. 1908년 가을에 전국 각지의 의병이 양주로 집결해 13도의병연합부대를 편성했다. 이때 이인영이 원수부 13도의병 총대장이 되고 허위는 군사장으로 서울로 진격했다.

의병 연합부대가 대오를 정비해 서울로 진격할 때, 허위는 정병 300명의 선두에 서서 동대문 밖 30리 지점까지 진출해 전군이 도착하기를 기다렸다. 그러나 후속 부대와 연락이 끊긴 상태였으며, 이를 눈치챈 일본군은 각지에서 밀려오던 의병 부대에 개별적으로 타격을 가했다. 이때 그도 갑자기 몰려든 일본군과 사격전을 전개했으나, 후원군이 없어서 패하고 말았다. 허위는 남은 의병을 수습해 새로운 임진강의병연합부대를 편성했다. 그러나 1908년 경기도 양평군 산중 마을에서 일본군 헌병에게 붙잡혀 서대문형무소에서 51세의 나이에 순국했다. 서대문형무소 처형 1호였으며, 그의 시신을 제자 박상진이 거두었다. 양정의숙에 다니고 있던 바로 그 시점에 박상진은 스승의 뒷수습을 한 것이다.

1910년대 항일무장투쟁의
전범인 광복회

애국운동을 비롯한 모든 운동에는 자금이 필수다. 박상진은 1912년 삼정물산에 전답을 저당 잡혀 빌린 자금으로 김덕기, 오혁태와 함께 곡물 거래처인 상덕태상회(尚德泰商會)를 대구에 설립한다. 무역업을 겸한 곡물상이었지만 독립운동의 연락 거점이자 자금 조달처였다. 당시 중국의 정세는 복잡하게 움직이고 있었다. 그는 여러 차례 만주와 중국을 방문했으며, 특히 1911년에 일어난 우창봉기로 시작된 신해혁명을 유심히 들여다보았다. 중국 혁명의 아버지 손문은 이국에서 온 젊은이에게 자신이 차고 있던 권총을 주며 용기를 북돋아주었다. 여러 차례 여행 끝에 박상진은 결론을 내렸다. 이른바 실력양성론과 무력투쟁은 둘 다 일리가 있으므로 양자를 병행해야 한다고 말했다.

1915년 1월 영남 유림이 대구 비슬산에 있는 연일암에서 조선국권회복단을 조직한다. 같은 해 8월 25일에는 대구 달성공원에서 마침내 광복회를 세운다. 광복회는 1913년 풍기에서 채기중 등 의병 인사들이 조직한 풍기광복단과 대구의 조선국권회복단이 합쳐진 단체다.[6] 사령관은 박상진이었고 부사령관은 이석대(실명 이진용)였다. 이 단체는 전국에 걸쳐 지부 인원이 137명에 이르렀고, 만주에도 조직망을 갖춘 1910년대의 가장 대표적인 비밀결사이자, 경술국치 이후 국내에서 조직된 최대의 항일독립운동단체였다. 외교독립론이 부상하던 시절 항일무장투쟁을 전면에 내걸어 일경의 집중 표적이 됐다. 총사령 박상진은 당시 31세였다.

광복회는 중국의 신해혁명을 국권 회복과 공화제 실현의 외부적 모범으로 삼으면서 결성됐다. 이러한 조직화 과정에서 지적 능력과 시대를 바라보는 통찰력, 나라를 생각하는 우국충정의 단심이 그를 총사령으로 선출되게 했다. 광복회는 박상진이 중심이 되어 국가의 독립을 위해 생명을 바치고, 자신들의 목적을 달성치 못했을 때는 자자손손 계승해서라도 원수 일본을 완전히 쫓아내 국권을 회복한다는 취지로 독립군의 군자금 모집과 친일 부호 처단 등을 내건 의협투쟁을 펼쳤다.

광복회는 총사령에 박상진, 부사령에 이석대로 진영을 이루었다. 뒤에 부사령은 만주에 상주하며 독립군 양성을 담당했다. 이석대가 전사한 1917년 이후에는 김좌진이 부사령을 맡았다.

- 본부: 사령관 박상진, 지휘장 우재룡·권영만, 재무부장 최준, 사업총괄 이복우
- 각도 지부장: 경기도 김선호, 황해도 이해성, 강원도 김동호, 평안도 조현군, 함경도 최봉주, 경상도 채기중, 충청도 김한종, 전라도 이병찬
- 해외: 단동 안동여관 손회당, 봉천 삼달양행 정순영, 만주사령관 이석대·김좌진 [7]

박상진은 유가 출신으로 성리학 공부를 마친 후에 양정의숙 법과를 졸업해 판사 시험에 합격한 혁신 유림이었다. 또한 국권피탈 이

후 의병 거사 계획을 추진한 경험으로 미루어 의병적 기질을 지녔다. 다시 말해 척사적 경험을 바탕으로 신교육을 수학한 혁신 유림이며, 혁신 유림임에도 계몽주의 성향에 국한되지 않고 무장적 의병 의식을 모두 겸비한 인물이었다. 박상진의 이 같은 기질 때문에 풍기광복단과 조선국권회복단 일부의 통합을 이끌어낼 수 있었다. 또한 이를 발전시켜 더 적극적인 무장민족운동 방략(方略)으로 전개해 나갈 수 있었다. 광복회의 창립 취지를 밝힌 포고문의 내용은 다음과 같다.

> 조국을 광복하고 우리의 대대 원수를 물리쳐서 우리 동포를 구하는 것이 우리 민족의 천명으로 우리가 해야 할 의무다. 이것이 본회가 성패나 리둔(利鈍)을 생각지 않고 죽음을 무릅쓰고 본회를 창립한 소이로….

광복회의 '강령'을 살피면 이 단체의 목적이 혁명적 독립운동임을 파악할 수 있다.

> ① 부호의 의연금 및 일인이 불법 징수하는 세금을 압수해 무장을 준비한다.
> ② 남북만주에 군관학교를 세워 독립 전사를 양성한다.
> ③ 종래의 의병 및 해산 군인과 만주 이주민을 소집해 훈련한다.
> ④ 중국·아라사(러시아) 등 여러 나라에 의뢰해 무기를 구입한다.
> ⑤ 본회의 군사행동, 집회, 왕래 등 모든 연락 기관의 본부를 상덕태상

회에 두고 한만(韓滿) 각 요지와 북경, 상해에 그 지점 또는 여관, 광무소(鑛務所) 등을 두어 연락 기관으로 한다.

⑥ 일인 고관 및 한인 반역자를 수시(隨時) 수처(隨處)에서 처단하는 행형부(行刑部)를 둔다.

⑦ 무력이 완비되는 대로 일인 섬멸전을 단행해 최후 목적의 달성(민주공화제의 근대 국가 수립)을 기한다.

박상진이 설립한 상덕태상회가 연락 본부인 것으로 보아 단체의 동력이 그를 중심으로 형성됐음을 알 수 있다. 광복회는 독립군 군자금 마련을 위해 전국의 부호에게 재산에 비례한 군자금 출연을 통고한 후 완강히 거부하는 자본가는 처단이라는 극약 처방을 썼다. 친일 부호와 금광, 세금 운송 마차 등도 군자금 마련의 대상이었다. 예를 들면 경주와 대구를 오가는 우편마차에서 돈주머니를 탈취하기도 했다. 일명 '대구권총강도사건'으로 불리는 서우순 가택 침범, 칠곡 장승원 처단 사건을 비롯해 벌교 부호 서도현 사살, 보성 양재성 처단, 대구 서승우 처단 등도 대표적 예다.

광복회는 '군자금 조달 – 군관학교 및 잡화상 등 혁명기지 건설 – 무기 비축, 독립군 양성 – 혁명(독립) 달성'이라는 구도의 민족운동 계획을 준비하고 있었다. 민족운동의 방략을 독립전쟁론에 두고 이를 준비하기 위해 독립군을 양성하고 군자금 모집과 무기 구입에 초점을 두었다. 더불어 일제 통치하에 안일하게 살아가는 친일 부호를 처단하는 등 의협투쟁을 목표로 삼았다. 조직도 총사령·부사령 등의 명칭을 사용해 무장조직의 특성을 보여준다. 즉 광복회는 국내에서 결성된 독립군단체였으며, 기존 의병이나 해외 독립군과는 다른 혁명을 계획했다는 점에서 혁명단체였다.[8]

광복회의 목적은 무기를 갖추고 신해혁명과 같은 혁명을 통해 공화제를 달성하는 것이었다. 이를 위해 대구(상덕태상회), 영주(대동상점), 광주(이명서), 삼척(김동호), 인천(이재덕, 미곡취인소), 인천(황학수, 미곡중개소), 용천(문응극), 봉천(삼달양행), 장춘(상원양행)에 곡물 상점을 설치해 거점으로 삼았다. 그 외에 서울 어재하, 경북 안동 이종영, 고령 김재열 사가, 기타 여관이나 음식점 등도 활동 거점으로 활용했다. 조직상의 특성은 광복회 '강령' 제5항에서 밝힌 연락 기관 설치를 실현했다는 점에서 주목할 만하다. 각 거점은 무기를 수십 정 확보했고, 만주에 인재를 보내 훈련했으며, 필요한 군자금을 수합했다. 행동 지침으로는 비밀·폭동·암살·혁명의 4대 요강이 시달됐다.

전국 조직과 해외까지, 광복회의 광폭 행보

광복회는 1916년 예산을 중심으로 한 충청도 일대와 해주를 중심으로 한 황해도 일대, 보성을 비롯한 전라남도 일대 그리고 삼척·인천 등 국내는 물론 해외의 길림·장춘·안동 등 서간도 독립군 기지로까지 확대돼갔다. 충청도 조직은 김한종·장두환·김경태 등이 중심인데,

065

그중 김한종은 예산 유가 출신으로 1906년 민종식의 홍주의진에 종군했던 인물이다. 충청도 회원 중 14명이 상민이었다는 점은 그가 척사 의병 인식을 어느 정도 탈피했으리라는 추측이 가능하다. 황해도 책임자 이관구는 송화 출신으로 유가 집안에서 성장했으며, 20세 무렵 평양 대성학교와 숭실전문학교에서 수학하면서 신학문을 접한다. 국권피탈 이후 중국으로 망명해 중국 혁명에 참가한 적 있는 혁신 유림이다.

이처럼 광복회의 구성원은 한훈·유창순·김한종 등 의병 출신이 주류를 이루었고, 박상진·김좌진 등 신교육을 받은 인사도 많았다. 광복회의 주도자는 구시대의 양반이나 고령의 유교 집안 사람들이지만, 세대를 뛰어넘어 새 시대 건설을 위한 변혁적 성향을 띤 인사들이었다.

구성원의 연령도 30~40대를 중심으로 20대와 50대도 함께 참여해 신구 세대를 대변하는 조직의 모습을 갖추었다. 각종 자료와 경찰 조서에 표기된 연령 집계를 보면 결성 당시 경상도는 30대 5명, 40대 8명, 50대 3명이며, 황해도는 20대 4명, 30대 12명, 40대 6명, 50대 2명이었고, 충청도는 20대 8명, 30대 14명, 40대 9명, 50대 3명, 미상 3명으로 구성됐다.[9]

1916년에는 서울권 조직도 크게 확대됐다. 이때 노백린, 김좌진 등이 가입했다. 그러나 그해 칠곡의 부호 장승원과 대구 부호 서우순 처단이 실패하고 박상진은 그 여파로 만주에서 양기탁을 만나 귀국하는 길에 서울에서 체포되고 만다. 이 사건으로 광복회는 큰 타격을 받

앴으며, 많은 인사가 해외로 탈출했다.[10]

김좌진은 총사령인 박상진과는 의형제를 맺을 정도였다. 김좌진은 국내 광복회에서 활동하다가 1917년 9월 박상진의 명에 따라 만주 목단강 지역에 독립군사관학교를 설립하기 위해 망명했다.[11] 그러나 김좌진의 임무는 성공하지 못했다. 국내에서 박상진 등이 일제에 체포되어 광복회 조직이 약화됐기 때문이다. 체포를 면한 회원은 한훈·우재룡·김상옥처럼 만주로 망명해 암살단·주비단(疇備団) 등을 결성하고 의협투쟁을 전개하면서 운동의 맥을 이어가거나, 의열단 일원이 되기도 했다. 의열단의 일본인 및 조선인 반역자 처단은 이미 광복회 강령에도 명시되어 있던 것이다. 의협투쟁 면에서 보면 광복회는 암살단과 의열단으로 이어지는 선구적 조직이었다고 할 수 있다.

공화주의 국가를 열망한
무장투쟁

광복회는 국내외에 기지를 건설해 혁명군을 양성하고 일본이 국제적으로 고립될 경우 일시에 혁명을 일으켜 독립을 쟁취한다는 계획을 추진해 나간 무력투쟁단체였다. 이런 면은 1910년대 국내 민족운동전선에서 찾아보기 어려운 광복회만의 특징이다.

박상진 등은 광복회의 목표가 '국권을 회복해 공화 정치를 실현하는 데 있다'고 했듯이 공화주의 건국이념을 표방했다. 그들은 1910

判決

慶尚北道慶州郡

外東面鹿洞里

農業

朴尚鎮　當三十七年

忠清南道禮山郡

原本用紙

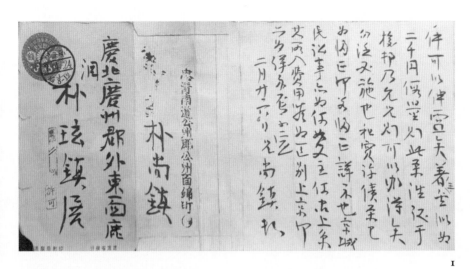

1 감옥에서 보낸 박상진의 엽서

2 박상진의 절명시

3 의형제였던 김좌진의 만사

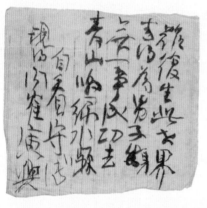

<<

공주지방법원의 사형선고에 대한 박상진의
상고를 기각한다는 경성고등법원 판결문.
1920년 11월

년대에 엄존하던 척사나 복벽주의를 탈피하고, 성리학적 민족주의에서 벗어나 단군 의식을 주류로 한 자주적 민족의식을 드러내고자 했다. 광복회는 혁명적 민족운동 전개, 혁신 유림의 근대 국가 지향과 대종교적 민족주의, 의협투쟁의 방략 등을 그 특징으로 하며, 특히 의협투쟁은 운동론의 이론적 틀을 갖추게 되면서 이후 민족운동의 중요 방략으로 정착하게 됐다. 그의 무장운동은 무장독립운동사에서 어려웠던 시기인 1910년대의 공백을 채워주는 중요한 역할이었다.

고등경찰은 예의 주시하며 포위망을 압축하고 있었다.[12] 경주경찰서 박정순 경부가 어머니의 장례에 참석한 박상진을 체포한다.[13] 만주로 망명한 김좌진이 그를 구출하기 위한 파옥 계획을 세웠다고 하나 실현되지 못했다. 당시 법원은 박상진의 변론 신청을 기각하고 사형을 선고한다. 이에 유생 100여 명이 조선총독부에 박상진의 사형을 면해달라는 청원서를 제출한다. "조선 독립을 목적으로 하는 광복단의 수령으로 (⋯) 칠곡군의 유명한 부자 장승원을 살해한 박상진은 (⋯) 감형운동을 하야 (⋯) 리규환 씨 외 유생 100여 명이 (⋯) 총독부에 장서를 데츌하얏다더라"와 같은 기사가 확인된다.[14] 아들의 목숨을 살리기 위해 부친 박시규는 백방으로 움직였으나 광복회 공판이 열리고 마침내 사형이 통지된다.[15] 사형 판결이 8월 7일이었는데, 불과 1주일도 안 되어 사형이 집행된다.[16]

박상진은 1921년 8월 11일 순국하면서 절명시를 남겼다.[17] 36년 6개월의 짧은 생애, 한평생 애국운동에 몸을 던진 실천적 지식인의 최후였다.

다시 태어나기 힘든 이 세상에

다행히 대장부로 태어나서

이룬 일 하나 없이 저 세상 가려하니

청산이 조롱하고 녹수가 비웃구려

어머님 장례 마치지 못하고

나랏님 원수도 갚지 못했네

나라의 땅도 찾지 못했으니

무슨 면목으로 저승을 가나

　김좌진도 의형제를 잃은 슬픈 만사(挽詞)를 만주에서 보내왔다. 아들의 시신을 부둥켜안은 부친 박시규의 동정이 당시《동아일보》등에 보도된다. 시신은 1921년 8월 13일 경주에 도착했으며, "온 세상을 놀내이게 하든 광복회사건의 수모자로 (…) 박상진의 장의는 (…) 백운대(白雲台)에서 거행하엿다더라"라는 기사가 확인된다.[18]

　박상진의 순국 이후에도 여진은 계속됐다. 그해 12월에 17명이 광복회 연루자로 재판을 받는다.[19] 그런데 같은 해 12월에 〈경북 중대 사건의 경찰 측에서 발표한 전말/ 리뎡회 등 30명 암중비약한 내용〉과 같은 기사가 뜬다. 친일 부호를 강탈했다는 내용이다.

　- 사건 발각의 단서/ 리대기(李大基)와 리응수(李應洙) 간 편지로 리응 수가 잡혀 자백한 결과

- 군정서(軍政署)와 연락하야/ 경고문·협박장·사형 선고로 부호에게 군자를 모집 계획
- 월경대(月經帶)로 권총 밀수/ 태을교를 팔고 군자금을 모집
- 전통적의 독립당 리응수 등의 활동하든 여러 내용
- 자금을 모집하야 철공소를 계획 중 일이 여의치 못해
- 5만 원씩 (…) 각처 부호로부터 (…) 군자금 2만 원을 송부하지 아니하면 군대를 파견한다는 의미의 협박장을….
- 박상진 동지 이정희(李庭禧) 청송 부호 협박, 1만 원을 바더.[20]

조선총독부는 그가 순국한 지 10여 년이 지난 1930년이 되도록 박상진이나 고종 등의 이름이 들어간 출판물을 압수하고 있었다.[21] 그만큼 한국인의 독립 의지가 분출될 것을 경계한 것이다. 광복 이후에도 그의 영향력은 이어졌다. 가령 친일분자를 처단하는 반민특위 경북조사부 위원장인 정운일의 경우, 박상진 등과 함께 1915년 1월 결성된 조선국권회복단에 가담했다가 그해 7월 광복회에 참여했다. 정운일은 1916년 9월 '대구권총사건'으로 구속된 인물이기도 했다.[22] 미군정기 수도경찰청장이던 장택상은 자신의 부친 장승원이 광복회에 의해 처단된 것을 잊지 않고 해방 이후 복권된 광복회(재건 광복회)에 박해를 가했고, 장택상의 딸로 미국에서 역사를 공부한 장병혜는 왜곡된 역사관으로 광복회와 박상진의 삶을 모멸했다.[23] 장승원은 매관매직으로 경북 관찰사가 된 뒤에 착취를 일삼던 인물이었다.

친일파의 후손 장택상은 자신의 형들과 달리 명확하게 친일 진

박상진의 부인 최영백. 경주 부자 최준과 사촌지간이다.

영에 가담한 흔적은 보이지 않는다. 영국 유학을 다녀와서 영어가 유창하다는 이유만으로 미군정에 발탁됐는데, 반민특위를 와해시키고 친일 세력을 복권하는 데 앞장섰다. 인맥으로 연결되던 당시 사회에서 장택상이 독립운동가와도 연결됐음은 사실이나, 교묘한 줄타기로 일신의 안위만을 추구한 인간이었다. 해방 이후 친일 경찰 중용, 극우 테러 등을 일으킨 행적이 그의 철학과 삶을 설명해준다.

　　박상진은 만석지기 부유한 집안의 아들이었으나 순국 후 그의 가족은 일제의 감시와 애국운동을 이해하지 못하는 이웃에게 폄하를 받으면서 힘든 삶을 영위했다. 박상진이 대구형무소에서 순국해 그의 시신이 경주로 왔을 때, 당대의 부자 최준은 사촌 누이인 박상진의 부인 최영백의 간청에도 도움을 주지 않았다. 일설에는 박상진이 상덕태상회를 만들 때 빚보증을 최준이 섰고, 이를 기회로 박상진의 많은 재산을 최준이 중간에서 가로챘다는 주장도 있다. 그가 자란 경주에는 의외로 무덤 외에는 그를 기리는 흔적이 없는 상황이다.

이로써 역사적 과제가 남는다. 사실 박상진이 미쓰이상점에서 빚을 얻어 쓴 뒤, 그 담보를 경주 부자 최준이 물려받았고, 박상진이 순국한 이후 재산은 모두 최준에게 넘어갔다. 박상진 사후에도 여러 번 민사재판이 열렸으나 박상진이 독립운동 자금 관리 차원에서 위임한 인감과 도장을 최준이 쥐고 있는 상황에서 번번이 재판에 진다. 박상진의 후손은 이후 가난 속에서 살아왔으며, 선산조차 모두 최준에게 넘어간 터라 결국 경주의 무덤도 박상진의 교동 출신 처가에서 주선한 곳으로 할 수밖에 없었다. 최영백은 남편이 순국하고 자신의 사촌과 재판을 하면서 기구한 삶을 버텨냈다. 양측의 의견이 아직도 팽팽하게 맞서고 있다. 사촌 사이였건만 전답은 그렇다 쳐도 방대한 임야조차 모두 최준에게 넘어간 것은 이해하기 힘든 일이다. 박상진의 부친 박시규가 1923년에 남긴 〈종상제문〉에 전모가 기록되어 있다.

일찍 핀 꽃이었기에 나라로부터 제대로 조망받지 못했고, 그의 묘도 국립 현충원이 아닌 경주시 내남면 노곡리 백운대에 그대로 있다. 해방 후에도 제대로 평가받지 못하다가 1963년 뒤늦게 건국훈장 독립장이 추서됐다. 2000년대 들어와 독립운동사에 관한 연구가 진척되어 1910년대의 국내 무장결사운동이 재평가되면서 교과서 등에서 언급되고 있다. 다행히 그의 고향 울산시에 생가 터(울산시 북구 송정동)가 복원됐으며, 기념관도 세워졌다. '박상진로'라는 도로명이 생겨났고, 북울산에는 박상진호수공원도 있으며, 북울산역은 역명 뒤에 박상진을 병기하고 있다.

그의 고향인 송정마을에는 그의 호를 딴 고헌중학교, 고헌고등학교가 각각 2019년, 2020년에 개교했다. 해마다 울산에서는 그를 기리는 다양한 기념행사를 열고 있다. 하지만 서울에서는 그의 이름을 오래전에 잊었고, 다만 양정고교 출신이 만든 '양정의숙연구회'에서 그를 기리고 있을 뿐이다. 대구의 근대역사관에 가면 그를 기리는 후대 서예가들의 글씨가 남아 있어 박상진을 잊지 않는 기억투쟁이 울산뿐 아니라 대구에서도 벌어지고 있음을 본다.

박상진 _ 광복회 총사령, 항일무장독립운동사의 선구자

안정근

Cyrillus 安定根
양정의숙
1885~1949

안중근의 뒤를 따라,
온 가족이
독립운동전선으로

여순감옥에서 안 의사의
최후를 지켜본 형제들

황해도 해주부 광석동에서 살던 안태훈과 조마리아는 슬하에 3남 1
녀를 두었다. 맏이가 중근, 둘째가 여섯 살 터울의 정근, 셋째가 공근
이다. 누구에게나 운명이라는 것이 있다. 안중근의 의거 이후 평화롭
던 가족에게는 먹장구름이 덮쳐온다. 안중근으로서는 마땅히 가야 할
길이었으나 가족에게는 일제의 서슬 푸른 압제가 칼날처럼 다가왔다.
정근·공근 형제는 형의 뒤를 따라서 독립운동에 목숨을 바쳤다.

　세상에서는 안중근의 독립운동은 너무 잘 아는데 형의 뒤를 따
라서 독립운동에 전 생애를 바친 정근·공근 아우에 대해서는 무심하
다. 유명한 형에 가려져서 널리 알려지지 못했으나 정근·공근 역시 한
평생 독립운동에 헌신한 인물이다. 둘째 안정근은 양정의숙 출신이다.

　치릴로(Cyrillus) 안정근의 집안은 순흥안씨로 시조인 안향 이후
에 크게 번성했다. 고려 말 신진 유학을 시작한 안향의 문하에서 이제

현과 이색 등이 배출됐고, 정근의 부친 안태훈 진사도 학문을 게을리하지 않는 재지사족(在地士族, 지방에 거주하는 지배계층)이었다. 게다가 해주에서 수천 석의 대지주였기에 남부럽지 않았다. 안태훈은 전통유학에만 머물지 않고 한양으로 가서 근대 신학문 수용에도 적극적인 혁신적 인물이었다. 그러나 1884년 김옥균·박영효 등이 일으킨 갑신정변에 연루됐다는 오해를 받게 되어 몸을 피해야 했다.

피난을 한 경위가 오해에서 비롯되기는 했으나 그만큼 안 진사가 혁신 유림에 속한 개화파 청년이었음을 말해준다. 이는 훗날 아들들에게도 영향을 미쳤을 것이다. 정변에 내몰린 안태훈은 한양에서 급거 고향으로 돌아왔으며, 1885년에 70~80명의 가솔을 이끌고 깊은 산골인 신천군 두라방 청계동(신천군 석교리)으로 이주했다. 안중근은 옥중에서 쓴 수기《안응칠 역사》(1909년 12월 13일~1910년 3월 15일)에 이렇게 남겼다.[1]

가산을 다 팔아 재정을 정리하고 수레와 말을 준비한 뒤에, 칠팔십 명의 가솔을 모두 거느리고 신천군에 거처를 옮겼다. 청계동 산중은 지형이 험준하고 전답이 모두 닦여져 있으며, 산이 맑고 물이 수려해 별천지라고 할 만했다.

이렇게 안중근과 정근, 공근 세 형제는 산골에서 자라게 됐다. 안정근은 1885년 1월 17일 출생했다. 1897년에 안씨 집안은 모함에 빠져 '일의 형세가 위급'해지자 천주교에 입교하며, 프랑스인 빌렘(홍

석구) 신부가 청계동 본당으로 부임하면서 산골은 황해도 포교의 중심지가 됐다. 안중근의 세례명은 토마스, 정근은 치릴로다.

글 잘 읽는 도련님
정근

안정근은 신천의 만석꾼 왕재덕 여사의 고명딸 이정서를 배필로 맞아들였다. 신학문을 배우기 위해 부친이 한양으로 올라갔듯이 그도 한양길을 택했고, 양정의숙에 입학했다. 같은 황해도 황주 사람으로서 안중근의 부친 안태훈과 교유했던 박은식의 《한국독립운동지혈사》에는 안중근이 두 동생의 유학을 추동한 것으로 나온다.

> 안중근은 재산을 내어 학교를 설립하고 교육을 주창했으며, 두 아우 정근과 공근을 서울에 있는 학교에 유학시켜 뜻 있는 인사들과 서로 결합해 나라를 위해 죽기로 동맹하게 했다.

안정근의 양정의숙 진학을 안중근이 옹호한 것으로 보인다. 안중근이 거사를 일으킨 직후에 나온 〈안씨의 두 아우〉라는 제목의 신문 기사에는 안중근, 안정근이 등장하는데, "안정근은 연금(年今) 24인데, 금춘까지 경성 양정의숙에서 공부하얏다더라"라고 했다.[2]

양정의숙에는 애국계몽운동의 영향이 강하게 스며들어 있었고,

● 안씨의두아우 의사안듕근씨

외아우안티근씨눈금년금二十八인

티현금진남포보통학교부파사로

잇다가그박씨의혐의보사직호얏

고그다음아우안명근씨눈년금二

十四인티금츈서지경성양정의숙

에셔공부호얏다더라

안정근

안정근이 양정의숙 출신임을 밝힌
신한민보. 1909년 12월 15일

안중근을 면회하는 동생 정근·공근(왼쪽)과 빌렘 신부. 1910년 3월 9일

항일구국운동에 나섰던 동문들 이야기가 신화처럼 떠돌고 있었을 것이다. 안정근이 양정의숙 2학년일 때 형 안중근의 하얼빈역 의거가 세계적 뉴스가 되어 한양에도 전달됐다. 국권피탈 1년 전인 1909년 10월 26일의 일이었다. 먹장구름이 몰려오고 있었다. 사람들은 안중근 의사의 동생이라고 극구 칭송했지만 그의 가족이 감당하기에는 버거운 무게였을 것이다.

안정근과 공근은 어머니와 함께 여순감옥에 수감된 형의 옥바라지를 하면서 공판투쟁에 가담했다. 안중근 재판은 희대의 국제 뉴스였고 만인의 주목을 끌었다.《안응칠 역사》에는 이렇게 기록돼 있다.

11월경에 이르러 내 친동생 정근과 공근 두 사람이 한국의 진남포로부터 이곳에 왔다. 상봉하고 면회했는데, 서로 헤어지고 3년이 지난 뒤 처음 보는 얼굴이기에 진실과 꿈의 경계를 분간할 수 없었다. 이로부터 내내 4, 5일간 혹은 10여 일간 차례로 서로 만나 이야기를 주고받았는데, 한국 변호사를 요청해 오는 일과 천주교 신부를 요청해 와서 성사(聖事)를 받는 일들을 부탁했다.

검찰관은 '이와 같은 사람이 만약 이 세상에 살아 있으면, 수많은 한국인이 그의 행동을 모범으로 삼게 되어서 일본인이 두려워하고 겁나서 생명을 온전히 지킬 수 없기 때문'이라며 사형을 주문했다. 예상대로 사형선고가 내려졌다. 집행 일주일 전인 1910년 3월 25일, 안중근은 두 동생과 면회를 했다. 오후 12시 40분부터 오후 3시 30분까지 여순감옥에서 이루어졌다.[3] 안중근은 두 아우에게 자신이 죽은 뒤에 해야 할 일을 당부했으며, 두 동생의 장래에 대해서도 충고했다. 정근을 향해 이렇게 훈시했다.

> 너는 장래 공업에 종사하라. 대개 한국은 공업이 아직 발달하지 않았으나 장래 발달할 기회가 있을 것이다. 또 오늘날은 금전이 세상이므로 실업에 종사하는 것은 형편이 좋을 것이기 때문이다. 하기야 반드시 공업에 한하라고 말하는 것은 아니고 식목(植木) 같은 것도 한국을 위해 가장 필요한 일이니, 혹은 식목에 종사해도 또한 좋다. 요컨대 실업에 종사하는 것은 다만 국익을 증진할 뿐 아니라 실로 자가의 이익이다.

공근에게는 '너는 재질이 있으니 학문을 연구하는 편이 좋을 것'이라고 유언했다. 형의 유언처럼 인생이 펼쳐지기에는 동생들에게 망국의 현실은 이상을 앞섰다. 1910년 3월 26일 오전 9시, 정근·공근과 마지막 면회를 마치고 안 의사는 10시에 교수형으로 순국했다. 1909년 10월 26일 이토 히로부미가 처단된 같은 날짜 26일에 맞추어 교수형을 집행했다. 안 의사는 대한제국 참모총장 신분으로 총살형을 요구했으나 일제는 이를 거부하고 단순 테러리스트로 집행했다. 그의 나이 32세였다. 순국 후 두 동생은 유해를 인수하기 위해 찾아왔지만, 일제는 안 의사의 묘지가 독립운동의 성지가 될 것을 우려해 유해를 끝내 넘겨주지 않는 만행을 저질렀다. 안정근 등은 법조문 적용의 잘

못을 지적했지만 소용없었다.

나랏일에 순사한 형에 대해 사형의 극형을 내리기까지 하고, 거기다가
시신도 교부하지 않으려는 너희의 참혹한 행동은 죽어도 잊지 않겠다.
(…) 언젠가 반드시 갚을 때가 있을 것이다.

형제는 소리치며 저항했다. 결국 정근과 공근은 형사들에게 끌
려 나가서 대련행 기차에 오를 수밖에 없었다. 마지막 미사도 보지 못
했으며, 지금도 안 의사의 유해는 물론 무덤조차 찾지 못하고 있다.[4]
당시 《대한매일신보》는 그의 마지막을 이렇게 정리했다.

안중근 씨가 그 아우 두 사람에게 부탁하기를 나는 필연 감옥에서 죽
을 터이니 우리 한국이 독립되기 전에는 나의 시체를 반구하지 말고
합이빈공원 근처에 묻어서 세계에 나라 망한 인종으로 하여금 경성케
하라 하엿다더라.
안중근 씨의 아우 두 사람은 그 형의 원함을 인하여 한국 변호사에게
의뢰하기를 검찰관에게 문의한즉 뜻대로 하라 한 고로 그 모친에게 기
별하고 일변 서울변호사회에 편지를 하엿는데 안병찬 씨가 변호할 자
로 이미 도착하엿다가 고등법원장이 귀임한 후에 홀연 방침이 변하여
외국 변호사를 일병 허락지 아니하고 다만 관선 변호사로 색책만 하는
고로 안씨 형제 두 사람이 크게 낙심한다더라.[5]

안중근은 순국 직전에 자신의 가계를 포함한 자서전을 집필했다. 《안응칠 역사》는 1909년 10월 26일 하얼빈에서 이토 히로부미를 저격한 뒤 여순감옥에 수감된 그해 12월 13일부터 적기 시작해 이듬해인 1910년 3월 15일 탈고한 자전적 옥중 수기다. 《안중근 의사 자서전》이라고 하기도 한다. 여기에도 그의 동생 정근과 공근에 대해 기록했다.

중근과 공근이 자기주장이 강한 호걸형이었다면, 정근은 성격이 온순하고 포용력을 갖춘 외유내강형이었다. 친형제인데도 성격은 조금 달랐다. 이에 관한 백범 김구의 증언이 전해온다. 갑오농민전쟁 당시 접주였던 김구가 갑오농민전쟁 이듬해인 1895년에 안 진사를 찾아왔다. 안 진사는 동학군 토벌자의 처지였으나 백범의 인품을 잘 아는지라 서로 두텁게 지내고 있었다. 백범은 안 진사에게 몸을 의탁했고, 그때 중근, 정근 형제를 만나게 됐다. 백범은 《백범일지》에서 안 진사의 맏아들 중근이 사격술이 뛰어나고 사냥을 즐긴다고 했다. 황해도의 내로라하는 사냥꾼이 식객으로 드나들던 집안 분위기 속에서 중근은 어릴 적부터 사냥을 배웠다. 실제로 하얼빈에서 안중근이 쏜 총알은 이토 히로부미를 정확히 맞추었다.

안 진사는 자기의 아들과 조카 들을 위해 서재를 만들었다. 당시 붉은 두루마기를 입고 머리를 땋아 늘어뜨린 8, 9세의 정근·공근에게는 "글을 읽어라", "글을 써라" 하고 독려하면서도 맏아들 중근에게는 공부하지 않는다고 질책하는 것을 보지 못했다고 《백범일지》에 기록했다. 반면에 동생 정근은 글 잘 읽는 도련님이었다.

양정의숙을 중퇴하고 마침내
연해주로 망명

1909년 10월 26일 안중근 거사 이후 안정근의 생애는 형으로부터 절대적 영향을 받았다. 안정근은 안중근의 동생이라는 이유만으로도 모든 한국인의 존경을 받았으나, 그와 그의 가족은 일본의 위인을 쏘아 죽인 흉한의 가족으로 낙인찍혀 일제의 가혹한 탄압을 받았다. 안정근에게는 선택의 여지가 없었다. 그는 일생을 독립운동에 바쳤다.

맏형을 대신해 가장 역할을 떠맡게 됐으나 가족의 삶은 예전과 달라졌다. 친일파는 일본에 사죄단을 파견하고 동상을 건립하자고 날뛰었으며, 총리대신 이완용이 사죄하러 일본으로 달려가고, 각 학교는 조의를 표한다는 명목으로 강제휴교를 해야 했다. 이런 상황에서 안정근은 결단을 내렸다. 그는 양정의숙 교사들에게 학교를 떠나겠다고 말했다. 당시 교사들과 이별하는 장면이 기록으로 남아 있지는 않지만, 실로 망국의 암울한 시대 분위기였을 것이다.

그는 형이 활동하던 연해주로 삶의 거점을 옮긴다. 1910년 봄에 모친과 누이동생, 안 의사의 유족과 자신의 가족, 동생 안공근의 가족 등 20여 명의 혈족을 이끌고 연해주에서 망명 생활을 시작한다. 정착지는 블라디보스토크 인근의 아늑한 연추(煙秋, 크라스키노)였는데, 살기 적당한 곳이라 한인 동포들이 많이 모여 살았다. 연해주는 안중근이 의군을 조직한 거점이었고, 단지동맹으로 이토 히로부미를 처형하게 되는 출발점이었다. 따라서 연해주에는 안 의사와 연계된 한인이 살고 있었고, 안정근이 일족을 이끌고 그곳으로 망명한 것은 당연했다. 그곳에는 유력 인사 최재형, 최봉준 등이 주도하는 '안중근 유족 구제공동회'가 조직되어 있었다.

안중근의 친동생인 점이 사람들에게 신뢰감을 주는 데 도움이 됐겠지만, 안정근 자신의 인품도 출중했다. 안정근의 정치 노선과 독립운동에 큰 영향을 미친 인물은 도산 안창호다. 연해주 정착 자체도 도산의 도움이 컸다. 오랫동안 관계가 지속됐고, 안정근이 독립운동의 훌륭한 지도자로 성장하게 되는 계기가 됐다. 안중근의 가계는 김구와도 밀접한 관계가 있었다. 안공근은 김구의 최측근으로 활약했다. 안정근의 딸 미생은 김구의 맏아들 인과 혼인했고, 김구의 수행비서 역할도 했다.

일제는 안정근을 끊임없이 감시했다. 1910년에 "안병찬, 고병은, 안정근, 안공근 4씨(氏)가 동일한 여관에서 유연(留連)하는데 순사 한 명이 내류(来留) 보호한다더라"라는 기사가 실린다.[6] 동향을 밀착 감시한다는 뜻이다. 블라디보스토크에서는 암살 계획도 있었다. 일제는 이범윤, 안레온체프(블라디보스토크한인회 부회장), 안정근 등을 기록하고 '의사 안중근'을 들먹인다.[7] 1910년대 블라디보스토크 일본영사관으로 조선인 밀정의 보고가 끊임없이 올라오는데 이강, 최봉준, 이갑 그리고 안정근이 자주 언급된다.[8] 안정근이 1910년 9월 30일에 안창호를 만나는 것도 보고됐다.[9] 당시 블라디보스토크 일본영사관이 파악하고 있던 배일 조선인 명부에서 홍범도, 이상설, 이범윤 등이 눈에 띄는데, 당연히 안정근도 포함된다. 안정근에 관해서는 안중근의

해방 후 경교장에서. 왼쪽부터 장우식, 김구의 며느리 안미생, 김구, 김구의 비서 안우생

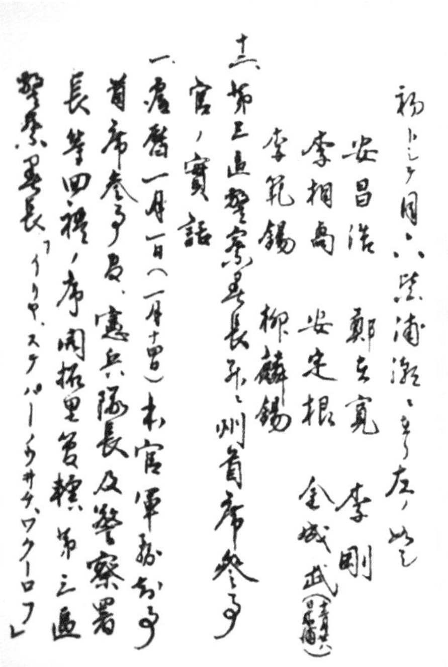

和トシテ目ハ浦潮ニテ左ノ如シ

安昌浩　鄭在寛　李剛
李相卨　安定根　金成武(鑄)
李範錫　柳麟錫

十三、第三区警察署長ヨリ州首席参事官ノ實話

一、露暦一月一日(一月十四日)本官軍務知事首席参事官、憲兵隊長及警察署長等四種ノ席ニ閏振里第三区警察署長「イワン・スナハーイチサチ、ワクーロフ」

연해주 조선인 동정에서 주목한 핵심 인물에 안정근이 올라 있다. 1911년 기밀 232호

동생임을 항상 명시했다.[10]

이듬해인 1911년 1월 13일 이후 블라디보스토크 지방 조선인 동정에서 일제는 안창호와 정재관, 이강, 이상설, 이범석, 유인석, 안정근 등을 주목한다.[11] 안중근의 가족은 1911년 4월에 흑룡강성 목릉현으로 이주했다. 목릉은 북만주지만 러시아 조계지여서 몸을 피하기에 적절했다. 거기서 안창호와 이갑의 도움으로 농토를 마련할 수 있었다. 목릉 시절 그의 이력서에는 1911년부터 1912년까지 아라사 보병으로 근무했다고 되어 있다. 1912년 동생 공근과 함께 러시아에 귀화 선서를 하고 러시아 국적을 취득했다.[12]

연해주에서 대한독립선언과
벼농사 시도

1918년 음력 11월 중국 길림에서 조소앙, 안창호, 김교헌, 김규식, 김좌진, 이동휘, 이동녕, 이범윤, 이시영, 박은식, 신채호, 이상룡 등 39인이 〈대한독립선언서〉(일명 무오독립선언서)에 서명하고 한국 독립의 당위성과 육탄혈전의 무력적 대일항전을 세계에 선포했다. 〈대한독립선언서〉는 1919년 2월 8일 일본 도쿄에서 발표된 2·8독립선언과 함께 3·1운동 발발의 계기가 된 최초의 독립선언서다. 이때 안정근은 국외에 있는 독립운동계의 거두 39명 가운데 대표자로 들어갈 만큼 한인사회에서 두터운 신망을 얻고 있었다. 흥미로운 것은 안정근이 양정의숙 출신인데, 조소앙이 양정의숙에서 잠시 교편을 잡았다는 점이다. 조소앙은 양정의숙에서 법률을 가르친 적이 있었다. 〈대한독립선언서〉에 참여한 이들은 3·1운동 이후 성립된 대한민국임시정부의 주역으로 참여하게 된다.

안정근은 연해주에서 안창호와 모든 일을 의논했다. 동생 안공근이 1920년대 중반부터 안창호 세력과 대립한 반면, 안정근은 안창호를 형님으로 모시며 그의 독립운동을 도왔다. 따라서 1911년 봉밀산에서 전개된 독립운동기지 개척운동, 1920년대 전반 상해와 북경에서 펼친 독립운동, 1920~1921년 북간도에서 진행한 독립단체 통합운동, 1925년 북경 근처에서 실시한 농장 개척운동, 1920~1930년대 흥사단 활동 등은 안창호와 긴밀한 연계하에 이루어졌다. 일제강점기 말 흥사단이 해산하는 문건에도 안정근이 명단에 이름을 올린 것으로 보아 해방될 때까지 안창호와 행보를 같이한 것으로 보인다.[13]

안정근에게 도움을 준 인물로 연해주에서 갑부였던 최재형을 꼽을 수 있다. 1860년 함경도 북단의 경원에서 가난한 농민의 아들로 태어난 최재형은 9세에 연해주로 이주해 선원 생활 등 모진 고생 끝에 부를 일군다. 러일전쟁을 계기로 러시아군 납품 사업을 하면서 물질적 기반을 확보한다. 러시아 정부의 신망도 얻었으며, 재러 한인사회의 지도자로 성장한다. 그는 많은 돈을 내놓아 한인학교를 건립하고 항일운동에 뛰어든다. 1907년 최재형과 이범윤은 의병을 조직했으며, 이때 연해주로 망명을 온 안중근을 만났다. 의병부대는 두만강을 건넜으며, 안중근 등의 지휘로 일본군과 격전을 벌였다. 안중근 거사의 시발점인 단지동맹도 최재형의 집에서 이루어졌다. 생전에 안중근으로 하여금 하얼빈에서 이토 히로부미를 저격하도록 제의한 것도 최재형이었다. 그는 안중근을 러시아 법정에서 재판받도록 하려고 노력했으나 실패로 돌아가고, 안중근이 끝내 여순감옥에서 사형된 후 연해주에 당도한 안 의사 가족을 적극적으로 돌보았다.

안정근의 장모 왕재덕도 도움이 됐다. 왕재덕은 황해도 신천의 갑부로서 학교를 짓고 운영 자금을 대주는 교육 지도자였다. 하나밖에 없는 사위 안정근을 위해 장모는 헌신적으로 경제적 지원을 했다. 그러나 망명 생활 중에도 일제의 마수는 끊임없이 안중근 일가를 노리고 있었다. 안중근 의사의 장남 문생(분도)이 어린 시절 길에서 누군가 준 과자를 먹고 독살되는 등 신변의 위협이 늘 다가왔다.

러시아가 1914년 제1차 세계대전에 참전하자 노령에 거주하던 한인 중에는 러시아 군대에 입대해 참전함으로써 신변을 보호하고 또 실전 경험을 풍부히 쌓아 후일 적극적 항일투쟁을 벌이자는 움직임이 있었다. 당시 일제는 러시아에 공문을 보내 안정근을 체포해 일제에 넘기라는 요청을 한 상태였다. 일제의 협박과 회유 속에 일제강점기 말 안중근의 차남 안중생이 변절했다. 안 의사 의거 30주년인 1939년 일본 사찰 박문사(현 장충동 신라호텔 자리)를 방문해 이토 히로부미의 유족에게 '아버지의 죄를 속죄하겠다'고 나서면서 조선인의 분노를 샀다.

러시아 군대에서 제대한 안정근은 대다수 조선인이 경제적 기반을 찾지 못해 방황하고 가난을 면치 못함을 안타깝게 여겨 직접 벼농사를 시도했다. 생활 안정이나 경제적 향상 없이는 한인사회 성립이나 독립운동 기반을 이룰 수 없다는 판단으로 벼농사를 도입한 것이다. 한국인에게 능한 벼농사를 통한 기초 산업 진흥 활동이었다. 시베리아 땅에서 시도한 벼농사는 대성공을 이루었으며, 이주한 한인뿐 아니라 러시아인에게도 반향을 일으켰다. 상해에서 발간하는 《독립신문》은 안정근의 시베리아 벼농사 성공을 자세히 보도해 조국을 떠난 한인에게 경제적 자립 가능성과 희망을 심어주었다.

그런데 안정근은 전도유망한 벼농사 사업을 한인에게 물려주고 자신의 장남과 조카들 교육을 위해 상해로 이주한다. 망명 초기부터 1919년 늦가을 상해로 이주하기까지 10여 년간의 망명 생활 모습은 《독립신문》에 자세히 전해진다.[14] 안중근 순국 10년 뒤 안 의사 일가의 고단했던 삶을 잘 설명해준다.

안중근 순국 당시에 고향을 떠나 생활의 자신이 업는 10수인 그 일족이 혹은 적에게 쫓기며 혹은 빈한에 신고하다가 정근 씨 건투로 간신히 길림성 목릉현 동청철도 조차지에서 수년간 일가를 지지하게 됐다. 고 이갑 선생도 그 가족과 함께 차지(此地)에서 요양할세, 정근 씨는 그 가업을 전임(專任)하다. 그러나 대전 발발 후에 일본의 세력이 동청철도 연선에 퍼짐을 당하야 누차 가택수색을 당하고 부득불 아령 소왕령(蘇王營)으로 철이(撤移)하야 금(今)에 지(至)하다. 우수리스크에는 안 의사의 자당 및 미망인과 셋째 공근 씨 및 기타 가족이 재하고 (…) 의사의 자당은 해외에 내(來)한 후에 거의 영일(寧日)이 업시 동은 해삼위

1920년대 상해에서 살던 무렵. 왼쪽부터 안공근의 아들 우생, 안중근의 딸 현생, 안정근의 아들 원생, 안정근, 안중근의 아들 준생

로 서는 바이칼에 지하기까지 분주(奔走)해 동포의 경성(警醒)에 종사했고, 안정근 씨는 대한적십자회 부회장의 직에 재하며, 공근 씨는 다년 모스크바에 유학해 아어아문(我語我文)을 능하며 현금은 소왕령에서 가업의 감독과 본보에 기재한 바와 갓이 개척사업에 종사하는 중이다. 6~7년 전에 홍 신부를 수(隨)하야 덕국(德国)에 유학하던 의사의 종제 봉근 씨도 차음 상해에 재하다.

일제에 끊임없이 쫓기면서 안 의사의 유족과 일가족은 고단한 삶을 이끌어갔다. 안정근이 가계를 도맡았으며, 동생 공근은 러시아 유학을 다녀와 가업을 보살피던 정황이 잘 기록되어 있다. 안정근이 대한적십자회 부회장으로 활동했음도 확인된다. 《독립신문》은 또한 안씨 가문의 2세들이 민족교육을 충실히 받고 있다고 보도함으로써 독립운동가 후손 교육의 중요성을 부각했다. 상해로 이주한 후 안정근의 독립운동은 다시 본격적으로 전개됐다.

독립운동 전선 통합,
청산리전투에도 참가

1918년 상해에서 여운형, 조동호, 장덕수 등이 신한청년단을 창당하며, 이들은 1919년 대한민국임시정부(임정)의 주축을 이루게 된다. 신한청년단은 열혈 청년층이 중심이 됐으며 독립운동의 중심체로 기능한다. 1918년 길림에서 대한독립선언에 참여했던 안정근은 같은 해 상해로 가서 신한청년단 창당에 참여하며, 백범 김구와 함께 이사로 피임된다. 1919년 11월에 대한민국임시정부에서 국내조사원제를 실시할 때 안정근은 황해도 신천군 조사관으로 파견되어 활동하게 된다. 같은 해 상해 대한적십자회의 정기총회에서 부회장으로 선출되는 등 여러 조직에서 독립운동의 중추로 활동한다. 임시의정원 회의 기사에도 의원 안정근의 이름이 보인다.[15]

임정에서는 1920년 5월 17일 내무부 특파원 왕삼덕, 안정근 두 명을 간도 및 함경북도에 파견해 개정임시지방연통제에 의거해 함북 독판부를 재건했다. 안정근의 동향을 뒤늦게 파악한 1921년 1월의 조선총독부 신문에는 살벌하게 〈외적 운동에 실패한 대음모단 신연통제사건 대폭로, 각 단체를 결속해 독판부를 조직하고 조선 독립을 하고자 한 대음모단체, 가정부에서 안중근 제 안정근을 간도에 파견해 독판부를 설치코자, 회령경찰서에 전부 검거된〉이라는 제목의 기사가 실린다.[16]

안정근은 대한국민회와 북로군정서 간의 군사 통일 조정에 기여한다. 임정은 지역 제한성을 극복하려고 국내와 해외 동포를 대상으로 연통제와 거류민단제를 실시했다. 간도 및 노령에 파견된 안정근과 왕삼덕은 대한국민회, 의군단, 군정서, 군무도독부 등의 수뇌자와 교섭해 임시총본부 설치와 동의를 받았다. 임정은 독립전쟁에 필요한 군사제도의 근간을 정비한 데 이어, 노령·중령의 독립군단체를 실질적으로 관할하려고 독립군 편성에 적용될 군구제를 실시하고자 했다. 안정근이 북간도에 간 것은 이 같은 이유에서였다.

1920년 무렵 서·북간도에는 무려 124개의 독립군단체가 활동하고 있었다. 안정근과 왕삼덕은 간도의 사정을 고려해 각 단체의 수뇌부를 개별적으로 만난 뒤 전체 모임을 가지고 민사는 거류민단으로, 군사는 군사령부로 분임해 통일하고자 했다. 안정근과 왕삼덕의 중재 노력에 힘입어 북간도의 분열된 독립군단체들이 통일의 전기를 마련했다. 북간도 독립군단체의 통일 논의는 빠르게 진전되어 1920

년 7월 1일, 7일, 20일 3회에 걸쳐 각 단체 대표자회의가 열렸다. 군무기관이 통합되어 대한군정서를 동도군정서로 개칭해 서장에 서일, 사령관에 김좌진을 임명하고, 안정근은 이들 군무기관의 고문이 되어 임정의 명령을 받도록 했다. 그러나 이러한 통합운동도 일제의 간도 대학살 등으로 실패로 돌아가고 만다.[17]

1920년 10월 21일부터 26일까지 벌어진 청산리전투의 아군 피해 상황을 정확히 보고한 이는 안정근이었다.[18] 안정근은 상해 임정에 비밀 보고서를 제출했다. 직접 독립군부대에 종군했으며 독립군부대 전사자가 130여 명, 부상자가 300명이라고 보고했다.[19]

안정근은 1922년 2월 23일 자《신한민보》기사에〈북간도와 아령 시찰기〉를 크게 쓴다. '참화가 중복 조우한 것이 10만의 군인 동포, 방황하는 늙은 부로와 어린 아이들'이란 부제가 붙어 있다. 북간도, 상해, 두만강, 돈화현, 영안현, 송화강, 러시아 흑룡강주, 연해주 등이 그가 방문한 곳이다. 그는 "북간도와 아령 동포의 독립운동에 관한 정황을 시찰하기 위해 민국 3년 4일경에 상해에서 간도 지방에 도착해 3월 10일 이후로 경과된 제반 실정과 사실을 보고 듣고 그 대략을 이에 기록하나이다"라고 썼다. 부제에 재미동포의 원조를 당부하고 있다. 북간도에 거주하는 70만 명의 동포가 3·1운동 후에 감응되어 열성적으로 활동했다. 같은 해 3월 15일에 3만여 명이 용정촌에서 대대적으로 회합을 했다. 이때 중국군이 무력으로 개입해 청년 17명이 죽고 많은 이들이 산간으로 피난을 갔다. 3만여 군중은 맨주먹으로 대항할 도리가 없어 하늘을 우러러보며 통곡하고 전열을 가다듬어 단체를 만들었다. 마침내 무장 세력이 출현했다.

　　이처럼 독립운동사에서 안정근의 대표적 업적은 북간도 독립군 단체의 통합운동을 주도한 일이었다. 헌신적 활동 덕분에 극심한 갈등을 빚던 북만주의 여러 독립군단체는 통합 부대로 변모했다. 적대적이라기보다 출신과 조직의 성분이 달랐던 탓에 단체끼리 반목과 갈등이 자주 일어나고 있었다. 안정근의 포용적 인품에 힘입어 통합을 이뤄낸 독립군단체들은 힘이 배가 됐고, 곧 1920년 청산리전투에 참여해 일본군을 무찔렀다. 김좌진이 지휘하는 북로군정서, 홍범도가 지휘하는 대한독립군이 연합해 이루어낸 성과다. 여기에 도움을 준 이들은 체코와 슬로바키아의 독립군인 체코슬로바키아 군단이었다. 블라디보스토크에서 철수하기 전에 일부 무기를 북로군정서에 판매한 것이다.[20]

　　어쨌든 청산리전투가 끝난 후, 안정근은 1921년 혼춘(琿春)에서 휘하에 15명을 데리고 무장한 뒤 돈화현과 연길현 삼도구에서 독립운동 선전 및 군자금 모집 등의 활동을 통해 직접적 군사적 투쟁은 물론이고 간접적 군사적 지원에도 기여했다. 같은 해 상해에서 조직된 시사책진회(時事策進會)에 참여해 독립운동의 방략과 편견 등을 조정하는 데 주력했다. 상해에서는 중한호조사(中韓互助社)를 설립해 중국인과 친화를 도모하고 《독립신문》을 발행했으며 군자금 모금 활동을 전개했다. 5월에는 대한민국임시정부 임시의정원 의원에 선출됐다.

최후까지 주력한
대한적십자사 활동

안정근이 평생 지속적으로 전개한 것은 적십자사 활동이다. 그는 1910년대 중반에 목릉과 니콜스크(우수리스크)에서 독립운동가와 그 가족을 후원했고, 1920년대 전반 상해에서 대한적십자회 부회장으로서 난민 구제에 힘썼다. 1919년 4월 상해임정 수립 이후 조선의 독립을 위한 수많은 노력이 펼쳐지는데, 그 가운데 상해에서 그해 7월에 대한제국의 적십자회가 대한민국적십자회로 재건된다. 이에 미주 및 러시아 해외동포도 대한적십자회 지부를 만들어 인도주의 활동을 전개하려는 움직임을 강하게 나타낸다.[21] 1919년 9월 러시아 연해주의 니콜스크에 그 임시 지부가 설치되기에 이른다. 그해 회원 999명 가운데 니콜스크 95명, 이르쿠츠크 148명, 톰스크 34명으로 보고됐다. 1919년에 안정근은 대한적십자총회사검으로 이름을 올렸다. 1922년에는 직급이 올라서 대한적십자회 부회장으로 올라 있다.[22] 같은 해 《동아일보》는 〈재상해 '대한적십자사' 총회, 사장은 안정근이 취임하고 널니 주의를 션전할 터라고〉라는 기사를 썼는데, 부회장 피선을 사장으로 잘못 표기한 것이 아닌가 한다.[23]

　　안정근은 청산리전투에서 부상한 병사들과 러시아로 이주한 독립군을 위한 구호 활동을 벌였다. 그는 해방 이후에도 상해에서 대한적십자회 회장으로서 동포들의 구호 활동을 펼쳤다. 이러한 활동은 그의 후덕한 인품, 안중근의 동생이라는 영광스러운 배경, 적십자사

어머니 조마리아(가운뎃줄 왼쪽에서 세 번째 흰 한복 차림)의 회갑잔치, 러시아 니콜스크, 1922년 4월

운동을 통한 인류애적 헌신, 독립운동계의 거목 안창호의 지원, 처가의 막대한 경제적 지원 등이 종합적으로 작용한 결과였다.[24]

안정근은 1926년부터 1936년까지 조국 광복을 대비해 조선(造船) 사업으로 위장하고 공작선 건조에 주력했다. 그런데 선박 구입 건은 이미 1910년에도 있었다. 기선 구입 계획안이 있었는데, 이갑·이강·안창호 등과 함께 안정근도 포함돼 있다. 생우 수입상 최봉준(崔鳳俊)과 연계된 일이었다.[25]

1927년에 풍찬노숙을 하던 안정근의 어머니 조마리아가 상해에서 사망한다. 《중외일보》의 기사는 〈파란 겪은 70 평생, 놀라웁다는 여운홍씨 담〉이라는 기사에 안중근, 안원생, 안정근, 안공근을 등장시

컸다.[26] 이 신문 기사를 쓸 당시 《중외일보》 사장은 양정의숙 출신의 백산 안희제였으며, 그는 안 의사의 집안을 잘 알고 있었다.

일제강점기 말로 치달으면서 일제의 광기도 강해졌으며 안정근에 대한 포위망도 조여든다. 안정근은 더욱 더 거세지는 일제의 탄압에 홍콩으로 피신한다. 1930년대에 작성된 조선 사상가 명부에 안정근, 안공근 그리고 안종원까지 올라 있다.[27] 일제강점기 말인 1939년 일제가 작성한 사상통제사 자료에 따르면,[28] 안정근을 안중근의 실제(實弟)로 기록하고 그를 다음과 같이 평가했다.

- 1919년 3월 3·1운동 이후 중국에서 강경한 배일운동을 함
- 특기할 만한 계통이나 주의는 없으나 농후한 배일사상을 갖고 있으며
- 동지 간은 물론 관리공서(官吏公署)의 신망이 두텁고 항상 이들 관헌의 배일책동의 선구가 됨

1934년 신문에는 〈중국복의 단발녀 검거, 비밀리에 엄중 취조, 안정근 부인? 연락 관계 추궁 본정서(本町署) 맹활동 개시〉라는 기사가 뜬다. 안정근의 부인이 어떤 활동을 한 것을 일제가 추적한 것인데, 부인을 체포해 조사한 기록으로 보인다.[29] 이런 어려운 상황이 지속되는 가운데 1939년 6월 안정근은 뇌병을 얻게 된다. 몸부터 추슬러야 할 어려운 상황에 봉착한 것이다. 안정근은 그러나 곧바로 조국으로 돌아오지 못했다. 1949년 3월 17일 형이 순국한 여순에서 안정근은 세상을 떠났다. 인천의 외국문화관장을 맡고 있던 장남 원생에

게 사망 소식이 전해졌다.[30] 1910년 일가족을 이끌고 북간도를 거쳐 연해주로 망명길에 오른 지 39년 만이었다. 4월 10일 안정근의 유해가 인천항에 도착, 안원생에게 인계되고 천주교회에서 추도 미사를 올렸다. 부의금 전액을 대한소년인천부연합회에 기부했다는 기사가 실린다.[31]

평생 독립운동 전선에서
산화한 공근과 명근

안정근의 동생 공근은 평생 독립운동에 복무했다. 특히 특무공작에 헌신했다. 20대 중반에 형 안정근을 도와서 일제 밀정을 처단하고, 1930년대에는 김구와 함께 이봉창 의거와 윤봉길 의거에 관계했다. 그러나 안공근은 1939년 5월 30일에 홀연히 살해되어 현재까지 그 유해를 찾지 못하고 있다. 살해 사건은 여전히 미궁이다. 정근과 공근 두 형제는 맏형의 뒤를 이어서 한평생 항일독립운동 전선에 몸을 바쳤으며, 두 형제 모두 쓸쓸하게 최후를 맞이했다.

안중근의 사촌동생 안명근도 1910년 12월 비밀리에 무기를 마련해 조선총독부 초대 총독 데라우치 마사타케를 습격하려 했다. 안명근은 종형 안중근의 쾌거를 본받아 치밀하게 거사를 준비했다. 그러나 일본 헌병대에 이 사실을 밀고한 자가 생겨나서 안명근은 전국에 지명수배가 됐다. 은신 중이던 안명근은 압록강 철교 준공식에 데라우치가 참석할 것이라는 소식을 들었다. 안명근은 평양역 근처에 대기하면서 공작을 준비하던 중 일본 경찰에 잡히고 말았고, 모살미수죄(謀殺未遂罪)로 종신형에 처해졌다. 이 사건을 계기로 일제는 안명근이 신민회 회원임을 알게 됐다.

1911년 1월 일제는 전국 경찰에 명해 윤치호, 양기탁, 이승훈, 유동열, 김구, 김홍량, 최명식, 도인권, 안태국 등 신민회 민족지도자 600인을 검거했다. 그중 105인을 기소한, 이른바 105인사건이다. 안명근의 데라우치 사살 미수 의거로 인해 신민회사건과 105인사건이 연속적으로 일어난 셈이다. 박은식은《한국독립운동지혈사》에서 "해서 지방 명문 재사치고 이를 면한 사람은 한 사람도 없었다"라고 하여 많은 이들이 안명근 사건에 연루됐다고 밝혔다. 이처럼 안중근 일가는 독립운동 전선에서 산화해갔다.

안정근 _ 안중근의 뒤를 따라, 온 가족이 독립운동전선으로

안희제

白山 安熙濟
양정의숙
1885~1943

백산상회,
경제를 통한
독립운동의 총본산

노블레스 오블리주의 상징,
부자의 품격을 보여준 거인

백산(白山) 안희제는 백범 김구, 백야 김좌진과 더불어 독립운동 삼백(三白)으로 불렸다. 아호 백산은 백두산을 줄인 말이고, 훗날 세운 백산상회도 호를 딴 것이다. 아호를 큰 스케일로 정한 만큼 크게 살다 간 근대 인물사의 걸물이다. 그는 노블레스 오블리주의 상징이자 '부자의 품격'을 보여준 거인이었다.

백산은 1885년 경상도 의령현 부산면 입산동(현 경남 의령군 부림면 입산리)에서 태어났다. 족형인 서강(西崗) 안익제에게 한학을 가학으로 배웠다. 그가 한학에 뛰어났음은 19세이던 1903년 7월에 경남의 선비들과 지리산과 섬진강 일대를 두루 유람하며 남긴 한시 32수에서 확인할 수 있다. 《남유일록(南遊日錄)》에 한시 32수가 〈백산시초(白山詩抄)〉로 묶여 실려 있다. 이는 안희제가 구국운동에 본격적으로 뛰어들기 전에 지은 한시 모음집이다. 그의 자찬 문헌이 희소한 실정

103

에 비추어 귀중한 사료로 평가된다.[1] 그러나 저물어가던 나라에서 구학문만으로는 새롭게 다가오는 세계사적 흐름에 대처할 수 없었다. 그가 상경을 꿈꾸자 집안 어른들은 좀 더 상황을 보자고 만류했다고 한다.

백산은 사립 흥화학교에 입학해 신학문을 배우게 된다. 흥화학교는 1898년 특명전권공사로 구미를 섭렵하고 돌아온 민영환이 세운 학교로, 중등교육을 목적으로 교과목 중 영어를 중시했다. 당시 대부분의 학교는 선교사가 세웠으나 흥화학교는 한국인이 세웠다. 학생 수가 불어나서 1899년에는 주간 47명, 야간 79명으로 126명에 달했다. 서울뿐 아니라 지방에도 학교를 만들었는데, 경북 대구와 안동에 분교가 있었다. 민영환이 을사조약에 비분해 1905년 11월 자결한 뒤에도 학교는 계속 운영되다가 1911년에 폐교됐다. 백산이 흥화학교 출신인 것으로 보아, 여기서 영어 등 외국어를 습득하고 다양한 신학문을 접했을 것이다.

백산은 더 전문적 신지식을 습득할 생각으로 스무 살이 되던 1905년 보성전문학교 경제과에 입학했다. 보성전문은 양정의숙과 동일하게 1905년에 개교한 근대적 사립 고등교육기관으로 대한제국 탁지부대신이자 군부대신을 거친 이용익이 설립했다. 천도교로부터 재정 지원을 받았다. 법률학, 이재학, 농업학, 상업학, 공업학의 5개 학과와 외국어학 특설과가 설치됐는데, 백산이 어떤 것을 선택했는지는 불분명하다. 처음에 농업학과 상업학, 공업학에 지원자가 없던 것을 보면 이재학을 택했을 것이다. 이재(理財)는 재물 관리를 뜻하므로

안희제

경제와 상업에 관심이 있던 백산에게 맞는 학과였다. 그러나 당시 보성전문에서 교주배척운동이 벌어지고 있어 보성에서 중퇴하게 된다. 이용익은 민씨 일파의 인척이기는 하나 1905년 을사조약에 공개 반대했고 그 과정에서 투옥됐으며, 러시아로 망명해 독립운동을 계속하다가 상트페테르부르크에서 피살됐다. 이러한 생애를 보면 1905년의 배척운동은 이용익보다는 초대 교장 신해영을 향한 것이었다. 신해영은 고종 대의 관비 유학생으로 일본 최초의 사립학교인 게이오기주쿠대학(慶應義塾大學)에서 경제학을 전공했으며, 그의 저서가 금압되는 등 애국계몽운동에 헌신했다.[2] 당시 배척운동의 실체는 불분명하나 백산은 입학하자마자 이 운동으로 인해 중퇴한다.

아무튼 백산은 1906년 21세 되던 해에 양정의숙 경제과로 전학했다. 양정의숙을 졸업한 나이는 3년 뒤인 24세였으며, 국권피탈 직전인 1909년이었다. 양정의숙과 보성전문은 같은 대학 수준이라 수평 이동이 가능했다. 당시 보성전문은 현재의 조계사 터인 김교헌(훗날 대종교 종사)의 기와집을 매입해 학교 건물로 썼다. 안희제는 한때 이곳에서 학교에 다니다가 가까운 광화문 도렴동의 양정의숙으로 옮긴 것이다. 전통 한학의 토대 위에 근대 신지식을 결합해 비약적으로 성장해 나감으로써 이후 민족운동의 동량이 될 기초를 양정의숙에서 마련하게 됐다.

흥미로운 것은 1906년 11월 28일 도쿄에서 열린 재일본유학생회의 '민충정공 순국 1주년' 모임에서 찍은 기념사진 속 많은 유학생 사이에 백산이 등장한다는 점이다. 양정의숙에 다닐 때 일본으로 건너가 도쿄에서 유학생들과 교유하고 있었다는 증거다. 단순한 학생이 아니라 광폭 행보를 하고 있었음을 알 수 있다.

백산은 양정의숙에 다닐 때 경상도 출신 재학생들과 함께 1907년 교남학우회를 조직해 임원으로 활동했다. 빈궁한 학생에게 학비를 지원하고 동·하기 방학을 이용해 순회강연으로 애국사상을 고취했다. 1908년에는 영남 유지들과 교남교육회를 조직해 《교남교육회잡지》를 발간하고 애국계몽운동을 전개하면서 사립학교 설립 재원을 마련코자 했다. 한양으로 유학을 왔지만 끊임없이 자신의 토대인 영남을 거점으로 활동했음을 알 수 있다.

양정의숙을 졸업한 후 고향으로 돌아온 백산은 신학문을 가르치는 소학교설립운동에 뛰어든다. 부산 동래 구포에 구명학교, 자신의 고향인 의령에 의신학교를 세웠다. 1909년 9월 9일 열린 구명학교 개교식 사진을 보면, 비교적 큰 기와집 앞에서 무려 100여 명의 학생과 교사들이 촬영에 임하고 있다. 학교 규모가 상당했음을 알 수 있다. 백산은 구명학교 교장으로 2년간 봉직했다. 학교 건립에 문중 재산을 투입했는데, 문중의 반대에 봉착한다. 다행히 그의 일가이자 지사였던 안효제(安孝濟)가 도움을 주었다. 의령군 부림면 입산리에는 창남학교가 어렵게 만들어진다. 1908년 사진을 보면, 창남학교는 기와집을 이용한 작은 건물이었다.

백산은 여기서 그치지 않고 1909년 10월 동래에서 조직된 대동청년단에도 참여했다.[3] 대동청년단은 신민회 계열 영남 청년이 주축이었다. 단장은 남형우가 맡았고, 그는 부단장을 맡았다. 초기 단원은

107

남형우, 서상일, 김동삼, 신채호, 윤세복 등이었다. 남형우는 후에 임시
정부 법무총장이 됐고, 서상일은 광복단과 조선국권회복단 활동, 무장
투쟁가 김동삼은 신흥무관학교에서 독립군을 양성하고 서로군정서에
서 참모장을 지냈다. 윤세복은 대종교에 입단해 3대 교주가 되며 포수
단으로 항일투쟁을 전개했고, 신채호는 문장가이자 역사가로 활동했
다. 이들은 모두 백산 안희제와 밀접한 인간관계를 맺고 있었으며, 이
후 만주에서 백산이 활동하는 데도 연관됐다. 대동청년단도 신민회처
럼 항일독립운동을 지속적으로 펼치기 위해 비밀결사 형태로 운영됐
다. 단체 구성원 가운데는 백산상회에 관련된 인사가 유독 많았다. 훗
날 서술된 대동청년단 단원 윤병호의 회고록에 잘 나타난다.

경상도 출신 박상진도 1906년 입학생이므로 백산과 동문수학
한 사이였다. 둘의 대화나 친교 상황은 정확히 알려진 것이 없다. 그
러나 동시대 동급생으로 다녔고 같은 영남 출신이므로 교감이 없을
수 없었을 것이다.

상해 임시정부의 자금줄인
백산상회

1910년 경술국치가 일어났으며, 이듬해인 1911년에 백산은 블라디
보스토크로 건너간다. 모스크바와 만주 등지를 돌면서 망명 독립운동
가들과 구국 방책을 논의했으며, 최병찬과 함께 《독립순보》를 간행한

부산부 본정(현 동광동 3가)에 위치한 백산상회 본점

백산상회 명함

다. 대동청년단에서 활동하던 신채호·김동삼 등을 다시 만났으며, 김구·안창호 등 여러 독립지사도 만났다. 독립운동을 건실하게 추진해 나가자면 자금이 절대적으로 필요했다. 경제 이론에 밝은 안희제는 자금을 마련할 방책을 구상했다.

백산은 운동자금 조달과 연락을 위해 귀국했다. 구국운동도 경제 문제 해결이 선행되어야 함을 인식하고 영남의 대지주 이유석, 추한식 등과 함께 백산상회를 부산에 차린다. 백산상회는 부산의 구도심 중앙동에 위치했다. 백산은 의령에 있는 전답 2000두락(40만 평)을 팔아 기본 자금을 마련했다. 방대한 재산을 독립 전선에 내놓은 것이다. 부산지방법원에 상업 등기로 백산상회가 등록됐는데, 이는 1913년 11월 10일 자《조선총독부관보》에 등장한다.[4]

곡물·면포·해산물 등을 판매하던 소규모 개인 상회로 출발한 백산상회는 1919년 5월 자본금 100만 원과 주식 총 2만 주, 주주 182명의 백산무역주식회사로 확대됐다. 부산 본소 외에도 경북 대구부, 경기도 경성부, 함남 원산부, 만주 봉천성 심양현 등지에 지점과 연락사무소를 설치하는 등 대규모 회사로 성장했다.

1921년 자료를 보면[5] 백산무역주식회사는 자본금 100만 원, 불입금 25만 원으로 '내외국 물산 무역 및 위탁판매업'이 목적이다. 사장은 최준, 중역은 상무이사 최태욱, 이사 윤현태·안희제·강복순, 이사지배인 최순, 감사 전석준·김시구다. 주식 상황은 2만 주로 주주 수는 182명인데, 대주주는 안희제(2560), 최준(1800), 안익상(850), 정상환(640), 이우식(600), 이종화(560), 허걸(550), 정재완(500), 정재원

(500), 윤현태(400), 문영빈(390) 등이다. 최대 주주는 백산이었다. 공식 자료에는 설립일을 1919년 5월 28일로 기록했다.

1923년 자료에 따르면[6] 사업 목적에 내외국 물산 무역 및 위탁 판매업 외에 부동산 매매, 금전 대부업이 추가된다. 사장은 그대로 최준이었으나, 이사 문상우·윤현태·안희제·최순, 감사 김시구·문영빈으로 축소되고, 불입금도 50만 원으로 줄어든다. 본점 주소는 부산부 본정(本町) 3정목(丁目) 12였다. 1927년 자료에 따르면[7] 사장 안희제, 이사 이우식·정재완, 감사 윤병호·최태욱으로 축소되고, 업종은 상업으로만 기재된다. 1927년을 끝으로 회사는 사라지고 백산은 만주로 넘어가게 된다.

기업사적으로 볼 때 백산상회는 조선인이 세운 무역회사로서는 최초였다는 점에서, 더구나 지방에서 성립됐다는 점에서 당시 《매일신보》에서도 기사화할 정도로 주목을 받았다. 그런데 《백산공가장급유사약록(白山公家狀及遺事略錄)》에 따르면 백산이 1914년 9월에 귀국해 설립한 것으로 보았으나 연원을 1912년 전후로 보는 주장도 있다. 1917년 관보에는 "안희제는 부산에 합자회사 백산상회를 설립하고 자본금 14만 원으로 곡류 및 해산물 등을 무역한다"라고 기록돼 있다.[8]

상회 운영은 쉽지 않았다. 백산무역은 차입금과 이월결손금으로 인해 배당하지 못했고, 이는 주주들의 추가 불입 거부, 경영진의 주식 실권 처리로 이어짐으로써 결국 회사 내분을 야기했다. 백산무역의 차입금 부채나 이월결손금은 경영 실패로 인한 것이 아니라, 모두 합자회사에서 그대로 인계된 것이었다. 큰 채무를 지게 된 것은 단순히 경영상의 문제라기보다 많은 회사 자금이 독립운동 자금으로 제공됐기 때문이다.[9]

1910년대 국내 민족운동 결사체들은 공개 활동이 어려웠기 때문에 각종 상점과 곡물상회 등을 적극 활용했다. 이를테면 조선국권회복단과 연결된 대구의 태궁상회와 부산의 백산상회, 광복회의 거점이었던 대구의 상덕태상회와 영주의 대동상점 등은 잡화상이나 곡물상으로 운영되면서 연락 거점이나 운동 자금 조달 목적으로 이용됐다. 이들 상점은 독립적이었으나 어떤 연관성이 있었을 것이다. 가령 백산이 1919년 8월 4일 조선국권회복단사건으로 부산지방법원에서 열린 재판에 증인으로 출두한 문건이 남아 있다. 상덕태상회의 주역인 박상진은 양정의숙 동문이기도 했다.

일제강점기 초 민족자본의 활용에서는 몇 가지 두드러진 특색을 찾아볼 수 있다. 하나는 지방은행 설립이다. 한말 민족계 은행은 모두 수도 한양에서 설립됐다. 국권피탈 후 1912년부터는 각 지방에서 민족기업인의 발의에 의한 지방은행이 도처에 설립된다. 지방은행 창설은 지방의 지주 자본과 상인 자본 합작으로 이루어졌다. 국권피탈 후 식민지 관부로부터 금융 지원을 받지 못하는 민족기업을 육성하고자 하는 선각자들의 뜻이 작용한 것이다. 백산이 발의한 경남은행은 그 두드러진 예로서, 이 은행은 민족기업의 육성과 더불어 독립운동 자금의 공급원이기도 했다.

1919년 1월 18일부터 열린 파리강화회의에 대종교를 주축으로 한 상해 신한청년단에서 김규식 파견을 결정했다. 신한청년단은 1918년 상해에서 조직된 독립운동단체로 김규식, 여운형, 서병호, 문일평, 정인보, 신규식, 신채호 등이 관계했다. 제1차 세계대전 이후 국제 패권을 정리하는 자리에 외국어에 능한 김규식을 파견해 약소민족의 해방을 호소하기로 결정한 것이다. 그러나 파견 자금이 없었다. 상해에 있던 장덕수가 비밀리에 부산 백산상회를 찾아간다. 백산상회에서는 거금 3000원(약 1억 5000만 원)을 내놓아 김규식 파견을 지원했다.

신한청년단은 파리 공식 파견 이전에 우리나라의 독립 의지를 내외에 알리고자 길림에서 〈대한독립선언서〉를 발표했다. 1919년 3·1운동이 일어나고, 김규식은 천신만고 끝에 파리에 도착했다. 독립운동가 중에서 최고 엘리트 그룹에 속한 김규식의 파리 외교 활동에 백산상회의 자금이 동력으로 작용했다. 프랑스 식민지였던 베트남의 독립운동가 호찌민과 김규식의 관계도 주목된다. 30여 명의 신한청년단 핵심 단원은 1919년 4월 초 1000여 명의 동포를 배경으로 프랑스 조계에 독립임시사무소를 설치했다. 이것이 대한민국임시정부의 모체가 됐다.

백산은 회사 영업망을 독립운동 연락망으로 활용했으며, 회사를 통해 자금을 모아 임시정부로 보냈다. 백산상회는 당시 임시정부의 손꼽히는 자금줄 가운데 하나였다. 임시정부 초기 자금의 60퍼센트를 백산상회에서 댄 것으로 알려진다. 당시 백산상회에서 백산은 이사로 재직했으며, 경주 갑부인 최준이 사장을 맡고 있었다.

1919년 3·1운동이 벌어지자 남형우와 윤현진을 상해에 파견해 자금을 전달했다. 백산상회 직원이던 윤현진은 임시정부 초대 재정차장으로 활약한다. 백산은 회사 확장에 따라 부산상업회의소와 부산상업학교 이사를 역임했으며, 부산부 내 유지들과 더불어 부산진과 영도에 공립 보통학교를 설치했다. 이러한 경제 활동은 그가 양정의숙에서 경제학을 전공한 것과 무관하지 않다. 양정의숙에서 근대 경제 이론과 실무를 충분히 숙지했고 이는 훗날 기업 경영에 도움이 됐을 것이다. 3·1운동을 전후해 남형우 등과 국내외 연락을 담당했으며, 의령군에서 〈기미독립선언서(3·1독립선언서)〉 수만 장을 제작해 영남 각지에 배포하고 의령군의 독립운동을 지휘했다.

《왜정시대인물사료》에 따르면, 1916년 12월 이래 부산에서 백산을 도와 백산상회를 경영했던 윤현태란 인물이 있다. 그는 1919년 백산상회를 주식회사로 바꾸고 그 전무취체역(전무이사)이 됐다가 1926년 사임했다. 1919년 3월 중 백산과 함께 동생인 경남은행 마산지점장 윤현진에게 수만 엔을 주어 조선의 독립운동비로 상해 임시정부에 제공하게 한 혐의를 받았다.

고등경찰의 문건에 따르면, 조선총독부 경무국장은 외무차관에게 불온 신문 배부 건을 보고했다. 《국민보》를 압수한 건인데, 부산과 하와이(布哇)에 배포한 단체로 백산상회를 특정했다.[10] 1921년 9월 29일, 1921년 10월 8일에도 같은 보고가 올라갔다. 일경이 백산상회의 활동을 주목하고 있었다는 사례다. 1925년 북경·천진 부근의 조선인 동향을 정리한 기밀문서에도 백산이 포함되어 있다.[11] 백

산상회는 부산에만 거점이 있지 않았으며, 1921년에는 경성에도 지점을 설치한다.[12]

기미육영회의 유학생 파견과 중외일보 경영

1919년 11월 백산은 백산상회 관계자 및 영남 지방 유지들과 힘을 합쳐 기미육영회를 만들었다. 고등경찰이 1919년 작성한 기미육영회 자료에 따르면[13] 많은 인원이 기재돼 있는데, 백산상회에서는 4인이 참여했다. 당시 백산상회 전무취체역인 백산과 취체역인 윤현태 그리고 지배인인 윤병호가 간사, 백산상회 취체역인 조동옥이 평의원을 맡았다. 기미육영회는 설립 6개월 만에 회원이 43명에 이르렀고, 불입액은 5000원에 달했다.

기미육영회는 매년 학생을 해외에 보내기로 결정하고 유학생을 선발했다. 제1회 유학생으로 김정설, 이병호, 이제만, 전진한, 문시환 다섯 명이 뽑혔다. 부산에서 조직된 만큼 유학생은 주로 부산 근역에서 선발됐다. 하지만 경상북도의 전진한처럼 타도 출신도 전혀 없지는 않았다. 주로 일본으로 유학을 떠났는데, 이들 가운데 김정설은 소설가 김동리의 친형으로서 흔히 김범부로 알려진 인물이다. 그는 도쿄외국어대학 영어학과를 졸업하고 교토대학에서 철학과 석사를 청강했다. 함창 출신의 전진한은 와세다 제1고등학원을 거쳐 와세다대

115

학 정경학부 경제과를 졸업했다. 일본에서 협동조합운동사를 설립해 이끌었고, 해방 후 초대 사회부 장관을 지냈으며, 1953년 근로기준법을 제정하는 데 기여했다.

문시환처럼 의열단에 가입해 독립운동에 뛰어든 사람도 있었다. 문시환은 부산 동래 출신으로 도쿄 세이소쿠가쿠엔고등학교(일명 세이소쿠영어학교)를 졸업하고, 모스크바 동방노력자공산대학을 거친 후에 의열단에 입단해 공산당 사건에 계류됐다.[14]

일제는 당연히 기미육영회 동향도 감시했다. 부산경찰서에서 조선총독부 경무총장에게 보낸 문건에 무역상사 백산상회 관계자가 발의해 기미육영회가 발족했음을 밝혔고, 도쿄에 보낸 유학생 명단과 본적을 기록했다. 백산상회의 역원 명부와 기미육영회의 취지서도 실었다.[15]

안희제는 기미육영회와는 별도로 고향인 의령 후배들의 해외 유학도 도왔다. 안호상, 이극로, 신성모 등이 그 혜택을 입었다. 이극로와 안호상은 독일로 건너가 각각 프리드리히빌헬름대학(1949년 이후 베를린훔볼트대학)과 예나대학을 다녔다. 이극로는 언어학자로서 두각을 나타냈으며 조선어학회를 만들고 초대 회장을 역임했으며, 북으로 간 뒤에도 북한 언어 정책에 관여했다. 신성모는 영국 킹에드워드 7세 해양대학을 다녔으며, 한국전쟁기에 국방장관을 역임했다. 그는 1910년 보성전문학교를 졸업하고 블라디보스토크로 망명해 그곳에서 신채호와 백산을 만났다. 이들 의령 출신들은 모두 백산과의 만남을 통해 새 삶을 걷게 된 경우다.

백산상회는 일제의 감시를 피하기 위해 친일파를 가리지 않고 주주로 받아들였으며 일본 술집과 호텔, 백화점 등을 마다하지 않고 이용했다. 백산은 1920년 말 만주에서 돌아오던 중 압록강을 건너자마자 신의주에서 체포되어 무려 6년간 옥고를 치른다. 결국 1921년 8월에 백산상회는 자금난으로 경영 위기를 맞는다. 백산무역주식회사는 계속된 독립운동 자금 공급과 부채, 일제의 수색, 장부 검열 및 회사 간부에 대한 감금·고문 등의 탄압을 견디지 못하고 1927년 자진 해산하고 말았다.

1926년 백산은 민족자주정신과 경제적 실력을 배양해 독립을 쟁취해야 한다는 생각으로 일본 유학을 다녀온 전진한 등과 더불어 협동조합운동을 전개했다. 다음 해에는 이시목 등과 함께 자력사(自力社)를 설립해 잡지《자력(自力)》을 발간했다.[16]《자력》이 전해오는 것으로 보아 일군의 세력이 잡지를 매개로 모여들었을 것이다.

1929년에는 이우식 등과 함께 재정난에 빠진《시대일보》를 인수,《중외일보》로 개칭하고 주식회사로 전환해 사장에 취임했다.《중외일보》는 항일적 색채를 분명히 했다. 잡지《삼천리》는 1934년 신년호에《조선일보》,《동아일보》,《중외일보》등 주요 신문사 임원을 소개하는 기사에서 안희제를 다음과 같이 소개한다. 백산의 나이 45세 때 일이다.

가튼 신문사장이라 해도 제가 직접 붓을 들어 사시를 결정하며 또 지상으로 종횡비약하는 타입이 잇고 그러치 안코서 저는 사의 인격적 대표로 외면의 사교와 내면의 경영을 통관하고 잇는 두 개의 타입이 잇다. 동아의 송진우 씨는 전자형이며, 조선의 신양우 씨와 중외의 안희제 씨는 후자형에 속한다. 안희제 씨는 영남 창원 산으로 넌 45인 바 일시는 백산상회라는 물산상회를 경영해 200만 원의 거재를 능취하엿다는 데서 재정적 수완이 비범함을 알게 한다.[17]

백산이 발행인 및 편집인을 맡은 《중외일보》는 처음에 8면으로 발행했으며, 부사장에 이상협, 편집국장에 민태환 등 최고의 진용을 갖추었다. 4년간 신문사를 경영하면서 민족 언론의 입장에서 일제에 항거했다. 100만 부를 무료로 배포했다고 전해진다. 이로 인해 여러 번 발행 정지 및 휴간됐고, 결국 1930년 10월에 자진 휴간했다. 백산 은 《중외일보》의 뒤를 계승해 1931년 여운형이 재창간한 《중앙일보》 의 고문 역할도 수행했다.

만주에서 펼친 농장 경영과
대종교운동

일제의 더욱 가속화된 탄압을 견디지 못하고 백산은 만주로 눈길을 돌리기 시작한다. 백산은 일찍이 만주에 관심을 갖기 시작했으나 1931년에야 마침내 만주로 건너간다. 백산은 만주에서 대종교에 본격적으로 들어선다. 백산은 이미 27세, 즉 국권피탈 직후인 1912년에 입교한 대종교인이었다. 대종교는 만주 독립운동의 중심으로서《신단실기(神檀實記)》,《신단민사(神檀民史)》,《단기고사(檀奇古史)》같은 대종교에 대한 사서(史書)를 발간하는 등 민족주의 사관을 형성하고 민족의식을 고취했다. 이와 함께 포교 수단으로 교육 활동도 활발히 전개했다.

2대 교주 김교헌 시기에는 1914년 화룡현 평강 상리사 삼도구에 청일학교를 지었다. 각지에 산재한 교당에서도 강습을 실시해 민족의식을 고취했다. 이외에 왕청현에 설립된 창동학교, 1933년 안희제가 동경성(東京城, 현 흑룡강성 목단강시 영안시 동경성진)에 설립한 발해학교도 대종교계 학교였다. 교사진으로는 대종교 교주인 김교헌 외에 신채호, 박은식 등 민족주의 사학자들이 참여했다.

백산은 독립투쟁의 근거지 마련과 만주에 거주하는 조선 소작농의 자력갱생을 위해 옛 발해 터인 동경성에 발해농장을 세웠다. 동경성은 발해의 유서 깊은 역사가 어린 곳으로, 백산과 친했던 신채호는 이곳을 배경으로《조선상고사》를 쓰기도 했다. 조선 농민 300호를 유치하고 자작농창제(自作農創制)를 시행했다. 이주 농민에게 농장 소유 토지를 분배한 후 분배 토지에서 소작료를 거두는 대신 일정 기간 다른 토지를 개간하고 수로를 개설하도록 하는 제도다. 이 제도를 통해 한편으로는 자작농을 육성하면서 다른 한편으로는 발해농장도 확장하려는 것이었다. 농장 내에 발해학교를 설립해 이주 농민의 2세에게 민족교육을 실시했다. 이주 한인의 경제 기반을 안정시킴으로써 독립운동의 기지로 삼는다는 것이 그의 구상이었을 것이다.

발해농장 사무실

발해농장 수문 개통식(앞줄 가운데가 안희제)

발해농장에서 수문 개통식 고사를 지내고 농장원들과(뒷줄 왼쪽 두 번째가 안희제)
1936년 6월 5일

1934년 대종교 3대 교주이자 총본사의 도사(都司)인 윤세복을 동경성으로 맞이해 총본사를 이곳으로 옮기게 했다. 이후 대종교 참교·지교·상교를 역임했고, 교적간행회장으로서 《삼일신고(三一神誥)》·《신단실기》·《홍범규제(弘範規制)》·《종례초략(悰礼抄略)》·《한얼노래》 등을 간행해 종교를 통한 민족자주사상 고취에 힘썼다. 그러던 중 1942년 4월 신병 치료를 위해 귀향했다.

1931년 9월 일제가 만주사변을 일으키고 다음 해에 괴뢰 만주국을 수립하자, 대종교는 활동이 여의치 않았다. 포교의 어려움 때문에 윤세복은 1934년 일제와 교섭해 재만시교권(在滿施教權)인허신청서를 제출하고 포교 권리를 획득했다. 일제는 대종교 포교를 인정해 대종교 간부들의 경각심을 약화시킨 상태에서 그들을 파악했다. 대종교는 1934년 총본사를 동경성으로 옮기고, 특히 1937년부터는 발해 고궁 유적지에 천진전(天眞殿, 단군전)을 건립하는 등 민족혼을 지키는 데 열성을 다했다. 나날이 확장되던 교세 발전에 내심으로 당황하고 표면으로 회유하던 일제는 점차 내사와 감시를 엄밀히 할 뿐 아니라 교인을 가장한 밀정을 잠입시켜 교계의 동향과 간부들의 언행을 일일이 정탐했다. 1937년 동경성 보통학교 제1회 졸업식에 백산이 참석한 사진을 보면 1930년대 말까지는 만주에서 정상적 활동을 전개했음을 알 수 있다.

임오교변과 가혹한
대종교 말살 책동

1942년 하반기 태평양전쟁의 전세가 기울기 시작하면서 일제는 조선을 무차별로 탄압하기 시작한다. 대표적인 예가 1942년 10월에 발생한 조선어학회사건이다. 이극로의 편지를 빌미로 대종교가 조선의 독립을 도모했다면서 대종교 간부를 일제히 검거한다. 이극로가 조선어학회사건으로 조사를 받는 과정에서 대종교 교주인 윤세복에게 보낸 편지가 드러났는데, 이를 조작한 것이다. 이극로는 백산의 동향인 의령 사람이기도 하다. 천진전 건립 건으로 교주에게 이극로가 보낸 편지 속에 〈널리 펴는 말〉이라는 원고가 있었는데, 이를 일본 경찰이 압수해 '조선독립선언서'로 바꾸고, 그 내용 중에 '일어나라, 움직이라'는 대목을 '봉기하자, 폭동하자'로 조작했다.

조선어학회사건과 때를 같이하여 1942년 11월 19일 일제는 대종교 교주 윤세복(단애종사) 이하 25명을 동시 검거하는 임오교변을 일으켰다. 체포된 간부 25명 중 10명은 고문으로 죽었고 나머지는 투옥됐다. 대종교 교단 조직은 박살 나고 포교 활동은 중단됐다.[18] 백산은 임오교변 당시 신병 치료차 잠시 고향에 와 있었는데, 고향에서 체포되어 만주로 압송됐다.

백산도 만주 목단강 감옥에서 8개월여 동안 잔혹한 고문을 받았다. 9개월 만에 병보석으로 풀려났지만, 전신이 망가져서 아들이 부친을 알아보질 못할 지경이었다. 이듬해인 1943년 8월 3일 58세가 된 백산은 영제의원에서 고문 후유증으로 순국했다. 해방을 불과 2년 앞둔 해에 일어난 비극이었다. 임오교변으로 투옥된 대종교 간부 가운데 백산을 포함해 권상익, 이정 등 무려 10명이 고문으로 순국했다. 대종교에서는 이 10명을 순교십현 혹은 임오십현으로 추존하고 있다. 대종교 중광사에서는 백산의 30세 이후 20여 년 동안의 대종교 활동을 이렇게 정리한다.

> 27세 대종교를 신봉, 30세에 영계를 지수(祗受), 51세에 참교로 피선, 52세에 지교로 승진, 57세에 총본사 전강, 58세 천전건축주비회 총무부장, 동년 11월 19일에 의령에서 일경에게 검속되어 영안현서를 거쳐 목단강 경무처에 구금된 지 9개월 만에 인병 보석, 그 익일인 1943년 8월 3일 목단강 영제의원에서 귀천하시니 향수(享壽)가 59세라. 유해는 본적지에 봉장했고 5자 상록, 상훈, 상만, 상두, 상문이 극가(克家)러라.[19]

그런데 1956년 신문 기사에 〈안희제 선생 14주기 추도제 엄수〉 기사가 뜬다.[20] 광복은 됐지만 독립지사들이 제 대접을 받지 못하는 자유당 정권 치하였다. 추도제는 임진왜란의 영웅 정발 장군을 모시는 좌천동 정공단에서 열렸으며, 독립운동가 심산 김창숙이 참석했다. 뜻 깊은 장소에 뜻 깊은 인사가 참석한 것이다.

1962년 백산에게 건국훈장 독립장이 추서됐다. 부유한 집안에서 태어나 호의호식할 수도 있었지만 모든 것을 버리고 오로지 조국

124

광복에 헌신한 백산 안희제는 양정이 낳은 뛰어난 선각자이자 애국지사다. 부산 중앙동의 음식점과 술집이 즐비한 구도심에 백산기념관이 있어 그를 기리는 이들이 찾아오곤 한다. 기념관 앞 도로명도 백산로로 지정됐다. 기념관에는 백산의 국내 비밀결사 활동, 백산상회의 활동상 등이 일목요연하게 전시되어 있다.

　　백산의 고향인 의령 부림면에는 생가가 복원되어 보존된다. 독립운동의 산 교육장으로, 경남 문화재자료(제189호)로 지정됐다. 기와를 올린 안채와 사랑채, 건물 두 동이 사람들을 맞이한다. 백산의 생가는 의병장 곽재우의 생가로부터 불과 1킬로미터 떨어져 있다. 삼성을 만든 호암 이병철의 생가도 근처에 있다.

박준채

海村 朴準埰
양정고보 17회
1914~2001

만리동으로 올라온
광주학생항일운동의
주역

일명 댕기머리사건과
1929년 광주학생항일운동

일제강점기에는 동맹휴학 같은 집단행동이 자주 빚어졌다. 그로 인해 제적되는 학생도 많았다. 식민지의 슬픈 역사였다. 그런데 양정의 역사에서 꼭 기억할 것은 타 학교에서 제적된 학생을 흔쾌히 받아들였다는 점이다. 1929년 광주학생항일운동의 결과 전국의 많은 학생이 퇴학당했다. 양정은 일제의 압력에도 굴하지 않고 광주학생항일운동으로 제적된 광주고보의 박준채와 김만섭, 공주고보의 전용갑·윤희병·이정주 학생의 편입학을 허락했다. 박준채·전용갑·윤희병은 17회, 이정주는 18회로 양정고보를 무사히 졸업했다.[1] 결코 쉽지 않은 결정이었다. 김연창 교사 등이 이 어려운 일을 해낸 것으로 알려진다. 17회 졸업생 해촌(海村) 박준채를 예로 들어 행장을 살펴본다.

    5·18민주화운동의 무대인 광주 금남로 옆 골목에는 광주학생독립운동기념관과 기념탑이 서 있다. 1929년 일어난 광주학생항일운

광주고보 시절의 박준채

공주고보에서 제적 당한
이정우를 양정에서
받아들였다. 1934년

동을 기념하는 뜻 깊은 공간이다. 입구에 '학생독립운동의 요람'이란 머릿돌도 서 있다. 광주고보 출신으로 반일운동에 계류됐다가 제적되고 나중에 서울로 올라와 양정고보를 졸업한 박준채의 기록도 기념관에서 볼 수 있다. 광주학생항일운동은 일제하에서 일어난 대표적 반일운동의 하나였으며, 오늘날 '학생의 날'로 지정된 11월 3일도 광주학생항일운동에서 비롯됐다.

사건은 우연찮게 시작됐다. 1929년 10월 30일 기차 통학을 하던 우리나라와 일본인 학생 간에 시비가 붙었다. 광주역을 출발해 나주역에 도착한 승객들이 개찰구를 나올 때 일본인 중학생 하나가 "한국인은 야만스럽다"라는 말을 던졌고, 이에 일본인 중학생과 우리나라 학생 간에 충돌이 일어났다. 게다가 광주중학 4학년인 후쿠다 슈조(福田修三)를 비롯한 여러 일본 학생이 광주여자고등보통학교 3학년 박기옥·이금자·이광춘의 댕기머리를 잡아당기며 희롱했다. 광주고보 2학년생 박준채가 마침 이 광경을 목격했는데, 박기옥이 그의 사촌 누이였다. 그는 후쿠다를 불러 세우고 우선 점잖게 따졌다.

"후쿠다, 명색이 중학생인 녀석이 야비하게 여학생을 희롱해!"

"뭐라고? 센징놈이 뭐라고 까불어."

박준채가 사과를 거듭 요구하자, 후쿠다 슈조가 대꾸했다.

"센징 주제에…."

센징이라는 말이 떨어지자마자 격분한 박준채의 주먹이 날아갔다. 이로 인해 우리나라 학생과 일본 학생 사이에 격투가 벌어졌다. 그곳에 있던 일본인은 모든 잘못을 우리나라 학생들에게 덮어씌웠다. 129

박준채 _ 만리동으로 올라온 광주학생항일운동의 주역

"조선인 주제에 건방지다."

"조선인 학생이 잘못했다."

일본인 승객들은 일방적으로 욕설을 퍼부었다. 이에 광주고보생인 최희선, 김보섭 등 10여 명이 박준채와 합세해 한·일 학생 간 대결이 계속됐으나, 더 이상의 큰 충돌은 일어나지 않았다. 양교 통학생의 패싸움으로 변해 역전 광장이 어수선해지자, 나주 역전파출소에 근무하던 모리다 순사가 일방으로 광주고보생들을 힐난하면서 박준채의 따귀를 때렸다. 박준채는 부당함을 항의했지만, 모리다 순사가 또 때리니 할 수 없이 민족 차별에서 오는 분노를 참고 귀가하지 않을 수 없었다. 박준채는 분노를 삼키며 친구들과 함께 자리를 떠났다. 박준채가 16세 되던 해에 벌어진 사건이었다. 박준채는 훗날 다음과 같이 회고했다.[2] 박준채의 대일관(對日觀)은 당시 우리나라 학생이 가지고 있었던 일반적 태도였다.

피가 역류하는 분노를 느꼈다. 가뜩이나 그놈들과는 한 차에 통학하면서도 민족 감정으로 서로 멸시하고 혐오하며 지내온 터인데, 그자들이 우리 여학생을 희롱했으니 당연한 감정적인 충격이었다. 더구나 박기옥은 나의 누님(사촌)이었으니 나의 분노는 더했다.

일명 '댕기머리사건'의 주인공 박기옥의 할아버지 남파 박재규는 한말 장흥군수를 지냈고 나주에서 '제일 부자'였다. 나주 남내동의 남파고택(박경중 가옥)은 호남 지방의 대표적 한옥으로 지금도 남아

있다. 1910년 곡성군수였던 박재규는 국권피탈 이후 고향 나주로 낙
향했다. 박재규에게는 박정업, 박관업 두 아들이 있었다. 박재규의 장
남 박정업은 박준삼과 박준채 등 6남 1녀를 두었다. 장남 박준삼은 서
울중앙고보 4학년 때 3·1운동을 맞아 옥고를 치렀다. 1914년에 태어
난 4남 박준채는 1929년 광주고보 2학년이었다. 당시 광주에는 우리
나라 학생이 다니는 광주고보와 일본인 학생이 다니는 광주중학교가
있었다. 박재규의 차남 박관업은 1남 3녀를 두었는데, 맏딸 박기옥은
1913년 나주에서 태어났다. 광주학생항일운동이 일어난 1929년에
광주여고보 3학년이었으며, 보통 키에 활달했고 바르고 강직한 성품
이었다.

　　다음 날인 10월 31일, 광주행 통학 열차에서 일본 학생들은 전
날의 앙갚음으로 떼를 지어 박준채의 자리로 몰려와 시비를 걸었다.
우리나라 학생들도 가만있지 않고 박준채를 호위하면서 서로 옥신각
신했지만 별다른 충돌은 없었다. 그러나 이날 오후 5시 하행 열차에
서 한·일 학생 간 패싸움이 다시 벌어졌다. 차장이 달려와 싸움을 말
리고 박준채 외 여러 명의 광주고보 학생과 후쿠다의 통학 승차권을
압수했다. 싸움을 보고 있던 《광주일보》의 일본인 기자는 후쿠다의
말만 듣고 우리나라 학생이 무조건 나쁘다며 욕설을 퍼부었다. 우리
나라 학생들은 대항도 하지 못하고 울분을 삼킨 채 국가 없는 민족의
설움을 다시 한 번 되새기게 됐다.

　　11월 1일 박준채와 후쿠다 등은 각기 학교에 등교했다. 후쿠다
는 요시다(吉田) 선생에게 이틀간의 사태를 보고했고, 이에 요시다가

광주고보의 와타나베(渡邊)·오카모토(岡本) 선생에게 연락하니, 이날 방과 후 박준채는 이들 교사에게 불려가 단단히 야단을 맞았다. 광주의 한·일 학생 간에 감정이 악화됐으며 긴장감이 돌았다. 당일 통학생도 아닌 일본인 중학 5학년 학생 네다섯 명이 광주고보의 정세면에게 도전해옴으로써 한·일 학생 간 충돌이 다시 일어났다. 곧 광주-나주 간 통학생 전체에게 알려졌고, 이에 격분한 한인 학생들이 11월 3일 대규모 시위를 벌이면서 광주학생항일운동으로 사건이 확대됐다. 민족 차별에 평소 억눌렸던 감정이 터져 나온 것이다.

3·1운동 이후 최대의
대일민족항쟁

광주에서는 그전부터 반일적 사회운동이 다양한 형태로 전개되고 있었다. 일본 학생의 무례한 도발에서 비롯된 사소한 일이었지만, 사건이 확대되면서 민족 감정이 얽혀들어 반제운동으로 전개됐다. 마침 11월 3일은 일왕 메이지의 생일인 메이지절(明治節)이었고, 우리 민족에게는 음력 10월 3일 개천절이었으며, 광주의 독서회 학생들에게는 성진회(醒進會) 창립 3주년이 되는 날이었다. 성진회는 비밀 독서 야체이카로 반일운동을 내재화한 조직이었다.

그날 광주고보 학생들은 메이지절 기념식 후에 진행될 신사 참배를 거부하고, 지금까지의 산발적·소극적 투쟁에서 벗어나 적극적

성진회 결성 기념

가두로 나온 광주의 학생들

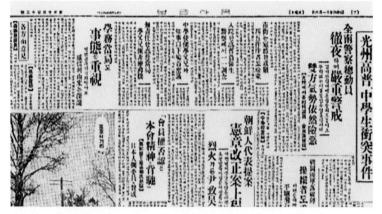

'광주고보, 중학생 충돌사건'이라고 보도한 동아일보 1929년 11월 6일 자

실력 행사에 들어가기로 작정했다. 신사 참배를 하고 돌아오던 16명
의 일본인 광주중학교 학생과 광주고보의 최쌍현 등 사이에 충돌이
일어났다. 최쌍현이 일본인 학생의 단도에 찔려 코 등 얼굴을 다쳤다.
소식을 전해 들은 광주고보 학생들이 일본인 학생들을 쫓아가 구타하
자 기세에 눌린 일본인 중학생들은 광주역 쪽으로 도망쳤다. 그러나
광주고보 학생들은 이들을 추격하며 계속 구타를 가했다. 마침 시찰
중이던 광주경찰서원과 교사들이 제지했지만, 이를 뿌리치고 역 구내
로 도망친 광주중학 학생들을 개찰구를 뛰어넘어 닥치는 대로 때려눕
혔다. 급보를 전해 들은 광주중학 기숙사생 백수십 명이 목도와 단도
등을 들고 유도 교사를 선두로 "고보생 타도"를 외치면서 충돌 현장
으로 달려왔다. 광주고보 기숙사생과 시내의 광주고보, 광주농업학교
학생들도 이 소식을 듣고 몰려왔다. 한일 학생들은 중학교에서 시내

로 들어오는 길목에서 대치했다.

　　학교로 돌아온 광주고보 학생들은 노병주의 사회로 집회를 열어 가두시위를 결행한다. 300여 명의 학생이 교문을 박차고 나섰다. 학생들은 운동가를 크게 부르며 행진했다. 충장로를 거쳐 광주역을 돌아 광주중학교를 습격할 계획이었으나, 경찰이 소방대와 재향군인까지 동원해 필사적으로 방어했다. 가두시위대가 충장로와 우체국을 거쳐 도청 옆 상품진열관 부근에 이르자 그곳에 있던 광주사범학교 학생 100여 명이 호응을 보냈다. 또 메이지절 기념식을 마치고 돌아가던 광주여자고보 학생 일부가 시위대에 가담했다. 오전의 투쟁이 부분적 투쟁이라면, 오후의 투쟁은 전체적 투쟁이라 할 수 있다.

　　11월 3일 오후의 투쟁은 동맹휴교에서 실력투쟁을 거쳐 집단적 가두시위 단계로 발전시킨 광주 학생들의 새로운 대일항쟁이었다. 학생운동은 중대 국면에 접어들었다. 도 당국은 광주중학교와 광주고보 양교에 3일간 임시 휴업을 지시하고 학부형과 학생들에게 선무책(宣撫策)을 강구하도록 했으나 별 실효가 없었다. 다시 3일간 휴업을 연장해 11월 11일부터 수업을 재개하기로 하고 일면 탄압, 일면 선무의 양면책을 썼다.

　　일제의 탄압은 학생들의 항쟁심을 꺾기보다는 오히려 더 발전된 차원에서 학생들이 대일항쟁을 전개할 수 있도록 했다. 광주 학생들의 가두시위를 민족독립운동 차원으로 확대하기 위해 신간회 지부, 청년단체, 사회단체가 혼연일체가 되어 광주 투쟁의 전국화에 힘썼다. 학생들은 이러한 민족적 요구에 부응하여 적극적으로 앞장섰다.[3]

광주고보는 300여 명의 학생을 무기정학 처분하고 임시 휴업에 들어갔으며, 광주농업학교도 항쟁에 참가한 학생 전원을 무기정학 처분하고 임시 휴학 조처를 취했다. 광주여자고보도 17명을 취조 후 무기정학에 처했다. 학생들이 동맹휴교로 탄압에 항거하니 학교 당국에서는 임시 휴교를 선언하고 주모 여학생 64명을 무기정학에 처했다. 광주사범학교도 항일 학생으로 주목받은 37명을 일시 귀향시켰다가 1930년 3월 19일 자로 한 명을 추가한 38명을 이른바 항일 풍조 예방을 위한다는 명목으로 퇴학시키고 말았다.

1000여 명이 되는 광주고보·광주농업학교·광주여자고보·광주사범학교 등 광주 시내 학생 대부분이 항쟁에 참여했다. 일제는 이 가운데 170여 명을 광주형무소에 투옥해 공판에 회부했다. 광주고보의 검속 학생 총수는 12월 17일까지 247명이며, 그중 55명은 구속, 192명은 석방됐다. 여기에 박준채도 포함됐다. 광주 학생의 항일 의지는 목포·나주·함평 등으로 번졌고, 드디어 서울 학생의 궐기를 촉구했다.

《신한민보》에는 〈기미년 3·1운동 이후에 처음 되는 일인 이민족적 감정을 일으켜 조선 민족적 운동이 전국적으로〉[4] 같은 기사가 올라와 있다. 〈격분한 학생, 역전에 대치, 쌍방형세 일시는 위험, 부상학생 수십 명 다수, 경찰·소방대 등이 출동하야 겨우 진무, 광주학생 충돌사건 진상〉 같은《중외일보》기사도 보인다.[5]

1929년에서 1930년 사이 일어난 광주학생항일운동의 요람지인 광주는 호남이 우리 근대사에서 동학혁명을 필두로 한 가장 큰 혁명을 일으킨 지역이라는 역사적 배경을 갖고 있다. 곡창 지대인 만큼 일제의 수탈과 착취가 심한 것도 한 요인이었다. 광주고보와 광주중학교는 한국인과 일본인을 상징하는 상징적 존재로서 항상 대립하던 관계였다.[6] 양교의 대립이 민족 문제로 비화하고, 마침내 광주학생항일운동으로 귀결됐다. 운동의 전개 과정 및 그 배경에는 비밀결사인 독서회 조직과 동맹휴학 파동도 있었다. 광주에서는 1926년 6·10만세운동 이후 비밀결사 성진회가 조직되어 있었다. 맹휴는 전국으로 번져 나갔으며, 양정고보에도 그 여진이 미쳤다. 양정고보 졸업반이던 윤석중이 5학년에 학교를 중퇴한 것도 광주학생항일운동 여파의 한 사례였다.

광주학생항일운동은 일제의 통제 때문에 거의 보도되지 않았다. 구전으로 전국에 전파되고 학생들이 가혹하게 시달린다는 소문이 퍼지면서 전남의 학생운동에서 범사회운동으로 발전해 나간다. 운동의 여파는 서울로 번져서 신간회를 비롯한 각종 사회단체와 학생단체가 동력을 이어 나갔다. 일제의 탄압 속에서 서울 시내의 각종 학교에서 총궐기를 호소하는 격문이 뿌려지고, 압수와 체포가 이어졌다. 강제 휴교 조치가 내려지는 가운데, 특히 시내 여학교 학생들의 총궐기로 민심이 흉흉했다.

서울에서 2차에 걸친 대규모 학생운동으로 발전하고, 다시 1930년 2월 초순까지 전국으로 확대됐다. 경기도와 경상도, 충청도, 평안도, 황해도, 함경도, 강원도 등 전국으로 동맹 시위가 번져 나갔다. 전국에서 582명이 퇴학 처분을 받았으며, 무기정학 2230명, 피검

자는 1462명, 참가 학교는 194개교, 참가 학생 수는 5만 4000명에 이르렀다.[7] 3·1운동 이후 최대의 대일민족항쟁이었다.

출옥 후 제적되고
양정으로 입학

사건의 시초가 된 박준채도 시위에 가담해 다음 날 체포됐고, 이로 인해 광주고보에서 퇴학당했다. 이후 혹독한 심문을 받다가 1929년 12월에 연소자라는 이유로 기소유예 처분을 받고 출옥했다. 역사의 파장이 어린 학생에게까지 몰아닥친 것이다. 〈피의자 박준채 신문조서〉가 남아 있다. 폭력행위 등 처벌에 관한 건 위반, 보안법 위반, 상해피의사건으로 1930년 11월 9일 광주경찰서에서 조선총독부 검사에게 보낸 조서다.

나이 16세, 1914년 6월 28일생. 직업은 광주고등보통학교 2년생. 주거는 나주군 나주면 남문정(町), 본적 동일. 진술자 박준채. 작성일 소화 4년 11월 9일. 신문자 광주지방법원 검사국 조선총독부 검사.

출판 담당 경찰이 당시 신문 기사 등을 정리한 문서도 남아 있다.[8] 《조선일보》 발행인 신석우, 일본인 후쿠다, 박기옥(광주여자고보생), 박준채(박기옥의 사촌 동생)의 이름이 등장한다. 당시 다음과 같은

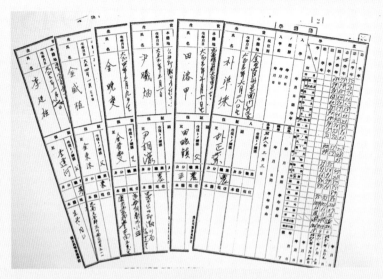

광주학생항일운동 관련자 학적부. 양정역사관

양정고보 17회 졸업 사진. 광주학생항일운동으로 제적된 이후 양정으로 편입한 여러
학생이 이때 졸업했다. 양정역사관

평가가 있었다.

> 박준채 군의 영매를 왜 학생이 무례히 조희한 결과로 먼저 그 지방에
> 서 한 왜 학생의 민족 전쟁이 개시되엿고, 이것이 전국적으로 점점 확
> 대되아서 적의 간담을 또 한 번 서늘하게 한 것이다. 후 2차의 문투(鬪
> 爭)에서는 물론 약간의 공산당도 참가되엿을 것이다. 그러나 과거 전국
> 적 혁명투쟁의 발단과 전개는 매양 민족적 감정에 기인하지 아님이 없
> 다.[9]

흥미로운 것은 광주학생항일운동이 벌어지기 1년 전인 1928년
《중외일보》에 〈야학 위해 소인극 흥행, 성황을 이뤄〉라는 기사가 보
인다는 점이다. 화순청년동맹 능주지부, 능주농민회 농민과 농촌 부
녀자들을 위해 소인극을 진행했다. 능주야학 교장 양원 이하 명단이
신문에 실렸는데, 거기에 박준채 이름이 보인다.[10] 박준채가 고보생으
로 농촌계몽운동에 참여했음을 말해주는 귀한 자료다.

박준채는 감옥에서 나온 후 경성으로 올라갔고, 곧바로 양정고
보에 입학했다. 양정은 항일운동으로 퇴학당한 그를 받아들였다. 안
종원 교장 시절이다. 호남에서 벌어진 학생운동의 도화선이 된 기차
역 앞 사건으로 제적된 학생이 서울까지 올라오게 된 극적 전환이 이
루어진 것이다.

양정고보 졸업 후 박준채는 일본으로 건너가 와세다대학 정경
학부에서 공부했다. 31세 되던 해에 해방을 맞았으며 이후 은행 등에

서 근무했다. 16세에 광주학생항일운동을 겪었기 때문에 해방이 된 후에도 아직 청년이었다. 광주에 살던 박준채는 46세가 되던 1960년에 조선대학교 교수로 부임했다. 법학부 학장과 대학원장 등을 두루 역임하며 교육자로 인생의 후반기를 보냈다. 은퇴 후에는 광주에서 여생을 보내다 2001년 3월 9일 87세로 사망했다. 동작동 국립서울현충원 애국지사 묘역에 묻혀 있다.

문학적 감수성이 짙었던
애국 청년

나주학생독립운동기념관에서 보관하고 있던 박준채의 유품에서 시 31편이 발견됐다. 노트에는 광주학생항일운동이 벌어졌던 1929년 12월 31일에 쓴 〈회상〉부터 1940년에 쓴 작품까지 총 40편의 목록이 적혀 있었는데, 그중 아홉 편은 유실된 상태다. 〈회상〉에서는 이렇게 말하고 있다.

삼경이 다 되도록 좁은 방에서

기사년 중 한 일을 회상하니

나의 눈엔 눈물이 가득해요

십일월 삼일은 잇지 못할 날

(…)

141

피바다로 굴러가는 무궁의 대지에

평화로운 이상향 이룰 그때엔

우리도 그곳서 자유롭게 살자

식민지 청년으로서의 고뇌와 조국 광복을 염원하는 마음이 잘 담겨 있다. 11월 3일은 자신이 겪은 광주학생항일운동의 그날이다. 문학적 감수성이 짙은 젊은이였음이 확인된다.

《한겨레》의 최재봉 문학 전문 기자는 박준채의 시에 '피 끓는 젊은이', '싸우라', '피바다', '자유', '이상' 같은 낱말이 거듭 등장해서 젊은이 특유의 저항과 투쟁의지를 보여준다고 했다. 그와 함께 타국에서(일본 유학 시기) 조국과 고향을 그리워하는 마음, 사랑하는 이를 향한 연모의 정 등이 시에 담겼다고 했다. 독립운동가로만이 아니라 문필가로서 박준채의 존재를 확인하게 된다.[11]

최근에는 1950년에 친필로 작성한 〈제초소감(除草少感)〉이라는 시가 전남과학대학교 김정훈 교수에 의해 발굴됐다. 박준채는 댕기머리사건이 발발한 1929년부터 1940년까지 40여 편의 시를 쓴 것으로 알려진다. 이 시는 일본의 시 전문지 《시와 사상》 3월호(2023)의 시인란에 〈역사적 인물 박준채의 시 발굴 – 소환되는 사건·각인된 언어〉라는 제목으로 소개됐다. 이 시를 발굴한 김 교수가 직접 일본 독자에게 독립운동가 박준채를 알리는 글이다.[12] 발굴된 시는 다음과 같다.

북풍(北風) 불고 눈보라 치는 세상

우슴도 눈물도 없는 짙은 장막(帳幕)의

이 아포리를 누구에게 하소연하랴

나라 업는 민족(民族)의 서름이여

님 업는 이땅! 이 겨레!

다 같이 힘차게 뭉처라! 굳세게!

정의는 승리하나니

찬달 빛이는 창(窓) 박으로

백팔(百八)의 종소리 사라지리라

이 강산(江山)에 새봄이 오면

썩은 고목(枯木)도 다시 싹이 트나니

배달의 아들딸들아

함아를 억게에 힘차레 메고 싸우라!

배우라!

미래의 새 삶을 위해!

멀니서 들려오는 희망(希望)의 종소리

이땅의 겨레에게 자유(自由)를 주라

영원한 행복(幸福)을!

– 청계장(清溪莊)에서 해촌(海村), 1950년 12월 31일

박준채 _ 만리동으로 올라온 광주학생항일운동의 주역

● 안종원
石丁 安種元
양정의숙
1874~1951

● 황술조
土水 黃述祚
양정고보 8회
1904~1939

● 손재형
素筌 孫在馨
양정고보 9회
1903~1981

● 장욱진
張旭鎭
양정고보 23회
1918~1990

글씨와 그림, 의사와 컬렉터

박병래
水晶 朴秉來
양정고보 3회
1903~1974

2

안종원

石丁 安種元
양정의숙
1874~1951

**교육자이자
서화가,
두 길을 가다**

근대 서화계의 대부 안중식에게
물려받은 경묵당

만리동 교사 시절, 건물과 건물로 이동하다 보면 곳곳에 액자가 걸려 있었다. 그 액자 속 글씨가 안종원의 것임을 기억하는 이들이 혹시 있을지 모르겠다. 안종원은 엄주익과 함께 양정의숙을 설립한 이후 양정고보 2대 교장을 지낸 교육자다. 흥미로운 것은 양정의숙 공동 창립자이면서도 1909년 양정의숙 2회 졸업생이다. 정3품 벼슬을 지냈으나 신학문을 익히고자 법률과 3년을 정식으로 마쳤다는 점이 특이하다. 졸업과 동시에 양정의숙 숙감에 취임했으며, 양정의숙이 양정고보로 바뀐 다음에는 학감이 되었다. 1931년 봄 엄주익 서거 후에 양정고보 2대 교장을 맡아서 10년간 봉직했다.

　　안종원은 서울 출신으로, 호는 석정(石丁), 관수거사(觀水居士) 또는 경묵당주인(耕墨堂主人)이다. 안종원이 경묵당주인이라 칭한 것은 팔촌 사이인 서화가 심전(心田) 안중식과 관련이 있다. 양천 군수를 끝

교장 시절의 안종원,
졸업 앨범

으로 관직 생활을 마친 안중식이 1917년 집을 마련해 경묵헌이라 이름하고 사숙(私塾)을 개설했다. 화실 겸 사설 미술 교육기관을 차린 것이다. 안중식은 경묵헌에 이상범과 노수현이 숙식하도록 돌봐주고 있었다. 이곳에는 오세창, 안종원 등이 자주 들러 어울렸다.[1] 안종원이 안중식의 영향권에 있었음을 뜻한다.

안씨 집안에는 어진화사(御眞畵師)였던 해사(海士) 안건영이 있었으며, 안중식은 어릴 적 그 집에 드나들면서 그림을 배웠다. 안씨 집안의 서화 전통이 매우 오랜 것으로 확인된다. 안건영에게 기본을 배운 안중식은 19세 무렵 조선시대 화원 장승업을 만나 화가로서 본격적 틀을 갖추게 된다.[2] 안중식은 종로 1가 피맛골 근처에서 태어났는데, 안종원이 열여섯 살 어리다.

안중식은 한국 근대 미술을 언급할 때 늘 선두에 부각되는 인물이다. 경묵당의 첫 제자는 사대부 출신의 이도영이다. 이도영은 일제 침략을 신랄하게 비판하는 그림(시사만평)을 1909년 대한협회가 창간한 일간지 《대한민보》에 발표한, 한국의 첫 시사만화가였다. 최초의 서양화가 춘곡(春谷) 고희동도 도쿄미술학교로 유학가기 전 경묵당을 거쳤다. 청전(青田) 이상범을 비롯해 이당(以堂) 김은호 등 한국화의 토대를 닦은 거장이 모두 안중식의 제자였다. 가난해서 정규 학교에 진학하지 못했던 이상범은 스승 안중식의 경묵당에 기거하면서 화업을 쌓았다.

안중식은 고종 황제의 어진과 순종의 초상화를 그린 어진화사였다. 청년 안중식은 일본에 유학을 다녀왔으며, 1983년 귀국했을 때 오세창의 집안에 드나들면서 당대의 거장 장승업을 만난다. 1884년에는 우정총국으로 발령이 났는데, 아마 우표 도안을 한 듯하다. 우정총국에서 갑신정변이 벌어졌으므로 그 영향을 받지 않을 수 없었다. 안중식은 애국계몽운동단체인 대한자강회에 참가하는 등 애국운동에도 참여한다.

대한자강회는 장지연 등 20여 명이 국민교육을 고양하고 식산(殖産)을 증진해 부국강병을 이루어 장차 독립의 기초를 마련하기 위한 목적으로 1906년 4월에 조직됐다. 1905년 5월 이준·양한묵 등이 조직한 헌정연구회를 확대, 개편한 것으로, 강연회 개최, 기관지 발행 등을 추진했다. 안중식과 이도영을 대한자강회에 끌어들인 사람은 오세창이었다. 대한자강회는 많은 한계를 안고 있었지만, 당시의 사회적 제약 아래서도 월보 간행, 지회 설립 등으로 주권 회복, 자주 독립 쟁취를 위한 국민 계몽에 이바지한 바 크다. 안중식의 사상적 근거가 엿보이는 대목이다.

1883년 즈음에 만난 장승업과 쌓은 인연, 1902년 황제의 초상을 그렸다는 후광, 문예 명가 오경석의 아들인 오세창 집안, 화가 가문의 대를 이은 조석진 집안과 맺은 인연 등은 그가 지금의 당주동인 야주개에 경묵당을 열 수 있는 힘이었다. 또한 그곳이 곧장 화단의 중심지로 떠오를 수 있는 이유였다.[3] 오세창은 박문국(博文局) 주사로 공직 생활을 시작해 《한성순보》 기자, 1894년에는 군국기무처 총재비서관, 농상공부 참의, 우정국 통신원국장을 역임했다. 이후 천도교에 입교했으며 《만세보》와 《대한민보》 사장을 역임하고, 훗날 서화협회 창설을 주도했다. 탑골공원 근처에 있던 오세창의 집에는 안중식, 고희동, 박한영, 이도영, 최남선, 김돈희 등 당대의 인물이 드나들었고, 안종원도 자주 그 자리에 나타났다.

안종원은 이 같은 집안 어른의 영향을 강하게 받은 것으로 여겨진다. 국권피탈 이전 기호흥학회 찬무원(贊務員) 명부에 안종원의 이름이 올라 있다.[4] "경성 유지인 사회에셔 본보를 위ᄒᆞ야 찬성금 모집 발기흠에 대ᄒᆞ야 출의ᄒᆞ신 첨위의 씨명이 여좌ᄒᆞ니" 하며 그 명단을 실었는데, 안종원 이름이 보인다.[5] 1908년에는 영유군 지회 신입 회원에 안종원이 보인다.[6] 청년 시절 안종원이 애국계몽운동에 관심을

고희동이 그린 맹원의 모임

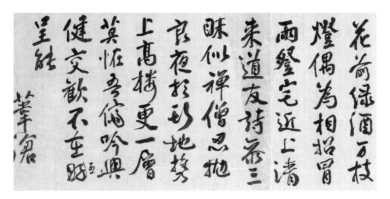

안종원이 쓴 맹원의 모임. 오세창의 시를 안종원이 썼다

갖고 있었다는 증거다.

안종원의 생애에 절대적 영향을 끼친 안중식의 당대 사회적 위상은 오세창과의 관련성에서 잘 드러난다. 개화사상의 비조(鼻祖)인 실학자 오경석 그리고 그의 아들 오세창은 3·1운동으로 옥고를 치르고 나서 서화 수집, 감식, 연구에 한평생을 바쳤다. 오세창은 여러 문예 인사와 맹원(孟園)에 모여 글을 지으며 살았다. 고희동은 그림을 그렸고, 교육자이자 서예가인 안종원은 〈맹원아집〉을 썼고, 이도형과 민형식 등 모임에 참여한 사람들은 시를 남겼다. 1917년 가을에 안중

151

안중식, 백악춘효,
국립중앙박물관

식, 이도영, 심민섭 등 서화가 10인이 오세창을 위해 글과 그림을 모아 첩(帖)을 만들었다. 오세창과 교류하던 서화가들의 의기투합으로 만들어진 것으로 보이는데, 물론 안중식도 참여했다.

1905년 11월 30일 민영환이 자결하자 안중식은 〈민충정공혈죽도(閔忠正公血竹圖)〉를 그려서 1907년 간행된 《대한자강회월보》 8호에 싣는다. 안중식은 조석진과 함께 조선의 마지막 도화서 출신으로, 장승업의 전통을 근대화하고자 노력했으며 당시 화단을 주도했다. 안중식은 개화파답게 우리 땅을 화폭에 담는 작업을 하면서 당대 화가들과 다른 면모를 보였다. 〈영광풍경(靈光風景)〉 등이 좋은 예다(1913, 삼성미술관 리움 소장).[7] 1915년 옛 왕궁인 경복궁을 그린 〈백악춘효(白岳春曉)〉에는 비통한 망국의 한이 표현됐다. 새벽을 상정한 그림이지만, 광화문 앞 텅 빈 광장에서 망국의 비통함이 전달된다.[8] 안중식은 1919년 4월 초순 3·1운동과 관련해 내란죄로 경찰 조사를 받고 구금됐다가 풀려나 그해 세상을 떠났다.

1919년 안중식이 갑자기 사망하자 안종원이 그의 유지를 이어받아 경묵당의 주인이 됐다. 안종원의 호가 '경묵당주인'인 것도 여기서 유래한다. 안종원은 사랑채에 경묵당을 다시 열었다. 미술 교육과 화실 공간이던 이전 경묵당과 달리 일종의 사랑방 구실을 했다. 서화가, 문인, 언론인, 고위 관료, 재력가 등 다양한 인사들이 모여들었다. 을사오적으로 지탄을 받던 박제순도 단골손님이었다. 그는 해서와 행서에 능했다. 매국노의 경묵당 출입이 그저 지나칠 일은 아니다. 안종원은 세상을 초탈한 것처럼 사람 가리지 않고 넓게 만났던 것 같다.

153

재조선 일본인 화가 시미즈 도운(清水東雲), 이마무라 운레이(今村雲嶺) 등도 드나들었다.

경묵당 시절 안종원은 양정고보에서 봉직하고 있었다. 양정의숙 출신으로 졸업하자마자 양정의숙 숙감을 거친 안종원은 양정고보로 바뀐 뒤에도 엄주익 교장을 보필하고 있었다. 서화가와 교육자의 두 길은 그에게 주어진 숙명이었다.

양정의숙 발기인이자 양정고보 교장의 길

안종원에 관한 정확한 기록은 1932년《동광》잡지에 연재된 〈현대인물사전〉에 나온다.[9] 대한제국 시기에 중추원 의관으로 있었고, 양정에서는 학감을 거쳐 학교장을 맡았다. 교육과 서화, 양쪽 일을 하고 있었으니 서화협회의 간사장은 실질적 대표를 뜻하는 것이다.

양정고등보통학교장 안종원

아호 석정. 1874년 6월 15일생.

원적 경성. 현주소 경성부 장사동 227-2.

부 농업. 장남. 17세 시 결혼. 처 박씨. 연령 57. 2남 1녀.

(학력) 양정의숙 법률과 졸업.

(경력) 원한국 중추원 의관(議官).

교장 집무실의 안종원

단체 관계 (과거) 양정고등보통학교 학감. (현재) 양정고등보통학교장,
서화협회 간사장.
애독 한문 7서(書).

잡지《개벽》에서는 "안종원 씨는 아모리 보와도 얌전한 꽁생원"
이라고 했다.[10] 안종원은 애주가였던 것 같다. 《개벽》의 세태 비평에
서는 최남선과 시회(詩會)를 하던 풍경을 '음풍농월당(吟風弄月黨)'이
라고 했다.

육당 최남선 군은 근래 소식이 적연하기로 무엇을 하엿더니 알고
보닛가 안종원, 이기(李琦) 씨 등 10여의 시인묵객과 매일 작반(作伴)하

155

야 시회로 소일을 한단다. 그들을 별명 지여 말하자면 무사건곤에 음풍농월당이라 할는지? 안종원 씨는 동교에 역시 엄 교장과 가티 불천지위(不遷之位)로 학감의 의자를 점하고 잇지만은 교육자라는 명성보다도 필가(筆家)라는 명성이 더 놉다. 하여간 동교에는 업지 못할 공영자다.

1927년 《동아일보》는 안종원을 〈조선의 자랑, 사계의 중진: 본사 낙성기념사업의 일 공로자〉라고 소개한다.[11] 2년 뒤인 1929년에는 조동식과 더불어 교육공로자 제6회 포상을 받는다.[12] 〈경성부 교육회의 교육공로자 표창, 조선인 측의 표창자는 조동식 씨 외 양인〉이라는 기사가 남아 있다.[13] 1932년 잡지 《삼천리》는 경성 시내 각 학교장에게서 '청년 학도에 여(与)하는 십계명'을 청취해 실었는데, 안종원은 〈사화(奢華)를 버리라, 근검하라〉라는 제목으로 다음 열 가지를 제시했다.[14]

1. 허위와 가식이 업시 진실해라.
2. 범사에 근면해라.
3. 사치를 버리고 근검으로 미덕을 삼으라.
4. 공경과 겸손으로 나의 미행(美行)을 삼으라.
5. 행동을 진중히 하고 사색을 주밀히 하야 자기의 품성을 함양해라.
6. 올은 일을 위함에는 용감히 전진해라.
7. 훼예(毁譽)는 자신에 반구(反求)할 것이요, 타인을 원우(怨尤)치 말어

라.

8. 요행을 바라지 말고 당행(当行)할 본무(本務)를 실행하기에 노력해라.

9. 자기를 책함에는 심각히 하고 타인을 책함에는 관후히 해라.

10. 자기의 이를 엇기 위하야 타인에게 해를 끼치지 말어라.

1934년《삼천리》는 노장파와 소장파를 소개했는데, 60객(客)에 이동녕, 오세창, 김동삼, 안종원, 최린, 이시영, 한용운, 신흥우, 허헌, 김규식, 조소앙, 정인보, 이돈화 등을 나열했다.[15] 1935년 새해 첫날 신문에 〈설립 당시의 발기인 교무 앙장(鞅掌) 30년, 서도(書道)에도 당대의 거장, 양정고보 안종원〉이라는 기사가 실린다.[16] 1935년은 양정 창학 30주년 되는 해였다. 30주년을 기념해 엄주익의 동상을 제막했으며, 30년 근속 교원도 표창했다. 양정의숙이 창립된 1905년 이래로 근 30여 년을 지켜온 교직원이 존재했다는 뜻이다.

1936년 그가 교장으로 재직하던 당시 양정의 입학 조건을 살펴보자.《삼천리》에 경성 내 각 학교의 입학 안내, 즉 중등 이상 제 학교의 입학 지침이 실렸다.[17]

양정고등보통학교 봉래정. 창설년대 1913년 10월, 설립자 재단법인 양정의숙, 공로자 고 엄주익, 교장 안종원. 수업 년한 5년, 모집 인원 100명, 신청 기한 3월 14일, 시험 일자 3월 16, 17, 18일, 시험 과목 국어, 산술.

1936년《동아일보》에 흥미로운 기사가 실린다. 양정, 진명, 숙명 세 학교의 교장을 소개하고 사진을 실었다. 모두 엄귀비와의 관련성을 강조했다. 제목은 다음과 같다.

물질과 성력을 경주한 설립 당시부터 교장 숙명여고 엄주원
설립 당시의 발기인 교무 30년, 서도에도 당대의 거장 안종원
엄비 기부를 받아 명신여교를 설립한 숙명여고보 이정숙

1936년은 양정으로서는 축복받을 만한 해였다. 손기정이 베를 린올림픽에서 우승한 것이다. 신문 기사는 선수를 길러낸 양정을 강조한다. 안종원 교장 인터뷰도 실렸다. 전면이 올림픽 승리로 채워졌다. 〈조선체육회와 합류 환영회를 준비, 양정고보 안종원 교장 담(談), 올림픽경기대회(제11회) 마라톤 손기정 세계 제패〉라는 제목의 기사가 그것이다.[18]

1936년 재단법인 조선육영회는 이사회를 개최하고 총독부의 지시에 따라 조선육영회 명칭을 성제(省齋)육영회로 바꾸었는데, 그 임원에 안종원도 있었다.[19] 윤치호, 김성수, 양주삼 등이 임원이었다. 이처럼 안종원은 서화계와 교육계 두 방면에서 활동했다.

일제강점기에 교장 역할은 만만한 일이 아니었다. 일제 경찰 자료에 안종원이 조사받은 기록이 다수 남아 있다. 1928년에는 서대문 경찰서장이 동맹휴학과 관련해 '리규재, 최재학, 리종찬, 박승출, 장명준, 리규선, 정배은, 안종원, 김규홍,림칠성, 서재범'에 대한 보고를 경

무국장 등에게 보냈다.[20]

서예가, 즉 글씨 전문가였기에 글씨 감정인으로 활동한 조서도 많이 남아 있다. 동맹휴교사건, 항일만세시위 및 배일전단배포사건, 상록회사건, 만국부인기도회사건, 반일언동사건, 보안법위반방조사건의 신문조서, 공판조서 등에 감정인 안종원의 기록이 남아 있다.[21] 서필 전문가로서 필적감정을 했다. 가령 1934년 김복동보안법위반사건에 관한 서류 필적을 감정해 동일인임을 밝히고, 이를 근거로 김복동이 재판에 회부된다. 그때 발송 주소는 '경성부 장사동(長沙洞) 227-2'였으며, 감정인은 안종원이었다.

서화가의 길,
서화협회를 이끌다

안종원은 양정에서 봉직하는 시간 외에는 전적으로 서화에 몰두했다. 서화협회는 1918년 창립되어 1936년까지 존속했던 최초의 근대적 미술단체였다. 서화협회는 안중식과 오세창 같은 원로, 경성서화미술원 출신 신세대, 그리고 1세대 서양화가 고희동 등 신구 서화가가 연대해 결성했다. 안중식이 중심인물이었고, 조석진·오세창·김규진·정대유·현채·강진희·김응원·정학수·강필주·김돈희·이도영·고희동 등 당대 서화가가 총망라됐다. 대회장을 안중식이 맡았으므로 팔촌 동생 안종원은 당연히 협회 창립 과정을 잘 알고 있었을 것이다.

1919년 3·1운동 이후 11월에 안중식이 사망하자 그 뒤를 이어 조석진이 2대 회장으로 선출됐다. 회장 선출 과정에서 불협화음이 발생해 김규진 등 일부가 협회를 탈퇴했다. 이를 수습해 1921년에 중앙학교 강당에서 〈서화협회전〉(협전)이 개막됐는데, 최초의 근대 종합미술전으로 주목을 끌었다.

1921년 서화협회에는 '서예가' 이완용 등이 지도위원으로 개입하고 있었고, 오세창·노수현·이상범 등 당대의 모든 서화계 인물이 망라됐다. 정회원에 안종원 이름이 보인다. 안종원은 1921년 제1회 〈서화협회전〉 '서부(書部)'에 창립회원으로 출품한 이래, 서화협회가 사라진 1936년에 열린 제15회 마지막 〈서화협회전〉 때까지 출품했다. 서화협회의 간사 및 간사장을 두루 역임하고 1930년에 서화협회장이 됐다.[22]

서화협회는 민족미술의 향방을 모색한 단체였으나, 1922년 조선총독부가 개최한 〈조선미술전람회〉(선전)가 시작되면서 약화됐다. 1936년까지 《서화협회보》 발간, 서화학원 운영, 서화협회 개최 등 활동을 이어 나가려 노력했지만, 결국 일제의 탄압으로 해체됐다.[23] 서화협회는 휘호회·전람회·의촉 제작·도서 인행·강습소 운영 등을 통해 회원 활동을 제고하고, 후진 교육·대중 계몽을 펼쳤다. 1921년에 최초의 미술 잡지인 《서화협회보》를 기관지로 발행했다. 안종원은 후반기에 협회장을 맡아 활동했으므로 당시 서화계의 중심인물이었음을 알 수 있다.

조선총독부가 주최한 1922년 제1회 〈조선미술전람회〉 '서예'

부문에서 2등 오세창, 3등 최영진과 현채, 4등 김용진과 안종원, 이한복이 올랐다. 1923년 제2회 〈조선미술전람회〉 '서예' 부문에서는 입상작 4등에 안종원과 이도영 등이 올랐다.[24] 제2회 〈조선미술전람회〉 진열품 및 입상자 명단이 《조선총독부관보》에 실렸다. 그만큼 일제는 선전을 문화 통치의 중요 수단으로 생각했다는 뜻이다. 제2회 입상자에 허백련, 나혜석, 이도영, 안종원이 올라 있다.[25] 서화 3회전에 대한 평가에서 "석정 안종원 씨의 전(篆)이며 영운 김용진 씨의 행서는 다 필치의 맑고 단단한 점이 체(體) 바들 만하다. 신작품 그림으로 말하면 조흔 것도 만이 잇지마는 먼저 자미 적게 인상된 것을 말하겟다"라고 했다.[26]

안종원은 1923년 3월 보성고교 강당에서 열린 제3회 〈서화협회전〉에 출품한다. 잡지 《동명》에 실린 사진 도판을 보면 안종원의 글씨가 있다. 당시 논객이 〈서화전람회의 인상기〉를 발표했는데, "안종원의 전(篆)과 필치의 맑고 단단한 점이 체(体) 받을 만하다"라고 추켜세웠다.[27] 1924년 잡지 《개벽》에 논객 급우생(及愚生)이 미술계 판도를 정리하는 글을 실었다.[28] 20세기 전반기의 중요 서화가를 망라했으며, 당연히 안종원도 포함되어 있다.

소림(小琳)·심전(心田) 두 선생 외 몟 사람의 발기로 조직된 서화협회라하는 단체가 7개년 전에 출현된 후로 일반에 공헌헐 일을 다소 노력허는 중에 잇서서 전람회도 년년히 설행허며 연구허는 기관으로 서화학원이라는 것이 또 그 회관인 시내 동숭동에 잇고 서화에 종사허는 회원은 40여 인이 모되엿다. 그 회원 중에 노소필가로 저명헌 이를 소개하면 우향 정대유, 백당 현채, 위창 오세창, 성당 김돈희, 석정 안종원 등 제씨요, 화가로는 소림, 심전 두 선생의 계통을 20년 전부터 전수한 관재 이도영 씨로 비롯하야 그 두 선생의 전수를 직접 혹 간접으로 바든 이들은 정재 오일영, 이당 김은호, 무호 이한복, 정재 최우석, 심산 노수현, 청전 이상범, 소하 박승무, 운전 조명선, 소정 변관식, 하정 김경원 등 제씨와 노년 화가로 백련 지운영, 수산 정학수, 위사 강필주 등 제씨이요. 사군자로 저명한 이로 동주 심인섭, 영운 김용진, 일주 김진우 등 제씨가 잇스며, 이 단체 이외에 고려화회라 하는 연구소가 잇고 청년 화가의 동지로 모인 동연사(同研舍)가 잇고 해강 김규진 씨의 서화연구가 잇다.

논객은 원로급 필가(筆家)에 안종원도 포함했다. 1924년 조선총독부가 주관한 제3회 〈조선미술전람회〉가 열렸는데, 서화협회의 주력인 김은호, 노수현, 변관식, 이상범, 허백련 등이 꾸준히 응모한 반면, 서예 부문의 안종원, 오세창, 현채는 응모하지 않았다.

어려운 가운데서도 〈서화협회전〉은 지속되어 1927년 제7회 전시회가 열렸는데, 안종원은 이때 출품했다. 4년 후인 1931년 열린 제11회 〈서화협회전〉에도 출품한다. 1931년 《삼천리》에 〈'서화협전'의 인상〉이라는 김용준의 글이 실린다.

오즉 김돈희, 안종원 씨 외 멋멋 존경할 작가들의 고아한 필치가 낫타

낫슬 뿐으로 새로운 작가의 그림자를 보지 못함이 유감이엿다. (⋯) 소림, 심전은 세상을 떠낫스나 아즉도 관재, 춘곡, 기타에 존경할 만한 제씨가 잇는 것만은 우리의 깃붐이다.[29]

1933년 이도영의 장례식을 치르고 서화협회는 침체기에 빠져든다. 〈화단의 거벽(巨擘) 이도영 씨 장서(長逝), 30년 동안 미술 진흥에 노력, 작야 원남동 자택에서〉라는 부고 기사가 나오고, 이어서 이도영의 죽음에 대해 〈사계(斯界) 손실 참으로 아깝습니다〉라는 제목으로 안종원 인터뷰가 실린다.[30]

이에 대하야 친우인 석정 안종원 씨는 말하되 "씨는 초년부터 지조가 청렴한 분으로 (⋯) 미술계에 공헌하기를 30여 년이 됐지요. 실로 조선의 미술계에 큰 손실이외다. 나와는 특히 남다른 교분으로 지내왓는데 귀사의 전하여주시는 말슴을 듣고 매우 놀랏읍니다. 픽으나 애석한 일이외다."

1935년 1월 1일 자 《동아일보》에 안종원이 서화협회 간사장으로 등장한다. 이도영 사망 이후 간사장으로 취임한 것이다. 1933년 서화협회 연락처는 안종원의 집 한편의 건물로, 주소는 서울 장사동 20-2, 전화는 (光) 606번이었다. 1935년 9월에 열린 제14회 〈서화협회전〉에 안종원도 출품하는데, 양정고보 출신의 손재형이 보인다.

《동아일보》는 1936년 1월 1일 자 기사에서 미술 동네를 다루는

163

가운데 서화협회 비중을 높였다. 1936년 당시 서화협회를 이끌어 나가는 간사장은 안종원이었으며, 간사들은 고희동·이상범·이종우·장석표·노수현·오일영·김진우였다. 이 무렵 서화협회는 회원 간의 통일성이 적고 기개가 부족할 뿐만 아니라 애착조차 부족했다. 1936년 서화협회 15회전은 휘문고보에서 열렸는데,《조선일보》가 고희동·오세창·안종원·노수현·김용준의 작품으로 사진 도판을 꾸몄다.

1941년 제1회 이묵회(以墨會) 전시가 7월 2일부터 4일까지 화신화랑에서 열렸는데, 이묵회는 김은호와 가까운 실업가와 관리들이 어울린 단체였다. 회원은 16명이었는데 안종원도 회원으로서 1회전에 출품했다. 평론가 윤희순은 오세창과 안종원의 서예에 대해 '당대 사계의 사표'라고 추켜세웠다.

서화협회 발기인으로 참여한 안중식과 그의 조카 안종원은 1903년생인 손재형과 양정을 통해 연결된다. 서예가 손재형은 양정고보 9회 졸업생으로 안종원이 교장일 때 재학생이었다. 안종원은 예서에 능했는데, 손재형도 예서에 능했다. 서예사적으로는 안종원과 손재형을 연결하기 어려운데, 당시 같은 학교에 있었던 사승 관계, 더 나아가 안중식이 미친 영향 관계 등이 얽혀 있었을 것이다. 출생 연도가 차이 날 뿐, 양정이라는 공간을 매개로 인연을 맺었기 때문이다.

서화미술사적 역할과 남긴
작품들

1948년 제2회 〈조선서화전람회〉가 조선서화동연회 주최로 덕수궁미술관에서 열렸다. 오세창, 김용진, 안종원, 이상범, 김은화, 손재형 등이 출품했다. 조선서화동연회는 양정고보 출신인 손재형이 이끄는 단체였다. 1949년 문교부가 주관하는 〈대한민국미술전람회〉(국전)가 시작됐다. 안종원은 제1회 〈대한민국미술전람회〉 심사위원이 됐다. 〈대한민국미술전람회〉가 시작될 때 추천인 40여 명을 위촉했는데, 서예 부문은 안종원, 김용진, 정대기, 오일영, 손재형, 김충현이었다. 이 여섯 명 가운데 안종원과 손재형은 동문이자 사제 관계다. 해방 이후 안종원의 활동은 미약하다. 1951년 사망했기 때문이다. 그의 집안은 무려 4대에 걸쳐서 여덟 명이 양정 동문으로, 양정과의 깊은 인연을 보여준다.

안종원은 〈앙문미고(仰文弥高)〉(1923) 등의 작품을 남겼다. 각체를 두루 연구한 그는 특히 예서와 행서, 초서에 뛰어났다. 그는 많은 글씨를 썼지만, 상당량 분실됐으며 일부만 남아 있다. 양정역사관과 교사에도 그의 글씨가 전해온다. 그의 작품 중 유명한 것으로 1944년에 쓴 오언시 대련(對聯)이 있다. 안중식을 기리며 쓴 것이다. 안중식의 장서도 안종원에게 넘겨진 것으로 보인다. 관수옹(観水翁)은 아호인 관수거사 자신을 뜻한다.

안종원이 손재형에게 준 글씨.
소전미술관

선생께서 도를 닦으실 때, 수많은 책을 다 갖췄었네.

만년에 덕이 넉넉하신데, 많은 책들 여전히 있네.

갑신년(1944) 계월(8월)에

경묵당 파초 창문 아래서

정덕존(程德尊)의 시 한 수를 쓰다.

- 관수옹 안종원[31]

국립중앙박물관에 소장된 안종원의 한문 예서는 단아하고 품격 있는 글씨의 격을 보여준다. 안종원은 곳곳에 자신의 글씨를 남겼다. 안종원이 쓴 '양심정기' 등의 글씨, 양정역사관에 소장된 병풍 글씨, 현판 글씨 등도 좋은 작품이다. 그가 남긴 서화는 상당한 분량에 이른다. 진도 소전미술관에는 제자 손재형에게 준 글씨가 남아 있다. 도연명의 대표 시 〈귀거래사〉를 쓴 6폭 병풍(양정의숙연구회 소장)도 단아한 글씨의 품격 있는 작품이다.

한편 양정의 교사에서 중요한 것은 안중식이 창작한 교표(校標, 로고)다. 안종원의 부탁이었을 것이다. 만리동 감나무골의 감 색깔을 취한 교표는 지금도 쓰이고 있으며, 동창회 로고도 이를 채택하고 있다. 일제강점기 디자인인데 오늘날 봐도 세련미가 있다. 글씨를 둥글게 디자인한 안중식의 안목이 느껴진다.

손재형

素筌 孫在馨
양정고보 9회
1903~1981

예서체의 대가,
 '서예'라는 말을
만들다

이은상이 짓고 손재형이 쓴
벽파진전첩비

전남 진도 북쪽 해안에는 벽파진(현 벽파리) 나루터가 있었다. 진도가 육지와 연결되기 전에는 진도의 관문으로서 지정학적으로 중요한 곳이었다. 고려 때 대진(大津)이며, 삼별초가 들어와 항쟁하던 용장산성이 지척이다. 임진왜란과 정유재란 당시, 이순신의 수군영이 배치되어 있어 이곳에서 왜병을 격파하기도 했다. 오늘날엔 벽파정이 세워져 있으며, 그 아래로 물살이 빠르게 흘러간다. 벽파진해전은 1597년 음력 9월 7일 어란포해전에 뒤이어 이순신이 왜군을 격파한 승전이다. 이 전투로 인해 왜병은 조선 수군의 배가 확실히 13척에 불과함을 알게 된다. 이순신은 되돌아간 55척이 더 많은 적을 데려올 것이 뻔하기에 심란한 마음을 감추지 못했다.

　음력 9월 14일 어란포 앞바다에 적선 수백 척이 다시금 찾아왔고, 15일 이순신은 조선 수군을 벽파진에서 전라우수영 앞 울돌목으

169

손재형, 국립중앙박물관

충무공 벽파진 전첩비(4면)

로 옮겨 결전을 맹세한다. 마침내 16일 명량해전이 발발한다. 명량해전은 1597년 9월 16일 전라좌도 수군절도사 겸 통제사 이순신이 이끄는 조선 수군 연합함대가 명량해협(울돌목)에서 왜군을 대파한 정유재란의 전투다. 전세를 완전히 뒤집은 해전으로 제해권을 되찾을 수있었다. 동아시아를 넘어 세계 해전사에서도 손꼽히는 대첩으로 평가된다.

한국전쟁 휴전 3년 뒤인 1956년 11월, 전쟁의 여운이 가시지 않은 상황에서 명량해전 승첩을 기념하고 진도 출신 순절자들을 기억하기 위해 벽파리에 높이 3.8미터의 거대 승전비가 세워진다. 이것이 충무공 벽파진 전첩비다. 비문은 노산 이은상, 글씨는 소전(素筌) 손재형이 썼다. 4면을 돌아가면서 비문을 각인했는데, 손재형의 서예 전성기를 자랑하는 글씨다. 비문 내용의 일부는 다음과 같다.

벽파진 푸른 바다여, 너는 영광스런 역사를 가졌도다. 민족의 성웅 충무공이 가장 외롭고 어려운 고비에 빛나고 우뚝한 공을 세우신 곳이여기더니라. 옥에서 풀려나와 삼도수군통제사의 무거운 짐을 다시 지고서 병든 몸을 이끌고 남은 배 12척을 겨우 거두어 일찍 군수로 임명되었던 진도 땅 벽파진에 이르니 때는 공(公)이 53세 되던 정유년 8월 29일, 이때 조정에서는 공에게 육전을 명령했으나 공은 이에 대답하되 신에게 아직도 12척의 전선이 남아 있삽고 또 신이 죽지 않았으매 적이 우리를 업수이 여기지 못하리이다 하고 그대로 여기 이 바다 목을 지키셨나니. 예서 머무신 16일 동안 사흘은 비 내리고 나흘은 바람 불

171

고 맏아들 회(薈)와 함께 배 위에 앉아 눈물도 지으셨고 9월 초 7일엔 적선 18척이 들어옴을 물리쳤으며, 초 9일에도 적선 2척이 감포도(甘浦島)까지 들어와 우리를 엿살피다 쫓겨 갔는데 공은 다시 생각한 바 있어 15일에 우수영으로 진(津)을 옮기자 바로 그다음 날 큰 싸움이 터져 12척 적은 배로서 330척의 적선을 모조리 무찌르니 어허 통쾌할사 만고에 기리 빛날 명량대첩이여.

재학 시절부터 뛰어났던
글씨와 그림의 달인

손재형은 1925년에 양정고보, 1929년 외국학전(독일어과)을 졸업했다. 진도의 읍내 교동리에서 출생했는데, 진도에는 남종화의 대가인 허씨 집안이 대를 이어오고 있었다. 운림산방은 남종산수화 화맥이 대를 이어 전수되던 유서 깊은 곳이다. 1대 소치 허련부터 2대 미산 허형, 3대 남농 허건, 임인 허림, 4대 임전 허문 그리고 5대 허진과 허재 등 200여 년에 걸친 역사다. 진도가 변방의 섬이지만 예향으로 불리는 이유다. 어떤 예술도 풍토가 중요하다. 어려서부터 할아버지 손병익에게 한학과 서법을 익혔다. 예향의 풍토에서 그의 글씨가 배태된 것이다.

손재형의 아명은 판돌(判乭), 자는 명보(明甫), 호는 소전(素田·素荃·篠顚·篠田) 등을 썼으나 '소전(素荃)'을 즐겨 썼다. 당호도 많다. 옥

손재형이 쓰던 다양한 낙관들

전장(玉田莊)·봉래제일선관(蓬萊第一仙館)·존추사실(尊秋史室)·문서루 (聞犀樓)·연단자추실(燕檀紫秋室)·숭완소전실(崇阮紹田室)·호석연경실 (好石研經室)·방한정(放鷳亭)·옥소정(玉素亭) 등이 그것이다. 아호는 선 조부와 대칭되게 지었다.[1] 숭완이란 추사 김정희를 흠모한다는 뜻으 로, 실제 그의 서예는 추사체를 전범으로 했다.

1924년 제3회 〈조선미술전람회〉에 예서 〈안씨가훈〉이 첫 입선 했다. 18세 되던 1920년 양정고보에 입학했으므로 양정 재학 중 이 미 서예가로 등장한 셈이다. 양정은 1925년에 졸업했다. 1954년 서 울시 문화상 수상자로 결정되면서 나온 보도에는 〈중학 3년 때 선전 입선〉으로 되어 있다.[2] 예술이란 배우는 것도 중요하지만 천부성이 중요하다. 손재형은 그 뒤로 해마다 거듭 입선한 후 제9회 〈조선미술 전람회〉부터 자주 특선을 했다. 28세 되던 1930년 정초에는《동아일 보》에 휘호를 올린다.[3] 그 뒤로도 지면에서 그의 휘호를 종종 발견할 수 있다.

1931년에는 미전에서 〈심경(心経)〉으로 특선을 했는데 12폭 병 풍이다.[4] 1932년 〈조선미술전람회〉에서 분리해 독립한 제1회 〈조선 서도전〉에서 특선, 제2회전 때는 심사위원이 됐다. 그의 나이 불과 30 세였다. 그해 중국 금석학자 뤄전위(羅振玉)를 사사한다. 1934년 제 13회 〈서화협회전〉 입선, 1935년 제14회전에는 회원으로 출품했다. 1938년에《동아일보》주관으로 학생작품전이 열렸는데, 심사위원 명 단에 안종원, 고희동, 이진우, 이상범, 노수현 등과 더불어 손재형이 확 인된다. 스승 안종원과 같은 반열의 심사위원으로 위촉된 것이다.[5]

손재형에게 서예를 가르친 뛰어난 스승은 여럿 있다. 그중 성당
(惺堂) 김돈희를 살펴볼 필요가 있다. 그의 가계는 대대로 중인 출신
역관으로, 중국의 선진 문물과 지식을 익혔다. 김돈희는 일제강점기
최고의 서예가로서 〈조선미술전람회〉 심사를 도맡았던 서예의 일인
자였다. 많은 제자가 김돈희에게 배웠는데, 손재형이 수제자다. 김돈
희는 1918년 최초의 근대 미술단체인 서화협회의 발기인으로 참여했
으며, 오세창·김규진·안중식·조석진 등 당대의 내로라하는 서화인
과 함께했다.

　김돈희는 서예연구소인 상서회(尚書會)를 열어 후진을 양성했
다. 손재형이나 월전 장우성 같은 이들이 연구소를 들락거리며 공부
했다. 김돈희는 당대 서예가로서 한일병합조약문을 쓰는 등 일제의
식민 정책에 동조하면서 친일의 길을 걸어 혹독한 비판의 대상이 된
다. 손재형이 이후 정치적 색채를 띠게 되는 것도 스승의 영향이 아니
었던가 생각게 하는 지점이 있다. 김돈희의 글씨는 현판 등으로 많이
남아 있다. 1920년 창간한《동아일보》예서체 제호도 그의 글씨다. 친
일 행각으로 김돈희의 명성은 지워졌으나 수제자 손재형은 최고 서예
가 반열에 올랐다. 손재형의 수제자는 한글 서예를 발전시킨 서희환
이다. 이들 계보가 근현대 서예사의 일맥을 형성한다.

　손재형은 금석학자 뤄전위에게서도 배웠다. 뤄전위는 청 말부
터 중화민국, 만주국 등지에서 활동한 고고학자·문헌학자·금석학자
·골동품 전문가로 유명했다. 손재형은 석정 안종원도 사사했다. 손재
형의 양정 진학은 안종원과 연관된 것이라고 볼 수 있다. 당시에는 중

앙과 휘문 출신이 대거 서양화가로 진출하던 상황이었는데, 양정에서는 서화 전통이 이어졌다. 안종원 교장의 영향이 있었을 것으로 판단된다.

서화협회 인물 중 안종원의 팔촌 형인 안중식도 양정과 관련이 깊다. 그는 산수와 인물, 화조, 서예에 능했다. 1918년 서화협회의 초대 회장을 지냈다. 제자로는 최초의 서양화가 고희동, 최초의 시사만화가 이도영, 그 밖에 김기창, 장우성, 이유태, 조중한 등을 길러냈다. 《동아일보》에 근무하면서 손기정 사진에서 일장기를 지운 청전 이상범, 겸재 이후 최고의 진경산수화가라 평가받는 소정 변관식, 심전의 '심(心)' 자를 하사받은 심산 노수현 등도 길러냈다. 양정 역사 초기 주변에 이처럼 뛰어난 서화인이 있었고, 그 제자뻘로 손재형이 존재한다.

손재형의 가까운 친구는 월전(月田) 장우성이다. 장우성은 김은호에게 그림을 배우는 한편, 당대의 명필 김돈희가 운영하는 상서회에 나가 글씨를 배운다. 상서회에서 손재형을 처음 만나 평생지기로 지낸다. 두 사람은 10년의 나이 차이가 났으나 서로 뜻이 맞아 가까이 지냈다. 서화골동 수집에 조예가 깊었던 손재형은 훗날 장우성이 서화골동에 눈을 뜨는 데 많은 역할을 한다.[6]

1957년 고희동은 〈신문명 여명 야화〉를 신문에 기고한다. 계보를 따지면 화가 쪽으로 안중식·조석진·이도영·김규진, 서가(書家) 쪽으로 김돈희·오세창이다. 안중식 계열로는 김은호·이상범·노수현, 조석진 계열로는 변관식·조광준, 이도영 계열로는 김용진·김경원, 김돈희 계열로는 김진민·손재형이라고 분류했다. 손재형을 서예가로만 알고 있지만 장우성, 김은호 같은 당대 화가들은 "선생님이 남긴 80여 점의 그림은 글씨보다 더 높이 평가되어야 한다"라고 말할 정도로 그림에 뛰어났다.

장년기에 접어들면서 손재형의 글씨는 더욱 완숙해졌다. 자획과 구성에 무리가 없고 문기(文氣)가 넘치는 글씨를 썼다. 횡획과 종획 등이 변화무쌍한 조화를 이루며 역작을 만들어냈다. 비로소 자신만의 독특한 소전체(素筌体)를 완성한다.[7]

일본으로 반출된 세한도를 찾아오다

추사 김정희의 〈세한도(歲寒圖)〉는 추사 문인화의 정수를 보여준다. 〈세한도〉는 김정희가 역관인 제자 이상적의 변함없는 의리를 날씨가 추워진 뒤에도 낙엽지지 않는 소나무와 잣나무에 비유해(歲寒然後松柏知後凋), 1884년 제주도 대정 유배지에서 그려준 것이다. 그런데 〈세한도〉의 파란만장한 소장사(史)에서 손재형을 빼놓을 수 없다.

〈세한도〉는 여러 사람의 손을 거쳐서 1932년 무렵 경성제국대학 교수 후지쓰카 지카시(藤塚鄰)에게 넘어간다. 후지쓰카는 추사를 제대로 연구한 첫 학자로서 추사를 존경해 그의 작품을 사들여 방대한 컬렉션을 갖추었는데, 1943년 귀국하면서 〈세한도〉를 가지고 갔

177

다. 손재형은 1944년 말 현해탄을 건너 태평양전쟁이 한창이던 도쿄로 갔다. 후지쓰카를 만나 "〈세한도〉는 조선 땅에 있어야 한다"라며 애원했다. 마침내 마음이 움직인 후지쓰카는 〈세한도〉를 내주었다. 손재형의 노력이 없었더라면 사라졌을 〈세한도〉다. 세한도를 찾아온 뒤 불과 석 달 만에 후지쓰카의 집에 포탄이 떨어져 불이 났기 때문이다.

그림은 손재형의 집에서 잘 보관되고 있었고, 이시영, 정인보, 오세창 등의 글이 덧붙여졌다. 그런데 손재형의 '정치 바람'이 집안을 흔들어놓았다. 1958년부터 국회의원에 낙선되고 당선되기를 반복하다가 정치 자금 문제로 소장품을 저당 잡힌다. 〈세한도〉는 개성 출신 사업가로 고서화 수집에 관심 있던 세창물산 손세기의 소유가 된 뒤, 그의 아들 손창근에게 넘어간다. 2020년 손창근은 〈세한도〉를 조건 없이 국립중앙박물관에 기증했다.

조선미술관은 1940년 〈10대가 산수풍경화전〉을 개최한다.[8] 당대 화단을 주름잡던 소장가들이 출품했는데, 전형필·김덕용·장택상·함석태·한성억·손재형·이병직·김용진·박상건·오봉빈이다. 손재형은 최북, 심사정, 유숙, 조석진, 안중식의 그림을 출품했다.

이러한 수집이 가능했던 것은 손재형의 풍부한 서화 지식과 안목 덕분이다. 오세창이 당대의 금석학 지식과 서화 감식안을 지녔다면, 손재형도 같은 길을 걸었다. 서화 수집은 안목 못지않게 재력을 요구한다. 손재형은 유복자로 태어났으나, 재력이 상당한 할아버지 손병익의 재산을 물려받았다. 양정고보 시절부터 추사에 심취해 경성 미술구락부 경매에서 추사의 〈죽로지실(竹爐之室)〉을 1000원에 낙찰

받았다. 경성의 기와집 한 채 값이었다. "그가 학생 모자를 쓰고 광화문 비각 앞에 서 있으면 어느새 알아보고 골동 중개인들이 따라나섰을 정도"(월전 장우성 회고록)로 일찍이 수집가로 이름을 떨쳤다. 이후 당대의 최고 서예가 김돈희에게 글씨를 배우면서 서화에 더욱 몰두한다. 높은 안목은 수집으로, 그리고 예술적 성취로 연결됐다.

1950년 한국전쟁이 발발하고 서울을 접수한 인민군은 서울에 국립 미술제작소를 설치한다. 서울에 있는 유물을 북으로 싣고 가려는 목적에서 물질문화유물보존회가 설치되는데, 이석호와 유진명이 유물 조사 접수 일에 참여했다. 간송(澗松) 전형필의 소장품을 조사하는 실무자로 국립중앙박물관의 학예관 최순우와 손재형이 참가했다.[9] 이들이 북으로 보낼 수송용 유물 상자가 미처 다 포장되기도 전에 9·28수복이 이루어지면서 소장품은 이북행을 면했다.

1956년 국립중앙박물관에서 열린 추사 100주기 전람회 출품작 중 절반이 그의 소장품이었다. 그해 9월에는 메트로폴리탄미술관과 보스턴미술관, 호놀룰루미술관 등에서 우리나라를 방문 시찰했다. 1958년 1월부터 워싱턴을 비롯한 6개 도시의 〈한국문화재전〉에 출품할 문화재를 선정하기 위해서였다. 이들은 국립중앙박물관, 덕수궁미술관(국립현대미술관 덕수궁관), 불국사, 부산대학교 박물관 등의 유물을 선정하고 전형필과 손재형의 소장품을 대상으로 선정 작업을 펼쳤다. 손재형 개인의 소장품이 검토에 들어갈 정도로 그는 뛰어난 미술품을 소장하고 있었다. 1958년 국립중앙박물관은 〈건국 10주년 고미술품 전시회〉를 개최했는데, 전형필·손재형·유복열 등 50여 명의 소장가가 출품했다. 그때까지 손재형은 국내 굴지의 소장가로 이름이 높았다. 오늘날 간송 전형필만이 부각되는 것과 대비된다.

하지만 국회의원 출마와 낙선을 거치면서 반평생 모은 컬렉션이 흩어지게 된다. 김정희의 〈세한도〉나 겸재 정선의 〈인왕제색도〉, 〈금강전도〉와 같은 명품은 각각 다른 수집가의 손을 거쳐 훗날 국립중앙박물관에 기증됐다. 그렇지만 손재형은 열정적인 당대의 컬렉터였다는 사실에는 변함이 없다.

해방 이후의
서예계 문화 권력

손재형의 이름은 해방 이후 특히 많이 등장한다. 1903년생이므로 해방 당시 그는 42세였다. 가장 왕성하게 활동하던 시기다. 1946년 미군정은 국립 서울종합대학안(국대안)을 발표한 뒤 이 안에 따라 서울대학교 예술대학을 구상했다. 국대안은 논쟁적이고 많은 문제를 야기했다. 미술부 설립은 장발을 중심으로 고희동·김용준·이순석이 주축이 됐으며, 설치위원으로 이순석·손재형·길진석·이종우·이쾌대·정현웅·이인성·도상봉·임용진·백남순이 참여했다.

1947년 2월 좌파가 주도한 조선미술동맹에 대항해 전국문화단체총연합회가 결성됐는데, 김구·조소앙·김성수·김준연·박순천 등이 행사장에서 축사를 했다. 창립위원은 미술 분야에서 고희동·도상

경인아기돐잡이기념첩에 등장하는 당대의 화가들. 손재형도 있다

봉·김인승·김환기 등이 있었는데, 손재형도 명단에 올라 있다. 손재
형은 그해 재단법인 진도중학교를 설립해 이사장이 되고, 서울대학교
미술대학 전임강사 및 교수에 피임된다.

1948년 제2회 〈조선서화전람회〉가 조선서화동연회 주최로 덕
수궁미술관에서 열렸다. 해방 이후 서예계는 손재형이 주도하는 조선
서화동연회와 김태석이 주도하는 대동한묵회로 양분되어 있었다. 회
원 작품 60여 점과 고서화 50여 점이 출품됐는데, 오세창을 비롯해
김용진·안종원·이상범·김은호·손재형 등이 소장 고미술품을 출품
했다.

1948년 10월의 여순사건을 계기로 전국문화단체총연합회의 민

족정신 앙양 전국문화인총궐기대회가 12월에 열렸는데, 준비위원회가 초청한 미술인 명단에 손재형도 올라 있다. 미군정청 서울시 예술위원회가 예술상을 제정했는데, 심사위원으로 손재형이 올라 있다.

1949년 새해 첫날, 미술계에서는 재미있는 모임이 열렸다. 훗날 동백림사건에 계류되기도 했던 이응노는 자신의 화실에 당대의 미술가들을 초대해 손녀딸 돌잔치를 열었다. 여기에 이석호·정종녀·이건영·김영기·김기창·배정례·손재형·박생광 등이 모였으며, 단체로 축하 그림을 그려서《경인아기돐잡이기념첩》이라는 기념 화첩을 엮게 된다. 손재형은〈괴석〉을 그렸다.

같은 해 2월 중순 문교부는 예술위원회를 구성해 70여 명의 위원 명단을 발표했는데, 미술위원에 손재형도 이름을 올린다. 그해〈조선미술전람회〉등을 뒤이은〈대한민국미술전람회〉가 시작되는데, 심사위원 50명 중 서예 부문에 안종원, 손재형, 김충현 등의 이름이 올라 있다. 양정 출신인 안종원과 손재형이 나란히 이름을 올렸다.[10] 1949년에는 경영난에 허덕이는 진도농중(農中)에 현금 50만 원과 시가 300만~400만 원인 자신의 주택을 써달라고 군수에게 신청한 미담 기사가 지방지에 실린다.[11]

전쟁이 끝난 1953년 10월 제2회〈대한민국미술전람회〉가 열렸는데, 제5부 서예 및 사군자 부문에는 손재형·김용진·김충현·배길기가 추천위원이었다. 손재형과 김용진은 서예 부문 심사위원에도 이름을 올렸다. 도상봉은 '손재형의 국문 전서(篆書)는 상형적 신형식을 개척해 경의를 표할 수 있는 작품'이라고 평했다. 김청풍은 '서예부는 손재형의 작품이 홀로 빛난다'고 하면서 '수천 년 전부터 내려오던 누구누구의 필적을 따라야만 서예라고 칭하는 관념을 근본적으로 버리고 새로운 것이 있어야 할 것인데 고전만을 지켜간다면 〈대한민국미술전람회〉에 서예부를 둘 필요성을 느끼지 않는다'고 비판했다. 1954년 《서울신문》도 손재형을 〈금석지기(金石之氣)의 서풍(書風)〉으로 다루었다.[12]

1954년 전국문화단체총연합회는 대한민국 학술원과 예술원 창설을 추진하는데, 주역은 회장 박종화를 비롯해 김동리, 조연현, 손재형, 배길기였다. 손재형이 5인 자리에 들어갈 정도로 '문화 권력'이었다는 증거다. 그해 11월에 열린 제3회 〈대한민국미술전람회〉에서도 손재형은 김충현, 배길기와 함께 여전히 추천작가가 됐다. 1955년 대한미술협회에서 탈퇴해 만들어진 한국미술가협회의 대표위원으로 서예부에 손재형, 김충현이 이름을 올린다. 그해 제4회 〈대한민국미술전람회〉에서 서예 및 사군자 분야에 손재형, 김용진, 송치헌이 이름을 올린다. 1956년 전국문화단체총연합회는 공로자 표창에 관한 건의서를 정부에 제출하는데, 이는 1954년 손재형 등이 내리 서울시 문화상 수상을 한 데 대한 반발이었다. 미술계의 고질병이던 대한미술협회와 한국미술가협회 간의 갈등이 잠복되어 있다. 〈대한민국미술전람회〉에 끊임없이 초대 작가, 심사위원, 심사위원장 등으로 들어감으로써 손재형은 서예 부문의 '문화 권력'으로 자리 잡았다.

1957년 대한미술협회와 한국미술가협회 간의 분파 투쟁은 더욱 거칠어졌다. 대한민국예술원의 종신회원 가운데 미술인은 고희

김정희, 세한도, 국립중앙박물관, 1844

동, 6년제 추천위원은 장발, 손재형, 이상범이었다. 학·예술원 총회에서 손재형은 추천 회원에 피선되어 1960년 4월까지 임기를 마쳤다. 1959년 미술사학자 유복열은 해방 이후 현재 서예 대가로 김용진, 손재형, 최승만, 김충현, 김응현, 김기승 등을 꼽았다.

5·16군사쿠데타 이후 1961년 9월에 난정회가 탄생했는데, 손재형도 창립회원으로 들어갔다. 1965년에 예술원상을 수상했으며, 1967년에는 홍익대학교와 수도여자사범대학교의 명예교수를 맡았다. 양정 역사에서는 1972년 총동창회장으로 봉직했다. 1981년 79세에 세상을 떠났다. 그의 고향 진도 군청 옆에 소전미술관이 세워졌다.

소전체의 탄생

손재형은 '서예(書藝)'라는 말을 창안했다. 그전까지는 서화(書画), 서도(書道)라는 말은 있어도 서예라는 말은 없었다. 서예, 서예가, 서예협회 등의 용어는 모두 그에게서 비롯했다. 1955년 백철이 편찬한 《세계문예사전》에도 손재형의 이름이 나오는데, "추사 김정희를 추모했으며 감식 수집가로 〈세한도〉를 일본에서 찾아온 행적이 특기하고, 한글에 예서체(隷書体)를 전용해 한글 문체를 신개척했다"라고 기록돼 있다.

　중국의 화가이자 서예가인 황정견의 해서·행서체를 쓰다가 각 손재형이 쓴 양정 30주년 휘호.
양정역사관

체를 두루 거쳐 마침내 소전체에 당도한다. 황정견 서체는 스승 김돈희가 구사하던 서체다. 손재형은 자신만의 독특한 서체를 만들었고, 마침내 칭찬과 비판이 엇갈리는 자신만의 서체를 쓰게 된다. 특히 예서·전서를 바탕으로 한 한글 서체인 소전체를 창안했다. 손재형의 글씨는 기교가 두드러지고 전서에 독특한 경지를 보였다. 자획과 구성에 무리가 없고, 문기가 넘치는 글씨는 보는 이로 하여금 친화력을 느끼게 한다. 글씨뿐 아니라, 개성이 깃들인 여기(餘技)로서의 문인화도 그랬다.[13]

손재형의 글씨는 다양하게 많이 남아 있다. 1952년의 이순신 장군비와 1955년의 사육신 묘비 그리고 수덕사 현판(일주문의 '덕숭산수덕사'와 '동방제일선원' 현판)에 글씨가 새겨져 있다. 이와 더불어 안중근 의사 숭모비, 육군사관학교 화랑대, 의암 손병희 선생 묘비, 불국사 관음전 현판 글씨 등이 유명하다.

손재형의 작품은 진도군청 옆에 세워진 소전미술관 1, 2층 네 개의 전시실에서 항상 전시되고 있다. 운림산방을 중심으로 소치 허련 가문의 그림이 전시되고 있다면, 같은 진도 출신으로서 손재형의 글씨도 독립된 기념관에서 전승되는 중이다. 허련과 손재형이 진도 출신 서화의 양대 산맥인 것을 고향 사람들이 잊지 않고 있는 것이다. 전시관에는 다양한 작가의 글씨도 있는데, 안종원·오세창·이윤태·이응노·최우석·김돈희 등이 망라된다. 전시품 중에는 그림도 있어 손재형이 서예뿐 아니라 그림에도 능했음을 알 수 있다.

황술조

土水 黃述祚
양정고보 8회
1904~1939

**36세에
   요절한 예술가의
재발견**

술친구 김진섭과
술 권하는 사회

황술조는 토수(土水) 황술조 혹은 황토수로 더 많이 불렸다. 황술조의
면모를 가장 잘 알려주는 사람은 양정고보 4년 선배인 수필가 김진섭
이다. '주우(酒友)의 제1인자로 화가 황토수가 있다'고 했다. 또한 '음
주 20년'이라 했으니, 적어도 황술조가 졸업하던 시절부터 김진섭과
오래 술친구로 지냈음을 알 수 있다.

실로 황 형은 명실이 상부되는 일대 주객으로 그는 우리의 음주 20년
에 있어 가장 많이 내가 술을 먹고 싶은 순간에 술을 권한 사람인 동시
에 술을 먹어서는 안 된 시간에 술을 강제한 사랑하는 벗이였으니 그
의 유명한 석양배(夕陽杯)는 나를 얼마나 행복하게 했으며 또한 그의
야반습격은 얼마나 나의 안면을 방해했든가. 그는 석양판 술꾼의 뱃속
이 출출할 때는 벼을러 나를 찾어주는 고마운 주우(酒友)였으나 어데선

황술조

지 취해서는 집으로 가는 발을 우회시켜 잠근 내 집 문을 발질하는 미운 주우이기도 했으니 나는 사실 술을 논하는 그의 목전에서는 완전히 성실한 노예라 해도 과언이 아니리라. 안주는 절대로 집어먹는 일이 업고 손끝으로 찍어먹는 그 한잔 취하면 모든 것에 일가언을 고요히 말하는 무소부지의 그 주탈(酒脫)한 그의 맵시, 그의 취미, 그의 범절, 나는 토수와 마조 앉어 술 먹기를 극히 사랑한다.[1]

양주군 돈암리(오늘의 돈암동)에 살 때 시인 김안서와 함일돈, 김진태, 황술조 넷이서 자주 술을 마셨다. 황술조의 음주벽에 관해서는 여러 일화가 존재한다. 황술조의 술친구로는 같은 경주 출신의 불문학자 손경수도 있었다.

토수가 동경미술학교에 입학이 됐다. 해서 하숙 근처의 카페에서 축하의 주석이 버러젓든 일이 있다. 우리는 얼마를 마셨든지 모른다. 그러기에 대주(大酒)의 토수가 술을 피하새 하숙집 압입(押入) 속으로 드러가지 않았겠소. 드러간 것은 좋았는데 취한 정신으로 나올 도리는 없어 벽을 찾기 때문에 하숙집은 파괴되고 마럈다. (…) 토수의 애주는 유명하다. 물론 우리의 비(比)가 아니다. 요새 와서는 늙어가는 탓인지 주량은 대단하지 않은 것 같으나 매일 술을 아니 마시고는 쾌활한 기분을 얻을 수 없는 것같이 보인다. 토수를 생각할 때 여기 연상되는 것은 두주불사의 손경수 선생이니, 토수와 손 선생은 고향도 같으려니와 그 호주성에도 백중이 없어 술이 있는 곳에 반드시 양자는 대좌해 있는 것을 만인이 발견한다. 둘이는 참으로 마음의 벗이요, 숭의 형제이니 둘이서 만나 있을 때 꼭 술은 있으며, '묵어라' 하고 술을 권할 때 둘의 사이는 상당한 양의 술이 요구된다.

황술조와 친했던 손우성은 일본 호세이대학에서 불문학을 전공한 수재다. 김진섭과는 1926년에 도쿄에서 이하윤, 정인섭 등과 외국문학연구회를 조직한 사이였다. 당시 불문학만으로는 생계를 유지할 수 없어 손우성은 전매국에 출근하면서 '담배장사 품팔이'의 한을 술로 달래곤 했다. 황술조가 술친구였다.

황술조는 화가 이병규·이형우·정규창, 화신 계획부장 권영중, 191

총독부 은웅기와도 자주 교유했다. 김진섭은 "이 무렵 나는《조선일보》의 김용채 씨와 전에 양정에 있던 황욱 선생들과 같이 김상용 씨하고도 더러 술을 마시는 영광스러운 기회를 얻었다"라고 했다. 김진선, 황술조, 이병규, 김용채, 황욱 등이 모두 같은 양정고보 출신이었으니 동문끼리 술친구로 지냈음을 알 수 있다. 식민지 청년 지식인의 출구 없는 삶이 술 권하는 사회를 만든 측면이 있다.

　우리는 그때 우리의 현실에 대해서 전연 무지한 것은 아니었으나 학생 시대의 소박한 꿈은 우리가 대학모인가를 벗어붙이던 날로 여지없이 부서지고 마랐는지라 우리는 여기서 우리의 실의의 일종 비장한 미감까지 품으면서 서로 만나기만 하면 안주도 없는 술을 목구녕으로 들어부었다. 대관절 우리에게는 희망은 없다 하는 강렬한 의식 때문에 방해가 되어 책을 볼 생각 같은 것은 전연 소사나지를 않았다.

개성 넘치는 작풍을 구사하는
미술가의 등장

황술조는 경주 출신으로 황 부잣집의 둘째 아들로 태어났다. 계림보통학교를 졸업하고 경성으로 유학을 와서 양정고보에 입학했다. 양정을 마친 다음에는 1930년 도쿄미술학교 서양화과에 입학했다. 유학을 마친 후 개성 호수돈여고와 개성상업학교에서 교편을 잡았다. 그

황술조, 자화상.
1930

황술조, 자화상.
1930

러나 잠깐이었다. 천재성 번득이는 예술가에게 학교는 견디기 어려웠다. 황술조는 조선총독부가 개최하는 〈조선미술전람회〉를 배격하며 참가하지 않았다. 집안이 부유한 것도 있지만 예술에 대한 소신과 철학에서 나온 선택이었다.

돈암동 근처에 살면서 술로 세월을 보냈다. 김진섭이 바로 그 시절의 풍경을 묘사했다. 술로 세월을 보내던 황술조는 어느 날 경주로 내려갔다. 자신의 제자와 결혼하여 고향으로 내려간 것이다. 그러나 이내 경성의 병원으로 실려 온다. 1940년 그의 사망 1주기에 유작전을 앞두고 김진섭이 펜을 들었다. 지방에서 경성으로 올라온 그에게는 많은 친구가 있을 턱이 없었다. 나이는 차이가 나도 양정 동문인 김진섭이 가장 가까운 벗이었다.

그러케도 야물고, 세차고, 술 잘 먹고, 무병(無病)튼 토수가 죽어서 이런 유작전이 우리들 손에 벌어질 줄이야 누가 꿈엔들 생각했으랴. 운명의 희롱도 여기까지 이르면 나무도 가혹타고나 할지 하도 어이가 없어 무어라 할 말이 없다. 지난해 겨울에 조용히 자리 잡고 있는 경주에서 대구 도립 병원을 거쳐 경성까지 실려 와서 병원에 누웠다. 퉁퉁 부은 손으로 "김 공, 김 공도 술 좀 자그만이 먹소" 하고 말했을 때 나는 그의 얼굴을 다시금 한참이나 말없이 바라보면서 "술이 병이었는가" 하고 화나서 슬프게 생각하는 것이었다.[2]

황술조는 36세에 사망했기에 삶의 기록도 충분치 않고 작품도 그러하다. 1920~1930년대에 일부 화가가 서양 유학을 다녀왔으나 국내에서 이들의 영향력은 아직 미미했다. 개성적인 자기 세계가 등장하기 시작한 것은 습작 단계를 지난 1930년대에 들어와서다. 조선의 서양화단은 습작기라 할 수 있는 1920년대를 지나면서 다양한 내면을 형성해가는 활기를 보인다. 개성 넘치는 작풍을 구사하는 미술가의 등장과 조형 이념에 따른 미술단체의 출현이 1930년대로 진입하면서 왕성하게 나타나고 있었다.

1927년 김창섭·안석주·김복진·임학선·신용우·이승만 등에 의한 창광회(蒼光會), 1928년 장석표·박광진 등의 녹향회(綠鄉會), 1930년 구본웅·이마동·길진섭·김응진 등의 백만양화회(白蛮洋画會), 1932년 재동경 미술 학우회인 백우회(白牛會), 1934년 이병규·구본웅·공진형·임용연·신홍휴·송병돈·황술조·이마동·장발·김용준·이종우 등의 목일회(牧日會) 등이 1920년대 후반에서 1930년대 초에 걸쳐 등장한 미술단체다. 황토수는 중앙 화단에서 열심히 활동하던 작가가 아니었기에 목일회 정도가 참여한 그룹일 것이다.

1931년 논객 이화관은 〈조선 화가 총평〉이라는 제목으로 27명의 화가를 취재해 소개했다. 황술조는 성격상 '열정객(熱情客)'으로 고흐와 같은 일화가 있는 화가'라고 했다.[3] 황술조를 고흐에 비교한 대목이 인상적이다. 그의 〈연돌소제부〉, 〈의사(義士)〉 같은 작품은 일정한 경향성을 띠고 있으나 작가가 워낙 일찍 생을 마감해 작품 수가 적은 탓에 전모를 파악하기는 어렵다. 황술조는 대단히 과감한 붓 처리로 표현주의적 성향을 보여준다.

황술조, 연돌소제부, 1931

프롤레타리아 미술운동과 더불어 1930년대를 수놓은 식민지 미술가의 활동은 소집단미술운동의 시대를 열었다. 소집단 주도 작가들은 〈조선미술전람회〉에 한두 번 응모했다가 다시는 출품하지 않았다. 이들의 의식이 반아카데미즘에 토대를 둔 일련의 재야파 미술운동이었다는 뜻이다. 도쿄미술학교 출신인 김용준의 주도 아래 〈동미전(東美展)〉이 조직됐는데, 이병규·이종우·

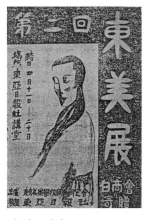

제2회 동미전

김진섭·이제창·이마동·황술조·이순석·홍득순·임학선 등이 모두 도쿄미술학교 출신이었다. 이병규가 양정고보 2회, 황술조가 8회인 데다 같은 도쿄미술학교 출신이므로 서로 잘 아는 사이였다.

도쿄미술학교 조선 동창회가 주최하고 《동아일보》 학예부가 후원하는 제2회 〈동미전〉이 1931년 4월 11~20일에 동아일보사에서 열렸다. 홍득순, 도상봉, 이제창, 길진섭, 이병규, 이마동, 황술조, 김용준, 김응진, 김호룡, 이봉영, 장득, 임학선, 이순석, 이해선 등 18명이 참가했다. 황술조는 〈연돌소제부〉, 〈창외풍경〉, 〈우인상(友人像)〉을 출품했다. 〈동미전〉 기획자 홍순득은 제2회 〈동미전〉의 최대 수확이 황술조의 〈연돌소제부〉라고 여겼다. 날품팔이 도시 빈민을 그렸는데, 날카로운 얼굴 표정, 역동성 넘치는 자세로 말미암아 홍순득으로부터 '현실에 필요한 데몬스트레이션을 암시'하고 있으며, '제4계급층 혹은 룸펜 생활을 그린 회장(會場) 중 백미白眉)'라는 찬사를 얻었다.[4] 또 황술조의 〈의사〉는 유채화로 독립투사의 결기가 드러난 작품인데, 사진 도판만 남아 있을 뿐이다.[5] 1932년 7월 제3회 〈동미전〉이 동아일보사 사옥에서 열렸는데, 황술조의 〈풍경〉이 《동아일보》 지면에 사진 도판으로 남아 있다.

황술조는 목일회에도 참여했다. 〈조선미술전람회〉를 며칠 앞둔 1934년 5월 16일부터 22일까지 화신백화점 5층 화신화랑에서 목일회 전시회가 열렸다. 이종우, 이병규, 송병돈, 김용준, 황술조, 구본웅, 김응진, 길진섭 등이 목일회 창립 멤버. 이들 대부분은 1930년 결성된 백만양화회 동인이었으므로 목일회는 백만양화회의 후속 단체라고 할 수 있다. 목일회는 1936년 1월 이후 목시회(牧時會)로 이름을 바꾸고, 1937년 6월 화신백화점 화랑에서 전시회를 가졌다. 기존 목일회 회원 중 김응진과 송병돈이 빠지고 백남순, 임용련, 장발, 이마동, 신홍휴, 이봉영, 홍득순, 공진환이 새로 참가한다. 구본웅, 장발, 이병규, 김용준, 이마동, 이종우, 황술조, 길진섭, 임용련, 백남순 등이 60여 점을 출품했다. 황술조는 〈좌상〉과 〈스케치〉를 출품했다.

기존 목일회와 목시회 동인들은 1938년 11월과 1939년 7월에 화신화랑에서 〈양화동인전〉을 개최했다. 1939년 〈양화동인전〉 관련 기사에는 제5회전이라 명시되어 있다. 이는 목일회와 목시회, 양화동인전 전람회 수를 합산한 것이다. 회원 구성으로 볼 때 백만양화회의 후속 단체로 출발한 목일회는 목시회 전시, 〈양화동인전〉으로 명칭을 바꾸어가며 1939년까지 활동했음을 알 수 있다.[6]

목일회는 서구 모더니즘과 우리나라의 전통을 융합함으로써 한국적 서양 미술 양식을 찾고자 노력한 양화가 단체다. 목일회 회원은 〈조선미술전람회〉의 아카데미즘에 반대하며 출품을 거부했다. 이는 객관적이고 이성적 시각의 '서양 아카데미즘'을 거부하고 주관적이고 감성적인 '동양 정신'을 서양화의 재료로 표현하려 노력했기 때문이다. 당시 목일회 회원은 후기 인상주의 이후 서양 미술사조의 흐름이 동양 미술의 핵심인 주관적 세계를 지향하고 있다고 인식했다. 따라서 입체주의, 야수주의, 표현주의, 상징주의 등 작가의 주관을 강조하는 경향을 받아들였다. 그리고 우리 전통 회화에서 찾아낸 조형적 요소, 즉 기운이 생동하는 선, 비입체적 형태, 얇은 채색 등을 통해 한국적 서양 회화 양식을 구현해내고자 했다.[7]

김진섭도 황술조가 목일회 회원이라고 했다. 김진섭은 덧붙였다. "양정 출신이므로 그와는 서로 동창 사이지만 나는 수년 연배가 되는 까닭에 이 재미있는 인물의 중학 시대는 드디어 알지 못하고 말았다." 그런데 김진섭은 황술조가 '석류', '화초' 등 근자에 동양화에 관심을 표명했다고 기록했다.[8] 일본으로 건너가 서양화를 배웠지만, 말년의 황술조는 전통 서화의 세계와 소재에 관심을 표명했다고 김진섭은 《동아일보》에 기고한 황술조 유작전 당시 글에서 밝혔다. 황술조의 작품 세계를 이해하는 데 중요한 대목이다. 실제로 황토수는 1936년 고향에 내려와 경주고적보존회 상임고문을 맡는 등 고미술과 전통에 심취했다. 다도와 조경술에도 관심이 깊었으며, 미식가에 애주가였다.

황술조가 고향 경주에 내려가 있던 1937년에 그린 감포 바닷가 풍경이 《동아일보》에 실렸다.[9] 그의 작품은 신문에서도 거의 찾아보기 힘든데, 동해안 감포 그림이 실린 것이다. 이는 그가 고향 주변을 돌아다니면서 향토색 짙은 자신의 뿌리를 그리고 있었다는 뜻이다. 좀 더 오래 살았더라면 이러한 향토색이 높은 예술성으로 승화됐을 텐데, 아까운 삶을 마감한 것이다.

80년 만에 경주에서 열린 유작전

황술조는 목시회 전시를 마지막으로 1939년 12월 36세의 젊은 나이에 세상을 떠났다. 당시 황술조는 경주고적보존회 상임고문을 맡았으며 고미술에 빠져들었다. 기존 유화만이 아니라 수묵 채색에도 관심을 돌리고 있었다. 그러나 후두결핵이 발병하고 대구 도립병원을 거쳐서 서울 병원까지 실려 왔으나 병마를 이기지 못했다. 이듬해인 1940년 6월 16일부터 23일까지 화신백화점 갤러리에서 유작전이 열렸다.

전시회는 경주 화실에 있던 50여 점은 물론이고 대구, 김천, 개성 등지에 흩어져 있던 작품 24점을 모아 이루어졌다. 현재 남아 있는 작품 수가 그보다 적은 것으로 보아 인멸됐거나 소장자에게 흘러들어가 미공개되고 있는 것으로 보인다. 유작전에 관한 글은 당시 경성제대 도서관에 근무하던 김진섭이 썼으며, 같은 도쿄 유학파이고 동문인 이병규 화백이 전시를 도왔다.

다행히 1975년 황술조의 작품이 한꺼번에 출현하자 그 소개를 집중적으로 기사화한《중앙일보》기사가 남아 있다. 숨겨졌던 작품들이 1974년에 일괄해 나타나면서 주목한 것이다.[10] 경주에서 작가 생활을 했을 뿐 아니라 발표된 작품 양도 적어서 1975년 당시까지도 알려진 작품으로는 〈개〉(이마동 소장)라는 데생 한 점만이 〈한국현대미술가유작전〉(1962)이나 〈한국미술60년전〉(1972)을 통해 선보였을 따름이다. 1975년 유가족이 간직해오던 대표작 〈연못〉을 비롯한 유화 두 점과 데생 등이 모 컬렉션에 들어갔고, 그 밖에 여러 점이 남아 있다. 해방 후 처음으로 공개된 황술조의 작품은 황형수가 캔버스만 뜯어서 한 두름으로 묶어 보관했던 것이다. 화면은 많이 손상됐으나 그런대로 한 작가의 내면을 들여다보는 계기가 됐다.

이경성 당시 홍익대 박물관장은 '공간 설정이 시원하고 현대적 감각이 풍기는 작품들'이라고 평가했다. 〈연못〉의 경우 모네를 연상시키면서도 불화에 보이는 도식적 느낌을 준다고 말했다. 이승만 화백은 다음과 같이 술회했다. 황술조가 우리 전통에 관심과 안목이 있었음을 증거하는 글이다.

섬광이 빛나는 아주 격 높은 작가였는데 그만 게을러서 작품이 드물다. 코밑수염을 기르고, 언제나 웃는 얼굴인 그는 침착하고 온정이 넘치는 인품이었다. 취미도 다방면이어서 추사의 글씨를 좋아하고 불상을 수집하며 다도와 조원·목공예에 걸쳐 일가견이 있었다. 그뿐만 아

201

황술조, 개, 1937

황술조, 창측의 정물, 1935

황술조, 연못, 1930년대

니라 양요리 솜씨도 능란했다.

〈여인좌상〉, 〈누드〉, 〈정물〉 및 풍경화와 자화상 등 초기 인상파의 경향을 띤 차분한 작품이 현존한다. 몇 점은 고흐와 같은 선의 움직임으로 대담하게 시도한 작품도 엿보여 습작 시대의 한 면을 보여준다. 모네, 세잔, 보나르 등에 심취했던 것으로 보이며, 건강하고 해맑은 화폭 속에 한 시대의 우수와 고독을 담고 있다.

재평가되어야 할
잊힌 인물

황술조는 중앙 화단은 물론이고 양정 동문 사이에서도, 더 나아가 자신의 고향인 경주에서도 잊힌 인물이다. 그러다가 거의 80여 년 만인 2015년에 그가 전시장으로 소환됐다. 늦게나마 고향에서 재발견한 것이다. 흩어졌던 작품이 모여들었고 경주 솔거미술관에서 회고전이 열렸다. 고향에서는 '경주 근대 미술의 출발점'으로 황술조를 내세우는 중이다. 워낙 짧게 산 인생이고 작품 수가 제한적이라 그에 관한 평가는 아직도 유보적이다. 그러나 남은 작품을 통해 볼 때, 조선이라는 대지에 뿌리를 내리고 거친 붓 터치로 야성미 같은 활력을 보여준 그의 그림은 1930년 김용준의 평가처럼 '대담한 필치와 무거운 중량'이 돋보인다.

그는 양반 지주 출신이다. 심미적 서구 이식 미술을 성취한 일군의 미술가 계급의 기초는 양반 및 지주, 자본가였으며, 황술조도 예외는 아니었다. 일제강점기에 이들은 대부분 일본으로 건너가 대학 교육을 받은 지식층으로 성장했다. 서구 부르주아 계급의 이념 형식인 미술 양식을 교육받아 자기화한 인물군이다. 일제강점기의 예술가라는 사회적 지위를 확보하는 과정에서 대학 교육과 공모전 그리고 특히 전시회라는 전달 형식을 거치며 성장했다.[11]

김용준은 1948년 〈암흑시대의 미술〉에서 당대의 작가로 다음의 인물들을 거론했다.

> 이종우, 나혜석, 이병규, 김주경, 선우담, 고 황술조, 강신호, 장석표, 오지호, 길진섭, 김환기, 고 김종태, 김인승, 이쾌대, 최재덕, 김만형, 윤자선 외 많은 사람들이 연이어 나왔고 (…) 이승만, 고 윤희순, 정현웅, 홍우백, 김중현, 이인성, 최연해, 박영선 (…) 장발, 백남순, 임용련, 배운성 같은 이가 있다.[12]

미술사적으로 볼 때 황술조는 1930년대의 중요 맥락에 위치함을 알 수 있다. 당대 예술가로서 출세를 보증하는 〈조선미술전람회〉를 거부했으며, 오직 동인 집단의 전시에만 참여해 스스로 출구를 제한했다. 일제강점기 출구가 막힌 모순된 식민지 상황을 그는 창작보다 술로 달렸다. 주목할 것은 그가 경성-도쿄의 연맥을 갖고 있음에도 고향에 정착해 지역에서 뿌리내리려 했다는 점이다. 단순한 향토

205

성, 지역성이 아니라 경주고적보존회 상임고문으로 활동하는 등 오늘의 입장에서 보면 신라 정신의 일맥을 잡아 나가려 안간힘을 썼다는 것이다. 그를 단순하게 심미적 서구 미술 이식론자로만 볼 수 없게 하는 대목이다. 또한 그가 살던 경주는 크게 보아 대구·경북 미술권에 속했다. 실제로 김용준·이인성·이쾌대·서병오 등 일군의 대구 세력이 있었다.

황술조는 너무 일찍 세상을 떠났기에 더 이상의 후속 평가가 불가능하다. 미술사에 이름을 남기고 있었음에도 그에 대한 연구는 미미한 실정이다. 활동 기간이 채 10년이 안 되어 작품이 얼마 남아 있지 않기 때문이다. 하지만 황술조는 당시 화단에서 자신만의 화풍을 형성하고 조선의 예술을 어떻게 표현할지 고민했던 화가로, 1930년대 문예사를 이해하기 위해서는 반드시 연구되어야 할 작가다. 도쿄미술학교를 졸업한 황술조는 서화협회와 동미회, 목일회 등 소규모 단체에만 기록을 남긴다. 이런 그의 활동은 그의 작풍과도 연결되는데, 당시 화단에 유행하던 사조보다는 자신의 주관을 드러낼 수 있는 방식을 택한 것이라 볼 수 있다.

또한 황술조는 동양화적 표현으로 자신의 예술성을 드러내고자 했다. 작품은 미완성인 채 남아 있는 것이 많지만, 역설적으로 그의 예술 의식을 부각하는 효과를 보여준다. 서양화가지만 동양화도 그렸던 황술조는 작품을 통해 동양화의 선과 붓 필치를 드러낸다. 전통 예술을 어떻게 표현해야 할지에 대한 고민이 작품 속에 반영되어 있다. 남아 있는 작품과 그에 대한 비평문이 부족하고, 작가 스스로 남긴 글이 남아 있지 않기에 그의 예술 의식을 살펴보는 일은 한계가 있다. 그럼에도 자신만의 화풍으로 활동했던 그의 작품을 만난다는 것은 우리 문예사의 한 단면을 들여다보는 일이다.[13]

장욱진

張旭鎭
양정고보 23회
1918~1990

그림처럼 정확한
나의 분신은
없다

2세대 서양화가이자
1세대 모더니스트

장욱진 서거 33년 뒤인 2023년, 회고전 〈가장 진지한 고백〉이 국립현대미술관 덕수궁관에서 열렸다. 1920년대 학창 시절부터 1990년 작고할 때까지 60여 년간 꾸준히 작업한 유화, 먹그림, 매직펜 그림, 판화, 표지화와 삽화, 도자기 그림을 한자리에서 조망했다. 유리장에 그의 양정 23회 졸업 앨범(1939)도 놓였다. 전시회를 주관한 국립현대미술관은 그를 이렇게 평가했다.

한국 근현대 화단에서 이중섭, 김환기, 박수근, 유영국 등과 함께 다섯 손가락 안에 꼽히는 2세대 서양화가이자 1세대 모더니스트다. '지속성'과 '일관성'은 장욱진 그림의 주요한 특징이다. 그러면서도 재료를 가리지 않는 자유로움과 고정된 틀에 얽매이지 않는 창작 태도를 보여주며 끊임없이 변화를 시도했다. 현재 알려진 작품들만 헤아려도 유

장욱진

화 730여 점, 먹그림 300여 점으로 그 수가 상당하다. 나무와 까치, 해와 다리, 집, 가족 등 일상적이고 친근한 몇 가지 제한된 모티프만을 평생에 걸쳐 그렸지만 매체에 구애받지 않고 다양한 재료를 사용해 왕성한 작품 활동을 펼쳤다. 또한 서양화를 기반으로 동양적 정신과 형태를 가미하면서도 서로 간 무리 없이 일체(一体)를 이루는 경우는 장욱진 외에 한국 현대미술사에서 유례를 찾아보기 힘들다. (…) 그의 화문집(画文集)《강가의 아틀리에》서문에 밝혔듯이 "참된 것을 위해 뼈를 깎는 듯한 소모"까지 마다하지 않았다. 누구보다 자유로운 발상과 방법으로 화가로서의 본분을 지키며 자기 자신을 소모시켰다. '나는 정직하게 살아왔노라'고 당당하게 외치며 '진솔한 자기 고백'으로 창작에 전념했다. 그가 떠난 지 30여 년이 흘렀지만 그의 그림은 지금도 여전히 세상을 향해 정직하게 고백하고 있다.

집이나 가족, 아이, 나무, 새 등 가정적이고 일상적인 소재를 어린아이 그림처럼 대담하고 간결한 구도와 자신만의 독특한 색감으로 표현해내서 '동심의 화가'로 불린다. 서양화가이면서도 종이를 즐겨 사용했고, 일명 먹그림을 많이 그렸다.[1] 그의 그림은 어떤 설정된 목적에서 나온 것이 아니다. 그 자신도 "뭘 설정해놓고는 그림 못 해. 죽이 되나 밥이 되나 해보는 거지"라고 말했다. 재료에 관해서도 분명한 입장이 있었다.

화가는 재료에 끌려가선 안 돼요. 재료를, 소재를 끌어들여야지. 거기에 질질 끌려 다녀서는 안 돼요. '캔버스 대 기름, 그렇게 하는 게 그림이다' 그러는데 그게 아녜요. 재료, 자기 체질에 맞는 재료를 뭐든지 끄집어들여야지. 구분해가면, 자꾸 이것저것, 이건 무슨 유화, 이건 수채화, 구분해가면 그만큼 좁혀져가는 거지. 현재 놓여 있는 걸 가지고 어떻게 운용을 하느냐, 그게 중요하다는 얘기예요.[2]

오직 그림과 술밖에 모르고 살아온 인생이었다. 그림은 살아가는 의미요, 술은 그 휴식이었다. 그렇지만 그림을 그릴 때면 몇 달이고 술을 입에 대지 않았다. 늘 '나는 심플하다'라고 말하곤 했다.

보통학교 시절부터 싹튼
화가의 꿈

장욱진은 1918년 1월 8일 연기군 동면 송용리(현 세종시)에서 태어났다. 아버지 장기용과 어머니 이기재 슬하의 4형제 가운데 차남이다. 서화와 골동품을 애호하던 부친의 영향인지 보통학교 시절부터 그림을 좋아했다. 보통학교 재학 중이던 1926년 히로시마고등사범학교가 주최한 〈전일본소학생미전〉에서 1등상을 받았다. 그때 유화를 처음 그리기 시작했다. 당시에는 의전이나 법전을 가야만 부모가 진학을 허용할 정도로 예술이 천대받던 시절이라 집안에서는 그림 그리는 것을 심하게 반대했다.

1926년 경성제2고등보통학교(지금의 경복)에 진학해 미술반에서 그림을 그렸다. 그러나 일본인 역사 교사에게 항의하다 3학년 때 퇴학 처분을 받고 화가 공진형의 화실에서 그림 수업을 계속했다. 개성 출신으로 일본 도쿄미술학교를 나온 공진형은 〈조선미술전람회〉를 거부한 작가들의 모임인 목일회에 참가했다. 장욱진은 마침 성홍열을 앓게 되어 후유증을 다스리기 위해 예산 수덕사에 가서 요양하고 있었다. 이때 김일엽을 만났고, 나혜석으로부터 데생 솜씨를 칭찬받기도 한다. 나혜석의 칭찬이 그의 창작열에 힘이 됐을 것이다.

장욱진은 20세가 되던 해에 양정고보 3학년으로 편입했는데, 체육에도 소질이 있어 체육 특기생으로 들어갔다. 당시로서는 키도 컸고, 체격이 좋아서 높이뛰기와 빙상 선수로 활약했다. 고보 4학년 때 《조선일보》 주최 제2회 〈전조선학생미술전람회〉에 〈공기놀이〉로 최고상을 받는다. 전통놀이를 주제로 한 초기 작품이다. 1938년 《동아일보》 〈학생 작품 전람회 입상자를 찾아서〉를 보면, 〈중등 도화, 그림 그리기를 밥보다 즐겨, 경성 양정중학 5년 장욱진〉이라는 기사가 뜬다. 기자가 장욱진의 집을 찾아가서 모친을 인터뷰하고 쓴 것이다. 신문에서는 양정중학교 5학년이라고 했는데, 일제강점기 말 학제 개편에 따른 것으로 양정고보를 뜻한다.

양정중학교 5학년생 장욱진 군이 중등 도화(圖畫)에 영예의 입상을 했습니다. 내수정 집에 그의 어머니를 찾아 축하의 말씀을 드리니 끔찍이도 인자해 보이시는 어머니가 몹시 기뻐하기는 하면서도 얼굴엔 나

장욱진, 공기놀이, 1938, 국립현대미술관 소장, 장욱진미술문화재단

타내지 아니하시고 "어떠케 그린 것인지 우리가 알기나 허나요. 그 아이가 하두 도화를 그리기를 조아해서 공부는 아니 하구 그런 짓만 한다구 식구들이 반대를 하것만 워낙이 열심이니까 누가 막을 길이 없어서 그러케 그리는 게죠" 하시면서 반대는 했으나 입상이 되고 보니 대단 기뻐하시는 눈치입니다. "밥을 하루 굶으라면 넉넉히 굶지마는 아마 그림을 그만두라면 몇 갑절 야단이 날 것입니다. 초저녁에 들고 앉으면 밤을 드래로 밝히는 때도 있으니까요" 하시기에, "그러면 이러케 훌륭하게 입상이 됐어도 지금도 그림 그리는 것은 반대하십니까" 하

고 여쭈니, "이제 그럴 것이 있나요. 제가 원하는 것이니까 몸이 약해서 이러치 뭘 해야 할지 몰라서 졸업할 때까지 장치 일을 작정하지 못하고 떼쓰는 것보다야 낫지" 하시며 말씀하시는데 옛날 분이시면서 이러케도 자손에게 대한 이해가 깊기도 참 어려운 일입니다.[3]

장욱진이 학생 시절부터 미술에 심취했고 천부적 소양을 지니고 있었음을 증거한다. 《조선일보》 사장상 부상으로 거금 100만 원을 받자 집안에서도 그림 그리기를 묵인한다. 장욱진은 23세가 되던 1939년에야 양정을 졸업했다. 장욱진과 함께 다닌 동문 중 유명한 이로 선배에 손기정과 남승룡, 언론인 김영상과 문제안 등이 있다. 양정중 교장을 역임한 최영보가 동기다.

장욱진은 졸업과 동시에 데이코쿠미술학교 서양화과로 떠났다. 이 학교는 1929년에 설립됐으며, 1949년 무사시노미술대학으로 개명한다. 이 학교를 통해서 맺은 인연은 훗날 데이코쿠미술학교 출신이 연합한 〈백우회전〉을 통해 지속적으로 이어진다.

장욱진은 유학 시절 그 나름대로 독자적 조형 세계를 만들어 가고 있었다. 이미 양정고보 시절 연습한 그림을 틀에서 뜯어낸 천만 해도 성인의 허리에 닿을 정도로 많은 양이었다는 유족의 회상에서 알 수 있듯이, 장욱진은 사실 고보 시절에 이미 대상을 그대로 나타내는 재현적 조형 방식의 수련을 마친 상황이었다. 유학 초기부터 독자성을 확보하는 실마리가 됐을 것이다.

양정 재학 중에는 미술반 지도교사 이병규의 가르침을 받았다.

215

고교시절 미술반. 맨 왼쪽이
장욱진, 가운데가 미술 교사 이병규

고교 시절 장욱진

장욱진의 졸업 사진

양정의숙을 거쳐 일본 도쿄미술학교를 졸업한 이병규 역시 〈조선미술전람회〉를 거부하던 목일회 회원이었다. 장욱진이 양정 입학 직전에 지도받은 공진형과 마찬가지로 도쿄미술학교를 나오고 목일회 회원이었다는 점이 주목된다. 장욱진은 유학 시절 현대미술뿐 아니라 로마네스크, 비잔틴 미술을 비롯해 중세 미술, 이집트나 중동의 고대 미술, 멕시코와 아프리카 미술 등도 공부했다.

　일제강점기 기록에는 그의 활동상이 별로 나타나지 않는다. 활발한 활동은 대체로 해방 이후이며, 따라서 1세대 화가인 고희동, 도상봉 등에 대비해 서양 미술 2세대다. 장욱진은 언론인 이관구의 소개로 역사학자 두계 이병도의 딸인 세 살 아래의 이순경과 결혼했다. 이순경이 22세 때인 1941년에 혼례를 올렸는데, 장욱진이 일본 유학에서 돌아온 직후다. 27세 때인 1943년 〈조선미술전람회〉에서 〈언덕〉이 입선한다. 2년 후인 1945년에 그는 징용에 끌려간다.

신사실파 맥락이 화풍에
지문처럼 남아

해방 당시 장욱진은 아직 젊은 나이였다. 1945년 8월에 발족한 조선문화건설중앙협의회 결성문에 장욱진 이름이 처음 보인다. 주동자는 아니고 단순 회원이다. 이 단체는 "새로운 우리 정부가 탄생되어 문화예술의 새 정책을 세울 때까지 현 단계의 문화 전체에 관한 통일적 연

락과 각 부문 활동의 질서를 지키기 위해서 새로이 조선문화건설중앙협의회를 조직했다"라고 했다.[4]

장욱진은 국립박물관에 들어간다. 1946년 4월 5일 국립박물관 개관식이 경복궁에서 열렸다. 관장은 미술사학자로 보성전문에 근무하던 김재원이었다. 장인 이병도의 추천으로 들어가 진열과에서 도안과 제도 일을 맡았다. 박물관에서는 서무과장 최영희, 진열과장 이홍직, 사진사 이건중, 아리미쓰 교이치(有光教一)와 최순우, 그리고 장욱진 등이 근무했다.[5] 이듬해 기록에도 장욱진 이름이 보이는데, 진열과 소속이고 이홍직 밑에 있었다. 도쿄제대 출신인 이홍직은 고대사학자로 훗날 고려대학교에서 봉직했다. 아리미쓰는 교토대학 출신의 고고학자로 조선총독부 촉탁으로 근무했으며, 해방 후에도 돌아가지 않고 있었다.

1947년 직원 명단에는 연구과에 고고학자 김원룡 이름도 보인다. 1948년에는 개성에 있던 황수영이 새로 입사했으며, 장욱진은 김원룡과 함께 연구과에서 근무했다. 국립박물관 사무실은 경복궁 내의 자경전을 쓰고 있었다.[6] 직원 숙소도 경복궁 내에 있어서 장욱진 부부는 경복궁에서 살았다. 이로써 그가 고고학 발굴, 고미술사 연구 등 국립박물관의 소임에 어떤 식으로든 관계한 것이 분명함을 알 수 있다. 그의 그림에 등장하는 '조선적' 풍경이 단순 미감에서 주어진 것이 아니라, 이러한 박물관 체험을 통해 학습·생성된 것일 수도 있다. 장욱진은 박물관에서 오래 근무하지는 않았다.

박물관에서의 2년간은 이조 회화나 불상 등 한국 고유의 미술품을 눈에 익히고 공부하는 데 할당하는 한편, 일본 총독부로부터 아무런 내용도 모르고 인계받은 미술품의 내용을 파악하고 카드를 정리하는 일에 온 힘을 기울였다. 어떤 때는 도둑이 심해서 밤새워가며 박물관을 지키며 몇날 며칠을 지새우기도 했다.[7]

1947년 박물관을 사직하고 덕수상고에서 잠시 미술을 가르쳤다. 이후 본격적으로 작가 활동을 전개하는데, 그의 창구는 신사실파 그룹이었다. 신사실파는 1947년 김환기·유영국·이규상·백영수·이중섭·장욱진 등 초기 모더니스트들이 결성했다. '사실을 새롭게 보자'는 주제의식을 가지고 있었다. 일본 유학파라는 공통점 외에도 작품 세계가 독자적이며 화단에서 이미 일정 지위를 획득한 인물들이었다.

이들은 이른바 순수 조형예술을 표방했다. 선언서 등을 남기지는 않았으며, 단지 3회 전시에 머물렀지만 '신사실' 담론을 생성했고, 비중 있는 화가의 모임이라는 점에서 주목받았다. 광복 이후 이념에 따라 화단이 사분오열될 때 이들 신사실파는 이른바 순수 조형예술을 표방한 것이다.

1948년 12월 7일부터 14일까지 화신화랑에서 열린 신사실파 제1회전에 장욱진, 유영국, 이규상, 김환기가 동인으로 참가했다. 장욱진은 〈조춘(早春)〉, 〈안(眼)〉, 〈마을〉, 〈독〉, 〈까치〉, 〈몽(夢)〉, 〈방(房)〉, 〈마을〉, 〈원두막〉, 〈동리〉, 〈점경(点景)〉, 〈아(児)〉, 〈수하(樹下)〉를 출품했다. 이듬해 1949년 11월 동화화랑에서 제2회 〈신사실파전〉이 열렸는데, 장욱진·유영국·김환기·이중섭 등이 회원이었다. 장욱진은 〈까치〉, 〈독〉, 〈마을〉, 〈아(兒)〉, 〈원두막〉 등을 내걸었다. 당시 장욱진은 가족이나 나무, 아이, 새 등 일상에서 흔히 볼 수 있는 소박한 소재에 심취해 있었다.

1953년 5월 26일부터 6월 4일까지 부산 광복동에 자리한 국립박물관 화랑에서 제3회전이자 마지막 〈신사실파전〉이 열렸다. 장욱진은 〈동(童)〉, 〈언덕〉, 〈소품〉, 〈작품〉, 〈파랑새와 동(童)〉을 출품했다. 이 전시를 마지막으로 신사실파는 해산하지만, 실상은 그 정신이 그대로 이어져서 10여 년간 존속된 것으로 보인다.

모더니즘 및 전통과 민족을 혼합한 이들의 화풍은 이후 많은 사람의 사랑을 받는다. 미술평론가 이경성은 '신사실파는 한국 현대미술 초창기에 잠깐 광채같이 빛났다가 사라졌지만, 장욱진·유영국·이규상·김환기 등의 예술은 화단 깊숙이 확대되고 정착되어서 오늘의 한국 현대미술을 꽃피우게 하는 원동력이 됐다'고 보았다.[8] 신사실파 맥락은 장욱진의 화풍에도 지문처럼 남아 있다. 김환기와 장욱진은 다른 방식을 보여주지만, 내적으로 짙게 연관되는 측면이 있다.

신사실파의 철학대로 장욱진은 사물을 그대로 재현하는 것이 아니라, 사물 안에 내재한 근원적이고 정신적인 본질을 추구했다. 그래서 그의 작품은 단순하면서도 대담할 수밖에 없었다. "나는 심플하다"라고 말했던 것처럼 그는 평생을 자연 속에서 심플한 삶을 살면서 그림을 통해 동화적이고 이상적인 내면세계를 표현했다. "천성적으로 서울이 싫다. 서울로 표상되는 문명이 싫은 것이다"라고 말하곤 했다. 그 때문에 화실도 여러 번 바꾸었다. 있는 곳이 개발되기 시작하면 미련 없이 그곳을 떠나 다른 자연 속에 화실을 차렸다.

일본에서 공부했으나 평생 자기 것을 잃거나 놓치지 않았다. 평소에도 이런 말을 자주 했다고 한다. "외국에 가는 젊은이들에게 자기를 가지고 가라고 일러준다. 다시 말해서 상품 하나를 가져가더라도 자기가 만든 것을 가지고 가라고 타이른다. 자기가 들어 있는, 자기가 만든 물건을 말이다."

피난 시대의 종군화가 그리고
50년대의 작품 활동

국립박물관에서 나온 장욱진은 서울의 내수동 본가에서 살았다. 전쟁 직전인 1950년 1월 5일 반공주의 맥락에 서 있던 '50년미술협회'가 발족하고 장욱진도 준비위원으로 참여한다. 2월에는 대원화랑에서 열린 상설 전시에 장욱진의 작품도 걸렸다. 한국전쟁이 발발했지만 장욱진은 피난을 가지 않았다. 전쟁 통에 부인 이수경이 혼수를 팔아서 먹고살았다.

전쟁 중에 해방 공간에 있다가 사라진 조선미술동맹이 서울에서 재건됐다. 이쾌대·배운성·정종녀 등 많은 작가가 참여했는데, 이들은 9·28수복 때 대체로 월북한다. 조선미술동맹에 참여했지만 장욱진은 이인성, 김인승, 김기창, 김흥수, 도상봉, 김경승, 윤효중, 김환

221

기, 박고석 등과 더불어 북으로 가지 않고 서울에 남았다. 장욱진도 인민공화국 치하에서 작은 시련을 겪었다. "거리에서 놈들에게 붙잡혀 내무서라는 데로 끌려갔다. 이것저것 물어보는데 나는 도무지 얼이 빠져서 되는 대로 마구 지껄여댔다. 그랬더니 그냥 가라고 놔주었다. 내가 헛소리하는 미친놈으로 여겨졌던 모양이었다. 그때 만약 내가 눈치를 봐가며 요령 있게 말했더라면 더욱 수상하게 보여서 틀림없이 풀려나기는 어려웠으리라. 사람은 태어난 대로, 있는 그대로 사는 것이 최선이다"라고 했다. 그의 인생철학이랄까, 처세관이 잘 드러나는 대목이다.

9·28수복 뒤에 전황이 복잡해져서 인민군이 1월에 다시 서울을 점령하기에 이르렀다. 장욱진도 이때 가족을 먼저 보내고 자신도 부산으로 내려갔다. 가족은 큰집에서 보낸 트럭을 타고 부산으로 갔고, 장욱진은 인천에서 배를 타고 제주도를 거쳐 부산으로 들어왔다. 1952년 국방부 정훈국 종군화가단에 장욱진의 이름이 보인다. 피난온 대부분의 작가가 종군화가단에 참여했다. 종군화가단은 그림을 통해 전쟁의 참상을 기록하고, 군인과 민간인의 사기를 앙양하고자 결성됐다. 한국전쟁 직후 대구로 내려와서 각 학교의 미술 교사를 중심으로 정훈국 산하에 미술대를 만든 것에서 출발했다. 전쟁이 고착화되던 시점에서 수차례 〈종군화가전〉을 개최했고, 활발히 전쟁기록화도 제작하고 심리전 전단도 만들었다.[9]

부인의 회고에 따르면 전쟁 통에 장욱진은 술에 빠져 지냈다. 1951년 9월 장욱진은 일단 고향인 연기군으로 돌아왔다. 그러나 여

장욱진, 자화상, 1951, 장욱진미술문화재단

전히 부산과 관계를 맺고 있었다. 고향에서는 물감을 석유에 개어 갱지에 〈자화상〉을 포함해 40여 점을 그렸다. 이때 그린 그림은 부산에서 전부 나누어주고 〈자화상〉만 남았다. 곡식이 잘 익은 황금빛 들판에 붉은빛의 흙길이 나 있고, 새들이 날고 구름이 떠 있는데 실크 모자를 쓰고 우산을 든 신사가 걷고 있다. 그림 속 작가의 서명으로 보아 1951년 작이 분명한데, 당시 전쟁 상황과 어울리지 않는 모습이다.[10]

1952년 전쟁 와중에도 제4회 〈대한미술협회전〉이 삼일절을 기념해 부산에서 열렸다. 장욱진도 〈들〉, 〈간이역〉 두 작품을 출품했다. 전쟁 중에도 끊임없이 작업하고 있었다는 뜻이다. 5월에는 서울 올림피아다방에서 국방부 종군화가단의 〈전선 스케치 3인전〉이 열렸는데, 송혜수·장욱진·한묵이 참여했다.[11] 장욱진은 〈전선에 가는 길〉, 〈첫날〉, 〈기념사진〉, 〈일선(一線)〉, 〈미군부대〉를 내걸었다.[12]

1953년 삼일절 경축 기념으로 제5회 〈대한미술협회전〉이 부산에서 열렸다. 이경성은 〈한국 미술의 반추〉라는 글에서 〈대한민국미술전람회〉 이후 최대한 종합적으로 현역 미술인 대부분이 출품한 전시라면서, 도상봉·김환기·박영선·남관·손응성·장욱진·고희동·이상범·이응노 등의 끊임없는 노력의 흔적을 엿볼 수 있다고 했다.

장욱진은 부산 피난 시절 감천 갯가에 살았다. 새벽잠이 없어 멸치 비린내가 물씬한 송도 앞바다 산책이 아침 일과였다. 자갈밭에 내키는 대로 앉아 하늘과 맞닿은 수평선을 바라보며 해돋이 광경에 심취해 있다가 돌아가 그림을 그렸다. 좋아하던 풍경은 끝없는 푸른 바다, 움직임 없는 바다, 변화 있는 바다였다. 섬이 놓여 앞뒤로 움직이는 듯하고 똑딱선이 오가는 변동은 바다가 아니면 느낄 수 없는 것이었다. 물결이 쏴 하고 밀려가면 시원한 바람 소리가 귓가에 멎었다. 장욱진은 환도한 지 20여 년이 지난 1975년 7월 14일 그린 그림에서 불현듯 부산 바다를 그리워했다.

전쟁이 끝나고 1954년 장욱진은 서울대 대우교수로 채용된다. 당시 교수 봉급이 장욱진의 술값밖에 안 되어 부인이 혜화동에서 서점을 열었다. 1954년 11월 제3회 〈대한민국미술전람회〉가 경복궁미술관에서 열렸는데, 아서 조지프 맥타가트(Arthur Joseph McTaggart)는 장욱진의 작품이 '매력 있고 소박한 양식이면서 완전히 만족할 수법'이라고 평가했다.[13] 맥타가트는 서울대에서 영문학을 가르쳤고, 경북대와 영남대에서도 가르쳤다. 미술에도 조예가 깊어서 대구 미국문화원 원장을 할 때는 이중섭 전시를 열기도 했다. 그의 눈에 장욱진의 소박한 양식과 수법이 들어온 것이다.

1955년 제1회 〈백우회전〉이 열렸다. 1942년의 데이코쿠미술학교 동창회를 재건한 이 전시에서 장욱진의 〈수하(樹下)〉가 장려상을 받았다. 백우회는 데이코쿠미술학교 동문인 장욱진, 윤중식, 김원, 김종하 등이 주축이었다. 1956년 제2회 〈백우회전〉이 열렸는데, 평론가 김영주는 장욱진의 〈마을〉, 〈가족〉, 〈모기장〉 등 일련의 작품이 '동양미를 발휘하는 개성으로 소박한 현실감을 보여준다'고 평가했다.[14] 1957년 7월 제3회 〈백우회전〉에 장욱진은 〈나무와 새〉를 출품하고, 1958년(제4회)에도 출품했다. 신사실파와 더불어 백우회는 장욱진이 깊이 관계하고 애정을 가졌던 단체다. 데이코쿠미술학교 시절 추억과

225

그곳에서 맺은 인연을 잊을 수 없었을 것이다.

　1956년에는 대한미술협회의 〈대한민국미술전람회〉 독점 투쟁
이 벌어지는데, 장욱진은 한국미술가협회 입장에 있었다. 장발과 같
은 서울대에 재직하던 장욱진도 같은 라인이었던 것으로 추측된다.
대한미술협회에서 이른바 서울대학파와 일부 서예가가 탈퇴해 한국
미술가협회가 만들어졌다. 〈대한민국미술전람회〉를 둘러싼 타협과
절충이었다. 장욱진은 그해 〈대한민국미술전람회〉의 수묵채색화 부
문 심사위원을 맡는다. 더불어 초대 작가로 작품도 냈다.

　1957년 제6회 〈대한민국미술전람회〉에 장욱진은 초대 작가로
참가한다. 미국 조지아대학교 동양미술사 교수 엘렌 프세티가 방한해
〈한국국산품전시회〉에 같이 전시할 작품을 선정하게 되는데, 장욱진
의 그림도 뽑혔다. 그해 우리나라 가톨릭교회는 벨기에 브뤼셀의 국
제박람회에 출품하기 위한 작품 선정 전시를 했는데, 그도 포함됐다.
이처럼 장욱진은 중진 화가로서 활발하게 창작하고 출품도 했다.

　이후 매년 초대 작가이자 심사위원으로서 활발하게 활동한다.

서울대 교수가 아닌
전업 화가로

1960년 4·19혁명 이후 장욱진은 서울대 교수직을 6년 만에 사임한
다. 43세 되던 해다. 학생들이 학장을 갈아치운다고 데모하고 있었다.

대학을 떠난 것은 결국 4·19혁명의 영향이었다. 서울대 미대 학장 장발과 학생과장 장우성은 혁명 직후 학생들의 연좌데모를 겪어야 했다. 그런데 학생들이 술을 마시고 싶으면 장욱진의 집으로 왔다. 그러자 장발 학장은 장욱진이 데모를 주동했다고 오해하게 된다. "그래 안 좋으니까 그만두었다"라고 부인이 증언한다.[15] 당시 서울대 교수 봉급이라야 "대학에서의 월급봉투는 집사람의 조그마한 선물 값을 치르면 하루를 더 지탱하기 어렵게 된다"라고 할 정도였다. 그로부터 장욱진은 전업 화가로서 1990년에 사망할 때까지 오로지 그림만 그렸다. 명륜동 개천가의 초가집을 양옥으로 개조하고 창작 생활에 전념했다.

4·19혁명 후에는 〈대한민국미술전람회〉도 어용 시비에 휘말린다. 파벌은 어디에나 있지만 이 전람회를 둘러싼 미술계 파벌은 심각했다. 장욱진은 이전과 다름없이 1961년 제10회 〈대한민국미술전람회〉에 초대 작가로 출품했는데, 이 전람회에 초대 작가로 매년 참가할 정도로 장욱진의 미술계 위상은 단단했다.

1961년 장욱진·유영국·권옥연 등이 동인으로 참가한 '2·9동인'이 발족했다. 모두 경성제2고등보통학교 출신 화가였다. 평론가 한일자는 장욱진의 출품작이 "백군청, 담흑, 황토로 자기(瓷器)와 같은 색조의 피부와 섬미(纖微)한 바닥의 분위기 그리고 단순화된 흐름이 독자적인 선명도를 창출하고 있다"라고 촌평했다.[16]

1963년 3월 장욱진은 경기도 덕소에 17평짜리 콘크리트 화실을 하나 짓고는 이후 거기서 살았다. 1975년에 나왔으니까 12년간 덕소에서 산 것이다. 부인은 명륜동 서점을 여전히 경영하고 있었기에

장욱진, 가족, 1973, 장욱진미술문화재단

두 집 살림을 했다. 장욱진은 《강가의 아틀리에》에서 교외 생활의 이유를 이렇게 밝혔다.[7]

아틀리에는 교외에 있어야 한다는 것이다. 외부와의 관계가 차단될 수 있어야 함은 창작 활동하는 사람들이 느끼는 것이다. 그리고 나와 같이 생산력이 그림 이외에는 전혀 없는 소비 성향 인간에게는 교외에서 살아야 소비가 절약될 수밖에 없다는 경제적 이점이 있기도 하다. 건강상 좋다는 이유도 있지만 그것은 다음 문제라 해두고, 무엇보다 중요한 것은 시골에서만 느낄 수 있는 깨끗함이 그곳에는 많다는 점이다. 특히 새벽의 신선미는 빼놓을 수 없는 생활환경이다. 그러나 이 모든 것이 가족들과는 어울려서 이루어질 수 없는 어려움이 있다.

가족과 격리된 교외 생활을 솔직하게 토로하고 있다. 54세 되던 1970년에 불교를 공부하던 부인을 그린 그림이 〈진진묘(眞眞妙)〉다. 부인은 서점을 1969년에 그만두었다. 덕소 시절인 1964년 11월 장욱진은 반도화랑에서 유화 20점을 가지고 개인전을 열었다.

도시 개발로 주변이 번잡해지자 12년 덕소 생활을 청산하고 명륜동으로 올라온다. 1975년 한옥에 정자 관어당(觀魚堂)을 짓고 오랜만에 가족과 애틋한 시간을 보냈다. 덕소에서 나온 다음 해인 1976년 《강가의 아틀리에》를 펴낸다. 이 책에서 명륜동 아틀리에를 이렇게 묘사했다.

백 년이 넘는 고옥, 대들보만 성한 채 말이 아니었지만. 고쳐놓고 보니 아쉬움이 없다. 우물을 파고, 연못 위에 초당(草堂)을 올려놓앗더니 제법 어울리는 것 같다. 비록 화실은 한 평 남짓하지만 동향(東向)이고 조용한 것이 새벽일을 하는 데 안성맞춤이다. 이제 명륜동 이곳에 안착하는가 보다.

관어당 시절인 1977년 장욱진은 통도사에서 선승 경봉을 만나, 법명으로 비공(非空)을 받은 일화도 전해온다. 작품 세계에 초연한 듯한 그림이 많은 것은 불교의 영향이다. 1970년대 후반부터 제작하기 시작한 먹그림에서 반복해 나타나는 불교적, 도가적 도상(圖像)은 붓과 먹이 만드는 독특한 표현력으로 추상적이고 절제된 정신을 표현하는 데 적합하다. 외부 세계를 간결하게 압축해 본질적 요소로 환원한 것이다.[18] 그 자신은 정작 "나는 불교에 가까운 분위기에서 살아왔지만 절 자체는 좋아하지 않는다"라고 했다. 《강가의 아틀리에》에 이런 대목이 있다.

어떤 암자 앞을 지나가는데 노스님 한 분이 "뭐하는 사람이여?" 하고 물으셨다.
"까치 그리는 사람입니다."
"입산(入山)을 했더라면 일찍 도(道)꾼이 됐을 것인데…."
"그림 그리는 것도 같은 길입니다."
그분이 유명한 경봉스님이었다. 그렇다. 평생 남의 눈치 안 보고 그림만 그리며 살아왔으니 나야말로 행복한 자임에 틀림없다.

1980년부터는 수안보에서 화실을 운영했다. 덕소 12년, 서울 6년 그리고 서울이 염증 날 때쯤 수안보 탑동리 얘기가 나왔다. 당시만 해도 수안보는 산간벽지였다. 덕소와 달리 부인과 함께 생활했으며 자연과 친화된 삶을 살면서 그림을 그렸다. 그러다가 1986년 수안보가 관광지로 변모하자 못 견디고 용인군(현재 기흥) 구성면 마북리로 들어갔다. 앞뒤가 산으로 둘러싸여 있어 번잡하지 않은 기와집이 화가를 용인에 정착하게 했다. 그의 나이 70세 되던 해다.

세 칸 기와집에 아틀리에를 꾸렸다. 정자를 짓고 마당을 가꾸며 아내를 위해 새 양옥도 지었다. 이 집에서 노년의 열정은 더욱 불이 붙어서 파격적이고 자유롭게 그림을 그렸다. 1985년경부터 그림이 슬슬 팔리기 시작해 생활 형편도 나아졌다. 장욱진에게는 그림 판매보다 그림 그리는 행위가 중요했다. 세상을 떠나는 1990년까지 5년 동안 평생 작품 720점의 거의 3분의 1을 용인에서 작업했다.[19]

삶과 작품이 일치하는
진정성의 화가

장욱진은 부인과 더불어 불교에 심취했다. 1973년 선불교를 현창하는 목판화용 밑그림 50여 점을 그렸다. 도자에도 관심이 있어서 1978

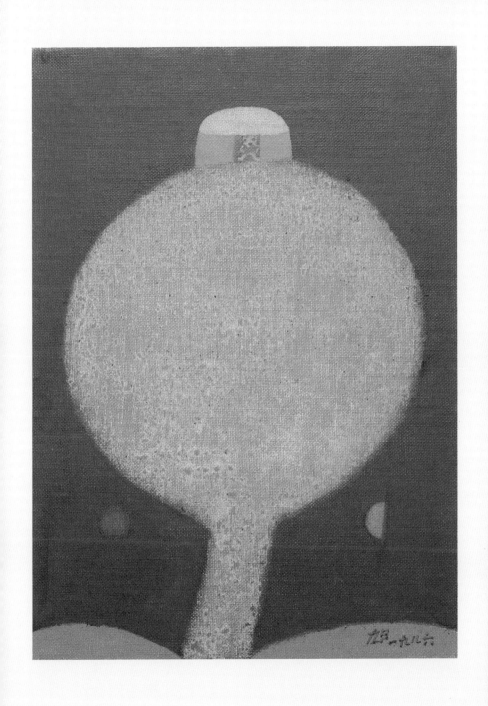

장욱진, 나무, 1986, 장욱진미술문화재단

년 현대화랑에서 윤광조의 분청사기에 그림을 그린 도화전도 열었다. 1979년 현대화랑, 1981년 공간화랑, 1983년 연화랑 등에서 전시회를 열었고, 1986년에는 《중앙일보》의 예술대상 수상자로 지명됐다. 1986년 국제화랑, 1987년 두손화랑에서 개인전을 열었다.

왕성하게 활동하던 그는 갑자기 발병해 1990년 12월 27일 마북리 자택에서 사망했다. 딸 장희순은 염색공예가로 예술의 맥을 이었다. 1991년 고향에 탑비가 세워지고(조각 최종태, 비문 김형국) 추모 문집이 출간된다.[20] "심플한 그림을 찾아 나섰던 구도의 여로 끝에 선생은 마침내 고향땅 송룡마을에 돌아와 영생처로 삼았다"라고 연보를 각인했다.

많은 벗과 선후배가 있었지만 살아생전 절친했던 지인으로는 마해송을 기록해둘 만하다. 장욱진은 개성 출신인 해송 집안의 모두와 친하게 지냈다. 마해송과의 추억을 《강가의 아틀리에》에서 이렇게 기록했다.

오늘도 나는 변함없이 그림을 그리고 술을 마시고 또 새벽 산책을 한다. 하지만 이십오 년이 넘는 내 산책 경력 중 전반기 십오 년의 해송과의 만남을 나는 잊을 수가 없다. 검은색 안경, 밤색 점퍼, 검은색 베레모에 단장을 짚고 강아지를 거느린 그의 단아한 모습, 그리고 소탈하면서도 깔끔하던 그의 성품이, 그가 간 지 삼십 년이 다 지나는 이 겨울에 더욱 생각나는 것은 왤까.

장욱진은 우리 근현대 미술사에서 김환기, 유영국, 이중섭 등과 마찬가지로 본격적인 서구식 미학 개념의 화가가 되기 위해 일본으로 유학을 간 이른바 유학 2세대다. 동양화와 서양화의 이분법적 개념을 뛰어넘어 문인산수화, 민화, 벽화 등 전통적 도상을 적극 수용함으로써 우리의 과거를 현대로 이어주는 독특한 이미지로 새로운 조형적 가능성과 의미를 부여한 작가였다. 그러한 이미지는 단지 관념으로 얻어진 소재가 아니라, 삶 속에서 캐어낸 것이라는 점에서 그는 삶과 작품이 일치하는 진정성을 획득한 근현대 미술사의 보기 드문 경우였다.[21] 그가 남긴 어록 몇 가지를 모아본다. 그림이 단아한 만큼 글도 단아했다.

그림처럼 정확한 나의 분신(分身)은 없다. 난 나의 그림에 나를 고백(告白)하고 나를 녹여서 넣는다. 나를 다 드러내고 발산하는 그림처럼 정확한 놈도 없다.[22]

예술 작품은 인간의 생명처럼 무한한 고독이다. 대규모적인 고독의 물결이 예술가도 채 못 되는 나에게 덮여와 잃어버리는 망각 속에서 버둥대는 자신을 보는 것이다. (…) 나는 심플하다. 이 말은 내가 항상 되풀이 내세우고 있는 나의 단골 말 가운데 한마디지만, 또 한 번 이 말을 큰 소리로 외쳐보고 싶다. 나는 깨끗이 살려고 고집하고 있노라.[23]

장욱진 _ 그림처럼 정확한 나의 분신은 없다

박병래

水晶 朴秉来
양정고보 3회
1903~1974

백자를 닮은 컬렉터,
 평생 수집품을
무상 기증하다

성모병원 창설의 주역이자
초대 원장

수정(水晶) 박병래는 충남 논산의 읍내 출신이다. 조상 대대로 가톨릭 집안인 아버지 요한과 어머니 마리아 사이에서 태어났다. 박병래의 가계는 전북 완주 고산에 있는 되재(升峠)라는 고개 근역의 교우촌에 뿌리를 둔다. 이곳 사람들은 1791년 신유박해 이래 산악 지대로 숨어 든 천주교인이었다.

파리외방전교회의 비예모(Marie Pierre Paul Villemot, 한국명 우일모 禹一模) 신부는 우리나라 최초의 성당인 약현성당에 이어 두 번째로 건축된 되재성당을 완공했다. 비예모 신부는 이 성당에서 박병래의 조부 박현진을 만난다. 이로써 박준호와 그의 아들 박병래까지 3대에 걸쳐서 깊은 인연을 맺는다. 박현진의 7형제는 모두 순교했다.

박병래는 비예모 신부의 권고로 부친 박준호와 신학문을 공부 하기 위해 어린 시절 상경했다. 당시 비예모 신부는 1896년 서울 대

경성의전 수업 장면

일제강점기 성모병원의 시작

교구로 임지를 옮긴 상황이었다. 부친과 함께 양정고보에 한 학년의 차이를 두고 1, 2학년 학생으로 입학했다. 한 학교에 부자가 입학한 것이다.

개화기에는 오로지 향학열에 불타 나이 불문하고 입학하는 경우도 많았으나, 부자 재학은 초유의 일이었다. 하지만 부자가 한 학교에 다니는 것이 탐탁하지 않았던 부친은 전수학교로 전학했다. 뒤에 부친은 남대문상업학교를 인수해 동성상업학교를 세우는 등 교육 사업에 몰두했다. 이후 동성상업학교는 제2공화국 국무총리 장면이 교장으로 재직했으며, 오늘날의 가톨릭 계열 동성중고교가 됐다.

봉래산 기슭의 양정 만리동 교사 낙성식이 1920년 6월 12일에 거행됐으므로 1919년 졸업생인 박병래는 도렴동과 만리동 두 군데서 학교를 다녔다. 졸업은 만리동에서 했을 것이다. 이후 그는 1924년 경성의학전문학교를 졸업했는데, 당시 일제는 조선인에게 고등교육을 허락하지 않고 기능직·기술직에 머물게 하던 상황이었다. 경성의학전문학교는 대한제국기인 1899년 관립 경성의학교로 설립됐다가 1916년 경성의학전문학교관제가 발표됨에 따라 경성의학전문학교로 흡수됐다. 수업 연한은 4년이었다. 특별의학 명분으로 3분의 1가량 일본 학생을 공학시켜서 한국 학생 수가 상대적으로 감소되고 있었다. 부속병원까지 두고 해방 때까지 운영되다가 1946년 10월에 경성제대 의학부와 합쳐져 서울대 의과대학으로 흡수됐다.

박병래는 경성의전을 마친 뒤 곧바로 경성제대 의학부 소속 병원인 이토내과에서 근무했으며, 1925년 5월에 내과 전공 의사면허를

239

박병래

취득했다. 그 후 경성의전에서 강의했다. 1935년《조선총독부관보》
의 총독부 직속 기관 직원록에 따르면, 연건동에 있던 경성의전 교수
아래 조수들이 있고, 7급자 직원 명단에서 박병래가 확인된다. 교수,
조교 할 것 없이 대부분 일본인이고 한국인은 없었다. 경성제대 병원
의 한국인 차별과 일본인 중심이 확인되며, 박병래는 이러한 환경에
서 한국인으로는 독특한 경우였다. 먼 훗날 서울대학교에서 편찬한
《한국의학인물사》에 박병래는 임상의학 부문에 등재되어 있다.[1]

1935년까지 경성제국대학 병원 직원록에서 확인되던 박병래는
병원을 그만두고 나온다. 1936년 5월 신문 기사에 〈박애정신으로 성

모병원 창설, 11일 오후 5시 개원식 거행, 간호는 수녀의 봉사로)라는 제목으로 박병래의 얼굴과 성모병원 전경이 실려 있다.[2] 국립중앙박물관 홈페이지의 '수어 영상'에서 맹광호 전 가톨릭대 의과대학장은 이렇게 증언한다.

> 그때는 경성의전 부속병원에서 이미 이름이 난 의사였어요. 장래가 확실하게 보장이 된 교수셨죠. 그런데도 불구하고 그때 막 시작하는 조그마한 성모병원에 원장으로 취임을 하세요. 성모병원 이름을 직접 짓습니다. 자애롭고 부드러운 성모님의 이미지를 담은 성모병원으로 이름을 붙이는 것이 환자들에게 위로가 된다고 해서 성모병원 간판을 세우고 시작을 하게 됩니다.

1922년 결성된 경성교구 청년연합회는 당시 천주교의 젊은 동력이었다. 이들은 교육, 출판, 순교자 현양, 자선사업 등을 논의하고 있었다. 조선교구 100주년을 맞아 기념병원 설립 의견이 나왔다. 당시 박병래의 부친 박준호가 교구 회장이었고, 경성의전 부속병원의 의사 박병래(세례명 박요셉)가 청년연합회 핵심 회원이었기에 이런 논의가 가능했다. 박병래 외에 제2공화국의 총리를 지낸 장면, 경향신문사 사장을 지낸 한창우 등도 청년연합회 회원이었다. 청년연합회에서 박병래는 장면, 정지용 등과 함께 교회 청년회지《별》, 그리고 천주교의 중요 잡지인《경향잡지》,《가톨릭청년》 등에도 글을 기고했다.

1931년 6월 14일 병원 설립을 위한 기성회가 조직되고 신자들에게 도움을 요청했다. 놀랍게도 성원이 답지해 1935년 일본인 소유 24병상의 무라카미병원(지금의 중구 저동)을 재단법인 경성교구 천주교회가 인수한다. 병원장으로 내정되어 개원을 책임지던 박병래가 마침내 1936년 성모병원 초대 원장으로 취임한다. 병원사에서 참으로 중요한 출발점이 마련되는 순간이었다.

병원 초창기에 관해 딸 박노원은 '젊은 사람이 돈이 많으면 안된다며 월 200원을 주도록 했다'고 증언한다. 그 정도로 박병래는 신앙을 통한 봉사를 천직으로 생각했다. 처음부터 의사 봉급을 낮게 책정하는 바람에 가톨릭성모병원의 먼 후배 의사들도 봉급이 '짜서' 두고두고 구시렁댔다는 일화도 전해온다.

처음에 성모병원 원장으로 가실 때 월급을 300원 준다고 그랬더니 할아버지(박준호)가 그다음 날로 뛰어가서 우리 아들 바보로 만들려고 300원 주느냐구, 200원 주면 된다고 월급을 깎으셨다나 봐요.

부친 박준호가 아들과 같이 양정고보에 진학했다가 학교를 옮긴 것은 앞에서 밝힌 대로다. 박준호는 경성전수학교로 전학하여 중등교육을 마치는데, 경성전수학교는 법조인을 양성하는 경성법학전문학교 전신이라 이후 박준호가 법률계에서 일하는 계기가 되었다. 박준호는 조선총독부 재판소 서기, 원주와 전주 법원 서기직을 거친 뒤, 경성교구에서 운영하는 남대문상업학교와 계성보통학교 교장을 겸직하고 있었다. 박준호는 박병래가 성모병원장에 취임하던 1936년에 세상을 떠난다. 박병래는 부친의 유지를 받들며 당시 경성제대 병원에 비해 열악하기 그지없던 성모병원에서 의사이자 병원장으로 20여 년간 종교적 신념으로 봉직했다. 그 병원이 현재의 가톨릭대학 의학부 부속병원인 가톨릭중앙의료원(CMC)으로 발전한 것이다. 박병래는 평생 신앙을 통한 봉사 나눔을 실천했다.[3]

　1930년대 후반으로 갈수록 일제의 전 분야에서 전쟁 동원이 빨라졌다. 1939년 5월 15일 국민정신총동원천주교연맹이 발족한다. 명동성당에서는 국민정신총동원 조선연맹 총재대리 마에다(前田) 소장, 다카하시(高橋) 경성부윤, 김석원(金錫源) 소좌 등이 참석하여 국민정신총동원천주교연맹 결성식을 거행했다. 이사에 김명제·김윤근·신인식·노기남, 간사에 장면·박병래·조종국·김한수·정남태·박대영 등이 선출됐다. 군국주의 전쟁에 몰두하던 일제는 천주교뿐 아니라 불교, 개신교, 천도교 등의 총동원연맹을 발족시켰으며, 대체로 행사장에는 경성에 주둔하던 일본 군부 실세가 배석했다. 천주교 신자로서 유명인사였던 박병래도 천주교 전시동맹에 동원됐다.

해방 이후 결핵 퇴치를
주도하다

해방 이후 박병래는 대한결핵협회장, 대한내과학회장 등을 역임하는 등 보건후생 분야 발전에 이바지했다. 해방 공간에서 박병래는 40대

초반으로 한창 일할 중견이었지만 일본인 주도의 의료 인력이 빠져나가고 고급 인력이 부족해지자 그때부터 사실상 원로급이었다.

해방 직후 1945년 가을에 의학 교육 및 연구에 종사하는 의학도들이 모여서 조선의학연구회를 조직한다. 수송소학교에서 총회를 개최하는데 회원들은 모두 출석하기를 바란다는 신문 기사를 확인할 수 있다. 그 목적은 ① 조선 의학의 진보를 촉진하기 위해 의학 교육, 의료 및 의학제도 연구, ② 조선 의학계의 현상 조사였다. 위원장은 윤일선, 위원은 백인제·이용설·김성진·박병래·최동·김명선·이의식·신성우·이세규·최재유·이재복·이국주·한심석·장경 등이었다. 당연히 박병래도 명단에 올라 있다.[4]

그해 12월 5일에는 조선의학교육평의원회에서 의학연구기관 설립을 결의한다. 해방 조선의 의학 교육을 확충하고자 수차에 걸쳐 협의 중이었는데, 의과대학을 새로 세우자는 안을 가결한다. 이 안을 검토하여 미군정 학무 당국은 다음 해 봄 4월 예과를 먼저 개설할 계획이었으며, 남녀공학에 대해서도 연구했다. 12월 3일 미군정 학무국장 라카드(Earl N. Lockard) 대위가 발표한 바에 따르면, 조선의학교육평의원회에서는 의과대학 예과 설립안 외에 의학 교과서 통일, 졸업생 연구기관 설립 계획, 의학교 입학에 대한 시험 표준 및 자격도 협의 결정했다.

명단은 연희전문학교장 유억겸, 보건후생국장 이용설, 성모병원 외과과장 박병래, 서울의학전문학교장 심호섭, 광주의학전문학교장 최성재, 대구의학전문학교장 고병간, 서울대학의학부장 윤일선, 세브란스의학전문학교장 최동 등으로 구성됐다. 해방 공간에서 의학 정책 중요 결정 단위에 박병래가 참여하고 있었음을 보여준다. 박병래의 직책이 병원장이 아니라 성모병원 외과과장으로 올라 있는데, 전공이 내과이므로 오기로 보인다.[5]

　1946년 박병래는 기독교 사회사업에도 참여하고 있었다. 같은 목적을 가진 서울 소재 30여 개의 기독교 사회사업 단체가 한데 뭉쳐 시내 기독교서회 2층에서 기독교 사회사업 조직 총회를 열기로 했다. 동 준비위원은 고봉경, 박병래, 방수원, 이덕홍, 유호준, 장시화, 황종률 등이었다.[6]

　그해 조선결핵예방협회가 발족한다. 창립위원은 심호섭, 백인제, 이용설, 유억겸, 윤일선, 최영태, 정구충, 박병래 등이었다.[7] 결핵은 일제강점기부터 치명적인 사회문제였다. 당시 우리나라는 '결핵의 왕국'으로 불릴 정도로 결핵 환자가 많았다. 사망 원인 중 으뜸이 결핵이었다. 이러한 악조건에서 박병래는 최고의 결핵 전문의였다.

　우리나라 최초로 세브란스의 결핵병사(1920)와 해주구세요양원(1928)이 마련되고 1932년에는 처음으로 크리스마스실이 발행된다. 1936년에는 조선결핵예방협회가 결성됐다. 일제가 예방협회를 만들었다고 해도 충분한 휴식과 건강한 식단 등이 제공되어야 하는, 즉 돈이 드는 결핵 예방은 전시 체제에서 불가능했다. 해방 공간에서도 결핵 환자는 늘어났고, 국가적 대책이 미진한 상황이었다. 박병래는 결핵 퇴치에 뛰어들어 봉사 자세로 임했다.

　1947년 4월 28일에는 대한의학협회가 창립되는데, 창립위원은

245

박병래를 포함한 이갑수, 백인제, 최재유, 김명선, 윤일선, 정걸충, 김성진, 이상옥, 심호섭 등이었다. 대한의학협회는 1908년 한국의사연구회로 발족했다가 1930년 조선의사회를 거쳤다. 1939년 일제에 의해 강제 해산된 것을 해방 이후에 개칭·재건한 것이다.

백범 김구 집안과
오랜 인연

박병래가 해방 공간에서 겪은 놀라운 사건은 백범 김구의 죽음을 검시한 일이다. 다음은 1949년 6월 26일 김구 암살 시 경교장에 있던 이풍식, 이국태, 선우진 비서 등이 전하는 암살 경위다. 백범 암살은 민족사적 비극이자 화제였다. 성모병원에서 달려온 박병래는 백범의 마지막 모습을 목격했으나 이미 때는 늦은 상황이었다.

마침 일요일로 일반 면회는 원칙적으로 허용되지 않았는데 상오 10시 30분경 카키색 양복에 모자를 쓴 청년 셋이 비서실로 찾아와 선생과의 면회를 청했다. (⋯) 비서들과 경관이 2층에 올라갔을 때는 이미 선생은 다다미 위에 붉은 피를 토하고 쓰러졌으며 숨소리도 들리지 않았다 한다. 총탄은 오른쪽 폐, 왼쪽 넓적다리, 목, 입의 네 군데를 꿰뚫었다 한다. 이 급보를 접한 부근 적십자병원 외과과장 이기섭 씨와 성모병원 박병래 씨 등이 달려왔으나 원체 심한 관통상과 출혈로 말미암아

김구와 박병래(앞줄 오른쪽). 김구가 안고 있는 아이는 김구의 손녀 효자다.

마침내 절명하고 말았다 한다.[8]

박병래가 김구의 시신을 검안한 것은 우연이 아니었다. 김구는 1945년 귀국 뒤에 성모병원에서 탈장수술을 받았을 때, 안중근의 조카이자 며느리인 안미생의 소개로 박병래를 만난다. 박병래는 퇴근 후에 경교장에 자주 왕진을 왔고, 김구의 모든 가족과 연결됐다. 안중근의 동생 정근이 독실한 가톨릭 신자로서 그 역시 양정의숙 출신이다. 박병래는 김구의 어린 손녀 효자(안미생의 딸)를 20년 넘게 키우기도 했다.

247

박병래 _ 백자를 닮은 컬렉터, 평생 수집품을 무상 기증하다 박병래는 한국전쟁 시 가톨릭의료봉사단을 조직했으며 공군 군의관으로 복무하다가 공군 군의감까지 승진했다. 같은 해 6월 성모병원 제3대 병원장 및 가톨릭대학교 의학부장으로 취임했다. 이듬해 1월 성모병원장을 사임하고 성루가병원을 종로구 관철동에 설립했다. 성모, 성루가(의사들의 수호성인) 등의 명칭에서 보듯이 가톨릭 신자로서의 일관된 입장이 엿보인다. 이후 대한내과학회장, 대한결핵학회장, 서울대학교 의과대학 외래교수 및 가톨릭의과대학 외래교수를 역임했다. 프란체스코 수도 정신을 존중해 재속프란치스코회에 입회하기도 했다.

국립중앙박물관에
무상 기증한 제1호

인생 절반이 의사로서의 삶이었다면, 나머지 절반은 도자 수집가였다. 표현상 절반이라고 했지만 사실 그의 인생을 건 수집이었다. 그가 진료만큼이나 열정을 보인 것은 바로 도자기 유물 수집이었다. 도자와의 인연은 1929년 경성제국대학 부속병원에 재직하던 때였다. 일본인 교수가 물건 하나를 보여주며 물었다.

"박 군, 이게 뭔지 알겠나? 조선인이 조선 접시를 몰라서야 말이 되는가?"

집에 와서 교수의 말을 곱씹어보니 못 배운 조선인은 그렇다 치더라도 명색이 지식인이라 할 수 있는 자신조차 우리 물건을 보는 안목이 없다는 사실이 부끄럽고 분하기까지 했다. 그날 이후 박병래는 병원 일이 끝나면 경성 시내에 있는 골동품상을 뒤지기 시작했다. 많지 않은 월급으로 도자기를 모으기 시작한 일화다. 훗날 이런 글을 남겼다.

> 한일합방 전부터 우리나라를 드나들던 일인들은 다른 목적보다 우선 도자기에 관심이 쏠렸다. 많은 무뢰한들이 개성 근처의 고분(왕씨왕릉-필자)을 벌집 쑤시듯이 날뛰었는가 하면 고관대작은 그 나름대로 도자기든 공예품이든 무엇이고 악마구리 떼 모양으로 거두는 데 여념이 없었다. (…) 그 최초의 골동품 수집열은 이등박문이가 이것저것 마구 긁어가기 시작할 무렵부터 비롯한다고 보아야 한다.[9]

도자기 수집은 돈으로만 해결되는 것이 아니다. 박병래는 안목을 키우기 위해 오세창, 전형필, 도상봉 등과 교류하며 배워 나갔다. 안목은 하루아침에 만들어지는 것이 아니다. 퇴근 후면 골동품점에 가서 온갖 물건 들여다보기가 일상이 됐다. 도자기, 특히 백자에 주목했다. 문화재 전문가 이광표는 박병래를 일러, '백자를 닮은 컬렉터'라고 했다.[10]

박병래가 세상을 뜬 후 그의 도자기 수집과 사랑에 관한 글을 모은 《백자에의 향수》라는 책이 나왔다. 박병래의 도자기 수집이 얼마나 전문적이고 또 그의 도자기 사랑이 얼마나 순수하고 아름다운

249

행위였는지 한눈에 알 수 있다. 수필집에서 박병래는 자신의 도자기 사랑을 이렇게 표현했다.

도자기 수집에 취미를 붙이고 나니 처음에는 차디차고 표정이 없는 사기그릇에서 차츰 체온이 느껴졌고, 나중에는 다정하고 친근한 마음으로 대하게 됐다. 또 고요한 정신으로 도자기를 한참 쳐다보면 그릇에 대해 존경하는 마음까지 생기는 것은 어쩔 수 없는 일이었다.

국립중앙박물관 홈페이지의 '수어 영상'에서 〈아껴 모은 연적에 담긴 나눔의 가치-의사 박병래〉라는 대담을 찾아볼 수 있다. 그가 연적에 빠진 까닭을 묻고 답한다. 그는 도자기 중에서도 문방구, 그중에서도 그의 봉급으로 살 수 있는 연적을 아꼈다. 그래서 별명 또한 '연적쟁이'였다.

- 정양모 전 국립중앙박물관장: 의사로 계셨을 땐데 선배 일본 의사들이 무언가를 가지고 서로 토론을 하더래요. 그래서 이 양반이 "그게 뭡니까?" 그랬더니 코웃음 치면서 "이게 한국 거야" 그래서 충격을 받았죠. 그래서 사명을 가지고 모으셨어요. 박병래 선생님은 한국 문방 수집하는 분들 중에서 제일이셨어요. 수집품은 문방 연구의 절대적 가치가 있는 것이지요. 오전 진료를 끝내고 서울의 12개 골동품 가게를 모두 도는 것이 그의 오후 일과였어요.
- 김완규 통인그룹 회장: 박병래 선생님은 조선의 선비 같은 분이에요.

자기 봉급의 반을 가지고 물건을 샀으니까, 물건을 살 때 그 마음이 얼마나 애틋하겠어요. 골동품점에 오셔서 어제 본 물건 보여달라 그러시고 그걸 계속 만지시고 하다가 병원으로 돌아가시고는 했지요.

- 딸 박노원: 작은 연적 같은 것, 맨날 병원에 가실 때마다 윗도리 주머니에다가 넣고서, 그것을 맨날 만지고 다니셨어요. 한 점 한 점 아껴 모아 쾌척했습니다.

- 정양모 전 국립중앙박물관장: 늘 후손한테 그러셨다는 거예요. "이거 너희한테 한 점도 줄 수 없다. 이것은 국가에 언젠가 기증할 거야" 그러셨대요. 나중에 그걸 다 포장해서 박물관에 실어 보내고, 병원에 계셔서 갔더니 내 손을 꼭 잡으면서 "정 선생 참 고맙소, 내가 지금 눈을 감아도 여한이 없소" 그러시더라고요.

- 딸 박노원: 박물관에 다 이사시켜놓고 그날 저녁에 "딸을 좋은 데 시집보낸 것 같은 느낌이다" 그렇게 말씀하시고는 며칠 있다 가셨죠.

박병래는 보물 백자난초무늬조롱박모양병을 포함해 한 점 한 점 아껴 모은 유물 총 375점을 기증하고 세상을 떠났다. 기증관이 개관되기 열흘 전이었다. 《박병래 수집 이조도자》 도록에서 그는 이렇게 말했다.

개인이 땀 흘려 번 돈으로 산 값진 유물은 물론 개인의 소중한 재산이다. 하지만 그것을 빚고 구워낸 수백 년 전 우리 조상의 기술만은 만인이 다 함께 완상할 권리를 가지고 있을 법하다.

251

박병래는 1920년대부터 무려 반세기 동안 도자기를 수집했다. 1974년 3월 71세에 암으로 세상을 떠나기 직전 그는 수집한 도자기 가운데 정성껏 가려 뽑은 375점을 국립중앙박물관에 기증했다. 광복 후 개인이 국가에 다량의 문화재를 기증한 첫 사례다. 국립중앙박물관 2층의 '수정 박병래 기증 전시실'은 그렇게 만들어진 것이다. 기증품을 모두 한 곳에 전시할 수가 없어 3층 백자전시실에도 일부 전시하고 있으며, 지방박물관에도 빌려주어 좀 더 많은 사람이 수집 도자기를 볼 수 있도록 하고 있다. 전시관 입구에 그의 흉상 부조와 함께 걸려 있는 〈일제강점기 조선백자 수호〉라는 안내 글에 기증의 의미가 잘 나와 있다.

수정 박병래 선생은 일제강점기 어려운 사람에게 인술을 베푼 의사였습니다. 동시에 우리 문화유산을 지키기 위해 열성적으로 도자기를 모은 수집가였습니다. 조선 청화백자를 주로 수집해 중요한 청화백자들이 흩어지지 않고 온전히 보전될 수 있었습니다. 수집품 가운데에는 다양한 연적들이 특징입니다. 작고 귀여운 도자기에서 아름다움을 발견해낸 기증자의 안목을 엿볼 수 있습니다. 1974년 누구든지 가까이에서 감상할 수 있도록 평생 모은 도자기 가운데 375점을 정성껏 간추려 국립중앙박물관에 기증했습니다. 선생이 돌아가신 뒤 부인인 최구(崔鳩, 1910~1991) 여사도 41점을 기증했습니다. 기증자의 성품을 닮은 듯한 단정한 백자들은 박물관의 소장품으로 남아 모두가 함께 그 아름다움을 누리고 있습니다.

단순 컬렉터가 아닌
도자 전문가

기증 도자기는 대체로 청화백자가 많다. 한결같은 품위를 지닌 이 도자기들은 조선백자 연구와 감상에서 빼놓을 수 없는 명품이다. 박병래의 사후에 문화훈장 모란장이 수여된 것은 충분한 이유가 있었다.

조선은 초기부터 경기도 광주에 사옹원(司饔院) 분원(分院)을 두어 최상질의 자기를 생산했다. 관용(官用) 자기를 제조해 이른바 분원 자기라고 했으니, 대략 지금 광주군의 경안천 유역에 자리 잡고 있었다.[11] 박병래 수집품 중에는 이들 분원의 최상급 도자기가 포함된다. 기증품 대부분이 18~19세기 관요인 경기도 광주 금사리와 분원리 가마의 것이다.

보물 제1058호 '백자난초무늬조롱박모양병(白磁青画蘭草文瓢形瓶)'은 팔각 항아리와 병을 결합해 조롱박 모양으로 만든 보기 드문 명품으로 국립중앙박물관 100선에 포함된다. 둥근 항아리를 8모로 깎아 면(面)을 만들고 그 위로 목이 긴 병을 얹었는데, 조롱박을 닮았다. 순백색 여백의 미를 살리면서 무늬를 적절히 배치했는데, 위쪽에는 길상 도안의 한 종류인 전보(錢宝)와 방승보(方勝宝)를 그려 넣었다. 아래 각 면에는 난초와 패랭이꽃을 담백하고 정갈하게 표현해 한국적인 정취를 한껏 살렸다.[12]

'백자청화산수무늬항아리(白磁青画山水文壺)'는 2018년 3월 10일 TV 교양 프로그램 〈천상의 컬렉션〉에 소개되어 시청자의 시선과

253

1 백자난초무늬조롱박모양병. 국립중앙박물관

2 백자청화산수무늬항아리. 국립중앙박물관

3 백자청화파도물고기무늬연적. 국립중앙박물관

4 연적. 국립중앙박물관

마음을 사로잡았다. 관요에서 생산한 것으로, 배 부분에 능화 모양 창을 만들고 산수화를 그려 넣었다. 문화유산의 소중함을 전하고자 애쓴 박병래의 정신이야말로 그가 남긴 값진 유산이다. 평생 수집해온 값진 유물을 국가에 모두 무상 기증한다는 것은 누구나 할 수 있는 일이 아니다. 1974년 국립중앙박물관은《박병래 수집 이조도자》를 발간했으며, 1981년에는 기증품을 전재한 도록을 펴내어 그를 기렸다.[13]

같이 근무했던 맹광호 가톨릭의과대학 명예교수가 지켜본 바에 따르면, 박병래는 단순 도자 수집가가 아니다. 그 자신이 누구보다 도자기에 대한 전문가적 식견을 가지고 있었다. 안목을 키우지 않으면 수집할 수 없고, 또 오랜 수집을 하다 보면 안목이 높아져서 뛰어난 감식안이 촉발되기 마련이다. 박병래는 50여 년간 수집하면서 고도의 안목을 갖추었을 것이다.

사망 1년 전인 1973년,《중앙일보》에 몇 달간 연재했던 도자기에 관한 글을 모아 40여 년에 걸친 그의 도자 내력을 담은 수필집《도자여적(陶磁余滴)》을 출판했다. 1974년에는 중앙일보사에서 도록을 출간했다.[14]

여러 해 전 누가 불상 하나를 산 일이 있었다. 그때 상당한 값을 주었던 모양인데 그 뒤 김 모라는 사람의 감정으로 가짜라고 들통이 나고 말았다. 그러자 가짜라고 판정을 내린 김 모 씨가 판 사람과 산 사람의 양쪽에게 똑같이 죽도록 얻어맞고 한 보름 동안 입원한 일이 생겼다. 가

255

짜라고 해도 이렇게 함부로 감정을 해주었다가는 폭행을 당하는 일이 생긴다.

일제강점기가 미술품 감정에서도 암흑기였다는 사실을 짚어주는 대목이다. 박병래는 《도자여적》에서 1930년대 '돈속에도 아주 밝은 수집가' 창랑 장택상이 진위에 상관없이 추사 김정희의 작품 값을 어떻게 올렸는지를 이렇게 말했다.

우리나라 서화 값을 올리는 데는 창랑이 단단히 한몫을 했다. 어떤 경매에서 추사의 대련(対聯)이 나왔는데 당시 100원 대에 머무르던 물건을 창랑은 2400원에 낙찰시켰다. 그 자리에서는 모두 어리둥절했다. 심한 경쟁자도 없는데 그런 값을 부를 필요가 있을까 하고. 그러나 다음부터는 그게 바로 시세가 되어 다른 사람도 그 정도의 값에 활발한 거래를 시작했다. 물론 창랑이 가지고 있던 모든 추사의 글씨도 몇 배의 값이 나가게 됐다.

박병래가 수집한 문화재는 대부분 도자기였지만, 고려시대 범종도 포함된다. 신라 이후 종구(鐘口)가 넓어지고 종견(鐘肩)에 입화장식(立華裝飾)이 붙고, 음통 상단에 구형 장식이 생기고, 종신(鐘身)에 비천(飛天) 대신 불·보살 입상이 조각된다. 장식이 많아지고 외형이 신라 종같이 날씬하지 않고 투박해진다. 표면 조식(彫飾) 수법도 바뀌는데, 신라 대의 격식에서 벗어나는 문양 배치 또는 문양 자체의 주제가 달라지고 각선(刻線)도 둔중해진다. 조선 중기 이후에 대종(大鐘)은 자취를 감추고 소종이 주성(鑄成)되고 있다. 고려 범종 중에서는 박병래의 컬렉션이 눈에 띈다.[15]

동시대를 살아간 간송 전형필이 1930년대부터 전적, 서화, 청자, 백자, 불교 미술품, 와당 등 수만 점에 달하는 유산을 수집해 우리나라 최초의 사립 미술관인 간송미술관(옛 보화각)을 만들었다면, 수정 박병래는 그보다는 수집량이 작고 도자에 한정되어 있지만 모든 것을 공적 기관에 무상 기증했다.[16] 두 사람의 비슷하면서도 다른 행보였다.

박병래 _ 백자를 닮은 컬렉터, 평생 수집품을 무상 기증하다

김진섭
聽川 金晉燮
양정고보 4회
1905?~?

안병소
安炳昭
양정고보 중퇴
1908~1974

김을한
東溟 金乙漢
양정고보 6회
1905~1992

윤석중
石童 尹石重
양정고보 14회
1911~2003

나의 예술, 나의 조국

정추
鄭樞
양정고보 26회
1923~2013

3

김진섭

聽川 金晉燮
양정고보 4회
1905?~?

수필가와
도서관장으로,
개척자의 길로

본격 수필문학의
개척자

안톤 슈나크의 수필 〈우리를 슬프게 하는 것들〉은 많은 사람을 감동시켰다. 슈나크의 글이 유려하기도 하지만, 이를 번역한 수필가 김진섭의 아름다운 문장으로 정작 독일보다 우리나라에서 더 유명해졌다. 1950년대부터 1980년대 초까지 30여 년 남짓 고등학교 국어 교과서에 실려 그때 학창 시절을 보낸 이들은 기억할 것이다.

정원 한편 구석에서 발견된 작은 새의 시체 위에 초추(初秋)의 양광(陽光)이 떨어져 있을 때, 대체로 가을은 우리를 슬프게 한다.

〈우리를 슬프게 하는 것들〉은 수필이나 글쓰기에 관한 하나의 전범으로, 지금도 인구에 회자된다. 청천(聽川) 김진섭의 이름을 널리 알린 이 글은 일제강점기인 1936년에 번역됐다가 해방 후 펴낸 김진

261

김진섭

안톤 슈나크의 수필이 실린
1950년대 고등 국어 2

섭의 두 번째 수필집의 첫머리를 장식했다. 김진섭은 그만큼 독일 문학에 대한 애정과 자부심이 넘쳤다.

그런데 김진섭의 순수한 문학적 열정과 별개로 사실 안톤 슈나크는 1933년 히틀러에게 충성을 서약한 문인 88인 중 하나였다. 김진섭이 이 수필을 번역한 해는 1936년으로, 이해에 베를린올림픽에서 손기정이 월계관을 썼다. 김진섭이 이 올림픽 마라톤 우승과 일장기 제거 사건 그리고 히틀러를 모를 리는 없었을 것이다.[1] 어쨌든 슈나크의 히틀러에 대한 충성과 별개로 이 수필은 아름다운 미문으로 손꼽히며 가히 '국민 에세이'로 널리 알려졌는데, 정작 독일에서는 그리 알려진 인물이 아니다. 하여간 김진섭의 유명세는 이 수필 번역에서 시작된 것이 분명하다.

김진섭은 우리나라에서 처음으로 본격 수필을 개척했다. 보통 수필이라고 하면 쓰기 쉬운 글인 줄 안다. 그러나 소홀히 넘길 수 있는 장르가 아니다. 수필이 대중화되면서 누구나 쓰는 글이라는 인식이 퍼졌지만, 본디 서구 에세이는 현대 문학사에서 독자 영역을 차지하고 있다. 그러한 의미에서 김진섭은 독자적 수필문학을 개척한 인물로 평가된다.[2]

1939년 김진섭은 《동아일보》에 〈수필의 문학적 영역〉을 발표해 수필문학 정립을 시도했다. 김진섭은 수필을 하나의 문학 범주로 끌어올리려 한 것이다. 수필문학에 관한 생각이 잘 드러나는 이 글에서는 문학적 영역으로서 산문학을 재검토했다.

수필은 문학이냐 혹은 문학이 아니냐, 그것이 만일에 문학이라면 수필은 문학의 어떤 분야에 속할 것이냐 하는 문제가 있다. 첫째는 형식 문제인데, 시·소설·희곡 등이 형식을 가지는 데 반해 수필은 문학으로서 일정 형식을 갖지 못한다. 수필은 그것이 차라리 작품으로서 형식을 갖지 않는 데 그 특질이 있기 때문이다. 둘째는 관찰의 소산에 틀림없고 문학으로서 생명을 갖게 되는 이유다. 셋째는 변동해 마지않는 것이 없거니와 수필은 쓰는 사람에게 최대한으로 갖추어진 지식을 요구하는 속일 수 없는 것이다. 그러므로 수필은 모든 영역에서 발견될 수 있으며, 문학 영역과 문학인의 필단(筆端)에서만 제공되는 것이 결코 아니다. 고도의 지식과 관찰력을 구비한 사람이 방관자적 태도로 인생 사상(事象)을 관찰해 거기서 느낄 감흥을 고백할 때 지성과 감성이 함께 어울려 수필문학을 가능케 한다.[3]

4회에 걸쳐 《동아일보》에 연재한 〈사상과 행동, 참된 인간의 형성을 위하야〉에서는 수필가로서의 기본 교양을 주창했다.[4] 문학인도 직업을 가져야 하며, 이를 '시민적 직업'이라고 표현했다.[5] 그는 아돌프 슈페만의 '직업의 신비'를 끌어들이면서 직업이 있는 문인의 비극을 설명했다. 그는 연속 칼럼에서 직업이 필요한 이유, 직업의 문학적 중요성, 무직의 정신적 폐해 등을 썼다. 그가 문인으로서 경성제대 도서관 직원, 방송국 직원 등 직업을 갖고 있었던 것은 이러한 철학에서 나온 것으로 보인다. 해방 후 1947년 초 2회에 걸쳐서 쓴 〈청빈에 대하야〉는 해방 공간의 전반적인 빈궁한 삶 속에서 청빈의 품격을 유지

하고자 했던 삶의 태도를 말해준다.[6]

미셀러니(Miscellany)는 '기타', '모음집', '선집', '(형식에 구애받지 않고) 여러 가지 잡다한 것을 모아놓은 것'이라는 뜻으로, 무형식의 형식성을 살린다는 뜻이다. 김진섭의 수필에 관한 견해는 영어의 미셀러니와 에세이(Essay, 수상록)를 두루 포괄하는 것으로 보인다. 그의 수필관은 삶과 지식의 성찰에서 주어지는 수상록적 측면, 방관자적 자세로 평이하게 쓰는 미셀러니 등을 두루 포괄한다.

일제강점기에 김진섭은 〈백설부(白雪賦)〉, 〈생활인의 철학〉, 〈주부송(主婦頌)〉 등 경구적·사색적·분석적 명수필을 잇따라 발표해 당시 이양하(李揚河)와 함께 수필 문단의 쌍벽을 이루었다. 이양하 수필이 서정적·고백적인 데 반해, 김진섭 수필은 서정적이지만 환상을 배제하고 사색적이며 논리적인 방향으로 이끌어간 점이 특징이다.

> 도회인으로서 비를 싫어하는 사람은 많을지 몰라도 눈을 싫어하는 사람은 없을 것이다. (…) 나는 겨울을 사랑한다. (…) 겨울다운 서정시는 백설 (…) 한없이 부드럽고 깨끗한 영혼은 소리도 없이 (…) 춤추며 내려오는 백설이여 (…) 공중에서 무질서의 쾌락을 (…) 오직 감사와 찬탄을 노래할 뿐.
> – 〈백설부〉

> 어머니가 생존해 계시는 동안 우리는 고요히 웃는 마음의 고향을 가지는 것입니다. 우리는 결코 외로울 수 없으며 우리는 결코 어두움 속에

서 살 수 없습니다. 참으로 어머니는 저 하늘에 빛나는 밝은 별과 같이 순수합니다. 그것이 무엇이 이상할 것이 있겠습니까? 아무것도 이상할 것이 없습니다. 왜 그러냐 하면 우리는 어머니의 피로부터 어머니의 정신으로부터 어머니의 진통(陣痛)으로부터 나온 까닭이올시다. 어머니는 우리의 뿌리인 것입니다. 어머니는 인간의 참된 조국(祖国)인 것입니다.

– 〈모송론(母頌論)〉,《인생예찬》

김진섭의 첫 수필집은 1947년에 출간된《인생예찬》이다.[7] 1948년 그의 문명을 떨치게 한 두 번째 수필집《생활인의 철학》이 나왔다. 1950년에는《교양의 문학》이, 납북 뒤에는 월탄 박종화가 발간한《청천수필평론집(聽川隨筆評論集)》(1958) 등이 나왔다. 박종화가 김진섭의 유고 40여 편을 모아 수필평론집을 펴낸 것이다. 〈백설부〉 같은 작품은 중고등학교 교과서와 대학 교재에도 꾸준히 실렸다.

1949년 6월부터 김진섭은 서울신문사 사장 박종화와 편집국장 오종식의 권유로 출판국장을 맡았다. 출판국장이 된 그는 월간지《신천지》편집을 담당했다. 1958년 출간된 유고집은 박종화와의 인연 때문에 가능했다. 같은 서울신문사에 있던 오양호는 한국 문학사에서 김진섭이 차지하는 위상을 이렇게 평했다.

김진섭은 춘원과 육당의 기행수필, 그 뒤를 이은 이은상, 또 그 뒤의 모윤숙, 이양하, 김동석, 정지용, 김기림, 김광섭 등과 함께 비허구 산

김진섭, 인생예찬, 1947

김진섭, 생활인의 철학, 1948

문, 범칭 수필을 네 번째 장르로 발전시킨 문인들 가운데 앞자리에 서 있다.

김진섭은 수필이라는 명칭뿐 아니라 개념조차 분명치 않던 시대에 수필문학을 개척했다. 서울대학교에서 독문학을 강의하면서 《독일어교본》을 펴내기도 했다. 청년 시절부터 일관되게 독문학도로서의 입장을 견지한 것이다.

서구 문학 번역과
극예술연구회 주도

김진섭은 남도의 항구도시 목포 출신이다. 목포 북교동 예술인 골목
은 수필가 김진섭, 극작가 김우진, 소설가 박화성, 문학평론가 김현,
극작가 차범석 등을 배출한 곳이다. 김대중 대통령이 신혼을 꾸렸던
집도 김진섭 생가에서 가깝다. 김진섭은 나주에서 보통학교를 마치고
서울로 올라온다.

양정고보에 입학하며 학창 시절을 서울역 뒤 만리동에서 보냈
다. 1920년 양정고보를 졸업하고, 이듬해 일본으로 건너가 1927년 도
쿄의 사립 명문 호세이대학 독문과를 졸업했다. 재학 시절인 1926년
《동아일보》에 평론 〈독일 문호 토마스 만의 예술〉을 발표하기도 했
다. 대학 시절 왕성하게 활동하는 청년 논객으로서 해외 문학에 심취
했다.

유학 시절부터 귀국 후 광복 전까지는 주로 문학과 연극운동에
참여했다. 손우성·이하윤·정인섭·함대훈 등과 함께 '해외문학연구
회'를 조직하고, 1927년 잡지《해외문학》창간에 참여했다. 창간호에
평론 〈표현주의문학론〉 외에 H. 만(Mann)의 소설《문전(門前)의 일보
(一步)》등 독일 소설과 시를 번역, 소개했다.

해외문학연구회는 1926년 가을 도쿄에서 결성된 서구 문학 연
구 단체로 이른바 해외문학파를 구성한 초기 동인 모임이다. 유학생
중심의 단체로 번역과 연극 활동에 힘썼다.《해외문학》창간호 권두

268

해외문학연구회, 소명출판

해외문학 창간호, 1927

언에 '우리 문학의 발전과 외국 문학과의 상호 보완을 통한 세계화'라는 목적을 내걸었다. 그들의 정체성이 창작보다는 번역에 있었음을 알려준다.

신문학 창설은 외국 문학 유입으로 그 기록을 비롯합니다. 우리가 외국 문학을 연구하는 것은 결코 외국 문학 연구 그것만이 목적이 아니오, 첫째에 우리 문학의 건설과 둘째로 세계 문학의 상호 범위를 넓히는 데 있습니다.

해외문학연구회는 처음에는 동인 간의 친목과 자유로운 문학 토론 중심으로 활동했지만, 《해외문학》을 발간하면서부터는 신극운동에도 힘썼다. 해외문학파는 서양 중심의 '문화 수입론자'였기에 이에 반발하는 이들도 생겨났다. 〈문단 시비, 기괴한 비평 현실, 양주동 씨에게〉 같은 칼럼을 보면 잘 드러난다. 《해외문학》이 창간되자 곧바로 1927년에 반박하는 글이 올라온 것이고, 이에 대해 김진섭이 대응한 것이다. '4개 국어' 번역의 위력을 강조하고 있다.

적어도 4개 국어의 진지한 번역을 포함한 《해외문학》에 대하야 일개의 양주동 씨가 지극히 모호한 총체적 비평을 한다는 것은 근본적으로 용사(容赦)치 못할 일이다. 본래 스사로 일반 되랴 의욕하는 자는 베르그손의 소위 〈소와 가치 크게 되랴든 개구리〉처럼 결국은 아모것도 아니 되고 마는 것이다. 대체 어학의 소양이 얼마나 잇스며 그리고 시적 재

270

능과 번역 비평적 지식이 얼마나 잇기에 4개국의 유수한 작품 번역의 압헤 '거의 보잘 것이 업슴을' 말하고 가히 전율함이 업시 그 무가치를 논란하느냐? [8]

김진섭은 외국 문학 번역에 자부심을 느꼈던 것 같다. 그는 1920년대 후반부터 1930년대에 이르기까지 약 15년간 신문을 통해 부지런히 외국 문학을 소개했다. 1927년의 글을 보자. 17세기의 무명 영국 시인까지 조선에 소개하는 지적 우월감을 보여주고 있다.

호잇트만(Whitman)이라 하면 - 그 일음은 너머나 유명하다. 여기 내가 그를 소개하고 해설할 하등의 필요가 업시 그가 아메리카 유일의 시성 (詩聖)인 거야 세계와 뭇 인류가 다 가치 인지하는 바 (…) 토-마쓰 트 레허(Thomas Traherne) - 이 사람은 엇떠한 사람인가? 하고 우리는 아마 무를 것이다. (…) 1896년에 비로소 다시 발견된 17세기의 무명(無名) 한 영국 시인이다. [9]

근대극의 선구자 홍해성이 일본에서 수집한 아카이브를 토대로 연극·영화 전람회 개최를 위한 극영동호회(劇映同好會)를 시작했는데, 그것이 바로 극예술연구회(1931~1938)의 기반이다. 1931년 김진섭은 유치진, 이하윤, 장기제, 정인섭, 최정우, 서항석, 조희순, 이헌구, 함대훈과 함께 극예술연구회를 만들었다. 극예술연구회를 통해 해외 근대극을 번역해 상연하면서 신극운동을 펼쳤다. 1934년에는 연극 전문

271

지 《극예술》을 창간했다. 영문학, 독문학, 불문학, 노문학 전공자가 모인 극예술연구회는 1938년 3월 해체했다.

1931년 신문 기사를 보면, 연희전문학교 학생회 주최의 극예술 강연회가 천도교기념관에서 《동아일보》 학예부 후원으로 열렸다. 〈신극운동과 축지(築地) 소극장〉(홍해성), 〈표현파 극에 대하야〉(서항석), 〈애난의 신극운동〉(이하윤), 〈연기와 배우〉(김진섭), 〈극문화의 과정과 세계 학생극의 현상〉(정인섭) 등의 강연이 이어졌다.[10] 이들은 모두 극예술연구회 회원이었다.

1932년 신년 벽두의 칼럼은 김진섭의 문학관을 잘 드러낸다. 〈32년 문단 전망, 어떠케 전개될까? 전개시킬까? 문단 제씨의 각별한 의견〉이라는 제목으로 김동인과 김진섭이 썼다. 김진섭은 〈형성적 정신에 의하야〉를 썼다.[11] 당시 문학의 헤게모니를 상당 부분 쥐고 있었던 카프에 대한 비판이 눈에 띄며, 실제로 카프 측에서도 해외문학파에 비판적 태도를 취했다. 민족문학 전통에 대한 거부감도 엿보인다. 신년 초부터 작심하고 쓴 글로 보인다.

1. 민족주의 문학은 결국 그의 본가인 민족적 감정에 귀순할 뿐. 문학적 주장으로서는 넘우나 간단한 감정에 지나지 안는다.

2. 시조는 드듸여 사군자의 뒤를 조침에 일으럿다.

3. 프로문학은 오히려 또 자기 자신의 행로를 다시 생각하리라.

4. 극문학은 금년에 들어 일(一)의 열병적 연애를 경험할 것이다.

5. 소년문학이란 항상 소년 그것과 가티 단순히 동일한 궤도를 갈박게

업다.

6. 기타 등등은 '집 업는 아이'의 임무를 등지고 거리를 방황하겠지.

7. 나는 아즉 내가 무슨 술작(述作)을 내여야 과연, 조금일지라도 조선에 비익(裨益)하는 바 잇슬가를 자각치 못하고 잇다.[12]

해외문학파는 근대 초기 번역에 기여했으며, 극예술에도 자의식을 가지고 열정적으로 활동했다. 상아탑의 고고성과 진보주의적 단면을 동시에 결합했다. 번역과 문학의 관계에 관한 그의 생각은 1935년에 쓴 칼럼에 잘 드러난다. 1935년 4월 17일부터 5월 5일까지 14회에 걸쳐서 집중적으로 '문학과 번역'이라는 주제로 〈생활의 국제성〉, 〈문화의 교환〉(上·下), 〈세계 문학의 개념〉, 〈번역의 문화사적 역할〉, 〈번역의 가치〉, 〈문화의 복사적 반영〉, 〈문화의 일 집대성〉, 〈번역가의 문화사적 사명〉, 〈번역문학론〉, 그리고 최종 마무리로 〈조선과 번역 문화〉(上·下)를 기고했다. 김진섭은 자신의 번역 작업이 확고한 문학사적 관점에서 수행됐음을 말해준다.

경성제국대 도서관 사서로 근무한 '도서관인'

1933년 장남 재명을 낳은 김진섭은 1934년 성북동으로 이사했다. 1935년에는 차남 재현이 태어났다. 성북동 이전에는 관수동, 수교동

273

으로 이사 다니며 셋방살이를 했다. 이 시절에는 가진 것을 전당포에 맡기는 궁핍한 생활을 하기도 했다. 해외 문학 전공자가 대체로 문필과 연관된 신문사, 잡지사 등에서 밥벌이를 하고 있음에 반해 김진섭은 경성제대 도서관 사서로 10여 년간 재직했다. 그가 수필가로만 알려져 있지만, '도서관인'으로서도 비교적 긴 시간을 보냈다. 당시 경성제대 도서관은 동숭동에 있었다.

1930년대 칼럼을 보면 도서관, 책, 장서가, 독서 교양 등에 관한 글이 유난히 많다. 그는 독서평론가, 북리뷰어 같은 일을 수행했다. 1932년에 출판업자와 함께 저술을 중심으로 세계 출판의 숨은 일화를 소개했다.[13] 1930년대에는 《조선중앙일보》 지면을 통해 도서 관련 칼럼을 자주 기고했다. 특히 1934년에 집중적으로 도서와 관련된 글을 발표했다.

〈학예, 전적산필(典籍散筆), 서적의 가치〉(4월 7일), 〈전적산필, 독서 예찬〉(4월 8일), 〈전적산필, 서적의 취미〉(4월 9일), 〈전적산필, 독서, 애서(愛書), 수서(蒐書)〉(4월 10일), 〈전적산필, 수서가의 탐기의 대상〉(4월 11일), 〈전적산필, 진서 귀서 순례〉(4월 12일), 〈전적산필, 진서기적 순례-세계 최소형 도서〉(4월 15일), 〈전적산필, 장서가 기담〉(4월 18, 19, 20일), 〈책을 벗 삼아〉(4월 22일), 〈서두(書蠹)와 인생의 교유〉(9월 24일)

김진섭은 차분하고 비교적 수동적인 사람이었다. 1939년에 쓴 〈주중교우록(酒中交友錄)〉에서는 "나는 술을 약간 마실 줄 안다. 술을 약간 마실 줄 알 뿐 아니라 술을 가리지 않는 사람에 비하면 술을 좋아하는 측에 속할 것이다. (…) 원래 그 성질이 무엇에든지 소극적이어서 술에 있어서도 항상 수동적 태도를 취해왔다. 즉 내가 서둘러서 술을 먹는 일은 별로 없었다"라고 했다. 그의 성격을 잘 말해주는 대목이다. 천하의 술꾼이었던 화가 황술조가 그의 술벗이었는데, 그 역시 양정고보 출신이었다.[14]

도서관 사서로 재직하던 도중 필화사건을 겪기도 한다. 1940년 김진섭은 조선총독부 기관지 《매일신보》 1월 6일 자에 〈아즉은 염려 업다〉를 기고했다. 200자 원고지 10매 분량의 글이 중일전쟁에 반대하는 '반전사상'을 담았다고 하여 필화사건에 휘말린 것이다. 도서관 사서로서 드물게 필화사건을 겪은 셈이다.

> 전쟁은 설사 그것이 정의를 위한 불가피의 전쟁일 경우에 잇서서도 문화의 두려운 파괴자인 것은 두말할 것이 업스니, 그것은 압날의 세계 대전이 우리에게 여실히 증명해주엇다. (…) 전쟁은 말하자면 개인의 광범한 권리의 박탈을 의미하는 것이라 볼 박게 업스니 그러므로 전쟁은 근대 문화의 중요한 특징인 개성적 발전의 경향과는 결정적으로 배치되는 것이다.

글은 총독부 경무국 도서과 검열을 통과해서 《매일신보》에 실렸다. 문제가 된 건, 글이 실린 지 며칠이 지난 9일이었다. 조선군사령부 참모장 가토 슈헤이(加藤鈴平)는 헌병대를 통해 김진섭의 사상 경향과 집필 동기를 취조하도록 지시했다. 군부는 김진섭의 글이 반전 사상을 담았다고 판단했다. 유명 지식인과 문인이 일제의 침략전쟁을 미화하고 징병을 종용하는 상황에서 군을 들쑤신 것이다. 이 사건으로《매일신보》편집국장 김형원이 책임을 지고 사퇴했고, 학예부장 조용만은 해임됐다. 사회부장 팔봉 김기진도 해임됐다.《매일신보》부사장 이상협이 물러날 거라는 소문이 돌 정도로 파장이 컸다.

훗날 조용만은 이 사건을 〈파면 기자 시절, 나의 30대〉라는 글로《월간중앙》(1974년 8월호)에 기고했고,《최악의 무리》라는 실명 소설을 따로 썼다. 주인공 이름 역시 김진섭이다. 조선군사령부는 참모장 가토가 육군차관 아난 고레치카(阿南惟幾)에게 보고서를 제출하는 것으로 이 사건을 종결지었다. 조선의 언론 통제에 총독부 경무국(경찰)뿐 아니라 조선군사령부가 직접 개입했음을 보여주는 사례이기도 하다. 그러나 전과가 없고 사상적으로 별 문제가 없다고 결론이 나자 김진섭은 서약서를 쓰고 풀려났다.

필화사건 직전에 김진섭은 어머니 병환과 경제적 이유로 경성제대 도서관을 그만뒀다. 풀려난 후 그는 경성중앙방송국 제2방송부에 입사했다. 제2방송부에서는 조선어 방송을 담당했다. 경성제대 부속 도서관에 이은, 김진섭의 두 번째 직장이었다.

방송국으로 직장을 옮긴 김진섭은 종로구 청운동 57-10번지에 집을 마련했다. 셋방을 전전하던 그가 마련한 첫 자가(自家)였다. 1945년 해방 이후에도 경성중앙방송국에서 근무한 그는 10월 2일 편성과장이 됐다. 그가 경성중앙방송국에 근무할 때 양정 2년 후배인 김을한도 같이 있었다.

서울대 초대 도서관장이 되다

1946년 국립 서울대학교 출범과 함께 김진섭은 독문학 교수직에 임용됐다. 동시에 그는 서울대 도서관장이 됐다. 초대 관장이 된 것이다. 경성대학 시절 도서관장은 학산(鶴山) 이인영이었다. 서울대가 초대 관장으로 김진섭을 발탁한 이유는 그가 식민지 조선에서 유일하게 대학 도서관에서 '가장 오래 일한 조선인'이기 때문이다. 햇수로 13년 동안 경성제대 도서관에서 일했다. 동숭동 대학로에 있던 옛 서울대학교 도서관은 경성제대 부속 도서관으로 지은 건물이었다.

김진섭이 서울대 도서관장으로 일한 기간은 길지 않았다. 1946년 10월부터 1947년 5월까지 재직했으니, 그의 재임은 7개월에 불과하다. 기간은 짧지만 새롭게 출범한 국립 서울대 초대 도서관장을 맡은 의미가 적진 않다. 해방 직후부터 1년 동안 경성제대는 경성대학을 거쳐 국립 서울대로 바뀌었다. 학교 이름의 변화만큼 도서관도 혼란의 시기가 이어졌다. 국립 서울대 반대투쟁이 벌어진 이 시기, 도서관 내부에서도 김구경 부관장과 대립으로 어려움이 있었다고 한다. 도서관 장서가 도난 또는 분실되기도 했다. 김진섭이 도서관장에서 물러난 후 서울대학교 도서관은 김구경 부관장이 관장 대리를 맡았고, 2대 이병도(1947년 10월~1952년 9월)와 3대 정광현(1952년 9월~1962

277

년 5월)이 뒤를 이었다.

경성제대 도서관을 거쳐, 서울대 초대 관장이 된 김진섭은 책과 독서에 일가견을 가졌을 법하다. '책'에 대한 그의 생각을 살펴보자.

책의 가치는 간단히 말하면 책 속에 기록되지 않은 것은 아무것도 없다는 점에 있으며, 그리하여 그때그때에 그 책을 펴기만 하면 우리들이 요구하고 있는 것은 무엇이든지 반응되어 나온다는 점에 있을 것이다. (…) 이 세상이 시작된 이후로 책이라 하는 이 귀중한 상속품은 세대로부터 세대로 물려오고 상속되어온 까닭으로 오늘날 우리들이 볼 수 있는 것 같은 인간 지식의 총화(總和), 총결산에 대한 귀중한 기록물로서 도서는 우리 앞에 놓이게 된 것이다.

김진섭은 어떤 '책 읽기'를 추천했을까? 다음 인용문은 그의 수필 〈독서술〉의 한 대목이다. '다독(多讀)'을 추천하는 듯싶다가 '정독(精讀)'을 거론하며, 결국 다독과 정독 모두 필요한 '독서술'임을 이야기하고 있다.

고전 한 권을 정독하느니보다는 그 시간에 두 권 세 권 다독주의를 취해 고전의 대강을 짐작하도록 하고, 그것을 대강 추려서 읽은 다음에 자기의 취향을 좇아서 매력 있는 책을 다시 선택해 정독하도록 함이 좋을 것이다.

김진섭은 식민지 조선에서 대학도서관 사서로 활동한 드문 경력의 소유자다. 그가 근무한 경성제대 부속 도서관은 일제강점기 조선에서 유일하게 존재하던 대학 도서관이다. 이로써 김진섭은 국립도서관 관장 이재욱, 부관장 박봉석과 함께 해방 이후 '한국 도서관의 3대 인재'로 꼽히게 됐다. 공교롭게 이 세 명은 모두 납북되고 말았다.[15]

북한으로 피랍된 후 알려지지 않은 행방

1950년 6월 25일 한국전쟁이 터지자, 김진섭은 숨어 지내다가 북한으로 납치됐다. 은신하던 김진섭은 8월 4일 자택에 잠시 들렀는데, 5일 새벽 2시에 내무서원 두 명이 들이닥쳐 그를 끌고 갔다. 종로구 청운동 57-10번지 자택에서 납북된 그는 서대문형무소에 갇혀 있다가 북으로 갔다. 이웃 청운동 57-11번지에서는 시인이자 언론인인 파인 김동환이 납북됐다. 김동환은 소설가 최정희와 함께 정치보위부로 쓰인 국립도서관에 갇혀 있다가 끌려갔다. 납북된 후 김진섭의 행방은 알려지지 않고 있다.

그런데 1962년 신문 기사에서 수용소로 끌려간 김진섭이 수용소의 악질 반장을 살해하려던 계획이 미수되어 체포된 사건이 확인된다. 〈죽음의 세월, 납북인사 북한생활기, 중견인사 노동수용소로, 악

279

질반장 살해를 계획, 김진섭이 주동〉이라는 기사다.[16] 정부 측 내외경제연구소에서 제공한 자료에 근거한 기사이므로 신빙성 여부는 문제가 있으나 그의 기본 성향이 우파였고, 인간이 어떤 한계에 봉착했을 때 가능했을 법도 하다.

1962년 6월 25일 대학 후배이자 같은 외국 문학자로서, 수필가로서 외국 문학을 함께하던 수필가 이하윤이 〈6·25에 생각나는 사람들〉이란 칼럼에 〈투지에 경복(敬服)할 김진섭〉이란 글을 쓴다. 이하윤은 당시에 서울대 사범대학 교수로 재직 중이었다. 김진섭이 납북된지 12년이 흐른 시점이었다.

틈만 있으면 찾아가던 청운동으로 달려가서 아주머니를 만났습니다. 주인 잃은 문패! 아주머니의 강권하는 술잔에서, 끊임없이 맺히는 눈물방울에서 형의 그림자는 사라질 줄을 모르는 것이었습니다. (…) 형의 미정리 원고는 《청천수필집》이란 책명으로 출판하여 《인생예찬》과 《생활인의 철학》의 뒷받침이 되고 있습니다.[17]

납북이라도 북으로 간 인물에 대해서는 금기시하던 극도의 반공주의 시대였다. 그를 지켜낸 것은 오랜 해외문학파 동지들이었다. 그의 친구들은 대학에서 외국 문학 및 외국어를 가르치고 있었다. 납북이 됐어도 그의 번역 〈우리를 슬프게 하는 것들〉이나 수필 작품은 여전히 교과서에 실린 것이다. 우정의 도움이 없었으면 납북과 더불어 남한에서 잊힌 사람이 됐을 것이다. 납북자 상당수가 그러하듯, 김진섭 역시 납북 이후 행적이 거의 알려지지 않았다.

목포에는 출신 문인을 기념하는 목포문학관이 있다. 연극인 김우진, 소설가 박화성, 문학평론가 김현, 희곡 작가 차범석 4인을 기리는 기념관이다. 김우진을 빼면 모두 김진섭보다 후대 인물이다. 김진섭은 같은 목포 출신인데도 상대적으로 덜 대우받는 느낌이다. 기억에서 서서히 사라진 인물이다. 마당 풀밭에 자그마한 기념비가 서 있는데, 그 기록도 엉터리다. 수필문학가로 각인해야 할 비문을 소설가로 표기했다.

한때 김진섭의 가족이 살았던 나주시 대호동 금성산에 그의 가묘(假墓)가 있다. 젊은 나이인 45세에 납북됨으로써 일찍이 사람들 뇌리에서 사라졌기 때문이다. 사후에 선집이 발간되어 글을 통해서나마 그의 흔적을 알 수 있다.[18] 대학 도서관 사서에 이어 방송국 간부, 대학교수, 도서관장, 수필가에 이르기까지 여러 분야에서 재능을 뽐냈던 이 인물이 서서히 사람들의 기억에서 사라지는 중이다.

281

김을한

東溟 金乙漢
양정고보 6회
1905~1992

영친왕과
덕혜옹주의
최후 기록자

도쿄에서 극단 토월회
연극 활동

김을한은 서울에서 태어났다. 을사조약이 체결되던 을사년(1905)에 태어났다 하여 을한(乙漢)으로 작명했다. 아호는 동명(東溟)이다. 여기에는 내력이 있다.

신문기자 생활을 시작할 때 아호를 정하지 못하고 있었는데 소설가 현진건이 '김 형은 성격이 명랑하니 부르기 쉽고 쓰기도 쉬운 동명(東明)이라고 하면 어떠냐' 해서 그대로 있었다. 그랬더니 안민세(안재홍)가 그 말을 듣고 동명왕이 계신데 그거 될 말이냐, '동(東)' 자는 그대로 두고 '명(溟)' 자를 붙여서 동명(東溟)으로 하라고 했다. 그래서 나는 별로 깊은 뜻도 업이 금일까지 동명으로 행사하고 있는….[1]

김을한은 병자호란 때 주전론을 폈던 안동김씨 김상헌의 후손으로, 그의 집안은 서울에서 살아오던 경화세족(京華世族)이다. 고종의 시종 김황진의 조카로서 덕혜옹주의 약혼자 김장한이 그의 친형이다. 고종이 덕혜옹주와 어릴 때부터 정해놓은 약혼자였지만 고종이 사망하면서 혼약은 깨지고 말았다. 김을한의 집안으로서는 큰 사건이었을 것으로 짐작된다. 훗날 김을한이 덕혜옹주의 귀국을 적극 도운 것도 이러한 집안 내력 때문이다.

김을한은 우리나라 최초의 근대식 초등교육기관으로 1894년 개교한 관립 교동소학교를 졸업했다. 교동소학교는 경운동에 자리해 김을한은 소년 시절을 서울 복판에서 보냈다. 1918년 양정고보에 진학했다. 1919년 3·1운동 때 2학년 학생인 김을한은 경찰에 끌려갔으나 나이가 어리다는 이유로 방면됐다. 1922년 양정고보를 6회로 졸업하는데, 그 2년 선배에 수필가 김진섭, 정치가 서범석, 3년 선배에 의사 박병래, 나중에 공군참모총장을 지낸 장덕창, 내각수반을 지낸 김현철 등이 있다. 1918년 입학생이므로 이들은 모두 알고 지냈을 것이다.

김을한은 1922년 졸업과 동시에 도쿄로 유학해 와세다대학 영문과로 진학했다. 그러나 이듬해인 1923년 9월 1일에 벌어진 관동대지진과 조선인 대학살극을 목도하면서 학업을 중도 하차하고 귀국했다. 분란통에 조선 사람이 우물에 독약을 넣고 집에 방화했다는 등 지진을 핑계 삼은 조선인 학살극이 전개됐다. 민심이 소란하자 일제는 민중의 분노를 애꿎은 조선인에게 돌리기 위해서 '지진을 틈타서 조선인이 불온한 계획을 하고 있다'는 낭설을 퍼뜨렸다.[2]

서울신문사에 있을 당시 김을한

토월회 창립 회원들

김을한은 도쿄에 체류하는 동안 극단 토월회에 참여했다. 1923년 5월경 도쿄 유학생 박승희·김복진·김기진·이서구·박승목·김을한·이제창 등이 시작한 모임이었다. 무대예술 지망의 박승희를 제외하고는 문학의 김기진, 의학의 박승목, 조각의 김복진, 미학의 이서구, 영문학의 김을한 등 모두 연극과는 거리가 멀어 예술 전반에 걸친 문예 집단으로 시작했다. 귀국 후에도 무대를 올렸는데, 토월회 활동은 대중에게 상당히 공감을 불러일으켰다. 그러나 전문가의 눈에는 아마추어를 크게 벗어나지 못한 것으로 비쳐졌다.

토월회는 신파 극단이 난무하던 1920년대에 큰 성공은 거두지 못했지만, 그래도 정통 서구 근대극(사실주의 연극)을 시도해보려 했고, 연극 방식도 정석대로 하려고 노력함으로써 신파극 개선에 상당히 기여했다고 볼 수 있다.[3] 토월회는 여러 이유로 1931년에 해체됐다. 김을한의 생애에 청년기 연극 활동은 중요한 기억으로 남았을 것이다.

1920~1930년대의 대표적 저널리스트

김을한은 귀국 직후인 1924년 29세 되던 해,《조선일보》한기악 편집국장의 발탁으로 신문기자가 됐다. 당시 사회부 기자로서 일제강점기의 여러 이슈를 취재해 필명을 날렸다. 당시 발생한 큰 사건들을 밑바닥에서부터 파헤쳐 식민지의 모순을 폭로함으로써 이름을 떨친 것이다. 광주학생항일운동, 장진강 토지 사건, 만주사변 현장에 특파원으로 파견되어 생생한 실상을 보도하기도 했다. 훗날 자신이 주로 사회부 기자로 활동한 것을 〈나의 기자 시절〉이란 글에서 자랑스럽게 내보였다.[4]

> 사회부의 책임 방면도 많았고, 사회부 기자의 수비 범위도 굉장히 넓었다. 나 개인의 체험으로 말하더라도 경찰서(주로 종로서) 출입을 중심으로 하여 정치·경제·교육·문화·운동·연극·영화 등 관계하지 않은 방면이 거의 없었으니, 이는 오로지 당시의 사회 풍조와 신문사의 구조가 그렇게 만든 것이라고 할 수 있다. 그만큼 나는 그러한 시대에 제일선 기자가 되어 1인 5역 또는 1인 6역 한 것을 퍽 행복하게 생각한다.

신문기자 생활을 할 때 문학 활동도 같이 시작했다. 1926년 김을한은 이능선, 최삼우 등과 함께 조선문예협회에 동인으로 참여했다. 그해 9월 25일 종로구 1정목 63번지에서 정인익, 이능선, 최삼우 등과 잡지 《문예시대》를 창간, 필진으로 참여했다.[5] 그러나 《문예시대》는 1927년 1월 폐간됐다.

김을한은 1930년대 저명 기자 목록에 올라 있었다. "사이또(齋藤) 총독 부임 사오 년 후부터는 신문기자 진용은 무척 연화하엿다. 그 이후의 기자진을 일람하면 《동아》는 김동진, 국기열이오. 《조선》은 김형원, 김을한, 《중외》는 홍종인이 잇다"라고 했다. 김을한이 1930년대 당시 날리던 기자였음을 말해준다.[6]

김을한은 1930년 9월 매일신보사로 근무처를 옮기면서 친일 성향을 띠기 시작했다. 《매일신보》는 영국인 베델이 발행하던 《대한매일신보》에서 출발했는데, 1910년 국권피탈 이후 《경성일보》가 인수해 《경성일보》 자매지로 '대한'을 떼어내고 《매일신보》로 발간했다. 《매일신보》는 조선총독부의 지원을 받는 관제 언론이었다. 김을한은 1937년까지 《매일신문》 사회부 기자로 근무하면서 조선총독부·철도국 등을 담당했다. 김을한의 이런 기록이 보인다.

이날 하로도 아모 별 소득 업는 것을 보고 기자들은 각각 여관에 도라가 피곤한 몸을 수이난대 매신의 김을한 군은 밤중에도 또 거리고 나섯다. 캄캄한 촌읍, 폭풍 1주 후의 이상한 정숙(靜淑). 그러나 주재소를 흘깃 드려다 보니 밧게서 보아도 불 켠 실내에 수사부 수뢰 인물들이 밧브게 서성거리는 모양이 나제와는 딴판으로 이상하게 긴장된 것을 짐작할 수 이섯다. 단서가 잡혓나 보다! 기자의 제육감이 번 듯.[7]

김을한이 주재하는 잡지 《호외》는 창간호만 나오고 후속 호는 나오지 않았다. 〈그 잡지가 호외인 까닭에 이 호외도 더욱 궁금〉이란 잡지 기사가 보인다. 《매일신문》에서 발간한 《호외》를 담당했던 것 같다.[8] 식민지 신문기자란 쉬운 직업이 아니었다. 나석주 의사의 폭탄 투척사건과 그의 최후를 김을한이 목격한다. 보도 통제에 걸려 싣지 못한 이 사건을 그는 나중에 잡지에 진술했다.[9]

M경부: (경부는 요시찰인명부를 보면서) 네가 상해XX단에서 드러온 이XX가 아니냐?

범인: (눈을 감고 누운 채) 아니다.

M경부: 그러면 만주에서 온 김XX이냐?

범인: (여전히) 아니다.

M경부: 그러면 우라지오(浦塩斯德)에서 온 최XX이냐?

범인: 아니다.

이때에 범인의 명맥이 작고 열버짐으로 수십 대의 식염 주사를 또 한 후 여전히 전후 20여 명의 성명을 불너보앗스나 범인은 역시 일관하야 부인하엿다. 그리다가 악에 밧친 M경부가 "그러면 네가 상해의렬단에서 드러온 나석주가 아니냐?"라고 버럭 소리를 지르니까 범인은 그때에야 "그러타!"라고 나즉하나 그러나 힘굿세인 어성으로 대답하고 "공범은 업는가?"에 대해는 끗까지 "공범은 업다. 오즉 나 한 사람의 단독적 행동이다"라는 것을 명백히 주장한 후 죽을 사람은 어서 죽어야 한다고 말 한마듸라도 더 들으려고 작고 식염 주사를 하려는 것을 의식이 몽롱한 중에서도 여일하게 완강히 반대하면서 "내가 나이다. 공범은 업다"라는 말박게는 도모지 입을 열지 아니하다가 그리 고민하는 빗도 업시 미구에 절명되엿다.

P박사의 이야기로 나는 범인의 성명이 라석주인 것도 아럿고 따러서 그의 임종 광경을 내가 본 것이나 별로 다를 것이 업시 자세히 알 수가 잇섯다. 그러나 이 사건은 그날 밤 중으로 게재 금지가 된 까닭에 모처럼 어든 소위 특종도 그 이튼날 조간에는 실지를 못하고 그 후 한참 잇

다가 해금이 된 뒤에야 비로소 상세히 신문에 보도하엿다. - 그러나 생각하면 이것도 벌서 7년 전에 넷일이 되고 말엇다.

《매일신문》에 근무하면서 1933년에는 만주 신경(新京)에서 김동만에 의해 창간된 《만몽일보》 창립위원으로 참여했다. 만주국 성립 이듬해인 1933년 8월 25일 일본의 지원을 받아 자본금 30만 원으로 창간된 한글 신문이다. 주필 염상섭, 편집부장 박팔양, 사회부장 전영우, 정치부장 심형택 등 서울 언론계 사람이 많았다.[10] 김을한도 언론인 인맥으로 참여했을 것이다. 친일 오점으로 남는 대목이다. 그 훨씬 전인 1929년 자료에 친일 단체인 조선소년군총본부가 시천교당에서 이사회를 개최하고 임원 및 부서 결정을 하는데 이사에 이길용, 김을한, 유도순 등 12명이 등장한다.[11]

1939년 4월에는 도쿄에서 조선문화사(朝鮮文化社)를 창설하고 친일 잡지 《조선화보》를 발행했다. 일제강점 말기로 치달을수록 친일 강도가 강해진 것으로 보인다. 1945년 7월 17일 중일전쟁 때 중지나 방면군 사령관을 역임한 마쓰이 이와네(松井石根)가 총재로 있던 파시즘 단체 대일본흥아회(大日本興亜會) 조선지부의 부지부장을 맡기도 했다.[12] 대일본흥아회의 총무위원이 팔봉 김기진이었고, 그의 형이 김을한과 같이 토월회 활동을 했던 김복진이었다. 김을한이나 김기진, 김복진 모두 친일의 길을 걸었다. 해방 공간에서 제기된 《반민자죄상기(反民者罪狀記)》에서 김을한의 친일 죄상이 거론된다.[13]

일본의 육군대장 마쓰이가 총재로 팟쇼 단체인 대일본흥아회의 조선 지부를 염치없게도 7월 17일 조직했는데, 부지부장에는 김을한, 고문 에는 이영개·김천성·한상용 등이었고….

해방 이후 서울신문
초대 일본 특파원

해방 공간에서 김을한은 빠른 행보를 보였다. 1945년 12월 조선문 화사를 국제문화협회로 개편해 김구의 《도왜실기(屠倭実記)》 등을 발 행했다. 1946년 겨울, 유엔총회에 참가하는 이승만의 장도를 격려하 기 위해 문화인, 언론인으로 설정된 민족대표외교사절후원회에서는 회의를 열고 금융 대책과 전국적 환송 행사에 관해 토의하고, 정보부 와 재정부를 신설했다.[14] 정보부 명단에 김을한·김진섭·심창섭·이 혜구·김억 5인이 보이는데, 김을한은 김진섭의 양정고 2년 후배였다. 1946년 8월 5일에는 한국독립운동에 헌신한 헐버트 박사가 사망한 다. 신문 기사에서 김을한이 헐버트박사기념회 대표로 확인된다.

헐버트 박사의 뜻하지 않은 부음은 각 방면 비장한 충동을 주고 있거 니와 동 박사의 유해는 위생병원 원장 퀴어슨 박사의 지휘로 귀선정결 히 수렴한 후 서울시장 리기붕 씨와 헐버트박사기념회 대표 김을한 씨 의 호의로 5일 오후 5시 20분경 태평로 체신회관 뒤에 있는 미국대사

관 전용의 영구 안치소로 이안됐는데…….[15]

1948년 신문 기사에 김을한은 국제문화협회 총무로 등장하며, 해방기념관 건축 인사차 신문사를 방문한 것으로 되어 있다.[16] 1950년 전쟁 직전에 국제문화협회 주최로 열린 주일공사 환송회가 조선호텔에서 외무장관 등이 참석한 가운데 성대하게 열렸다. 국제문화협회가 일본을 상대로 활동하던 일본 통로였음을 알 수 있는 대목이다.[17] 이처럼 김을한은 일본통으로서 활동하고 있었다.

1949년 12월에 종래의 전국문필가협회 문학부와 한국청년문학가협회를 중심으로, 그 밖에 일반 무소속 작가 및 전향 문학인을 포함한 전 문단인의 총 결속하에 '대한민국을 대표하는 유일한 문학단체로서 한국문학가협회'를 결성한다. 양정 동문으로는 김을한과 김진섭, 윤석중의 이름이 올라 있다.[18]

1950년 한국전쟁이 발발하자 김을한은 《서울신문》 특파원으로 일본에 건너갔다. 일제강점기 말 자신이 근무하던 《매일신문》이 정부 기관지 《서울신문》으로 바뀐 상황이었다. 도쿄에 주재하게 됐고, 이때 영친왕을 처음 만났다. 해방됐지만 이승만 정권의 견제로 영친왕은 입국하지 못하는 상황이었다. 고립무원이던 영친왕은 그를 반겼다. 이후 20여 년 동안 영친왕에게 '망국의 충신'처럼 헌신했으며, 덕혜옹주 귀국을 위해 혼신의 노력을 아끼지 않았다. 일본 황실로부터 귀족 대우를 받으며 제1항공군사령관(육군 중장) 지위에까지 오르며 물질적으로는 일본 방계 황족보다 풍족했지만 정신적으로는 황폐

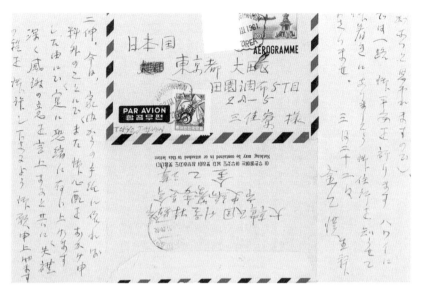

주일특파원 시절 김을한이 영친왕 부부에게 환국과 관련한 추후 방안에 대하여 쓴 편지. 1961년 3월 22일

했던 영친왕의 삶을 김을한은 '끝없는 한, 마르지 않는 눈물'이라 묘사했다.

　　전쟁이 끝나지 않은 1953년 1월, 도쿄에서 김을한은 〈한일회담의 전망〉 기사를 송고한다. "총사령관 클라크 대장의 알선으로 됐거나 또는 한일 양국 당국자가 자주적으로 했거나 그것은 별문제로 하고 어쨌든 금번 리대통령의 동경 방문으로 인해 정돈 중에 있던 한일회담을 다시 재개할 단서가 된 것만은 사실이다"라고 했다. 일본 측에서는 벌써부터 회담 재개에 대비해 예의 준비 중인바, 지금까지의 회담지가 도쿄였던 만큼 이번에는 국제적 예의상으로 보아 수도 서울에

왼쪽부터 순종, 덕혜옹주, 영친왕, 고종. 국립고궁박물관

서 회담하기를 희망해 대표단의 인선까지도 고려 중이라고 했다. 한일회담 의제는 기본 관계, 재한 일본인 재산청구권 문제, 재일 한국인의 처우 문제, 어업 문제, 재일 한국 선박 반환 문제 등이었다. 일본인 재산권에 관해 김을한은 다음과 같은 비판적 기사를 썼다.

> 일본 제국주의의 제물로 되어 과거 40년간 갖은 압제와 착취를 당해 오던 한국에 대해, 더구나 그들의 불법 침략의 여파로 금일과 같은 처참한 전화에 빠지게 된 한국에 대해서 그들이 남겨놓고 간 약간의 재산을 청구 운운한다는 것은 염치가 없다는 것보다도 소위 얌치없는 치인(痴人)의 잠꼬대라고밖에는 볼 수 없는 것이다. 일본 측에서는 국제법상의 개인 재산권 문제를 쳐들고 샌프란시스코평화조약을 내세워서 자기네의 주장을 정당화시키려고 하고 있으나 어떠한 법률이나 어떠한 조약이나를 막론하고 양심과 도의와 상식을 초월할 수는 없을 것이므로……'.[19]

영천왕 이은과 덕혜옹주와의 오랜 인연

김을한은 1957년 3월 서울신문사 본사로 돌아와 이사로 재임했다. 도쿄에 머무르면서 영천왕 이은과 잦은 인터뷰를 통해 많은 이야기를 기록했고, 이를 신문에 연재하기도 했다. 1970년에 《한국일보》에서 출간된 《인간 이은》은 인터뷰를 통한 결실이었다. 김을한은 정신병원에 입원한 덕혜옹주가 귀국하는 데도 애썼다. 혼례를 약속했던 동생 일도 있었지만, 김을한의 아내 민덕임이 덕혜옹주의 유치원 동무였던 것도 하나의 이유였다.

당시 이승만 대통령은 공적으로 대한제국 황실을 인정하지 않는다는 명분하에 황족들의 귀국 요청을 묵살했다. 4·19혁명으로 이승만이 하야하고 허정 과도내각을 거쳐 7월에 민주당 정권이 성립되자 영친왕은 대통령 윤보선과 총리 장면에게 축하 편지를 보내 연결된다. 김을한은 영친왕과 덕혜옹주의 환국을 교섭하기 시작했다. 그러나 귀국 교섭이 본격적으로 이루어진 것은 박정희 때다. 1961년 11월 12일 미국 방문 도중 도쿄에 들른 국가재건최고회의 의장 박정희는 영친왕 비 이방자 여사와 만나 영친왕과 덕혜옹주의 귀국 협조를 약속했다.

김을한은 엄주명과 함께 일본으로 건너가 영친왕의 귀국을 준비한다. 엄주명은 엄귀비의 오빠인 엄준원의 아들이므로 엄귀비의 조카이자 영친왕의 외사촌이다. 영친왕이 볼모로 일본으로 끌려갈 때 공부 동무로 뽑혀서 같이 들어갔다. 일본군 장교로 있다가 일제강점기 말에는 진명여고 교장도 거쳤으며, 해방 이후 한국군 장성을 지내면서 한국전쟁에도 참전했다. 군사정권의 요청으로 김을한과 함께 영친왕과 이방자 여사의 귀국 작업에 동참한다. 1961년 여름 지방 신문에서 〈퇴원하면 귀국하기를 (…) 일 천황이 꽃다발을 선물, 김을한 씨 박 의장 뜻을 전달〉이라는 기사가 확인된다.

한국 이 왕조의 마지막 왕세자인 이은 씨는 투혈전증으로 입원하고 있다. 일본 시민으로 귀화한 이씨는 동경에 있는 성 누가병원에 입원해 가료 중에 있다. 당년 65세의 이씨는 일본 귀족 출신인 그의 부인의 간호를 받고 있다. 5일 상오에는 한국으로부터 유파된 김을한 씨가 그를 방문했다. 그는 이은 씨에게 퇴원하면 한국으로 돌아와주기를 바란다는 박정희 의장의 뜻을 전달했다. (…) 이곳에서 밝혀진 바에 의하면 일본의 유인(裕仁) 천황은 입원 중인 이은 씨에게 꽃다발을 보냈다고 한다. 한국으로부터는 그를 한국으로 초청하기 위한 사절단이 와 있다.[20]

1962년 1월 26일 덕혜옹주도 38년간의 일본 생활을 끝내고 영구 귀국했다.《양정백주년기념사진첩》을 보면, 이방자 여사의 만리동 양정고교 방문 사진이 올라와 있다. 한국 귀환 후의 양정 방문은 엄귀비와의 인연을 회고하는 소중한 기회였다.

김을한은 1961년 다시 일본으로 건너가서《재일한국신문》주필 겸 편집국장을 맡았으며, 1964년 도쿄에서 한국문화사를 창립해 사장이 됐다. 1970년 5월 1일 영친왕 이은이 세상을 떠나자 김을한은 장문의 칼럼을《중앙일보》에 썼다. 영친왕은 1963년 11월 22일 귀국해 1970년에 세상을 떠났으므로 병석에서나마 약 6년 반 동안을 조국에서 보낸 셈이다. 김을한은 영친왕이 일본으로 끌려갈 때의 상황을 이렇게 적시했다.[21]

해아(헤이그)밀사사건으로 격노한 일제는 고종이 또 무슨 일을 할지 모

양정을 찾은 영친왕 비 이방자 여사. 1962

르므로 황태자를 인질로 끌어갈 결심을 했다. 그리하여 이토 통감이 황태자의 일본 유학 문제를 제의했을 때 고종은 좀처럼 승낙을 하지 않았다. '여기서 공부하면 될 것을 멀리 일본에까지 갈 것이 무엇이냐'는 것이 황제의 의견이었고, 영친왕의 생모 엄비는 '인질로 잡아가는 것'이라고 펄펄 뛰었다. 그러나 이미 실권이 없어진 '왕'과 '왕후'의 말이 무슨 소용이 있으랴. (⋯) 엄비는 자나 깨나 영친왕이 보고 싶어서 데라우치 총독을 보기만 하면 "태자를 한번 돌려 보내주오"라고 졸랐다. 그럴라치면 데라우치는 정색을 하고 "조금만 더 기다리십시오. 지금 학습원에서 열심히 공부를 하시는 중이니까 중단이 되면 안 됩니다"라고 번번이 거절을 했다. (⋯) 그리하여 어머니와 아들은 다시 한번 만나보지도 못하고 영원의 한을 품게 되었던 것이다. 엄비는 덕수

298

궁에서 열병으로 세상을 떠날 때 "아아– 태자가 보고 싶다. 태자는 왔느냐"고 소리소리 외치다가 숨을 거두고, 영친왕은 동경에서 모친 별세의 전보를 받자 "어마마마" 하고 외마디소리를 지르고 자리에 쓰러졌다.

김을한은 영친왕의 서거를 이렇게 마무리했다.

'춘초는 연년록인데, 왕손은 귀부귀'라는 말이 있다. 내년 봄, 아니 내후년 봄에도 창덕궁 앞뜰에는 춘초가 무르녹으련만 영친왕은 돌아가서 다시 돌아오지 못할 것이니 얼마나 섭섭한 일이냐? 이로써 구왕실 최후의 황태자는 만고의 한을 품은 채 이 세상에서 완전히 사라진 것이다.

김을한은 영친왕을 회고하면서 그의 모친 엄귀비에 대해서도 함께 기록했다.

영친왕이 아버님을 회상할 때 잊혀지지 않는 여러 가지 장면이 있었으나 그중에도 열한 살 때 '이또오(이등박문)'에게 끌려 처음으로 일본에 갈 때와 그 후 5년 만에 어머님 엄비가 돌아가셔서 귀국했을 때의 일은 마치 어제 일과 같이 항상 머릿속에 생생하게 살아 있었다. 처음 일본으로 떠날 때에는 "일본으로 가거든 슬픈 일이나, 기쁜 일이나 되도록 내색하지를 말고 제왕이라는 것은 걱정은 남보다 자기가 먼저 하

299

고, 낙은 남보다 나중에 하는 법이니라"고 타이르셨고 엄비 상사에 왔을 때에는 "너는 우리 음식으로 무엇을 가장 좋아하느냐?"고 물으셔서 "국수장국에 편육을 얹어 겨울 배추김치로 먹는 것이옵니다"라고 말씀 여쭈었더니 "어허, 그것이 바로 한국의 맛이란다"라고 하시며 무릎을 치고 기뻐하시던 고종-영친왕은 해방의 기쁨과 혼란 속에서 그러한 일들을 회상하고 있었다.[22]

삶의 마지막은 저술가로

김을한은 언론 일선에서 물러난 뒤에도 언론인 경력을 토대로 한 저서와 이상재, 윤치호 등 근대 인물의 전기를 여러 권 남겼다. 월남 이상재의 일화에 관해서는 1956년 《동아일보》 연재물을 책으로 발간했다. 서평은 팔봉 김기진이 썼다.[23] 20여 년 뒤에 《월남선생일화집》(1976)으로 다시 발간됐다. 1956년 《동아일보》에 〈한국 문화와 YMCA 찬란했던 반세기간의 업적〉을 수차례 연재하기도 했다. 같은 해에 《인생잡기》를 펴냈는데, 언론인 우승규가 서평을 썼다.

　독립협회의 주요 인물인 윤치호에 대한 글도 잘 알려져 있다.[24] 자서전 형식이라 윤치호의 사상과 활동을 이해하는 데 도움이 된다. 윤치호의 영문 일기에는 김을한이 등장하기도 한다. 1939년 1월 4일 토요일에 "김을한과 사촌 동생 치영을 조선호텔에 초대했다", 1940년 7월 21일 일요일에는 "김을한이 양 박사와 나에게 긴자의 후지야

김을한의 저서들. 양정역사관

아이스에서 맛있는 커피를 사주었다",[25] 1940년 7월 25일 목요일에
는 "점심을 먹으러 후지야 아이스에 갔는데 김을한을 다시 만났다"라
고 했다. 조선에서도 만나고 도쿄에서도 만난 것이다. 이러한 본인의
직접 체험과 친교를 통해 윤치호에 대한 책을 펴낸 것이다. 그러나 저
술 시기와 개인 기억력의 제약 등으로 인해 전기류로서 공통적으로
지니게 되는 문제점이 있다고 학계에서는 보고 있다.

　김을한은 다작했다.《사건과 기자》(1960),《그리운 사람들》
(1961),《신문야화: 30년대의 기자수첩》(1971),《인간 이은》(1971),《한
국신문사화: 내가 만난 선구자들》(1975),《언론비화 50편》(1978),《윤

301

치호전》(1978), 《월남 이상재 일대기》(1979), 《인간 영친왕》(1981), 《천리구 김동성》(1981), 《무명기자의 수기》(1984), 《1920년대의 조선일보 편집국》(1985), 《실록 동경유학생》(1986), 《인생잡기: 어느 언론인의 증언》(1989), 《민덕임 여사의 생애》(1990) 등을 속속 펴냈다. 평생 기자로 살아오면서 겪은 일화나 자신이 만난 사람들, 언론 내부의 이야기 등으로 다양한 책을 썼는데, 역사 기록으로 사료 가치가 있는 것은 역시 영친왕 이은에 관한 마지막 기록일 것이다.

김을한은 덕혜옹주의 유치원 동무였던 아내 민덕임을 먼저 보내고, 1992년 서울에서 사망했다. 그해에 자신의 평전이 출간됐는데, 저자 김영상은 같은 언론인으로 《동아일보》 편집국장 출신이며, 서울시의 역사를 연구한 전문가였다. 김영상은 김을한의 15년 후배로 양정 21회(1937) 졸업생이다. 서로 잘 알던 학연과 언론 관계로 평전을 발간한 것으로 보인다.[26]

김을한이 남긴 유작 《조선의 마지막 황태자 영친왕》,[27] 《일제강점기 동경유학생 그리고 토월회 이야기》[28] 같은 책은 지금도 시판 중이다. 《조선의 마지막 황태자 영친왕》은 1971년 발간된 영친왕 책자를 복간한 것이다. 초간 당시 운보 김기창이 책의 장정을 그렸고, 일중 김충현이 제자(題字)를 썼고, 작가 김팔봉은 추천사를, 월탄 박종화는 〈영친왕을 위해 곡하다〉라는 시를 헌정했다.

안병소

安炳昭
양정고보 중퇴
1908~1974

**불운한 천재 바이올리니스트,
음악계의
대부가 되다**

서화가 안중식의 손자인
천재 소년의 등장

서울에서 태어난 안병소는 당대 서화계의 중심인 심전 안중식의 손자다. 안중식의 팔촌 동생이 양정 2대 교장 안종원이다. 안병소의 양정고보 입학은 어쩌면 당연한 순서이기도 하다. 일제강점기에는 예술고등학교가 없었기에 음악이나 미술에 조예가 있어도 재능을 알아서 키워나가던 시절이었다. 음악에 천재적 조예가 있던 안병소의 지난한 삶도 이렇게 양정 입학과 더불어 시작됐다.

안중식은 3·1운동으로 잡혀가서 모진 고통을 받고 세상을 떠난다. 그 후로 집안이 몰락하고 안병소가 양정에 입학하던 당시에는 생활고에 시달릴 정도였다. 당시에는 서화가라도 생존이 만만찮은 가난했던 시대다. 안병소의 소년 시절은 가난으로 점철되어 있었으며 독일 유학에 이르기까지 가난이 숙명처럼 따라다녔다.

고보 재학생으로 바이올린에 천재적 소질이 있어 체코인 훗스

305

안병소

조부인 심전 안중식

에게 뽑혀 레슨을 받은 결과, 선생으로 하여금 더 가르칠 것이 없다는 탄성을 발하게 했다는 신문 기사가 확인된다. 여러 신문에 독일인 홋스라고 했으나 체코인이었다. 당시 도쿄에는 독일, 러시아 출신 망명가 등 많은 외국인 음악가가 체류하고 있었고, 그 여진으로 경성에도 외국인 음악가가 일부 있었다. 첫 연주회는 양정 동창회 주최, 양명회(養明會, 양정·진명·숙명 연합 교우회) 후원으로 열렸다. 동창회와 양명회에서 그를 챙기고 있었다는 뜻이다.

25일 밤 청년회관에서 열리는 바욜린 연주회는 다대한 긔대를 일반에게 밧고 있다. 출연할 악사는 천재 바욜린이스트로 전부터 일음이 잇는 십오 세 소년 안병소 군과 그의 은사인 '홋수' 교수며 '스투데니' 씨가 반주가로 출연할 터이라는바, 안 군은 조선 화단에 명성이 있던 고 안심던(安心田) 씨의 손자로 양정고보에 재학 중인 몸으로 바욜린에 대한 텬재뎍 소질이 잇서 '홋스' 교수에 취하야 연구한 결과, 선생을 놀랄 만한 진보를 보이여 선생으로 하여금 '더 배와줄 것이 업다'는 찬성까지 발하게 하엿다 한다. 이번 연주회는 그의 모교 동창회의 주최와 양명회 후원으로 개최되는바, 25일 오후 7시 반부터 청년회관 내에서 개회될 터이오, 입장료는 2원, 1원, 50전이라 하며 곡목은 다음과 갓다 한다.[1]

이틀 뒤인 11월 27일, 같은 신문 지면에 공연 기사가 올라온다.

안병소 _ 불운한 천재 바이올리니스트, 음악계의 대부가 되다

소년 제금가의 바욜린 독주회, 동아일보, 1927년 11월 25일

정각이 되자 사회자의 우리 안 군 소개사가 단상에서 비장하게 울리어 들리엇다―그는 불행히 어렷슬 때에 우각(右脚)을 다처 불구가 되엿다―고 그 뒤를 따라 초라한 교복을 입은 홍안 미소년이 지웃둥지웃둥 악기를 끼고 올라선다. 그에게 밧는 모든 것을 다만 일언(一言)으로 표현한다면 비장하고 순진한 것이다. 그는 '활'과 거의 가튼 가는 팔을 움직이어 현(絃)을 그을 때에 첫소리가 바로 귀에 쌘듯하게 들리엇다. 그는 참으로 조흔 소리를 내엇주엇다. 멜로듸 멜로듸에 알 수 업는 기

품이 잇서 들리엇다. (…) 예술이란 인격의 표현이라면 그야말로 순전 (純全)한 소년 안 군의 전인격을 만한 것이라 하겟다.[2]

고단한 도전과 '희망의 근거'

안병소는 소아마비를 앓았다. 그래서 더욱 예민한 감각으로 음악을 받아들였다. 할아버지의 예술적 재능을 물려받았는지도 모른다. 장애인으로 근대사에 족적을 남긴 음악가로는 〈서편제〉의 시조 박유진, 퉁소 명인 정해시, 그리고 바이올린의 선구자 안병소를 꼽을 수 있다.[3] 울산 출신의 천재 동요 작가이자 시인 서덕출은 1925년《어린이》4월호에 〈봄편지〉가 당선돼 많은 찬사를 받았다. 그 역시 장애인이었다. 〈봄편지〉는 윤극영에 의해 작곡돼 1946년《어린이》4월호에 게재되어 불리기 시작했다.

1926년《어린이》10월호에 〈천재 어린이 예술가 두 분〉이란 기사가 실렸다. 두 소년은 윤석중과 안병소였으며, 둘 다 양정 재학 중이었다. 16세의 윤석중이 조선물산장려회 주최 '물산 장려가' 모집에서 1등 당선을 한 내용과 14세의 안병소가 한쪽 다리를 저는 장애인이지만 바이올린을 배워 개인 연주회를 열었다는 내용이었다.

안병소의 굴곡진 삶은 그 후로도 많은 장애인에게 '희망의 근거'를 선사했다. 1949년 서울대학교 의과대학을 졸업하고 늦게 음악을 시작해 서울음대 교수를 지낸 정진우의 예가 그렇다. 군의관으로 한국전쟁에 참전했다가 동상으로 양 발가락을 절단할 수밖에 없었던 그는 후에 이런 인터뷰를 했다.

제게 희망을 주신 분이 바로 안병소 선생님이었습니다. 그분도 소아마비로 다리가 불편했는데 제게 독주회 프로그램을 짜주시면서 피아니스트로 다시 일어서라는 용기를 주셨어요.[4]

1927년 6월 첫 공연 이래로 전국에서 공연 요청이 쇄도했다. 그해 12월에 신간회 경성지부 발전 축하 망년회가 남대문 식도원에서 내빈 300여 명이 회합해 열렸다. 안병소는 바이올린을 연주했다.[5] 이듬해 1928년 4월 6일에는 청년회관에서 근우회 경성지회 주최로 음악회가 열렸다. 〈악계 거성이 총출동, 신춘대음악회, 7일 밤〉이란 제목이었으며, 홍영후·김영환·한기주·이복진·안병소·이인선·유심희·김인표·문은숙 등의 이름이 보인다. 그해 5월 9일에는 〈유익한 강연, 유쾌한 음악, 한자리에서 같이 들을 신입생 환영회〉 기사가 뜬다. 종로 중앙기독교청년회관에서 신입생 환영 강연 음악회가 열려서 강연자와 출연 악사로 김창열, 김창제, 이성용, 민태원, 조병옥, 윤창순, 박경옥, 손영준, 안병소, 심은택, 김분옥, 박영덕, 이복선, 정보라 등이 등장한다. 조선학생회가 주최하고 《중외일보》가 후원했다.[6]

1928년 5월 15일에는 신우회가 경성부 서대문에서 창립되는데, 안병소 외 수명의 발기로 이루어졌다. 고의성, 안병소, 이공우, 이경석, 이인학, 성주기, 노성린, 조일, 장주환 등의 이름이 확인된다.[7]

흥미로운 것은 대부분의 기사가 《중외일보》에 실렸다는 점이다. 당시 《중외일보》 사장은 양정의숙 출신의 안희제였는데, 아마도 안희제와 안병소가 나이 차이는 나도 일종의 적절한 친교를 맺고는 있었을 것이다.

1927년 첫 공연 이후 이러저러한 행사에 불려 다니고 있었지만 음악계가 제대로 형성되지 못한 식민지에서 안병소에게 열린 출구는 외국 유학뿐이었다. 도쿄나 고베의 음악학교, 아니면 미국이나 독일로 가는 방법이었다. 1929년 《중외일보》에 〈조선이 가진 어린 천재, 제금가 안병소 군, 앞날의 대성을 기약하고 미주에 유학, 현재 악단의 소공자〉라는 제목의 기사가 실린다.

> 미국 필라델피아로 유학의 길을 떠나려고 한다. (…) 그러나 중년에 가산이 패하게 되면서 학교도 양정고보 3학년에 다니다가 중도에 퇴학하게 되엇다 하니 이만하여도 그가 지금까지 밟어온 길이 결코 평탄치 안타는 것을 짐작할 수 잇다.[8]

양정고보 중퇴는 유학 때문인 것으로 알려졌는데, 사실 여러 복잡한 상황에서 학교를 중간에 그만둔 것이다. 1927년 첫 개인 독주회 이후 사회활동을 하면서 유학을 모색했던 것으로 보인다. 신문 기사는 속속 그의 미국행을 타전했다.

텬재의 소년 바이올린이스트로 일즉부터 악계의 만흔 총애를 바더오

든 안병소 군은 그의 선생인 '홋스' 씨와 밋 여러 미국 사람의 후원을 어더 미국으로 음악을 공부하러 떠나게 된바 제반 수속과 준비가 거의 다 되어 8월 말경에는 발정하리라는데 특별히 경성 안에 잇는 조선인 음악가들이 그의 전도를 축복하고 겸하야 그의 려비의 일부분이라도 도아주겟다는 생각으로 오는 22일 토요일 밤 8시부터 종로 중앙청년회관 안에서 안병소 군 도미송별음악회를 연악회(硏樂會) 주최와 본사 학예부 후원으로 개최하게 된바 (…) 이번 음악회는 내용도 재미잇스려니와 그보다도 장래의 조선 악계를 위한다는 덤에 잇서서도 의미가 깁흔 모뜸아 되리라더라.[9]

유학 기사가 처음 뜬 것은 1929년인데, 안병소는 여전히 출국하지 못하고 있었다. 재정 문제가 결정적이었다. 1930년 4월 13일 원산 루씨여고 강당에서 공연해 대성황을 이룬다.[10] 1931년 잡지에는 가난해서 더 이상 수업을 못해 천재를 충분히 발휘하지 못하는 불우한 여건이 음악계의 손실이라는 기사가 실린다.[11]

'절름발이' 소년 천재 제금가로 이름이 널지 알리워졋다. 대곡(大曲)을 망라해 독주회를 열엇든 것이 벌서 15세 때(?)이엇다. 그의 주법(奏法)에는 다소 고쳐야 할 버릇이 잇다고 그 방면 사람들의 평이 잇스나 그의 완벽에 갓가운 수련은 놀랄 만하다. 기술로는 당당한 영역에 들어가 잇다. 연주는 끝까지 정열적이다. 그러나 가빈(家貧)해 뜻같이 더 수업치 못해 천재를 충분히 발휘치 못하는 그의 불우(不遇)는 악단 손실이라 않을 수 없다.

그런데 1929년 경찰의 비밀 자료에 안병소가 느닷없이 올라 있다.[12] 경성 종로경찰서장이 경성지방법원 검사에게 보낸 문서다. 4월 23일 당주동 15번지 본회관 2층에서 개최한 신우회 경성지회 간부선거 건이다. 회장 이정현(불교전수학교 내 급사), 총무재무부장 신교정, 언론출판부장 김해운, 조사선전부장 이완주, 교양부 이교필, 음악부 안병소로 기록돼 있다. 동부순회 동화회(童話會) 개최, 5월 5일 어린이날 기념식 깃발 행진 건 등이 확인된다. 강령도 채택했다. 다소 정치적인 건이 확인되는 유일한 문서인데, 안병소의 애국적 지향점으로 볼 수도 있다.[13]

언론인이자 문예평론가였던 홍종인은 1931년 12월 그해의 악단 평을 싣는다.[14] 1931년에 악단적으로 괄목할 만한 한 사건은 음악가협회 결성이었다고 하면서, "연소한 '빠욜린이스도' 안병소 군의 그 열정과 비범한 재질을 그의 불우한 환경에 묻어두기도 퍽 아깝다"라고 다시 안병소의 환경을 지적한다. 이듬해인 1932년 봄, 김안서(金岸曙)의 시 〈잃어버린 그 봄을〉에 안병소의 바이올린 연주 사진을 컷으로 곁들인 지면이 올라온다.[15]

1932년 음악계의 평에도 예외 없이 안병소가 언급된다.[16] "원숙한 경(境)에 이르러 일가를 이루은 바이오리니스트로는 현재 조선 잇는 이로 채동선, 최호영, 안병소 씨 등 기타 어느 정도까지의 연기를 가진 이도 적지 않은 모양이다"라고 했다. 1932년 6월의 기사는 안병

313

소의 어려운 처지를 직설적으로 다루었다. 미국 유학이 좌절되어가는 과정이다.[17]

극히 빈한한 가정에서 태어나 오날까지 열아홉 번의 여름을 마지해도 역시 제금 하나 조흔 것을 갓지 못하고 열정으로 싸워 나오는 연소한 제금가가 잇스니, 즉 그가 안병소 군이다. 양정고보도 학자 관계로 중도에서 퇴학하고 이래 몃 년 동안 돈이라는 물건에 시달니여가며 그나마 제금 한 개 조흔 것을 가지지 못하고 남모를 긴-한숨을 쉬엿든 것도 한두 번이 아니다. (…) 훗쓰 씨는 자기의 기술로는 이 안 군을 가라치지 못하겟다고 언명한 후 미국으로 가서 그 천재를 발휘하라고 몃 번이나 권하엿스나 물질의 힘은 결국 안 군의 재조와 이상을 여지업시 막어버리엿든 것이다. 그래도 그는 홀노 겨울 눈보라 치는 차듸찬 방에서 입김으로 손을 녹여가며 연구에 연구를 거듭한 결과 년전 중앙기독교청년회관에서 도미송별 제금 독주회를 열엇든 것이다. 이 연주회의 입장료라도 얼마 되며 동정금이라도 얼마 들어오면 곳 미국으로 출발할여고 작정이 되엿든 것이다. 그러나 당야 동정금은 물론 업섯거니와 입장료도 극히 적엇다고 한다. (…) 갓가운 동양 일본에 가령 이런 천재가 잇다고 하면 벌서 자산가의 손에 것처서 유학의 길을 가슬 줄 안다. 마지막 안 군의 끗임업는 연구를 바라는 동시 도미 못하는 것을 가석히 생각하며 마음으로라도 동정의 눈물을 금치 못하는 바이다.

1933년에도 유학을 떠나지 못하고 공연 등으로 돈을 벌면서 버

티고 있었다. 8월 17일 〈평양음악대회〉가 《조선중앙일보》 평양지국 후원으로 열린다. 평양 제일관에 일류 악사들이 총출연하는데 안병소, 이유선, 장명하, 최명주 등이 보인다. 평양축구단과 《조선중앙일보》 평양지국이 주최했다. 《조선중앙일보》는 백산 안희제가 탄압을 못 견디고 만주로 떠난 뒤에 《중외일보》의 뒤를 이어 여운형이 사장으로 있던 신문이다.[18]

베를린 무지크호흐슐레의 음악인 부부

1934년 4월 신문 기사에 안병소의 유학지가 미국이 아니라 이탈리아로 뜨고, 훗날 그의 아내가 될 이애내의 베를린행이 뜬다.[19] 오보는 1936년에도 등장한다. 즉 〈구주(歐洲)에서 활약하는 인물들: 백의(白衣) 인재들의 빗나는 자최를 차저〉라는 제목으로 밀라노 체류 기사가 등장한 것이다.

> 안병소 씨 이분은 일즉이 이 땅의 악단에서 그 이름이 높은 천재적 음악가이다. 얼마 전, 음악의 세계를 더 깊이 파고들 결심을 품고 멀리 음악의 땅(都) 이태리의 미라노로 건너가 방금 연마 중에 있는 분이다.[20]

> 이탈리아행이라는 오보는 그의 유학이 너무도 지체되고 미루어

졌던 탓에 생겨난 것이다. 그가 이탈리아를 거쳐 간 것은 분명하나 유학이 아니라 경유지였다.

천재 음악가로 명성이 높든 안병소 군은 이번에 이태리 밀린으로 유학을 하게 되엇다는데 그의 장래를 크게 촉망한다고 합니다. 그리고 여류 피아니스트로 이름이 잇는 이애내 양은 독일 백림으로, '테너' 이인선은 이태리로 각각 유학의 길을 떠나기로 되엇다 하며 10일에 고별음악회를 열고 16일에 출발한다고 합니다.

같은 해인 1934년 9월에 처음으로 독일 유학 기사가 나타난다. "안병소(23), 후-스 사(師) 크레인 사(師), 독일 유학 중" 소식이 그것이다.[21] 마침내 독일에 안착한 것이다. 그 이전에 안병소는 고베(神戶)에서 음악을 배울 기회가 있었다. 고베에서 경성으로 돌아왔다가 다시 독일로 떠난 것이다. 안병소는 미국 유학이 좌절된 후 1932년 고베에서 2년간 다카라즈카(宝塚)관현악단 소속의 크라인(Eugene Krein)과 모길레프스키에게 레슨을 받았다. 피아니스트 이애내도 독일로 유학하기 전에 고베여학원에서 피아노를 전공했다.[22] 하와이 교민 출신 이애내는 고베여학원을 졸업한 후 모스크바에서 온 마담 후지에프에게서 따로 피아노 레슨을 받았다. 훗날 결혼하게 되는 이들 음악가 부부의 베를린 유학은 '경성-고베-경성-베를린' 노선으로 이루어졌다.
안병소와 이애내의 베를린 유학을 집중 분석한 연구가 있다.[23] 일제강점기 독일에서 유학한 한국인 음악가는 안병소, 김재훈, 계정

1930년대 베를린 무지크호흐슐레

식, 박계성 등 채 열 명도 되지 않았으며, 베를린 유학생 비중이 높았
다. 안병소와 이애내는 1930년대 베를린 무지크호흐슐레(Hochschule
für Musik)에서 유학했다. 이애내는 1908년 하와이 호놀룰루에서 이지
성 목사의 딸로 출생했지만 서울에서 성장했고, 숙명여고보 15회 졸
업생이다. 그 후 고베여학원 보통과와 고베여전 음악과에서 피아노를
전공했다.

317

두 사람의 결혼은 고베에서 같이 독일로 넘어온 상황에서 이루어진 일이지만, 이미 경성에서 서로 잘 알던 사이였다. 유학을 떠나기 전 이애내는 안병소와 함께 1934년 4월 10일 경성공회당에서 고별 연주회를 열었다. 안병소는 막스 브루흐의 협주곡을, 이애내는 리스트의 〈헝가리 광상곡〉을 연주했다. 둘은 1934년 4월 16일 경성을 출발해 5월 초 베를린에 도착한다.

1930년대 베를린에는 네 개의 음악교육기관이 있었다. 이애내와 안병소는 무지크호흐슐레에서 공부했다. 1930년대 제2차 세계대전 발발 전 무지크호흐슐레의 학생 수는 매년 약 500~600명이었다. 전체 학생 중 동아시아 학생 비율은 2퍼센트 미만이었다. 매년 2~4명 정도가 합격했으므로 동아시아인이 무지크호흐슐레에 입학하기가 얼마나 힘들었는지 짐작할 수 있다. 이들의 베를린 유학 시기(1934~1938)는 히틀러의 시대였다. 따라서 두 음악가는 나치의 시대 배경에 영향을 받을 수밖에 없었다.

안병소가 학업을 중도에 그만둔 시점에서 귀국한다는 신문 기사가 나왔다. 《조선일보》는 1937년 2월 25일 자 기사에서 안병소의 4월 귀국을 보도한다. 무지크호흐슐레 정규 과정을 거쳐야 졸업을 하므로 1년 반 만의 졸업은 불가하고, 실제 신문 기사에 '졸업'이나 '금의환향' 같은 표현이 없는 것으로 보아 졸업하지 않은 것이 확실하다고 이경분은 주장한다. 안병소 자신이 1938년에 발표한 고백을 들어 볼 필요가 있다. 안병소는 입학 과정에서도 학비 문제가 있었고, 합격 통지를 받았지만 입학이 취소되고 만다. 독일에서 귀국한 후인 1938

년에 안병소가 직접 쓴 회상기를 능가할 정확한 자료는 없을 것이다.

세상에서는 독일 유학이란 화려한 것인 줄 생각한다. 내가 백림에 처음 나린 것은 지금부터 5년 전인 8월 하순이다. 보름 동안이나 기차를 탄 것도 처음이요! 서구의 도시를 본 것도 처음이매 모든 것이 뒤숭숭하기 그저업었다. 더욱이 독일어는 좀 안다만 서투르기 짝이 없었고 목적하고 왔든바 국립음악대학에 입학시험을 생각하느라 정신없엇다. 몇일 뒤 시험을 치룬 것이 다행이랄까! 합격 통지는 바덧스나 딱한 일은 학비가 없는 것이었다. 집에서 떠날 때 약간 준비는 있었으나 백림에 와서 보니 생각하든 바와는 딴판이엇다. 물가는 엇지 빗싼지 가난한 고학생 울니기에 가장 적당하엿다. 학자(學資)로 인하여 입학은 취소되엇고, 아는 이 별노 업는 이역에서 암담한 날을 멧일 보내고 잇슬 때 우연히도 길가에서 바일올링으로 유명한 다나카(田中英太郎) 씨를 맛나게 되어 그분의 소개로 세계 3대 제금가의 일인인 빌닌 헤쓰 교수를 찾게 되엇다. 첫 번째 거절당하고, 두 번 세 번 (…) 개인 교수 밧기를 청했으나 잘 드러주지 않았었다. 그러나 하도 여러 번 가서 졸느니까 한번은 (그대의 뜻이 정 그러커든 나 보는 앞에서) 한번 시주(試湊)해보는 것이 빌닌 헤스 교수의 말씀이었고 그 뒤 눌러 사제의 의를 맺은 첫 계기였다.[24]

안병소와 달리 이애내는 순탄하게 입학하고 졸업했다. 이애내는 피아니스트 중에서뿐 아니라, 한국 음악인으로서 유일하게 베를린 무지크호흐슐레를 졸업했다. 목사 부친의 일정 지원이 있었을 것으로 319

추측된다. 안병소는 뒤늦게 입학해 수료한 상태에서 귀국하지 않고 1938년 5월까지 거의 1년간 베를린에 더 체류하면서 바이올린 제작법을 배웠을 것으로 추측된다. 이경분의 확인에 따르면 베를린 연방 아카이브 나치제국음악협회에 안병소 관련 개인 문서가 소장되어 있다. 하여간 안병소는 어려운 여건을 이겨내고 독일 생활을 마치면서 경성으로 돌아온다.

1938년 《동아일보》는 〈침묵 중의 음악계는 후진 양성에 주력, 신인 배출을 불원(不遠)에 가기(可期)〉라는 제목으로 금년 대망의 음악가로 이애내, 송경신, 안병소, 김재훈을 꼽았다. 이들이 '신인의 요람 이화여전 음악관'에서 공연한 것이다. 1938년 봄에는 〈안병소 군 귀국 인사 내사(來社)〉라는 기사도 뜬다.

도독 당초에는 유태인 음악가와 흥행사가 없어졋기 때문에 바욜린에 잇어서는 크라이슬러, 하이페츠, 시게티 등 일류 제금가들이 출연하지 못하야 적료하엿으나, 그 후 독일인 음악가들의 진출이 굉장합니다. 더욱 유태인 이외의 악인들을 환영하는 현상이라 독일 음악계는 지금 상당히 흥성합니다.[25]

1939년 〈기념사업자금 안병소 군 독주회〉가 개성공립상업학교 동창회 주최로 열린다. 같은 해 동아일보사 주최로 제1회 〈전 조선 창작작곡 발표 대음악제〉가 열리는데, 제금가 안병소도 올라 있다. 흥미로운 것은 베를린에서 올림픽 영화 〈민족의 제전〉을 두 번이나 보았

變遷한 獨逸世態

四年間에 流兒國에서 小兒天地로 變해

洋琴家 李愛內 孃談

Piano Grand Concert

Violin Grand Concert

P.S. AHN

Piano Accompaniment Mr. J. Studny.

APRIL 14 TH 1939 AT. 7.30 P.M

半島가나은

世界的 大提琴家

安柄珝獨奏會

會員券 ¥ 70

4月 14日 後 7.30

於 大邱公會堂

主催 朝鮮日報慶北支社

1 동아일보에 실린 이애내와 뵈르너 선생.
 1938년 11월 23일

2 부민관에서 열린 이애내 피아노 독주회.
 1939년 12월 2일. 대한민국역사박물관

3 대구공회당에서 열린 안병소
 바이올린 독주회. 1939년 4월 14일.
 대한민국역사박물관

다는 1940년의 회고다. 안병소와 손기정은 물론 동문이었다. 다음은 손기정의 회고다.

> 음악가 안병소 씨가 귀국하기 전에 독일에서 두 번이나 보았는데 그도 매우 좋더라고 말하며, 김원권 형도 작년 구주 필랜드에 원정 갔다가 보았는데 매우 좋더라고 합디다. 그것은 물론 같은 동포의 승전 장면이 있어서 감격했던 까닭도 있겠지요. 어쨌든 나로서도 감격을 불금하는 바이며, 이 감격 속에는 여러분의 넘치는 사랑이 잠재해서 그때나 이때나 늘 나를 격려해주고 있음을 잊을 길 없습니다.[26]

돌이켜보면 우리 서양 음악사 제1기는 1910년대 말부터 1928년까지로, 일본 유학에서 돌아온 홍난파가 활동을 시작하는 시점이다. 주요 바이올린 주자들이 일본과 유럽으로 유학을 떠난다는 점에서 바이올린계의 본격적 출발을 예비하는 시기다. 제2기는 1929년에 2차 일본 유학을 마친 홍난파가 일본에서, 채동선이 독일에서 귀국하는데, 이때부터 시작해 1937년 7월 중일전쟁 발발 직전까지다. 제3기는 중일전쟁부터 1945년 8·15광복까지다. 1930년대 말에는 유럽에서 귀국한 김재훈이 경성음악전문학원을 열어서 음악계의 중심으로 떠올랐다. 바이올린 독주회로 채동선 독주회와 안병소의 귀국 독주회 등이 있었다. 1940년대 전반기에는 문학준과 김동진 등이 도쿄와 만주국에서 활동했으며, 대표적 친일 음악 단체인 경성후생실내악단과 대동아악단 등이 조직됐다. 제4기는 8·15광복부터 1950년 한국전쟁 발발까지다.[27] 안병소는 제3기에 출현한 음악가다.

안병소는 귀국 직후 1938년 부민관에서 제1회 독주회를 개최했으며, 그해에 《음악가의 생활》을 펴냈다.[28] 1939년에는 만주 신경음악원의 독주자 겸 악장을 지냈다. 1941년 아내 이애내와 함께 연악원(研樂院)을 설립한 것으로 알려진다. 사실 연악원은 그 이전부터 있던 조직이다. 그러나 일제강점기에 교향악단은 경제적 이유로 존립이 어려웠고, 일제의 정치적 이용에 휘둘리기 쉬웠으며, 근근이 관현악 활동이 유지되는 수준이었다. 안병소가 활발히 활동할 만한 여건이 되지 못했다.

해방 이후 안병소
메소드 확립

안병소의 연주가 활동은 해방 후에도 그리 적극적이지 않았다. 연악원 실내합주단 제1회 발표회와 1948년 고려교향악단의 제20회 정기연주회의 지휘자로 활동하는 정도였다. 이애내도 마찬가지로 해방 후 연주자 활동이 약하다. 해방 공간의 음악계 여건이 불비했던 탓이다.

안병소는 1946년 고려음악협회 연주부장, 1948년 고려교향악단 지휘자를 역임했다. 1947년에는 '안병소 씨 문하생 1회 발표회'를 경향신문사와 연악원 공동 주최로 배재학당에서 개최했다.[29] 이 시절 〈음악이 매진 결혼, '안병소' 씨 댁을 찾아서〉라는 인터뷰 기사가 남

323

解放爾來 꾸준히 交響樂運動에 邁進하는 朝鮮唯一의
高麗交響樂團
第二十回定期演奏會
모―찰트의 저녁
曲 1 쥬피터 交響曲
2 바이올리協奏曲
獨奏 金熙奉
目 3 序曲「魔笛」
4 序曲「피가로의 結婚」

오랜 沈默을 깨트리고
欣然히 나선 우리樂壇의
巨星 安柄珝 氏指揮
2月 20.21日 午1時30分
後6時50分
市公舘

고려교향악단 광고. 지휘자가 안병소다

아 있다. 삶의 속살을 보여주는 자료다. 방송국 일대의 소련영사관을
비롯한 청초한 건물이 많이 있는 곳에 안병소의 집이 있었다. 안병소
와 이애내, 두 사람의 이력과 생활상 등이 잘 드러난다.[30]

• 선생님이 결혼하신 때가 어느 때였는가요?

- 응, 근 7년간이 지냈습니다. 결혼은 30세 때 했지요. 내가 지금 38세
이니까 그렇게 되지요.

• 부인께서도 이미 피아니스트로 이름나고 게시고 선생님도 그러하시

니 두 분의 결혼은 물론 음악 결혼이시지요.

- 하… 음악 결혼이라면 음악 결혼이지요. 처는 젊은 때 고베 성악과를 다녔는데 그 후 여러 여학교서 교편을 잡고 28세 때 독일 백림대학서 피아노 공부를 했지요. 처가 독일서 공부할 때 나도 백림대학에서 바이올린 공부를 했어요.

• 독일까지 양행(洋行)하여 공부하시고 두 분 다 이만이면 되겠다는 감을 느끼셨지요?

- 글쎄요, 나는 거기 다녀와서 만주 신경음악원서 교편을 잡고 있었고 처는 이화여전서 교편을 잡고 있었지요.

• 그러면 여러 유명한 후배 제자들이 많이 게시겠군요.

- 저는 물론 처도 제자 양성에만 종사한 관계로 유명한 후배가 많이 있습니다. 현재 이름난 제자로는 전희봉, 정봉래, 기타 마니 있지요. 저는 순 후배 양성에만 힘써왔고 처도 이전(梨專)서 교편을 자부면서 공부를 한 관계로 부인이 된 후배도 이름난 음악가가 많읍니다.

• 선생님은 현재 어느 학교에 나가신다는 말을 들었는데, 어느 학교에 나가시나요? 그리고 생활 문제는 어떻게 해결하고 게십닛까?

- 나는 현재 개인 음악원 같은 데서 음악을 희망하는 여러 후배를 양성하고 있어요. 사회가 이렇게 흘란하고 물가로 자연 생활 문제가 곤난한 입장에 있지요. 예술보다 밥이고 바이올린보다 돈이지요. 현재

325

방첩가와 귀환용사환영가 악보. 손경영 작사, 안병소 작곡이라고 되어 있다.
대한민국역사박물관

우리 생활 상태는 말할 수 없는 입장입니다. 처는 한 달 전부터 몸을 아
러 누어 있고 내가 버러서 빨리 전치(全治)시켜야겠는데 큰일입니다.
지금은 바이올린, 피아노보다 우선 생활 문제 해결이고 마느라 병을
고치는 것밖에 일 없어요. 일전에 중앙청에서 예술가의 명보를 작성한
다고 허여 이력서를 내라고 했지만 우리 두리는 내지 않었어요. 그저
이 모양이니 무슨 일이든지 정신이 없지요.[31]

해방 공간의 경제 여건이 음악가를 먹여 살릴 만한 풍토는 아니었다. 안병소는 그 후 1950년 대한교향악단 상임지휘자, 1951년 국방부 정훈음악부장, 한국교향악단 창립단장 겸 지휘자, 문화예술총연합회 중앙위원, 1955년 한국연주가협회 위원장, 1956년 한국음악가협회 최고위원, 1961년 한국음악가협회 고문을 역임했다. 1961년에는 한국현악합주단을 조직했고, 1965년에는 KBS교향악단 객원지휘자, 5·16민족상 심사위원을 지냈다. 한국연주가협회 위원장과 한국음협 최고위원을 역임하기도 했다. 350여 회의 독주회를 가졌고, 안병소 현악4중주단을 조직했으며, 〈국토통일의 노래〉 등을 작곡했다. 나라의 경제 여건이 좋아지면서 그의 삶도 차츰 안정적으로 좋아졌다. 덕분에 바이올린 선구자로 서양 음악 보급에 앞장섰고, 많은 제자를 길러냈다.

안병소는 전희봉, 정봉렬, 김찬환, 원경수, 양해화 등 해방 후 중요한 바이올리니스트를 양성했다. 열악한 우리 음악 문화 속에서 이애내도 연주자보다 교육자로서 활동했고, 신재덕을 비롯해 신수정과 장혜원, 정진우, 공선증 등 제자를 길러냈다. 부산 피난지에서 이애내에게 배운 신수정은 2015년 쇼팽국제피아노콩쿠르에서 우승한 조성진의 스승이다. 이애내-신수정-조성진으로 이어지는 한국 근현대 음악사의 한 맥이다. 음악가 나운영이 안병소가 69세로 사망했을 때 쓴 조사는 그의 생애를 압축적으로 말해준다.[32]

거성(巨星) 안병소(安柄昭, 1908~1979) 선생의 서거는 음악계의 가장 큰 충격적인 뉴스가 아닐 수 없다. 12세에 바이올린 독주회를 열어 세상을 놀라게 한 신동으로서 크레인 모길레프스키를 거쳐 조세프 요하임의 고 제자인 빌리 헤스 교수의 문하에서 정통 주법을 마스터하고 귀국하여 연악원을 통해 전희봉, 정봉열, 김창환, 원경수, 양해협, 김찬영, 백운창, 정경화, 강동석 등 수많은 제자를 길러내어 이 나라 음악 발전에 크게 공헌하셨기 때문이다.

바이올리니스트로서의 선생은 절대로 음정이 틀리지 않는 기교와 풍부한 감정의 소유자로서 1938년《조선일보》주최의 귀국 독주회를 비롯해 만주 신경교향악단 독주자 및 악장으로 눈부신 활약을 하였으며, 교향악 지휘자로서도 고려교향악단, 해군교향악단, KBS교향악단을 통하여 독일 음악의 진수를 피부로 느끼게 해주었으며 무엇보다 바이올린 교수로서 교칙본 제1주의를 제창하여 너무나도 엄격한 훈련을 통한 고행을 제자들에게 강요함으로써 드디어 '안병소 메쏘드'를 확립시키기에 이르렀다.

양악의 선구자를 손꼽을 때 흔히 최초의 음악가 김인식, 창작 음악을 개척한 이상준, 관악의 선구자 백우용, 최초의 피아니스트 김영환, 근대 음악의 상징 홍난파, 남북한 음악에 영향을 미친 안기영, 한국 음악계의 틀을 만든 현제명 등을 거론한다.[33] 그러나 음악의 본고장인 베를린까지 건너갔던 안병소와 그의 아내 이애내는 그동안 이들에 비해 과소평가돼왔다. 최초의 관현악단으로 1926년에 창설된 중앙학우회는 선교사 부츠(Boots) 여사가 지휘를 맡았고, 홍난파·홍재영·최호영·이용세 그리고 안병소 등이 단원으로 활동했다. 안병소가 불과 18세 때 최연소 단원으로 있었던 것이다.

안병소는 우리나라 최초의 바이올린 제작자이기도 하다. 그가 제작한 바이올린이 2000년대 들어와 나타났다. 바이올리니스트 박주경은 일리노이대학교 박사학위 논문을 안병소를 주제로 썼다.[34] 안병소의 장남 안정수가 소장한 자료로 안병소의 일생을 자세하게 다루었다. 그러다가 안병소의 바이올린을 건네받게 된다.

> 근현대 역사에서 빼놓을 수 없는 고 안병소 선생님이 1930년대 독일 베를린음악원(현 우데카) 유학 시절 아르민 노이먼 공방에서 제작했던 악기를 받게 됐습니다. (…) 최초의 바이올린은 6·25 이후로 알려져 있었는데, 이번에 받은 악기는 알려진 것보다 몇십 년을 더 앞서 제작된 악기라 역사적으로 그 가치도 있고, 정교하게 잘 제작된 악기라 소리 또한 뛰어납니다.[35]

한국인이 만든 최초의 바이올린이 세상에 그 모습을 드러냈다.[36] 생전에 직접 제작한 바이올린(1937년 베를린에서 제작)으로, 바이올린 전문 제작자도 놀랄 만큼 뛰어난 음질과 정교함을 갖고 있다. 한국인의 손으로 만들어진 바이올린 중 현존 최고가 1960년대 들어 시작된 것으로 알려졌으나, 안병소의 바이올린은 30년이나 앞서 제작된 것으로 밝혀졌다. 박주경은 최초 제작된 이 바이올린이 근대문화유산으로 등록되도록 진행 중이다.

윤석중

石童 尹石重
양정고보 14회
1911~2003

기찻길 옆 오막살이,
　아기 아기
잘도 잔다

대한민국 사람치고 그의 노래를
모르는 사람은 없을 터

윤석중이라는 동요의 대가가 있다. 우리나라 사람치고 그의 노래를 모르는 이는 없을 것이다. 몇 곡만 간추려 살펴보자. 노래를 훑어보면, 왜 윤석중이 동요의 대가인지 누구나 동의할 터다.

〈어린이날 노래〉
"날아라 새들아 / 푸른 하늘을."
어린이날이 제정되고 아이들도 비로소 어린이의 날을 만끽하게 됐다. 5월은 푸르다. 우리들이 자라기 때문이다. 냇물이 푸른 벌판을 달리는 오늘은 어린이날이고 우리들 세상이란다. 5월 5일 어린이날에 지금도 널리 불리는 노래다.

윤석중 _ 기찻길 옆 오막살이, 아기 아기 잘도 잔다

〈나란히 나란히〉

"나란히 나란히 나란히 / 밥상 위에 젓가락이 / 나란히 나란히 나란히."

나란히 정리하는 습관을 길러주는 데도 긴요한 생활 동요다. 댓돌 위에는 신발들이, 짐수레에는 바퀴들이, 학교 길에는 동무들이 나란히 걷는다. 4분의 2박자의 경쾌한 리듬과 가락이 5음계로 작곡되어 있다. 윤석중은 광복 후에 노래동무회를 만들며 이 노래를 발표했다.[1]

〈달 따러 가자〉

"애들아 나오너라 달 따러 가자 / 장대 들고 망태 메고 뒷동산으로."

대보름날이면 동산에 올라 달님에게 소원을 빌고, 망태 메고 달을 따곤 했다. 달맞이는 대보름의 오랜 전통이었다. 장대 들고 무동을 타고 달을 따서 망태에 담는 장면은 참으로 낭만적이다. 전기가 없던 시절이라 순이네는 불을 못 켜서 밤이면 바느질도 못 하니 밝은 달을 따서 순이 엄마 방에다 달아드리자는 환상적이면서도 따스한 가사다.

〈기찻길 옆〉

"기찻길 옆 오막살이 / 아기 아기 잘도 잔다."

기찻길 옆은 시끄럽다. 그런데 아기가 잘 잔다는 것은 일종의 역설이다. 윤석중은 비록 기찻길 옆 오막살이 집이지만 아기가 잘도 자는 풍경을 그려냈다. 아기만 잘 자고 자라는 것이 아니라 기찻길 옆 옥수수도 무럭무럭 잘 큰다. 증기기관차가 일반적이던 시절에 널리 불렸던

'맴맴'의 악보. 제목이 '고초 먹고, 담배 먹고'로 되어 있다. 동아일보, 1930년 2월 22일

노래다.

〈맴맴〉

"아버지는 나귀 타고 장에 가시고 / 할머니는 건넛마을 아저씨 댁에."

본디 가사는 '담배 먹고 맴맴'이었는데 동요로서 담배는 부적절하다고 하여 '달래 먹고 맴맴'으로 바뀌었다. 순수 창작 동요는 아니고 전래 동요를 발굴해 다듬었다. 1920년대 〈집 보는 아기의 노래〉로 발표됐으나 해방 이후 음악 교과서에 〈맴맴〉으로 바뀌었다.

윤석중의 동요를 부르지 않거나 듣지 않은 한국인은 없을 것이다. 모든 학년의 교과서에 교육과정이 바뀌더라도 반드시 들어가는

333

1930년 일본 유학을 떠나기 전 윤석중

명곡이기 때문이다. "빛나는 졸업장을 타신 언니께"로 시작되는 〈졸업식 노래〉도 바로 그의 작품이다. 그야말로 시대를 초월하는 명작이 무엇인지를 보여준다.

그는 작품 소재를 어린이의 일상과 자연에서 찾았다. 그의 동요 세계는 4·4조나 7·5조 형태에 반복과 대구를 사용하던 초기의 정형 동요에서 시적 동요로 나아갔고, 낙천주의 정서를 바탕으로 하여 어린이의 밝고 긍정적인 장면을 포착해 형상화했다. [2]

조선 아기노래 시인

윤석중은 20세기 한국의 대표적 아동문학가다. 동년배인 이원수가 동화에 전념했다면, 윤석중은 동요 작사에 전념했다. 아명은 노마, 호는 석동(石童)이다. 석동으로 정해지게 된 춘원 이광수와의 내력이 있다.

> 동화작가 윤석중 씨가 한번은 신문에 동화를 발표했는데, 그때 석중(石重)이라는 것은 인쇄 직공이 '중(重)' 자를 '동(童)' 자로 박어놓았다. 그리하여 그 동요는 '윤석동'으로 발표되었다. 이 동요를 보신 춘원이 윤석중 씨 동요로 알고 그 후 윤씨를 만나 '아호를 잘 지였드군' 했다. 그후부터는 그대로 석동(石童)으로 부르고 말었다.[3]

윤석중은 경성부 수표동(현 서울시 중구 수표동 11-1)에서 태어났다. 일찍 어머니를 여의고 외할머니 슬하에서 자랐는데 보통학교 3학년에서 5학년으로 월반할 정도로 총명했다. 일찍이 가톨릭에 귀의해 세례명 윤요한으로 불렸다. 삶의 내력에 관해서는 동시집《잃어버린 댕기》출판기념회(1933년 5월 19일, 인사동 태서관) 관련 글에 일목요연하게 정리되어 있다. 이광수, 주요한, 윤백남 등이 초청인이었다.[4] 윤석중은 이광수의 글을 빌려서 자신의 삶을 진술했다.

> 춘원 선생께서 개회사를 해주섯습니다. 그리고 제 대신으로 나의 신세 이야기를 말슴하섯습니다. "윤 군으로 말하면 세 살 때 어머님을 여히

고 고아로 외할머님 슬하에서 자랐습니다. 군이 아직 어렸슬 때 아버님이 엇든 사건에 관련되어 7년 동안 영어의 생활을 보내섯습니다. 잇다금 군의 얼골에 떠도는 쓸쓸한 우슴이나 군의 작품에 나타나는 애조는 다 이 고독한 생애의 자최라 하겟습니다. 그리고 군의 동요에 나오는 간난이, 개똥이, 고무신, 굽 떠러진 나막신, 이것들은 다 박석고개 넘어 군이 살고 잇는 숭2동 일대에서 취재한 것들입니다.

군은 양정고보 5학년 2학기에 졸업시험까지 다 치르고 엇던 비위 틀리는 일이 잇서 졸업장을 밧지 아니하고 학교를 자퇴햇습니다. 나는 그때 반대하엿습니다마는 그 뒤 동경에 건너가 잇햇 동안 잇다가 돌아온 후 도서관에 다니는 그를 날마다 길에서 만낫습니다. 도서관에 다니며 무엇을 공부하엿는지 그건 나도 모릅니다. 작년 여름에 동요집 한 권을 내고 이번에 동시집 《잃어버린 댕기》를 냇습니다. 이 《잃어버린 댕기》는 그 취재나 형식에 새로운 길을 열엇다고 하겟습니다. 현재 개벽사에서 《어린이》를 주재하고 잇습니다. 나이는 스물셋, 아직 총각입니다."

동요시인 데뷔는 매우 빨랐다. 1924년 《신소년》에 동요 〈봄〉, 1925년에는 《어린이》에 동요 〈오뚝이〉가 입선되면서 시작된다. 1925년 《동아일보》 신춘문예로 등단했는데, 데뷔작(선외가작) 동화극 제목은 〈올빼미의 눈〉이다.[5] 당시 13세였으니 가히 천재급이다. 1926년 〈조선물산장려가〉가 당선되면서 천재 소년 예술가로 불렸다. 무려 1300여 편의 동시를 썼으며, 그중 약 800편이 동요로 만들어졌다. 이 엄청나게 많은 동요는 천부적인 예술 '끼'가 없이는 쉽지 않은 일이다. 당대 최고의 동요시인이란 호칭이 붙은 이유다.

그는 양정고보 명예 졸업생이다. 1929년 광주학생항일운동이 발발하자 양정고보 졸업반 때 자퇴한 것이다. 훗날 졸업에 준하는 명예졸업장을 받았다. 자퇴 사유가 시대적 소임을 다한 것이었기에 뒤늦은 명예졸업장도 의미가 있다.

1932년 첫 동요집《윤석중 동요집》을 출간했다. 이듬해 개벽사(開闢社)에 취직해 소파(小波) 방정환을 이어서 잡지《어린이》를 발간함으로써 명실공히 동요시인으로 사회적 인정을 얻는다. 그해 우리나라의 첫 동시집《잃어버린 댕기》를 출간했다. 1933년 방정환의 뒤를 이어《어린이》주간으로 활동하며 아동문학의 선구자로 나섰다. 윤석중과 이원수는 방정환이 발굴한 인물이기도 하다.

1935년 윤석중이 황해도 배천(白川)온천의 천일각(天一閣)에서 여운형의 주례로 혼례를 올렸다는 신문 기사도 확인된다.[6] 윤석중은《조선일보》잡지《소년》에 근무하던 중 유학을 다녀온다. 1939년 도쿄의 릿쿄대학에 들어가 3년 동안 신학문을 전공했다.

> 윤석중 군 유학.《조선일보》사장 방응모 씨가 그 사원 김기림(金起林) 씨를 동북제대(東北帝大)에 입학케 하야 그동안 3개년간이나 수학케 했다 함은 기보한바, 이미 김씨는 금춘에 졸업하고 귀사했으며, 또다시 폐사《소년》잡지 편집주임이든 동요작가 윤석중 씨를 금춘부터 동경에 유학 릿쿄대학에서 수학케 했다 한다.[7]

우리나라 최초의
창작 동요집 발간

국내 최초의 창작 동요집《윤석중 동요집》을 펴낸 시점은 1932년 만주사변이 터지던 해다. 109쪽의 이 동요집은 1920년대 전반 아동 잡지《신소년》,《어린이》 등에 발표한 동요가 중심이었다. 35편을 악보와 함께 수록한 최초의 '개인 창작 동요곡집'이다. 〈도리도리 짝짜꿍〉, 〈낮에 나온 반달〉, 〈휘파람〉 등이 실렸는데, 본래 40편을 싣기로 했으나 조선총독부의 검열로 〈우리가 크거들랑〉 등이 삭제되어 35편이 실렸다. 조선총독부는 어린이 노래조차 엄격한 검열로 통제했다.

곡은 대체로 윤극영, 박태준, 정순철, 현제명, 홍난파 등이 썼고 외국 악보를 차용하거나 전래 민요를 재정리한 것도 있다. 서문에서 춘원 이광수는 동요작사가라는 표현보다 '조선 아기노래 시인'이라는 정겨운 표현을 쓰면서 그를 '거벽'으로 칭송했다.

석동 윤석중 군은 조선 아기노래 시인의 거벽이다. 그의 노래 중에는 전 조선 아기네의 입에 오른 것이 여러 편이다. 그는 지금 20이 넘은 청년이지만, 그의 속에는 4~5세로부터 12~13세에 이르는 아기네의 맘과 뜻을 겸하야 가졌다. 이른바 '동심'이란 것이다. 아마도 또한 원컨대는 그는 일생에, 그에게 백발이 오고 이가 다 빠져 오므람이 늙은이가 다 될 때까지 이 '어린 맘'을 잃어버리지 아니할 것이다. 윤 군의 동요는 조선의 창작 동요계에서 가장 독창력을 가진 것 중의 하나로 정평이 잇다. 이 동요집 1권은 윤 군의 중요한 작품을 망라한 외에 리상범, 안석주, 리승만, 김규택 외 제씨의 삽화가 잇고 또는 조선 작곡가의 창작곡과 외국 작곡에 마춘 곡보들을 합하야 실렷다. 읽고 보고 또 노래 부를 수 잇게 된 동요집이다. 윤 군의 동요 중에 가장 특색 잇는 것은 소위 생활시의 요소를 동어(童語)로 표현한 것이라고 하겟다. 보통 천진난만형의 동요가 자칫하면 천편일률에 빠지기 쉬운데 윤 군은 특히 아동의 생활, 심리, 갈등 등을 읊엇고 일보 나아가서는 아동의 생활을 통하야 사회생활의 비판을 시(試)하엿다.[8]

윤석중 동요 문학에 드리운 부정적 시각은 일제강점기에 쓰인 동요가 그 시대의 현실을 무시한 낙천주의라든가 어른의 유희적 취미에 지나지 않는다는 멍에였다. 〈도리도리 짝짜꿍〉, 〈오뚝이〉 같은 작품 세계가 식민지 어린이를 재롱의 대상으로만 삼는다는 식의 비판이다. 그러나 〈휘파람〉 같은 노래는 '우리 누나 공장에선 밤일을 하네'라는 대목처럼 노동자의 고단한 삶을, 〈우리집 콩나물죽〉 같은 노래는 하루를 살아낸 가족이 단란하게 둘러앉아 콩나물죽을 나누어 먹는 저녁 풍경을 그리는 등 대조적인 작품도 있다.

불행한 유년기를 보냈는데도 그의 동요에는 자기 삶의 체험과 무관하게 밝고 희망적이며 낙천적인 생활관이 담겨 있다.[9] 사회적 의식이 노출된 작품 두어 가지를 인용해본다면 그의 작품 세계가 상당히 넓고 다양함을 알 수 있다.

339

누나는 신을 접때 잃어버린 뒤
입때까지 새 신발을 못 사왔다우
아빠 신던 헌 신발이 잇긴 잇지만
거름이 걸려야죠 너무 커서요.
- 〈누님 전상서〉

허수아비야 허수아비야
여기 쌓엿든 곡식을 누가 다 날라가디?
(…)
그리구 순이네 식구들이
간밤에 울며 어떤 길루 가디?
- 〈허수아비야〉

8월에도 보름날엔 달이 밝건만
우리 누나 공장에선 밤일을 하네
공장 누나 저녁밥을 날라다 두고
휘파람 불며 불며 돌아오누나.
- 〈휘파람〉

　　잡지《동광》은 "자연의 변천, 일상생활의 조고만 에피쏘드 등을
잡아가지고 틀림없는 용어와 신선한 멜로디의 솜씨를 보여준 것은 동
요계의 큰 수확이다. 그리고 동요에 주린 조선 어린이들에게 큰 선물

이다. 특히 보통학교, 유치원 등의 좋은 교재로 추천하고 싶다(정가 80전, 경성 봉래정 1정목 75, 신구서림 발행)"라고 평했다. 1938년 박영종(박목월 시인)이 쓴 리뷰도 전해온다.[10] 소설가 박계주는 북 리뷰 〈'어깨동무'를 읽고〉에서 이렇게 썼다.

우리 동심(童心) 낙원의 아저씨 윤석중 씨가 조선 어린이의 어깨동무가 되어준 지 이미 15년. 이제 네 번째의 선물로서 동요집 《어깨동무》를 새로 꾸며서 조선 소년 소녀 여러분 앞에 이바지함을 여러분과 함께 못내 즐겨합니다. 내용에 있어서는 이미 정평 있는 동요. 동심 파악과 묘사에는 완벽의 이까림을 받는 석동(石童). 이제 그의 동요를 다시 논평함이 되려 값을 떨어뜨릴까 겁나하매 내 붓이 머뭇거릴 뿐입니다. 편편마다 구슬을 다루는 듯, 읽을쑤록 어른까지도 동심 세계에 빠져서 늙지 않게 하는 불로초. 장정(裝幀)에 있어서까지 이처럼 알뜰하고 청려(淸麗)하고 아담한 솜씨가 또 어데 있었을까 생각하매, 이 1권 서(書)가 능히 여러분의 곁을 떠나지 않을 여러분의 어깨동무가 될 것을 장담합니다. (박문서관판, 정가 1원 60전).[11]

윤석중은 가끔 계몽주의적 동시도 신문에 발표했다. 식민지 상황에서 그가 할 수 있는 최선의 방식이었을 것이다. 1929년 〈조선 아들 행진곡〉을 발표했는데, 그해에는 〈거지행진곡〉도 만들었다.[12]

동요시인이었지만 때로는 유행가 가사를 만들기도 했다. 윤석중 작시, 문호월 작곡, 오케-관현악단 반주, 당대의 인기 가수 이난영

이 노래한 〈봄맞이〉가 그것이다. 1935
년 《삼천리》에 이 노래에 대한 평이 실
려 있다.

〈봄맞이〉를 윤석중 씨에게서 볼 때
그 노래가 참 좋읍디다. 그래서 그것
을 봄의 기분으로 노래하며 소생에
동산이 되려고 하여 한껏 흥에 겨울
때 마침 이난영을 불러 연습시켜보니
목소리가 마질 듯해서 아주 봄동산에

삼천리, 1940년 6월호

파무친 기분으로 듯고 또 그 묘곡(妙曲)을 생각하면서 흥분된 때 그냥
작곡한 것이 오히려 이틀 사흘 가면서 작곡한 것보다 인기를 끌었구면
요. (…) 윤석중 씨의 〈봄맞이〉는 그야말로 피어오르는 아지랑이 밑에
서 푸릇푸릇 돋아오르는 작은 꽃 종달이 우는 봄동산을 그린 것으로
묵은 근심 다 사라지고 감미(甘美) 경쾌한 메로디를 그냥 넣은 것인데
이난영의 노래는 어리고 연합니다. 그리고 영리한 맺힌 노래로서 마치
옥주(玉珠)를 굴리는 듯 자연스러운 미음옥성(美音玉声)이외다.[13]

해방 이후
어린이운동 주도

해방 이후 윤석중은 어린이운동에 심혈을 기울인다. 해방되고 불과
한 달 지난 9월에 조선아동문화협회가 설립된다. '어린이의 생활 해
방과 새로운 어린이 문화의 건설을 위해 아동예술가, 아동연구가, 아
동교육가들의 발기로 조선아동문화협회가 탄생됐다'고 했다. 협회
는 역사, 과학, 언어, 생활, 교육, 보건, 완구, 동요, 동화, 음악, 무용, 미
술의 12심의실을 두어 각각 다섯 사람씩 배치했다. 편집실에는 기관
지 《조선아동문화》와 아동 잡지 《우리동무》, 《우리그림책》, 《우리노
래책》 그리고 단행본 등을 두었다. 기획실은 어린이병원, 어린이극장,
어린이유원지, 어린이과학관, 어린이도서관에 대한 입안, 기획, 설계,
연구를 위해 다섯 기획실로 나누었다. 따로 부속 보육학교와 부속 '서
울어린이집'(새로운 형식의 유치원)과 우리동무회 장난감공장 등을 계획
중이었다. 학년별 과외독본 제1기 전12권의 편찬을 개시했고, 동요
작가 윤석중, 아동미술가 정현웅, 한글 서도가 이각경 공저의 《그림한
글책》 간행 작업에도 착수했다.[14]

다음 달인 10월에는 고려문화사가 창립되어 《어린이신문》을 비
롯해 주간지 《민성보(民声報)》, 그 밖에 여러 어린이 그림책 간행에 착
수했으며, 일반 출판물도 준비에 들어갔다. 편집위원은 임병철, 김영
수, 채정근, 윤석중, 조풍연, 정현웅이었다.[15]

종로 영보빌딩에 있던 조선아동문화협회에서는 어린이 계몽을

343

위해 어린이 한글책(윤석중 편, 홍우백 화)을 간행했다. 6색의 미려한 그림을 보는 중에 저절로 국문을 깨칠 수 있도록 재미있게 꾸며졌다고 했다. 해방 이후 한글을 모르는 어린이를 위해 펴낸 한글책이었다.[16]

소파 방정환이 1923년부터 기념하기 시작한 어린이날은 지금까지 이어지는데, 일제의 탄압으로 1938년 잠시 중단됐다. 해방 이후 〈다시 찾은 우리 새 명절 어린이날〉이란 윤석중의 글이 1946년 어린이날 신문에 확인된다.[17] 그는 일찍이 1923년 창간된 월간 잡지 《어린이》에 동시를 발표하고 있었는데, 이 잡지는 매년 10만 부씩 판매되는 등 인기를 구가했다. 윤석중은 방정환의 영향을 크게 받았으며, 해방 공간에서 그의 관심은 새 나라의 어린이를 위한 노래운동, 어린이 출판문화운동에 있었다.

1946년에는 아동 작문을 모집, 조선아동문화협회에서 당선자를 발표한다. 심사위원에 이병기, 조풍연, 이희승, 윤석중, 피천득, 정지용, 이태준의 이름이 보인다.[18] 이희승은 양정의숙을 중퇴했기에 윤석중과 알 만한 관계였다. 1946년에는 어린이 한글 교육에 관한 관심을 표명하며, 〈한자 폐지, 한글 횡서 가부(可否), 각 문화단체의 견해는 어떠한가〉라는 기사에서 '한자는 폐지하자'라고 주장한다.[19]

윤석중은 일제강점기에 수시로 쓰던 계몽주의적 노래 가사를 해방 이후에도 계속 발표한다. 학생계몽대에게 주는 〈농촌 계몽의 노래〉가 그것이다.[20]

낫노코 기억짜도 모른다면은

파라케 자란 풀을 어이 대하랴.

꼴 비는 목동들아 생각을 돌려

깨치자 기역니은 우리 한글을.

(…)

또아리 노코 이응짜도 모른다면은

맑아케 고인 물을 어이 대하랴.

물 깃는 처녀들아 생각을 돌려

깨치자 기역니은 우리 한글을.

(…)

1946년 8월 16일, 조선아동문화협회에서 새 애국가 작곡을 모집했다. 〈새나라 새노래〉는 당시 윤석중에게 중요한 과제였다. 1947년 봄에 조선체육회의 정순철과 윤석중은 〈서윤복 선수의 노래〉를 만든다.[21] 1947년 가을에는 조선체육회가 제정한 조선올림픽 노래의 가사를 쓴다.[22] 당시 조선체육회에는 윤석중의 양정 1년 선배 정상희가 이사로 근무하고 있었다.

두 시간 25분 39초는

뽀스톤 마라손의 세계 신기록.

날려라 태극기를 승리의 기를

세계의 압장을 선 서윤복 선수.

(…)

345

조국의 자유 위해 평화를 위해

우리는 달리리라 정의의 길을.

날려라 태극기를 승리의 기를

조선의 젊은 아들 서윤복 선수.

1947년 2월에는 소년지도자 제2차 간담회가 국립도서관 강당에서 개최됐다. 소년운동의 금후 전개와 지도 단체 조직, 어린이날 준비 등을 토의한 결과 중앙기관을 조직한 후 지방 세포단체를 조직할 것을 만장일치로 가결한 후, 조선소년지도자협의회 조직을 목표로 각 방면을 망라한 조직준비위원을 선거했다. 조선어린이날 전국준비위원회를 조직해 준비에 착수했으며 윤석중의 이름도 보인다.[23]

1949년 4월 30일, 소공동 팔라워다방에서 아동문학 육성을 위한 전국아동문화작가협회를 결성한다. 발기인은 박영종(박목월)·김동리·윤석중 외 7인이었고, 이헌구·서정주 등 60여 명의 추대위원이 이름을 실었다.[24] 그는 1949년 말에 동화집《굴렁쇠》를 발간한다.[25] 아동문학가 이원수가 서평을 썼다.

윤석중 씨의 동요집《굴렁쇠》를 보고 특히 기뻐한 것은 아동에게 주는 시집으로서 이만 한 것이 아직 업섯다는 것과 석중의 과거 작품 전부에서 선출한 작품을 한 권에서 대할 수 있기 때문이다. 일찍이 16년 전에 낸 책에서부터 해방 후에 낸《초생달》에 이르기까지 도합 다섯 권의 동요집에서 추린 48편과 해방 후 작품 24편을 모아노흔, 이《굴렁쇠》는 석중의 25년간 작품의 총결산이기도 하다. 어디까지나 어린이의 순결과 무아기 속에서 젖먹이에서 소년까지의 모든 어린이를 골고루 노래한 이 천재적 동요시인의 노래는 읽을수록 즐겁고 사랑이 넘치는 부드러움이 느껴지는 것이다. (…) 정현웅 씨의 그림이 페이지마다 꽃다워 볼수록 반가운 출판물의 하나이다. (수선사 발간, 220원.)

한국전쟁기에 닥쳐온 가족의 비극

윤석중은 한국전쟁 중 부친과 계모가 서산에서 우익에게 학살되는 비극을 겪는다. 부친이 좌익 세력과 관련됐기 때문에 북한군 점령 기간 중에 서산에서 요직을 맡았다. 부친 윤병덕은 1920년대 초반에 대두한 사회주의운동에 관심을 가졌으며 일제강점기에도 옥살이를 했다. 그러다가 한국전쟁기에 부역죄로 처형된다. 전쟁이 터지자 윤석중은 가족이 있는 서산으로 피난 오려고 했으나, 부친이 '전쟁 통에는 떨어져 있어야 누구든 산다'며 만류해 천만다행으로 살아남을 수 있었다고 한다.

부친이 처형된 사건은 그의 삶에 일생 동안 남는 일이었다. 이러한 핸디캡은 그로 하여금 분단 상황에서 선택의 여지를 없게 만들었다. 그는 민족의 분열과 남북 대결을 비판적으로 보았으며, 한 인간의 움츠러든 예민한 시대적 대응이 엿보인다. 4·19혁명 직후 발간한

347

주간 소학생 5월치. 조선아동문화협회   소학생 3월치. 조선아동문화협회

《어린이를 위한 윤석중 시집》에서 당시 사회의 현실을 핍진하게 드러
낸 여러 편의 동시를 발표한다.[26]

　윤석중은 중앙일보사의 《소년중앙》, 조선일보사의 《소년》, 《소
년조선일보》, 을유문화사의 《주간 소학생》, 《소학생》 등 여러 잡지와
신문의 편집을 주관했다. 1955년에는 《조선일보》 편집고문을 지냈
다. 해방 공간에서 펼쳤던 어린이운동은 1950년대에도 지속됐다. 조
풍연, 피천득, 어효선, 홍웅선 등과 새싹회를 창립하고 회장에 선출되
어 어린이문화운동에 앞장섰다. 소파상을 제정하고, 장한어머니상도
제정했다. 방정환이 시작했으나 마무리하지 못한 어린이운동을 지속
한 것이다. 마해송의 문학 세계를 기리는 해송문학상도 제정했다.

　1960년대 이후로는 이전과 같은 창작 활동을 하지 못했다. 문학
외적 사회활동이 늘어난 현실과 관련이 있다. 아동문학 원로로서 대

학 강의도 했으며, 막사이사이상을 수상하는 등 여러 방식으로 공헌을 인정받았다. 노년에 《윤석중 전집》이 다섯 권으로 출간됐다.[27] 이로써 자신의 전체적 삶을 개관하고 글을 정리하는 계기가 됐다. 80대에 접어든 1990년대에도 여전히 동요, 동시집을 발간하는 등 노익장을 과시했다. 2003년 12월 9일 92세의 나이로 눈을 감은 그는 국립대전현충원 국가사회공헌자 묘역에 안장됐다. 2006년에는 그가 모은 도서 8555권이 국립중앙도서관에 기증됐다.[28]

윤석중의 고향은 서울이고 활동 공간도 서울이었으나, 부친이 학살당한 서산에서 그의 헌양 사업이 이루어지고 있다. 윤석중은 부모 형제를 모두 잃은 서산을 등졌다. 그러나 서산의 문인들은 그를 기리면서 〈윤석중문학제〉와 윤석중문학나눔사업회 등의 헌양 사업을 전개하는 중이다. 분단으로 인해 엄청난 사건을 겪은 그의 절절한 심정이 동시 〈놀러 오너라〉에 남아 있다.

두만강 가에서
피리 부는 아이들아
제주도 섬에 놀러 오너라
38선이 걸려서 못 간다
제주도 섬에서 조개 줍는 아이들아
두만강 가로 놀러 오너라
삼팔선이 걸려서 못 간단다

윤석중 _ 기찻길 옆 오막살이, 아기 아기 잘도 잔다

정추

鄭樞
양정고보 26회
1923~2013

남북에서 사라진
비운의
천재 작곡가

광주고보에서 제적되고
양정으로

일제강점기 양정고보의 특징은 민족운동으로 타교에서 제적당한 학생을 받아들여 졸업시켰다는 점이다. 1929년 광주학생항일운동에 관련돼 퇴학당한 박준채나 일본인 교사와 다투고 퇴학당한 화가 장욱진도 양정으로 옮겨온 경우다. 한국계 카자흐스탄인 음악가로만 알려진 정추도 광주고보에서 퇴학당한 후 양정으로 옮겨와서 졸업했다.

정추는 1923년 광주 양림동에서 태어났다. 양림동은 1909년 미국 남장로교회 선교사들이 정착한 이래 신학교와 교회, 병원 등을 세운 유서 깊은 곳으로, 일찍이 서양풍 물결이 당도했다. 정추 형제들이 전통 예술이 아니라 모두 서구 예술에 경도된 것도 이러한 지역 풍토가 배경일 것이다.

정추는 불의를 참지 않는 성격과 시대적 현실이 맞물려 파란만장한 삶을 살았다. 1938년 광주서중 재학 중 조선어를 사용했다는 이유로 일본인 교사와 충돌해 퇴학을 당한다. 그가 말년에 한국에 들어와 KBS와 한 인터뷰에서 이렇게 말했다. "어떻게 얻어맞았는데 일어나지 못하고 겨우 집에 돌아갔는데, 저를 퇴학시켜버렸어요." 정추는 이미 천황이 사는 동쪽을 향한 절이나 교육칙어(教育勅語) 낭독에 반항하는 불경죄로 징계를 받는 등 다분히 반골 기질을 내보이고 있었다.

우여곡절 끝에 양정고보에 들어간 정추는 무사히 졸업했다. 양정 26회로 1942년에 졸업하는데 서봉훈 교장 시절이었다. 교사인 국어학자 장지영과 상업부기를 담당한 진헌식 등의 가르침을 받았다. 졸업 동기로는 양훈이 있다. 양훈은 '뚱뚱이와 홀쭉이'로 한때를 풍미한 코미디언이다.

정추는 호남 만석꾼을 외가로 둔, 대단한 부잣집 출신이었다. 예술에 관심이 깊은 외할아버지와 독일 베를린음악대학을 다닌 외삼촌 정석호의 영향으로 어릴 때부터 서양 음악에 조예가 깊었다. 정석호는 1930년대 세계 음악의 중심지인 베를린에서 귀국한 후 정추에게 큰 영향을 주었다.[1] 빛바랜 사진에 외갓집에서 피아노를 치는 정추의 모습이 보인다. 그랜드피아노를 갖고 있을 정도로 윤택한 집안이었다. 정추는 일곱 살 때부터 음악에 재능을 보였다. 집안 전체의 예술적 감수성이 주는 오라를 온몸으로 받아들인 것이다.

1942년 양정고보를 졸업함과 동시에 도쿄 니혼대학 음악학과에 입학한다. 정추는 유학을 가기 전부터 형 준채가 사온 사회주의 혁명가들의 책을 보면서 세상을 보는 눈이 달라져 있었다. 이러한 상황

광주에 있는 외삼촌 정석호의
집에서 피아노 연습을
하고 있는 정추. 1937.
국립아시아문화전당아카이브

정추의 형 정준채

에서 일본 땅에서 사회주의 사상을 접하며 사회주의자로 변모해갔다. 정추는 1944년 일본군에 징집됐다. 친구들과 탈영을 도모하고 있을 때 지리산으로 입산, 빨치산이 되려는 계획까지 품었다. 해방은 급작스럽게 다가왔고, 그는 다시 광주로 돌아왔다.

그러나 조국은 곧바로 한국전쟁의 비극과 맞닥뜨렸다. 이때 정추는 북한으로 넘어가 음악가로 활동한다. 형제로 정준채, 정권, 정추, 정근과 누이 정경희가 있었다. 정준채, 정추 둘이 월북하고 정권은 인민군으로 징집되었다가 사망하고, 막내 정근은 남한에 남았다. 정추의 월북은 형 준채의 요청도 있었지만 결국은 본인의 선택이었다. '며칠 동안 북한에 다녀오겠다고 어머니에게 말씀드리고 38선을 넘었다'고 한다. 그 시대에는 흔한 일이었고, 분단이 이렇게 오랫동안 고착되리라고는 생각도 못했을 것이다.

망명 모스크바 유학생에서
카자흐스탄의 무국적자로

맏형 정준채도 일본에서 영화를 공부하고 귀국해 해방 이후 2년 남짓 남한에서 활동했다. 1945년 11월 서울 혜화동에서 열린 조선프롤레타리아영화동맹 결성식에서 29세의 정준채는 서기장에 선출된다. 조선프롤레타리아영화동맹은 불과 1개월 남짓 존속한다. 그해 12월에 조선영화동맹으로 통합되며, 정준채는 조선영화동맹의 중앙집행위원으로서 1946년 1월 기록영화 〈민주주의민족전선〉 촬영차 입북한다. 촬영차 입북했지만 그대로 북한에 잔류했다.

　　정준채는 소련의 북조선 지원을 담은 기록영화 〈친선의 노래〉를 제작했고, 북한 최초의 기록영화 부문 컬러 영화인 〈1950년 5·1절〉(1950)을 제작했다. 1956년에는 최초의 극예술영화 부문 컬러 영화인 최승희 주연 무용극 〈사도성의 이야기〉를 제작한다. 정준채의 생애는 윤심덕과 함께 현해탄에서 동반 투신한 김우진(고모부), 남과 북 모두에게 버림받고 카자흐스탄에 정착한 천재 음악가 정추(동생), 세계적인 발레리노 백성규(친구), 무용가 최승희 등과 연결되어 있다.[2]

　　1960년 이후 북한의 모든 문헌에서 정준채라는 이름은 사라진다.[3] 1950년대 북한에서 전개된 전원회의사건, 이른바 8월종파투쟁의 열풍이 밀어닥친 것이다. 그때 동생 정추는 모스크바로 유학을 떠난 상황이었다. 형제는 어려운 순간에도 편지 등으로 연결되고 있었다. 1952~1959년 모스크바음악원에 유학 중이던 정추에게 정준채는 편지 36통과 엽서 3장을 보냈다. 정추의 동생 정근의 아들, 그러니까 정추의 조카인 언론인 출신 시인이자 소설가 정철훈은 이렇게 말한다.

　　카자흐스탄 알마티의 정추 유품에서 수습된 정준채의 서신들은 일종의 하이퍼텍스트와 같았다. 서신은 한 영화인의 예술에 대한 고뇌와 지성인으로서의 갈등 그리고 전후 복구 시기 북한의 실체를 여실히 보여주는 구체적 증언이기도 하다. 정준채와 동생 추는 각각 평양과 모스크바에서 각자의 예술을 추구했다. 언젠가 정준채가 연출한 영화에

355

동생 추가 음악을 맡아 대작을 완성하는 꿈을 꾸었으나 그 꿈은 영영 이루어지지 않았다. 이렇게 보면 예술은 상실된 꿈의 반영일지 모른다.[4]

월북한 정추는 음악 재능을 인정받아 평양음악대학 교수로 근무했다. 평양음대는 북한 음악 교육의 중심으로, 월북한 많은 음악인이 같은 대학에 있었다. 정추는 1946년부터 1952년까지 6년여 동안 형 정준채의 영화에 작곡을 담당하는 등 평양에서 생활하다가 전쟁 중이던 1952년 모스크바로 유학 갈 기회를 얻었다. 유명한 음악가 김원균과 동행했다. 정추보다 여섯 살 위인 김원균은 원산 출신으로 정추와 함께 세계 3대 음악원의 하나인 모스크바음악원을 다녔다. 김원균은 훗날 북한의 국가 〈아침은 빛나라〉를 작곡했으며, 〈김일성 장군의 노래〉도 작곡해 북한에서 영웅으로 불린다. 이후 평양음대에 '김원균음악종합대학'이라는 호칭이 붙게 됐다. 정추와 김원균은 사실상 라이벌이었다.

정추는 모스크바음악원에서 두각을 나타냈다. 타고난 재능과 성실함으로 얻어낸 성과였다. 졸업 작품인 교향곡 〈조국〉은 모스크바음악원 역사상 처음으로 만점을 받았다. 우리 음악의 5음계만을 사용해 한국인 특유의 교향곡을 작곡한 것이다. 소련 당국이 1961년 주최한, 인류 역사상 우주비행에 최초로 성공한 우주인 유리 가가린을 축하하는 공연에서 연주되었다. 덕분에 그는 차이콥스키의 음악 계보를 잇는 4세대 작곡가로 불린다. 차이콥스키에게는 유일한 제자로 작곡

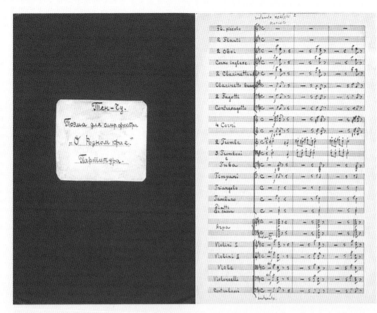

정추, 조국. 모스크바음악원 졸업 작품

모스크바의 한국인 유학생들. 뒷줄 왼쪽에서 두 번째가 정추, 그 옆 중앙에 '김일성 장군의 노래'를 작곡한 김원균이다. 1955

가 세르게이 타네예프가 있었고, 타네예프의 제자인 아나톨리 알렉산드로프가 정추를 가르쳤기 때문이다.

정추가 유학생으로 모스크바에 당도하던 시점에 작곡가 김순남도 1952년부터 2년간 모스크바음악원에서 하차투리안 교수에게 배우고 있었다. 김순남은 남한에서 조선음악동맹 부위원장을 했고 〈빨치산의 노래〉, 〈개선행진곡〉 등을 작곡했던 월북자다. 같은 월북자인 정추를 모스크바에서 만나게 된다. 둘은 모스크바음악원에 잠시 같이 다녔다.

한국전쟁이 끝난 1950년대 후반 북한에서는 치열한 종파투쟁이 전개되고 있었다. 1956년 8월 30일 열린 조선노동당 중앙위원회 제3기 제2차 전원회의에서 최창익, 박창옥, 서휘 등이 김일성 개인숭배 비판을 시도하다가 친위 세력의 거센 반발에 좌절한다. 북한 체제 발족 이래 김일성을 비롯한 조선노동당 지도부가 공개적으로 비판받은 유일무이한 사건이었다. 지도자가 절대 권력을 행사해온 북한 실상에 비추어볼 때 권력에 도전하는 사건이 일어났다는 사실은 그 자체만으로도 큰 반향을 불러일으켰다.[5] 반대파는 종파주의자로 규정되면서 숙청이 시작되어 정치범수용소로 끌려가거나 소련으로 돌아갔다. 이로써 조선노동당은 확고한 김일성 1인 체제를 갖추었다. 정추는 당시를 이렇게 회고했다.

김일성이 소련계도 잡고, 연안계도 잡고, 갑산계도 잡고, 남쪽에서 온 사람들도 다 잡아버렸어요. 소련계 한인 허가이는 6·25전쟁 때 김일성이 하는 일을 마뜩잖게 여겼어요. 허가이는 그 나름의 힘을 가진 인물이었어요. 허가이가 김일성을 제압할 기회가 있었는데, 그렇게 하지 못했죠. 결과적으로 허가이는 김일성을 살려냈는데, 김일성이 허가이를 죽여버린 겁니다. 허가이는 1953년 자살했고, 박헌영은 1955년 사형 선고를 받았죠. 나 같은 경우는 모스크바에서 쫓겨나 평양으로 붙들려갈 뻔했고요. 시위를 주도한 데다 남조선에서 왔으니 평양에 갔다면 죽었을지도 몰라요.[6]

8월 종파투쟁 소식은 모스크바로 전달된다. 주요 제거 대상이 연안파와 소련파였기 때문이다. 소련파는 주로 중앙아시아와 연해주의 고려인 2, 3세로 소련군이 북한에 진주하면서 현지인과 소통할 수 있는 소련 공산당원을 찾다 보니 북한으로 들어온 사람들이다. 모스크바 북한 유학생 사이에서도 흐루쇼프 소련공산당 서기장 주도로 벌어진 '스탈린 격하운동'의 영향으로 김일성 우상화에 대한 비판 여론이 확산되고 있었다. 1957년 소련에 유학 중이던 북한 학생이 모인 자리에서 정추 등이 나서서 김일성 독재를 비판하자 그에 대한 체포 명령이 떨어졌다. 정추는 유학생 신분에서 도망자이자 망명자 신세가 됐다.

조국 독립을 고민하는 과정에서 사회주의자가 됐지만, 나는 스탈린주의는 옳지 않다고 여겼어요. 스탈린이 죽고 흐루쇼프가 집권하면서 소련에서 격하운동이 벌어졌습니다. 그 과정에서 북한의 김일성 우상화

359

형태에 대한 비판 여론이 모스크바 유학생 사이에서 폭넓게 확산됐죠.
물론 나도 우상화 반대 움직임에 동참했고요.[7]

북한 당국은 모스크바 유학생 전원에게 북한으로 돌아오라는
명령을 내렸다. 같이 유학하는 김원균도 평양으로 돌아갔다. 그는 귀
국 후 북한 음악계를 주도하면서 북한에서 최고 영예인 김일성훈장까
지 받았다. 정추는 완강하게 행동했다. 북한 당국은 정추를 체포해 소
환하라고 소련 당국에 요구했다. 소련은 절충안을 제시했다. 이 사건
은 본질적으로는 소련이 북한의 조선노동당에 압력을 행사하려다 좌
절된 측면도 있었고, 연안파를 미는 중국의 처지도 비슷했기 때문에
북한의 결정을 소련이 뒤엎을 수는 없는 상황이었다. 북한 내의 소련
파 숙청으로 북한과 소련의 관계가 경색된 상태에서 정추는 흐루쇼프
서기장에게 직접 편지를 써서 망명을 신청했다. 결국 북한으로 강제
송환되지는 않았지만, 그 대신 카자흐스탄 알마티로 추방됐다.

수일간의 기차 여행 끝에 톈산 아래 도시, 아는 사람이 단 한 명도 없는
알마티에 도착했어요. 이방인으로서의 삶은 그렇게 시작됐습니다.

알마티로 가기 전, 도망자로 살면서도 정추는 모스크바음악원
을 무사히 졸업했다. 재능을 아낀 교수들의 배려였다. 유학을 보낸 북
한 체제에서 벗어난 정추는 또 다른 국제고아가 되어 떠돌 운명이었
다. 정추는 1961년 망명지에서 러시아 여성과 결혼했다. 두 딸을 낳

았으며, 훗날 딸들을 조국으로 보내 대학에 다니게 했다. 남한에 살고 있던 동생 정근이 뒷바라지를 했다. 작은딸은 정추의 고향 광주 전남대에서 영문학으로 문학박사를 받고 알마티로 돌아가 카자흐스탄외국어대학 교수로 있다.

나의 음악,
나의 조국

정추는 황국 신민으로 살다가 해방 후에는 북한 공민, 북한에서 버림받은 뒤에는 무국적자로 17년을 살았다. 그 후 1975년에야 소련 공민증을 발급받았다. 소련이 붕괴되고 여러 나라로 분리되면서 정추는 카자흐스탄 시민권자가 됐다. 파란만장한 삶이었고, 정추 한 개인의 삶 안에 분단된 남북의 자화상이 각인돼 있다.

스탈린의 이주 정책에 따라 연해주에 살던 한인은 기차에 실려 카자흐스탄, 우즈베키스탄 등지로 부려지게 됐고, 콜호즈 형태의 집단촌을 형성하면서 그들 나름의 민족 정체성을 간직하고 있었다. 중앙아시아에는 홍범도, 이동휘, 민긍호, 김경천 같은 독립지사와 그 후손이 살았다. 홍범도는 정추가 중앙아시아에 당도하기 훨씬 전인 1943년에 사망했지만, 신화처럼 그의 이야기가 전해오고 있었다. 그만큼 반일애국운동에 헌신한 분들의 후예가 사는 땅에 당도한 것이다. 특히 알마티는 고려인 문화예술 창작의 본거지였으며, 정추는 망

361

명객 신분이었지만 자신의 창작열을 지속시킬 수 있었다. 그나마 다행스러운 일이었다.

알마티는 톈산산맥이 바라보이는 아름다운 땅으로, 그 산하에 고려인이 흩어져 살았다. 정추는 카자흐스탄에서 스탈린의 강제 이주 정책으로 추방된 고려인을 찾아다니며 구전가요를 1000곡 넘게 채보했다. 인멸해가는 구전 채록은 중요한 작업이었지만, 많은 시간과 노력이 요구되는 지난한 작업이기도 했다. 조선 땅에서 연해주로, 연해주에서 중앙아시아로 유랑하는 삶이었지만 그들은 언어와 음악을 잊지 않았고 입에서 입으로 전하고 있었다. 정추의 채록본은 '오염'되지 않은 순수한 전통 유산이다. 다음은 2011년 광주문화재단이 주관한 '아시아문화포럼'에 참석차 광주에 왔던 정추의 생전 인터뷰다.

5~6킬로그램에 달하는 장비를 들고 일일이 녹음했고, 이걸 모두 악보화했어요. 이 민요들은 제가 한국적 관현악이나 합창곡을 작곡하는 데 모티프가 되기도 했습니다.[8]

정추는 망명 생활 20여 년간 중앙아시아의 민요를 채록해 정리한 책으로 박사학위를 받았다. 고려인 강제 이주를 담은 기념비적 교향곡 〈1937년 9월 11일 스탈린〉도 만들었다. 그는 오페라와 교향곡, 행진곡, 피아노 협주곡뿐만 아니라 바이올린 협주곡, 미사곡 등 600여 곡을 작곡한 천재였다. 카자흐스탄 음악 교과서에는 그의 작품 60여 곡이 실렸고 1988년 카자흐스탄 정부로부터 '공화국 공훈문화일

알마티에서, 정추. 국립아시아문화전당아카이브

꾼' 칭호도 받았다. 동시에 정추는 카자흐스탄에서 '검은 머리의 차이콥스키'로 불렸다.

정추는 우리나라 전통 음계에 바탕을 둔 곡조를 사용했으며, 모국애와 민요에 대한 감수성을 보여준다는 평가를 받는다. 악사의 노래만 듣고도 음을 세분화한 절대 음감의 소유자였기에 그의 창작열은 노년까지도 쉬지 않고 솟구쳤다. 대표 작품으로는 교향곡 〈조국〉과 〈1937년 9월 11일 스탈린〉, 〈내 조국〉 등이 있다. 통일 조국을 염원하며 마지막으로 만든 〈내 조국〉이 통일 조국의 애국가가 되길 바랐다.

동생인 정근의 아들, 즉 조카 정철훈의 연구에 따르면 정추는 광주가 낳은 음악가 정율성과도 교유했으며, 음악적 연대가 이어지고 있었다.[9] 북한보다는 중국에서 활동한 정율성은 북한과 일정한 거리를 유지하면서 살았다. 특히 그는 북한 입장에서는 연안파로 분류될 만한 사람이었다. 정추와 정율성이 공유하는 대목이 있었을 것이다.

정추는 한국 색채가 짙은 음악을 작곡했다. 간혹 '카자흐스탄의 윤이상'이라고 하는 사람도 있지만, 정추 본인은 불쾌감을 표하며 "저는 북한 체제를 반대한 망명자고, 윤이상은 사이비 사회주의 독재국가를 찬양한 사람입니다. 나를 그와 비교하지 말아주십시오. 나는 윤이상 같은 변절자가 아니에요"라면서 윤이상에 대해 부정적 견해를 피력했다. 양자의 정치적 견해가 갈린 것이 그 이유일 것이다.

정추는 말년인 1992년 일본으로 망명한 남로당의 마지막 총책 박갑동 등 여러 망명객과 함께 조선민주통일구국전선을 결성, 사망할 때까지 의장을 지냈다. 결과적으로 남쪽에서는 월북으로, 북쪽에서는 반김일성투쟁으로, 더 나아가 '배반'을 했다는 이유로 모두에게 버림을 받았다. 조선민주통일구국전선 결성과 적극적 활동은 보는 사람의 시각에 따라 서로 다른 결과를 가져왔다. 남북 분단과 이데올로기라는 탁류가 마지막까지 그를 휩쓸었다. 어떤 것은 몰려오는 시대 상황에 대한 도전이었고, 어떤 것은 결국 자신의 선택이었다.

정추는 삶의 마지막 시간을 조국에서 보낼 기회를 얻었다. 고향 광주에 들렀고 서울에서 유일한 기억의 공간인 만리동 양정 교정을 방문했다. 1942년에 고교를 졸업한 후 일본 유학을 떠나고 돌아오자마자 북으로 떠난 그에게 교정은 지난 추억을 소환하는 서울에서 가

양정고 방문 시 기념 음악회. 국립아시아문화전당아카이브

양정고 교실에서 후배 학생들과 함께. 국립아시아문화전당아카이브

장 중요한 공간이었다. 다행히 그가 모교를 방문했을 때 학교 측에서는 그의 졸업 연도를 기억했고 따스하게 맞아주었다고 한다. 그는 26회 졸업생으로 해방 수년 전에 졸업했던 것이다.

정추는 평생 원하던 조국 통일을 결국 두 눈으로 보지 못한 채 2013년 6월 13일 90세로 카자흐스탄 알마티에서 사망했다. 안식처는 평생의 망명지인 알마티의 부른다이공동묘지에 마련됐다. 정추는 평생 고향인 남한에서 잊힌 사람이었다. 마찬가지로 사상적으로 선택한 북한에서도 잊힌 사람이었다. 유학생 신분으로 정착한 모스크바에서도 추방되어 중앙아시아 카자흐스탄에서 생애를 마쳤다. 남과 북에서 모두 잊힌 그는 이국땅에서 평생 조국을 그리워하며 작곡에 몰두했다. 그나마 카자흐스탄에서는 위대한 음악가로 이름을 영원히 남겨 다행이라고 할 수도 있겠다.

2023년 광주 국립아시아문화전당에서 〈정추 탄생 100주년 특별전: 나의 음악, 나의 조국〉이 열렸다. 굴곡진 역사 속에서 망명을 선택한 정추의 기록과 음악을 통해 음악에 대한 열정과 조국에 대한 애정을 조명하는 전시였다. 고향 광주에서의 전시는 그의 동생 정근의 뒷바라지가 있어서 가능한 일이었다. 정근 역시 아동음악가로 활동한 '음악가족'의 일원이었다.

장덕창
張德昌
양정고보 3회
1903~1972

손기정
孫基禎
양정고보 21회
1912~2002

서옹
西翁
양정고보 16회
1912~2003

유달영
星泉 柳達永
양정고보 17회
1911~2004

하늘·길·구도

김교신
金敎臣
양정고보 교사
1901~1945

4

장덕창

張德昌
양정고보 3회
1903~1972

조선인
　파일럿에서
공군참모총장까지

항공사 면허증을 딴
19세 조선 청년

3·1운동이 일어난 1919년에 졸업한 장덕창은 당시의 만세운동을 이
렇게 회고했다.

> 우리가 3학년 때에 양정은 광화문으로부터 현재의 교사로 자리를 옮
> 겼다. 문화적인 건물에서 공부를 하니 갑자기 의기양양해졌다. 옮긴 지
> 1년 만에 독립운동이 일어나서 학생들은 책보를 채 정돈하지도 않은
> 채로 거리로 뛰어나갔다. 마침 졸업시험 도중이었는데 나라가 독립한
> 다니 시험 같은 것은 문제가 되지 않았다.[1]

장덕창은 졸업과 동시에 일본으로 건너가 비행학교에 들어간
다. 1921년 11월 21일 자 《동아일보》에 따르면 "근일에 또 새로이 조
선인 비행가 한 명이 생기었다. 시내 다옥정(茶屋町) 31번지 장덕창

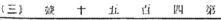

故國訪問巡廻飛行을計畫하는
少飛行家張德昌

비행기에서 내리는 장덕창. 동아일보. 1921년 11월 21일

(19) 군은 금년 10월 30일에 천엽현(千葉縣) 진전소(津田沼) 이등(伊藤) 비행연구소를 우등 성적으로 졸업"했다. 장덕창은 고국에서의 장쾌한 순회비행을 계획하고 있었다. 《동아일보》는 이어서 "이 계획이 실행되면 조선인 비행가로서 고국 방문의 비행을 하기는 장덕창 군으로 처음 되는 일이라 더욱 19세의 청년으로 다년간 산 설고 물선 외국에서 형설의 공을 닦다가 조선인 비행가 중 첫 번으로 고국을 방문하는 그의 심중은 과연 어떠하리요"라고 보도했다.

> 현해탄 놀난 파도를 내려다보고 동포의 열렬한 환영을 밧으며, 조선 턴디에 그의 장쾌한 모양을 낫타내일 날도 멀지 아니하얏다. 군은 실업가 장춘재(張春梓) 씨의 아달로서 어려서부터 모험사상이 만코 자동차 운던에 취미를 붓치엇섯는데, 재작년 2월에 동경 류학의 길을 떠나 작년 3월에 전긔연구소에 입학하야 금년 10월에 졸업하얏는데, 군의 부친 장춘재 씨도 자긔 아들의 본뜻을 찬성하야 수만 원의 거액을 앗기지 아니하고 새 비행긔를 사주고자 한다는대, 조선에 도라온 후는 첫째 경성에서 몃칠 동안 비행하고 그다음에는 평양에서 순회비행을 행하고 기타 중요한 도회디도 방문할 터이라더라.[2]

실제로 신문 보도에는 비행기에서 내리는 장덕창의 사진이 보인다. 고국 방문 비행도 계획한다. 조선인이 비행기를 탄다는 것은 당시 사람들에게는 식민지 백성의 좋은 출구로 받아들여졌다.

장덕창 _ 조선인 파일럿에서 공군참모총장까지

조선 사람의 탁월한 텬재가 세계 어떠한 민족보다 우수한 것은 광휘 잇는 우리의 과거 력사가 증명하는 바이라, 현재 구미 각국에서 최신 문명의 리긔라고 자랑하는 긔계를 우리 조선인은 모다 몃백 년 전에 창조하얏든 것이라. 그러나 몃백 년 동안의 비운으로 인하야 재죠 잇는 사람은 점점 어리석게 되고 부지런하든 사람은 점점 게으르게 되여 결국 모든 외국인에게 이가 갈니는 모욕을 면치 못하게 된 것은 피 잇고 눈물 잇는 사람으로 누가 뜨거운 눈물을 뿌리지 아니하리요.[3]

이 같은 일은 부친의 재력과 지원으로 가능했다. 장덕창은 1919년 양정고보 3회 졸업생이며, 동기로는 의사로서 도자기 수집에 평생을 바친 박병래, 1960년 과도 수반을 맡았던 김현철 등이 있다.

1922년 6월 제국비행협회 주최의 일본 현상비행(懸賞飛行)에 안창남과 장덕창이 참가했다. 당시 일본 비행가들은 선만(鮮滿) 장거리 비행이나 현상비행 등에 관심이 높았다. 제국비행협회에서 비행가 기술을 장려하기 위해 6월 1일부터 4일까지 제3회 현상비행을 거행했다. 현상비행은 상금이 걸린 비행력 경쟁이었다. 장소는 도쿄 근교 지바현 요쓰카이도육군비행장이었다. 참가 인원은 27명인데, 조선인 비행가로는 명성이 높은 안창남과 장덕창이 있었고, 기타 여자 비행가도 있다고 했다.[4] 장덕창은 현상비행에서 2400미터를 돌며 10등을 차지했다.[5]

1924년에 장덕창은 비행기를 이용한 어군 탐지 비행에도 참가한다. 항공기가 보급된 이후 1920년대부터 어군 탐지, 특히 정어리

374

무리 발견에 비행기가 활용됐다. 10월 25일부터 10일간 장덕창이 소속된 일본항공수송연구소에서 어군 감찰 비행이 이루어졌다. 장덕창은 세토내해의 도쿠시마현 해안을 감찰했다.[6]

1925년의 대대적인
비행 활동

독립운동 사료에 따르면 1920년대 당시 중국 광동 정부는 중국인과 같은 조건으로 조선인의 무관학교 입학을 허가했고, 임시정부는 1920년부터 조선 청년을 중국으로 유학시켰다. 장덕창도 중국 국민혁명군 공군에서 비행사로 활동했다.[7] 1925년《신한민보》원동 소식에 중국군에 속한 한인 비행사 풍옥상, 안창남, 장덕창, 이기연, 민성기 등의 이름이 보인다.[8] 아마 중국군에서 다시 항공술을 연마한 것으로 보인다.

　　장덕창의 고국 방문 비행은 1925년에야 비로소 현실화된다. 여러 신문에서 보도됐는데, 대체로 다음과 같은 기사였다. "평북 의주 태생으로 양정고보를 졸업한 장덕창 씨는 오사카의 일본항공수송연구소에 들어가서 일등비행사가 되어 오랫동안 연구를 거듭하던 중, 이번에 일본항공수송연구소 주최와 오사카《아사히신문》경성지국의 후원을 얻고 방문 비행을 하게 됐다. 23세밖에 되지 않은 청년이며, 비행 예정일은 5일부터 19일까지, 비행 일정은 다음과 같다. 통영에서 목포를 거쳐 전북, 경성, 황해도, 평안도, 만주까지 가는 긴 항공 여정이다. 5월 5일부터 19일까지 일정은 통영 5일, 여수 6일, 목포 7일, 군산·이리 8일, 강경 9일, 경성 10일, 해주 13일, 진남포 겸 이포 14일, 평양 15일, 신의주 안동현 16일, 의주 18일, 대련 19일 항로다."[9]

첫 기착지는 통영인데, 광양을 선회하고 순천으로 향했다. '조선인으로 일본 항공계의 거성인 일등항해사 장덕창 씨는 현재 일본항공수송연구소 교관으로 있으나, 이번에 일방으로는 일신(日申) 연락비행 우편항공로 조사를 목적으로, 또 일방으로는 고국 강산을 방문차' 들어온 것이다. 복엽식(復葉式) 수상비행기 부흥호(復興号)를 타고 통영, 여수를 경유해 3일 오전 0시 5분경에 광양 천공을 일주한 후 순천으로 향했다. 관중이 무려 1만여 명에 달해 광양 시가가 한때 인산인해를 이루는 대성황이었다. 그다음은 군산에서 여의도까지 노선이었다.[10] "동경비행학교 출신으로 이름이 높은 장덕창 씨는 금번 전선(全鮮) 순회비행을 하게 되어 금일 군산서 출발하여 오후 3시경에 한강 인도교 위에 도착하리라고 한다."[11]

한 달 후 일본항공수송연구소 주최 오사카《아사히신문》경성지국 후원으로 조선과 만주의 연락비행에 나선다. "비행기는 횡단식 수상기라 하며 비행사는 조선의 일등비행사 장덕창으로 그 6월 일정은 다음과 같다. 전월 일정과 비슷하나 방문지가 조금 확대됐다. 2일 통영, 3일 여수·순천·광양 지방, 4일 벌교, 5일 목포·법성포·영광 지방, 6일 군산·이리·황등, 7~8일 경성, 10일 해주, 11~12일 겸이포·진남포·평양, 13일 신의주, 14일 안동현, 15일 의주, 17일 대련이다."[11]

날짜는 다르지만 비슷한 내용의 기사가 또 실린다. '오사카 시계(市界)에 위치한 오하마의 일본항공수송연구소 소속 일등비행사 장덕창 씨는 향토 방문지로 1925년 6월 3일 벌교에 도착해 1박한 후 동 5일에 목포로 갈 것'이라고 했다.[12]

6월 9일 장덕창이 수상기를 타고 인천을 방문한다는 기사가 실렸다. '인천 항공에는 수상비행기가 날아와 월미도 뒤편 해항에 착륙하고 일차 활주한 후 일반에게 공개하여 설명이 있을 거라는데, 이는 일등비행사 장덕창 군의 조종으로 당일 경성 한강에서 떠나 웅자(雄姿)를 인천에 나타낼 것'이라고 했다.[13]

같은 날짜의 기사에 순회비행 중인 장덕창 씨가 익산 황등교에 오는 것을 기회로 삼아 《동아일보》 이리지국에서 독자의 위안과 일반 부인의 지식을 도모하기 위해 부인견학단을 조직해 20여 명의 단원과 광희여숙 학생 일동을 합해 비행기 견학을 실시한다는 내용이 나온다. 면장과 황등청년회도 참여한다고 했다.[14] 인천항에서 이리 황등으로 날아오는 것이다. 6월 12~13일에는 강상비행대회가 평양에서 열렸다. 《매일신문》 평양지국이 주최하고 대동강 강상에서 장덕창이 주관하는 수상비행대회가 열린 것이다.[15]

그런데 그해 6월에는 기계 고장으로 비행기가 한강에 추락하는 사고가 있었다. 바람에 날개가 꺾여서 죽을 고비를 간신히 넘긴 사고였다. 신문에 '부흥호' 대파 기사와 사진이 실렸다.[16]

377

만선 연락비행을 계획한 장덕창 씨는 (…) 10일 오전 11시부터 경성 상
공을 비행하고 동일 오후 3시 반경에 다시 비행을 하려고 착수점(着水
点)인 한강 인도교 상류에서 약 3정(丁)가량 되는 수상을 떠나 약 300
피트 되는 상공에서 오른편으로 돌리려고 하엿스나 갑작이 푸로펠러가
정지되며 조종을 마음대로 할 수가 업슴으로 조종사 장씨는 죽을힘을
다하야 저공비행으로 간신히 착수점으로 향하든바, 기체가 떠러저 착
수점 동쪽 1정가량 되는 모래밧헤 바로 나리박히여 또 한 번 곤두박질
을 하엿다는데, 장씨는 미리 몸에 매엿든 줄을 끌럿슴으로 다행히 무
사하엿고 가치 탓든 (후원자《아사히신문》경성지국 판매부원) 고판퇴삼(高
坂退三) 씨는 기체에서 뛰여내리다가 목과 가슴과 왼다리에 세 곳을 다
치고 왼발까지 중상을 당하야 인사불성이엇섯다는데, 즉시 룡산 철도
병원에 입원하야 치료 중인바, 약 4~5일간 걸리겟다 하며 기체는 중동
이 불어저서 산산히 부서젓다더라.[17]

죽을 고비를 넘긴 장덕창은 13일에 경성으로 돌아오고, 그를 위
한 환영회가 열린다. 민간 유지의 발의로 식도원(食道園)에서 성대하
게 열려서 입경을 환영했다. 그해 10월에는 비행기로 고래 어군을 탐
색하는 시험을 하는데, 1924년에도 어군 탐사를 했으나 고래 탐사로
는 일본에서 처음이었다.[18] 1924년 말에 일본항공수송연구소가 주관
해 와카야마, 고치 등에서 어군 탐색을 네 차례 실시했다. 1925년에
는 고치수산시험소와 도요(東洋)포경회사에서 50톤 규모의 수산시행
선과 고래잡이배를 출동케 한 후 일본항공수송연구소의 장덕창에게

비행기를 타고 고래가 나타나는 곳을 찾아서 통지해줄 것을 의뢰했다. 이에 장덕창은 180마력의 비행기를 타고 출동했다.

1925년 11월에 조선에서 최초로 비행학교 설립이 가시화된다. 비행사 민성기와 정재섭이 비행학교를 설립하고자 도쿄에 있을 때 육군성 당국과 교섭해 학교에서 쓸 비행기를 불하받기로 하여, 개학과 동시에 조선에 건너올 것이라고 했다. 개교와 동시에 문호를 널리 개방해 조선 청년 가운데 항공계에 종사하고자 하는 이는 누구에게나 입학을 허락하려고 했다. 교관으로는 안창남, 이귀연, 장덕창 등 항공계의 용사를 초빙할 계획이었다. 비행학교 설립에 관해 '이왕(李王) 전하가 찬성해 민성기의 외조 이재극 씨를 통해 간곡한 말씀까지 있었다'고 했다. 민성기는 여흥민씨 자손이고 외조도 전주이씨 집안일 것이다. 여하간 장덕창은 조선의 비행학교 교관으로 내정됐다.

> 금번에 일본 제1항공학교를 졸업한 삼등비행사 민성기와 정재섭 씨가 크게 생각한 바 있어서 약 2만 원 예산으로 조선에 처음 되는 일대 비행학교를 설립하고자 수일 전에 입경해 방금 총독부와 기타 관계 당국에 양해를 얻고 한편으로 학교 설립에 관한 여러 가지 준비를 하고 있다는바, 위치는 시외 노량진의 넓은 벌판으로 결정됐다고 하며, 개교기는 아마 명년 봄 2월경이 되리라 한다.[19]

12월 장덕창은 중국 비행에 나선다. 북경 시가를 배경으로 조선의 민간비행사 안창남, 민성기, 이기연, 장덕창이 등장한 사진이

북경을 배경으로 조선의 4인 조종사. 동아일보. 1925년 12월 6일

실린다.²⁰

중국 동란을 기회로 하야 시내 원남동 66번지 민성기 씨와 돈의동 이
기연 씨 등 두 삼등비행사는 북경 방면으로 밀행하엿다는데, 전기 민
성기 씨의 부친 되는 민병길 씨는 작년 3월경에 죽동궁(竹洞宮) 민정식
씨를 따라 상해로 건너가서 상해 가정부와 연락을 취하여 가지고는 북
경으로 올라가서 기회를 엿보고 있든바, 요사이 중국 동란으로 풍운이
날로 급박하여가는 것을 보고 풍옥상(馮玉祥) 씨와 자주 교제를 하면서
그의 실자인 전기 민성기 씨를 풍옥상 군대에 참가케 할 약속을 한 까

닭에 민성기 씨는 그의 친구 이기연 씨와 서로 의론한 후 갓치 북경으로 간 것이라 하며 이씨 이외에도 조선 비행사로 이름이 자자하든 안창남, 장덕창 양씨도 풍옥상 군에 가담하야 목하 북경 장가구(張家口) 사이를 왕복하면서 활약 중이라더라.[21]

비슷한 시기에 비슷한 연배의 안창남이 있었다. 안창남도 일본에서 비행사 면허를 우수한 성적으로 취득하고, 1922년 고국 방문 비행을 성황리에 마쳤다. 이후 중국으로 망명해 대한민국임시정부와 접촉, 중국군에 참여해 항공독립운동 방략을 추구하는 데 중추 역할을 했다. 덕분에 일반에게는 안창남이 알려지고 장덕창은 상대적으로 덜 알려져 있다. 그러나 민간항공 조종사로서 장덕창은 대단한 위상을 지니고 있었다. 안창남이 일찍 사망해 더 이상의 활약을 보여주지 못한 데 반해, 장덕창은 해방 후 공군이 창설되기까지 항공계의 중요 역할을 두루 수행했다. 장덕창에 대한 세간의 이해가 확충될 필요가 있다.

오사카에서 항공사자격증 딴
일등비행사

1927년 7월 신문에 〈명예의 항공사 된 일등비행사 장덕창 씨, 조선 사람으로 처음 일이오, 일본서도 희한한 일〉이라는 기사가 뜬다.[22] 삼등비행사로 출발해 일등비행사 자격증을 획득한 것이다. 장덕창이 비행기 앞에서 기념으로 찍은 사진도 곁들였다.

공중의 패권을 다투는 항공계에 조선인의 수재가 적지 아니하얏스나 일등비행사라는 영예로운 이름을 가지고 잇는 비행사는 장덕창, 안창남 양씨이엇는데, 금번 장덕창 씨는 가스미가우라(霞浦)라는 해군비행장에서 항공법에 의하야 시험을 바든 결과 항공사(航空士)라는 명예의 직함을 어덧는바, 이 항공사는 조선인 중에서는 처음이오, 일본에서도 드믄 일이라더라. (사진은 장덕창 씨가 항공사가 된 때.)

다음 달인 8월 《중외일보》에는 〈최초의 항공사, 장덕창 귀국〉이라는 기사가 뜬다.[23] 7월에 항공사자격증을 받고 바로 경성으로 귀국한 것이다. "조선 최초의 항공사 장덕창 군은 15일 밤에 오사카로부터 귀국하야 약 1주일 동안 견지동 88번지 자택에서 체재하는 중이더라"라는 기사가 그것이다. 같은 8월 《신한민보》에는 〈명예의 항공사 된 일등비행사 장덕창 씨, 조선 사람으로 처음 일이오〉라는 기사가 확인된다. 이 기사는 《중외일보》를 그대로 재전송한 것이다.[24] 조선은 물론 미주에까지 장덕창의 항공사자격증 취득이 알려졌다.

당시 조선인이 비행기 조종을 배울 수 있는 곳은 일본과 중국 두 군데였다. 도쿄 혹은 오사카에 가서 수업을 받고 자격증을 받거나, 남경비행학교를 졸업하고 중국 국민정부로부터 비행사 면허를 얻는 방법이었다. 안창남이 창공을 가르며 도쿄에서 서울로 비행기를 몰고

영예의 일등비행사가 된 장덕창. 중외일보. 1927년 7월 16일

왔을 때 30만 시민이 눈물로 맞이했다고 전한다. 1935년《삼천리》에 따르면 "또 한편으로는 반도의 일주 비행에 성공하여 큰 광채를 날니는 이도 잇스며 무슨 항공학교, 무슨 항공협회에서 교편도 잡고 연구도 하는 분도 잇"다. 그런 사람들 중 장덕창을 소개하면서 '수상비행의 패자'라고 했다.

현재 우리가 가지고 잇는 백의비행사 중 가장 탁월한 기술을 가지고 잇고 그 명성이 혁혁하여 가장 화려한 장래를 약속하는 이는 실로 이 장덕창 씨이니 씨가 엇더케나 천재 비행가로서 일홈이 놉흔가 하면 해군계에 속하는 수상비행, 즉 일반의 모든 비행기는 육상이 아니면 착

383

륙하지 못하지만 아모 대나 잇는 바다물 우에 착륙할 수 잇는 수상비행에 잇서 단연 전 일본 비행계에 왕자의 지위를 가지고 잇다. (…) 그는 벌서 2천 시간 이상을 비행한 기록을 가지고 잇는데 불명예스러운 타락이나 사고가 한 번도 업섯슬뿐더러 일단 기상(機上)의 인(人)이 되면 거믄 하늘 지나가는 백로가치 자유자재로 상하 비익한다고 한다. 그는 아직 서른두 살의 청년이다. 이토(伊藤)비행기제작소를 우수한 성적으로 졸업하기는 다이쇼 12년 5월 22일이엇스니 벌서 독립한 비행사가 된 지 10여 년에 난다. 지금은 일등조종사요, 오사카에 잇는 일본 항공수송연구소에서 밤을 낫으로 계속하여 열심히 연구를 하며 또는 후진 양성을 위하여 교편을 잡고 잇다.[25]

1935년 당시 일등조종사 면허증을 가진 조선 비행사는 단 두 사람, 장덕창과 신용쇄뿐이었다. 34세 청년 신용쇄는 여의도비행학교 교장이었다. 그 밖에 이등비행사로는 도쿄에 가 있던 박봉지, 경성비행장에 있는 김동업, 한 명뿐인 여성 비행사 25세의 이정희가 있었다.[26]

1941년에 신용쇄는 "현재 조선인의 비행사가 몇 명가량 됩니까. 또 일등비행사로 활약하시는 분까지"라는 기자의 질문에 이렇게 답한다. "조선인의 일등비행사는 전부 다섯 명인데, 오사카에 있는 장덕창 씨와 만주국에 가 있는 오성옥 씨와, 나와, 또 우리 항공 사업에 가치 있는 박봉지 씨와 표명호 씨외다. 그 외의 비행사로는 80명이라는 다수에 달하여 각각 활약하고 있지요."[27] 이렇게 장덕창을 꼭 짚어

말했다. 그만큼 장덕창은 당대에 유명한 비행사였다.

1950년대의
공군참모총장

해방 직후인 1945년 10월 10일, 조선항공협회를 대표하는 장덕창 등
이 미군정 당국에 일본군이 사용하던 항공 시설과 기재의 양도를 요
청한다. 해방 이후 항공계를 재구축하려는 시도였다.[28] 민간항공 분
야에서 활약하던 장덕창은 새롭게 창설되는 조직에 들어간다. 조선경
비대 항공부대 창설 간부 요원인 최용덕, 김정렬, 박범집, 이근석, 장
덕창, 김영환, 이영무 일곱 명이 조선경비대 보병학교에 입교한 것이
다.[29]

　　남조선국방경비대 또는 국방경비대는 국군의 전신으로서 1946
년 1월 15일 미군정이 1개 연대 병력으로 창설했다. 이날은 대한민국
육군의 창설 기념일이기도 하다. 같은 해 6월 15일 조선경비대로 개
칭됐다. 1948년 9월 1일 국군으로 편입됐고, 9월 5일 대한민국 육군
으로 개칭됐으며, 11월 30일 정식으로 대한민국 국군으로 편입됐다.
조선경비대 항공부대는 육군 예하의 항공대였다가 1949년에 공군으
로 독립했다. 1949년 1월 14일 육군항공사관학교, 2월 15일 여자항
공교육대, 6월 28일 육군본부항공국이 설치됐으며, 그 뒤 10월 1일
대통령령 제254호 '공군본부직제'에 따라 1600여 명의 병력과 20대

385

인물계 9월호 표지에 실린 장덕창 공군참모총장(왼쪽 맨 아래)

항공부대 창설 요원들. 맨 오른쪽이 장덕창이다

의 L-형 항공기를 가지고 육군에서 분리해 독자적인 공군을 창설함으로써 결실을 맺는다. 장덕창은 공군의 창설 주역으로서 주도적으로 참여했다.

항공대에 있었을 때 장덕창은 친일파에게 수모를 당하는 일도 겪었다. '신용욱 반민족행위특별조사위원회' 자료에 신용욱의 부일 및 반민행위 죄상이 남아 있다. "항공계 선배인 장덕창 씨(현 항공부사령관)가 8·15 전부터 동 회사 사택에 거주하고 있었음에도 불구하고 M·P를 대동하고 가택을 수사했으며, 심지어 장씨 부인의 핸드백까지 수색했다"라는 기록이다.

당시 항공사령관은 김정렬이었고, 장덕창은 부사령관이었다. 김정렬은 일본 육사 54기 졸업생, 최용덕은 중국 공군 대령 출신, 이근석은 일본 육군항공대 소년병 출신 등이었다면, 순수 일본 민간항공 출신으로는 장덕창이 유일했다. 베테랑 파일럿인 장덕창은 당시 9800시간의 최다 비행 기록을 보유하고 있었다. 육군 수뇌부의 다수는 일본군 출신이었지만, 공군의 창설 주도자인 최용덕은 중국 공군 상교(대령)로 지휘부 참조장, 기지사령관, 동시에 광복군 참모처장을 역임한 군인이었다. 장덕창은 일본에서 항공계에 종사했어도 민간항공 부문에서 활동했고 민족의식이 깊던 인물이라 최용덕과 의기가 투합했다.

남한 단독정부 수립 직후인 1949년 9월, 제1회 항공일 기념행사가 장관을 이루며 서울 항공에서 벌어진다. 동시에 신문에는 〈창공에 은익(銀翼) 난무〉라는 기사가 실린다.

387

민국항공사상에 첫 페-지를 장식하는 항공군 창립 첫돌맞이 항공일인 15일 상오 10시부터 시내 여의도비행장에서 이 부통령을 비롯하여 이 국무총리, 신 국회의장 그리고 신 국방장관과 각 정무원, 국의원 그리고 항공을 동경하는 남녀 젊은 학도 수만 명이 참석한 가운데 성대히 거행되었다. (…) 비행부대장 이근철 대령의 보고에 뒤이어 우렁찬 주악에 따라 비행장에 정렬된 항공 장병들의 사열이 있은 후 항공사령관 이영무 대령의 통솔하 곧 2대에 나누어진 연대비행으로 공중관병식이 계속되자 북상하던 일대가 상륙하고 나머지 김신 중령이 기상으로 편성된 3기가 식장 상공에서 원형을 지어가며 반전을 비롯한 우회하는 고등비행을 하여 보는 관중의 손에 땀을 쥐게 하였다. (…) 김갑출 이등병의 낙하산 강하의 시범이 있었다. (…) 참으로 감개무량하다. 우리 손으로 비행기를 받어 우리 삼천리 창공에서 날린 첫돐을 맞는 날이다.[30]

장덕창은 한국전쟁이 저물어가던 1953년 3월 소장으로 진급한다. "공군비행단장 장덕창 준장이 지난 3월 25일 부로 공군 소장에 승진하였다고 한다. 우리 공군이 2성 장군을 갖게 된 것이 이것으로 두 번째"라고 했다.[31] 곧바로 장덕창 소장은 행정참모부장에 임명된다. 1955년에는 미공군의 요청에 따라 도미하게 된다. 공군 행정참모부장 장덕창 소장 일행은 1월 21일 오후 3시 김포공항에서 여정에 올랐다. 약 1개월간 미공군의 각 시설을 시찰하는 한편, 미국에 체류하며 훈련받던 공군 장병들의 훈련 상황을 살펴보고 2월 27일에 귀국했다. 김포공항에서 참모총장 김정렬 중장을 비롯해 최용덕 중장, 김

장덕창

창규 소장 등 각 장성 및 참모 다수의 마중을 받았다.[32]

　　1956년 11월 25일 정부는 장덕창을 공군참모총장에 임명한다. 이로써 소년 항공사로 출발해 민간 일등비행사를 거쳐 공군 창설에 주도적으로 참여하고, 마침내 최고 자리에 오른 것이다. 1957년 4월 장덕창은 공군참모총장 자격으로 공군 기지 시찰차 타이완을 방문한다. 공군 장교 일곱 명으로 꾸려진 친선 방문단을 이끌고 공군 전용기 편으로 타이베이 쑹산공항에 도착한다. 그해 5월에는 미국 5공군사령관 초청으로 일본을 방문한다.

　　장덕창이 공군에서 주역으로 활약하던 1950년대는 대한민국 공군이 본격 도약을 꿈꾸던 시기였다. 1951년 8월 공군비행단이 제1

389

전투비행단으로 개편되고, 11월에는 제80항공창이 만들어졌다. 1953년 2월 15일 제1전투비행단 예하에 있던 10전투비행전대를 전투비행단으로 승격시켜 제10전투비행단이 창설됐다. 휴전 직후 1954년에는 한국 최초의 경비행기 부활호 제작으로 공군 전력의 국산화가 진전됐다. 이후 공군은 미국으로부터 수원(1954), 대구(1955) 등 여러 기지를 인수하고 C-46D, F-86F, T-33 등 각종 항공기를 도입해 공군 전력의 기반을 닦는다. 이때를 기점으로 대한민국 공군은 '전술 공군'으로 도약하는 계기를 마련한다.

1955년 10월 15일에 제7항로보안단과 제5혼성비행단 창설, 1956년 7월 15일에 공군대학 창설, 8월 1일에 공군기술교육단이 창설되며 공군의 기능과 조직이 전투 외의 영역으로 확장됐다. 1958년에는 제11전투비행단이 추가로 창설되어 전술 대응 역량이 늘었다. 이들 대부분이 장덕창이 현역으로 지휘하던 시절의 업적이다.

그 후 참모총장에서 물러나면서 장덕창은 민간항공사로 돌아온다. 민간항공의 미래를 예측하는 그의 선지식은 일찍이 1920년대부터 예견됐던 것이다. 이미 1937년 〈민간항공계의 전도는 양양, 조선 청년의 인재 속출을 희망〉한다는 신문 기사에 보인다.[33]

1960년 장덕창을 중심으로 한 조종사 출신 항공인들이 교통부에 고려항공사(가칭) 설립을 신청한다.[34] 1962년 정부가 출자해 미군정 시절부터 시작됐던 대한국민항공을 인수, 대한항공공사를 설립한다. 그러나 만성적 경영난에 시달리게 되어 민영화를 추진, 1969년 3월 1일 대한항공을 출범시킨다. 장덕창이 꿈꾸던 민간항공의 미래는 이들 대한항공 등으로 이어진다.

    1972년 7월 11일 '장덕창 전 공군참모총장 사망' 부고 기사가 신문에 실린다. 한평생 항공계에 몸을 바친 항공인이 세상을 떠난 것이다.

서옹

西翁
양정고보 16회
1912~2003

선교 양종에 밝은
한국 불교의
뛰어난 선지식

재학 중에 불문에
들어서다

서옹은 중국의 위대한 선승 임제(臨濟)의 정맥을 이어온 한국 현대 불교의 대표 선승이다. 선문(禪門)에서는 드물게 선교(禪敎)에 두루 정통한 선지식으로, 동서양 철학에 자유자재로 회통한 박학다식한 선사로 널리 추앙을 받는다.

서옹은 경술국치 직후인 1912년 10월 충청남도 논산시 연산면 송정리의 유학자 집안에서 태어났다. 부친 전주이씨 이범제, 모친 김지정의 외동아들이다. 속명은 이상순, 호는 서옹이다. 7세에 아버지를 여의고, 조부로부터 한학을 배웠다. 첫 스승인 조부 이창진은 정3품 벼슬 중추원 의관을 지냈으며, 성품이 청렴하고 학문이 깊은 유학자이면서 불교에도 관심과 공부가 깊었다. 이때의 훈육은 서옹이 뒷날 선교를 겸수한 가운데 맑고 단아한 인품을 지니는 토대가 됐다.

10세 되던 1922년 연산 공립 보통학교에 입학했고, 보통학교 4

393

서옹, 불교신문

학년 재학 중에 서울로 올라와 죽첨 공립 보통학교(현 금화학교)로 전학한 후, 5학년 때 시험을 치러 17세 때 양정고보에 입학했다. 윤석중이 2년 선배이고 1년 후배로 유달영, 5년 후배로 손기정이 있다. 무교회주의자 김교신이 양정에 재직하던 시절이다. 양정역사관에는 서옹이 손기정을 기리면서 쓴 휘호가 남아 있다.

고교 재학 중에 삶의 본질에 대한 고민에 빠져들었다가 홀어머니와 조부가 사망하자 삶이 더욱 막막해졌다. 인생과 우주의 진리에 대해 고민하기 시작했다. 숙부가 살림을 돌보았기에 학업과 생활에는 지장이 없었지만, 그때 받은 마음의 상처는 출가의 바탕이 됐다. 조부와 모친이 사망한 후 슬픔을 다스리며 양정 도서관에서 우연히 불교 서적을 읽다가 무아사상(無我思想)에 마음이 끌렸다. 부처의 가르침 속에 그간 고뇌하던 인생의 모든 문제에 대한 답이 있음을 알게 되면서 불교에 깊이 빠져들었다.

서옹은 지리박물 교사 김교신의 영향으로 간디에 관한 책을 접하게 됐고, 간디의 삶을 통해 불교와 만나게 됐다. 기독교인 김교신의 감화 아래 불교에 입문한 독특한 경우다. 간디는 아힘사(비폭력)와 아파리그라하(무소유), 브라흐마차리아(금욕) 등을 실천했으며, 이 같은 철학은 불교와 사촌지간인 자이나교에서 영향을 받았다. 간디 사상에 심취한 상황에서 불교를 공부해 나가면서 입산을 깊이 고민한다.

양정고보 학생 신분으로 불교를 알기 위해 각황사(지금의 조계사)를 찾아 중앙포교사 김대은을 만났다. 김대은은 서옹을 당시 교무부장 만암(蔓庵)에게 천거했다. 출가를 꿈꾸고 은사를 찾아 나선 고교생

395

에게 만암 같은 큰스님과의 만남은 역사적 사건이었다. 만암을 만나 출가를 맹세하고 1932년 21세 때 만암이 세운 중앙불교전문학교에 진학했다. 그해 7월 백양사에서 만암을 은사로 모시고 석호(石虎)라는 법명을 받아 정식으로 불문(佛門)에 들어선다. 학업 성적이 뛰어나 학교의 기대를 한 몸에 모은 우등생이었지만 경성제대 예과 진학을 권유하던 스승과 숙부의 반대를 무릅쓰고 동국대학교의 전신인 중앙불교전문학교에 입학한 것이다.

은사로 모시게 된 만암은 국권피탈 이후 경내에 광성의숙과 심상학교를 설립하는 등 인재불사에 관심을 쏟았다. 조선시대 3대 강백(講伯)의 한 사람인 백양사의 석전(石顚) 박한영은 최남선, 신석정, 이광수, 서정주 등을 길러낸 당대의 스승이다. 서옹은 백양사의 이런 열린 스승들의 가르침을 받는 불문의 길에 들어선 것이다.

백양사로 입산해 상원사에서
수선납자 생활

서옹이 입산한 백양사는 전라남도 장성군 북하면 백암산에 위치한 조계종 제18교구 본사다. 말사 40여 곳을 관장한다. 631년(백제 무왕 32)에 창건된 사찰로 1034년(고려 덕종 3)에 중연이 중창한 이후 정토사로 개칭, 1574년(조선 선조 7) 환양선사가 백양사로 이름을 바꾸었다. 백양사는 일제강점기 31본산 중 하나였으며, 현재 부속 말사 26개소

서옹이 입산할 당시의 백양사 쌍계류와 백학봉. 조선총독부 유리원판 사진

만암

를 관장한다. 백암산에는 약 3만 그루의 나무가 밀집해 있어 내장산과 더불어 '춘백양(春白羊), 추내장(秋內藏)'의 칭호를 얻고 있다. 예로부터 조선8경의 하나로 유명했다. 1962년 천연기념물로 지정된 비자나무숲도 유명하다.

백양사는 서옹의 생애 대부분을 차지하는 중요 거점이었다. 은사 만암은 중앙불교전문학교 초대 교장을 역임하고, 기존 강원제도를 혁신해 대대적인 승가교육제도의 변화를 추진하고 있었다. 만암은 날마다 대중과 새벽 예불을 올렸고, 선방에 앉아 입선하고 공양도 함께 했다. 스승의 면모는 서옹에게도 영향을 주었을 것이다. 백양사에 남아 있는 중요 건물도 1917년 만암이 주지로 있으면서 중건한 것들이다. 백양사가 현재의 사격(寺格)을 갖춘 것은 전적으로 만암의 공로다.

백양사는 오랜 강학 전통을 지닌 사찰로 정평이 있었다.[1] 서옹은 백양사 강원에서 2년간 영어 외전 강사를 지내다가 오대산으로 간다. 서옹은 오대산에서 주석하던 당대의 선승 한암 밑에서 2년간 용맹정진하며 본격적인 수선납자 생활을 시작했다. 방한암(方漢巖)으로 불리는 한암은 불교의 중흥조 경허성우(鏡虛惺牛), 교문(敎門)의 거봉 박한영과 함께 근세 한국 불교계를 대표하는 선승으로 큰 족적을 남겼다. 한암은 금강산 장안사로 출가했으며, 이후 경허에게 선지식을 배웠다. 한암은 50세 때 오대산 상원사에 들어가서 입적할 때까지 27년간 한 번도 동구 밖을 나가지 않는 엄중함을 보여주었다. 당시 상원사에서는 뛰어난 선승을 찾아온 젊은 승려들이 모여들어 용맹정진하고 있었다. 함께 정진하던 도반인 탄허, 고암, 월하(月河) 등은 후에 모두 한국 불교의 거목이 됐다.

불교·유교·도교에 통달한 한학자로 지구촌의 미래를 내다보았다는 상원사 조실을 지낸 탄허(呑虛), 자비심 많고 덕이 높아 크고 너그러운 대도인으로 독립운동가 용성에게 가르침을 받은 조계종 3·4대 종정 고암(古庵), 보살처럼 자비심이 많고 수행을 철저히 한 지월(指月), 조계종 9대 종정을 지낸 통도사 영축총림방장 월하 등이 상원사로 모여들었던 젊은 그들이다. 후에 한국 불교를 짊어질 불교계 인재들이 상원사 한암 곁에 머물며 수행에 정진했다.

서옹은 만암의 도움으로 1939년 교토 린자이(臨濟)대학으로 유학을 떠나며 임제 정맥의 진수를 익히고 배움에 깊이를 더해갔다. 당시 선 철학의 세계적 권위자인 히사마쓰 신이치(久松眞一) 박사와 평생 지속되는 친교를 맺었다. 히사마쓰는 이른바 교토 학파의 일원으로 일본 근대를 대표하는 철학자의 한 사람이다. 그의 궁극적 지향처는 선(禪)이다. 젊은 시절 임제선(臨濟禪)을 참선하며 연구해 깨달음을 얻은 이후 일생을 그 깨달음에 바탕을 두고 자신의 철학을 전개했다. 그는 궁극의 선이란 사람들로 하여금 형상이 없는 인간, 즉 '무상(無相)의 자기'를 자각하도록 인도하는 것이라고 보았다.[2] 임제선에 깊게 빠져들었던 서옹은 히사마쓰와 오랫동안 교류하며 서로 얻은 바가 있었을 것이다.

서옹은 30세 되던 1941년에 린자이대학을 졸업했다. 졸업 논문인 〈진실자기(眞實自己)〉에서 일본 불교 교토 학파 선 학설의 오류를 지적해 일본 불교학계에 큰 화제를 불러일으키기도 했다. 그리하

399

(왼쪽부터) 보성, 성철, 서옹

여 〈진실자기〉는 일본 각 대학에서 교재로 채택되고, 일본 불교계에서 널리 읽혔다. 서옹은 린자이대학을 마치고 임제종 총본산인 묘심사 선원에 들어가 3년 동안 치열하게 정진한다. 묘심사는 1342년 창건됐으며 경 내외로 48개의 말사를 거느린 교토의 큰 사찰이다. 불교 정화의 모범을 보여준 송광사의 취봉(翠峰)도 비슷한 시기에 린자이대학을 졸업했다. 근검절약하면서 한국전쟁 때 소실된 송광사를 복원하는 데 진력을 쏟은 취봉은 서옹과 잘 알던 사이였을 것이다. 취봉은 1939년 41세 때 린자이대학을 졸업했는데, 서옹이 입학하던 시점이었다.

해방 직전인 1944년에 귀국한 서옹은 백양사와 목포 정혜원에서 잠시 주석하다가 선방에서 수행정진을 계속한다. 당대 선객인 향곡(香谷)이 주석하던 부산 선암사 선방에서 공부하고, 통영 안정사 천제굴에서 정진 중이던 성철(性徹)을 찾아가 정진의 가속도를 붙였다. 향곡은 성철의 평생 도반이었다. 서옹도 동갑내기 성철과 이때 처음 만나 평생 도반이 된다. 성철과 서옹은 속세 나이로 동갑이었다. 이들은 모두 해방 공간 불교계의 정화운동 시기를 수행으로 극복한 인물이다.

문득 깨달아 초탈의 경지를 맛보다

서옹은 1949년부터 20년간 제방선원(諸方禪院)을 떠돌며 수행했다. 51세 되던 1962년 동국대학교 대학 선원장 겸 조실로 취임했으며, 대중 교화에 본격적으로 나선 것은 이 시점이다. 참선의 대중화에 힘을 쏟으며 실천궁행(實踐躬行)과 더불어 불교의 생활화, 현대화에 관심을 기울였다. 대학 선원에서 선 법문을 비롯해 선의 진수와 불교 사상을 알리는 데 열정을 다했다. 1965년 서울 도봉산 천축사 무문관(無門關, 절 밖에 나오지 않고 참선만 함) 초대 조실이 됐다. 이후 동학사, 백양사, 봉암사, 대흥사 등 제방선원의 조실을 거쳤다. 외국인 선객도 직접 지도했으며 선장(禪匠)을 양성했다. 1968년 일본 묘심사에 다녀온 후부터는 법명을 '석호'에서 '서옹'으로 바꿔 사용하기 시작했다.

서옹이 견성(見性)한 것은 1967년으로 알려진다. 어느 날 백양 401

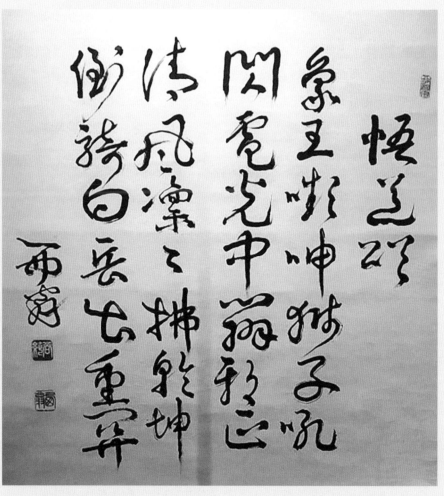

서옹이 쓴 오도송

사 쌍계루 아래 돌다리 사이로 흐르는 물살을 보고 문득 크게 깨달아 전에 없던 초탈의 경지를 맛보았다. 문득 눈앞이 밝아짐을 느끼면서 확철대오(廓撤大悟) 하여 견성했다고 전한다. 이때 그가 읊은 오도송(悟道頌)이 전해온다.

> 상왕은 위엄을 떨치며 소리치고 사자는 울부짖으니(象王嚬呻獅子吼)
> 번쩍이는 번갯불 가운데서 옳고 그름을 분별하도다(閃電光中辨邪正)
> 맑은 바람이 늠름해 하늘과 땅을 떨치는데(淸風凜凜拂乾坤)
> 백악산 거꾸로 타고 겹겹의 관문을 벗어나도다(倒騎白岳出重關)

그러자 서옹은 자신의 경지를 스승 만암으로부터 점검받고, 즉시 법을 잇는다는 전법게를 받았다. 만암이 내린 전법게는 다음과 같았다.

> 백암산 위의 한 사나운 호랑이(白岩山上一猛虎)
> 한밤중에 돌아다니며 사람을 다 물어 죽인다(深夜橫行咬殺人)
> 쇄쇄 맑은 바람 일으키며 날며 울부짖으니(颯颯淸風飛哮吼)
> 가을 하늘에 밝은 달빛이 서릿발처럼 차갑도다(秋天皎月冷霜輪)

403

참사람운동과
무차선회를 열다

서옹이 63세가 되던 1974년 7월 21일 조계종 종정추대위원회에서 제5대 종정으로 추대된다. 이듬해 대한불교총연합회 회장을 맡았고, 1978년 종정에서 물러난다. 종정 재임 때 '부처님 오신 날'이 공휴일로 제정된 것을 큰 보람으로 여겼다. 그 뒤 백양사 조실(1981), 수국사 백운암 조실(1984), 백양사 운문선원 조실(1990), 백양사 고불총림 방장(1996~2003) 등으로 주석하면서 후학 양성과 한국 불교 발전에 힘썼다.

백양사에서는 운문선원이 중요하다. 진산의 태고암, 변산의 월명암과 더불어 남한 3대 수도처로 명성을 떨쳤다. 선원이 들어선 것은 고려 말인 1350년경이다. 근세에 들어와 운문선원이 한강 이남의 중심 선원이 된 데는 만암의 역할이 지대하다. 만암은 고불선원을 짓고 백양사를 중창했으며 박한영, 한용운 등과 함께 일본 조동종(曹洞宗) 병합에 맞서 임제종(臨濟宗)을 한국 전통의 선종으로 세웠다. 만암의 뒤를 이어 백양사를 선문의 종가로 키운 인물이 바로 서옹이다.

서옹은 조계종 종정 시절 '어록의 왕'이라 불리는《임제록》을 제창한《임제록연의(臨濟錄演義)》를 발간했다.《임제록연의》는 기존의 많은《임제록》주해서와 달리 해박한 불교학 지식을 바탕으로 원서의 정확한 의미는 물론이고 폭넓고 깊이 있는 단어와 해석을 통해 임제 선사의 불교 사상을 전한다. 한 구절, 한 구절 음미해 읽으면 그가 왜

백양사 운문암. 1920년대 후반

동양 최고의 선지식인지를 알 수 있다. 《임제록연의》는 서옹이 입적한 다음에도 선원과 강원에서 선불교를 공부하는 스님은 물론이고 대중에게도 오랫동안 필독서도 읽히고 있다.[3] 종정 재임 중에 책을 발간한 것은 선풍을 진작하고 흐트러진 선문의 기강을 세우기 위해서다. 평소 승직에 연연하지 않던 그였기에 종정을 수락하면서 불교계를 혁신할 그 나름의 고민을 한 결과다.

1911년 송광사에서 친일 종단에 반대하며 새로운 종단을 세우기로 결의해 탄생한 것이 우리나라의 임제종이다.[4] 그는 조선의 선종이 보우(普愚) 이래 임제종으로 법맥상 이어졌다고 주장했다. '임제종운동'은 불교가 조선총독부와 일본 불교 휘하에 들어감을 반대한 측면이 있었다. 임제종은 불교 청년에 관심을 두었고, 사찰령 철폐운동, 선학원 설립 등 식민지하 조선 불교의 전통과 주체성 정립에 큰 영향을 끼쳤다.

《임제록연의》에서 서옹이 말한 몇 대목을 인용해본다. 그의 불교에 관한 깊고 너른 생각과 식견을 엿볼 수 있다.

임제스님은 말씀하신다. 그대들 모두 석가와 다르지 않다. 석가도 볼 줄 알고 그대들도 볼 줄 안다. 석가도 들을 줄 알고 그대들도 들을 줄 안다. 육근을 통해서 활발하게 작용하는 이 무위진인(無位眞人)은 한순간도 쉰 적이 없다. 신통과 묘용이 어디 별것이랴, 육근을 통해서 보고 듣고 하는 이 작용이다. 이 사실을 알면 단지 한평생 일 없는 사람일 뿐 달리 부처다, 조사다 할 것이 없다.

무위진인이란 남의 이야기를 절대 하지 않는 시비가 끊어진 참사람으로, 허무한 인간을 극복하고 초월해 자기 밑바닥에 있는 참다운 인간으로 되돌아가는 것이다.

서옹은 평소에도 수행자를 가르치면서 선불교의 가장 중요한 원칙인 '일일부작 일일부식(一日不作 一日不食, 하루 일하지 않으면 하루 먹지 않는다)'을 강조했다. 대중과 같이 공양하고 같이 일하는 모범을 보였으며, 승속을 불문하고 사람을 만났고 가르침을 주었다.[5]

가르침에서 주력한 것은 참선이었다. "수행에는 여러 가지가 있지만 화두를 들고 정진하는 게 가장 간단하고 병폐도 없다"라며 평소 참선이 수행의 으뜸이라고 강조했다. "종교적 생명력이란 허무한 인간을 극복하고 초월해 자기 밑바닥에 있는 참다운 인간으로 되돌아가는 것"이라며 백양사에 참사람(眞人)수련원을 개설하는 등 '참사람운동'을 전개했다. 참사람운동은 현대 승가 교육과도 관련이 있다. 다음은 《임제록연의》에서 그가 내린 참사람에 관한 생각이다.

모든 사람은 누구든지 본래 차별 없는 참사람이다. 이 참사람은 어떤 것인가? 참사람은 눈 깜짝하지 아니하되 본래 선과 악 또는 이성을 초월해 생사도 없다. 시간과 공간이 거기에는 존재하지 아니한다. 근본 원리라든지 신이라든지 있을 수 없다. 부처도 없다. 무한한 자기 부정만이 지속한다.

참사람운동은 백양사 고불총림 방장에 취임한 1996년(85세)부터 본격적으로 펼쳤다. 그해 서옹이 서울에 올 때 머물던 상도동 백운암에서 20여 명이 모여 '참사람 결사문'을 채택했다. "본래 자비심이 있는 참 모습을 깨닫기 위해 수행하는 것"이라며 "오늘날 인간은 이대로 가다가는 멸망하고 만다. 불법으로 돌아가 자유자재하는 '참사람'을 발견할 때 인간은 역사를 바르게 쓸 수 있다"라고 참사람 정신

407

을 되짚곤 했다. 베트남 출신 스님 틱낫한이 찾아왔을 때도 임제의 참사람 정신을 강조했다. 서옹은 생애의 마지막까지 임제선을 알리는 데 힘을 쏟았다. 한국 불교사에서 서옹의 참사람 결사는 현대 결사의 중요 사례로 여기고 있다.[6]

서옹은 제자를 가르칠 때 화를 내거나 큰소리를 내지 않았다. 가장 심한 말이 "저 사람은 왜 저래" 정도였다. 다만 시간을 지키지 않는 것에는 엄격했다. 근검한 기풍에 따라 방장실을 독채로 짓지 않고, 주지실 바로 옆방을 그대로 사용했다. 서울에 볼일이 있을 때마다 머무는 상도동 백운암도 낡은 양옥인데, 주위에서 '누추하니 수리하시라'고 권해도 "속이 빈 사람이 겉을 치장하는 법"이라며 물리쳤다. 최고 선승으로 꼽히던 서옹은 생전에 "인생은 등불"이라고 말했다. 자신을 잠시 밝았다가 꺼져버리는 등불에 비유한 것이다.

서옹은 고불총림 방장으로 있던 1998년과 2000년에 두 차례에 걸쳐 무차선회(無遮禪會)를 열었다. 무차선회는 승려나 서민, 남녀노소, 귀족이나 비천한 사람 가리지 않고 모든 사람이 법을 듣고 평등하게 참여하는 오랜 전통에서 비롯된 것이다. 100여 년 넘게 단절된 수행을 되살린 것이다.

앉은 자세로
열반에 들다

2003년 12월 13일 고불총림 백양사 방장 서옹은 설선당(說禪堂)에서
"이제 가야겠다"라고 말한 뒤 좌탈입망(座脫立亡, 앉은 자세로 열반에 듦)
했다. 백양사에서 공개한 사진에는 밝은 황토색 바지와 적삼을 입고
왼발을 오른발 위에 올리고 오른손을 왼손 위에 올리고 있다. 앉은 모
습 그대로 입관해 백양사에서 다비식을 치렀다. 근세 고승 가운데 상
원사 방한암의 좌탈입망이 널리 알려져 있으며, 서옹의 은사인 만암
도 좌탈입망했다. 좌탈입망은 참선 수행을 오래한 선승 가운데서도
드문 일로, 높은 법력을 상징한다.

　　입적 직전까지 시자들에게 30여 분간 법문을 들려주었고, 열반
하루 전날까지도 아침 죽 공양을 받고 오후에 상좌들과 법담을 나누
었다. 임종 직전까지 오랫동안 시중을 들어온 시자 호산과 선문답을
주고받는 선장(禪匠)의 면모를 보였다. 백양사 측이 전한 모습은 이
랬다.

　　서옹이 일렀다.
　　"호산, 호산. 동서남북에서 눈 밝은 사자새끼가 나온다. 동서남북에서
용맹스러운 사자새끼가 나온다. 호산! 속히 일러라. 속히 일러라."
　　호산이 벽력같이 할(喝)을 했다. 서옹이 말했다.
　　"발밑을 보아라."

409

두 사람은 마주 앉아 빙그레 웃었다.

우리 시대 최고의 선승으로 불리던 서옹은 맑고 향기롭게 세상을 떠났다. 세수 91세, 법랍 77세였다. 영결식과 다비식은 백양사에서 종단장으로 치러졌다. 참선 모습 그대로 입적한 다비식이 눈이 내리는 가운데 백양사에서 거행됐다. 스님 2500여 명과 각계 인사, 신도 등 3만여 명이 서옹의 마지막 가는 길을 지켜보았다.

다비식 결과 4과(顆)의 사리가 나왔다. 4과는 일견 적은 듯 보이지만 서옹이 주석하던 백양사의 독특한 사리 수습 방법을 감안하면 적은 수가 아니다. 보통 사리는 다비 후 뼈를 모아 곱게 빻을 때 수습하지만 백양사는 별도의 방식을 쓴다. 연화대(蓮花臺) 밑을 1미터 깊이로 판 뒤 물을 3분의 2가량 담은 항아리를 넣는다. 항아리 입구를 한지로 막고 다시 뚜껑을 덮는다. 이어 뚜껑 위에 기와 두 장을 놓고 다시 3센티미터 두께로 황토를 덮는다. 황토 위에 10센티미터 두께의 큰 돌을 올려놓고 다시 20센티미터 두께로 황토를 깐다. 이 위에 가로세로 방향으로 기와를 서로 겹쳐 놓는다. 결국 항아리는 한지, 뚜껑, 기와, 황토, 돌로 완전 밀봉되는 셈인데, 이렇게 다비를 한 뒤 항아리를 개봉하면 그 속에 사리가 들어 있다. 사리가 물을 찾아간다고 추측되는 방식이다.

서옹 사후에 1주기 추모집이 백양사에서 발간됐다.[7] 저서로는 《임제록연의》, 《절대 현재의 참사람》, 《절대 참사람》, 《차별 없는 참사람》, 《참사람 결사문》, 《서옹선사 어집》(1권 상당법어, 2권 대중법어) 등이 있으며, 다음과 같은 임종게(臨終偈)를 남겼다.

    임제의 한 할은 정안을 잃어버리고(臨濟一喝失正眼)

    덕산의 한 방은 별전지가 끊어지도다(德山一棒別傳斷)

    이렇게 와서 이렇게 가니(恁麼來恁麼去)

    백학의 높은 봉에 달바퀴가 가득하도다(白鶴高峯月輪滿)

손기정

孫基禎
양정고보 21회
1912~2002

압록강 변을 달리던
베를린올림픽의
마라톤 영웅

가난한 신의주 소년의
고군분투기

어느 평전도 자신의 진술을 능가하지 못한다. 자신이 쓴 글만큼 삶의 역정과 고민을 알려주는 글도 드물기 때문이다.[1] 다음의 회고담은 양정고보가 있던 만리동에서 남대문로-을지로-동대문-창경원-광화문-서울 시청-만리동으로 돌아오는 1주 2회 달리기를 하며 손기정이 선수로 성장해간 역사다.

이제 추위도 점점 닥쳐옵니다. 동경 방면에서 연습하는 여러 선수들은 별별 준비와 연습에 모든 돈의 힘과 지도자의 힘을 빌어, 음식물에 이르기까지 주의를 다하고 있으련마는, 나는 오직 양정학교 압에서 남대문통으로, 황금정을 지나서, 동대문으로, 거기서 창경원 옆으로 뚤린 길로 돈화문 압을 지나 총독부 압까지 거기서 광화문통을 지나서 경성부청 압까지를 한 코-쓰로 정해놓고, 추우나 더우나, 1주일에 꼭꼭 2차

413

손기정

식 누구의 지도도 없이 혼자 달려보는 것뿐입니다.

그러나 나는 이 자리에서 또 한 가지 여러분 앞에 한마디 말하지 않을 수 없으니, 내가 이번에 나가는(아직 확정치는 않으나) 세계 올림픽대회가 나에게 있어서는 '마라숀'으로서의 최후의 무대와 기회가 될 것이라는 것입니다. 나는, 다시 말하자면, 이번 길을 돌아온 뒤부터는 운동-마라숀-을 영영 그만둘 작정입니다. 이 말을 드리는 여러분은 혹의 이를 말하고 의문을 품으리다마는 단연 결심하였읍니다. 나는 이 '마라숀'에 발을 들여놓와, 선수로서 대회에 출장하여 우승을 하거나, 참패를 하거나, 나는 늘 비애와 환멸을 느낍니다. 실로 운동가로서의 비애와 환멸이란 이 땅의 사람이 아니고는 맛볼 수 없을 줄로 압니다.

손기정은 22세 만학도였다. 신의주에서 압록강 밀수꾼 대열에서 푼돈을 벌면서 소학교를 다녔다. 5학년 때 달리기를 시작한 것은 돈 들지 않는 운동이기 때문이다. 보통학교 시절 평북선수권대회에서 3등을 했으며, 먹고살기 위해 현해탄을 건너 일본에서 모진 고난을 겪었다. 조선으로 다시 넘어와 요행히 일사리를 구하고 독지가 덕분에 운동을 하다가 양정과 인연을 맺었다. 올림픽 출전이 예상되는 시점에서 여전히 먹고사는 장래 문제를 고민하던 청년이다.

손기정은 평북 의주부 광서연 민포동(현 신의주)에서 3남 1녀 중 막내아들로 태어났다. 압록강 변을 달리면서 운동선수의 꿈을 키웠다. 재능과 열정을 눈여겨본 이일성 담임 교사가 육상선수를 권유해 본격적으로 뛰어들었다. 신의주에서는 달리기에 누구도 따를 자가 없

415

을 정도로 급성장했다. 일하면서 운동할 수 있다는 담임의 권유로 일본으로 건너가 나가노현의 포목점에서 일하며 연습했는데, 가게가 음식점으로 바뀌면서 배달 일로 운동이 힘들어졌다. 모진 고생만 하다가 결국 신의주로 돌아온다.

그때 그를 도운 사람이 동익상회 공정규였다.[2] 공정규는 안과 의사 겸 세벌타자기를 발명한 국어학자 공병우의 부친이다. 손기정은 1932년 경성에서 열린 동아마라톤(2회)에 출전했는데 서울 지리를 몰라서 그만 길을 잃어 2등을 하고 말았다. 그러나 이 경기 이후 그의 인생이 바뀐다. 당대에 걸출한 육상선수를 배출하던 양정고보에 입학하게 된 것이다. 당시 양정 육상부는 기록 면에서 세계 수준에 도달하고 있었다. "마라톤에 흥미를 갖게 되면서 훌륭한 지도와 규칙적 훈련을 위해 서울의 명문 양정고교에 입학하기로 뜻을 굳히고 양정 육상부에 있던 신의주 고향 선배를 찾아가서 부탁을 했다"라고 한다.[3]

일제강점기 양정 체육의 실상과 가치를 정확히 파악하고 있던 인물은 민족주의자이기도 했던 《동아일보》의 이길용 기자다.[4] 일장기 말소 사건을 일으켜 세상을 뒤흔든 주동자다. 그는 일찍이 1932년 8월 LA올림픽에 출전한 김은배와 권태하 선수의 골인 사진에서 일장기를 없애버린 전력이 있다.[5]

이길용의 전력이 말해주듯 항일독립 입장에서 나온 의도된 행동이었다. 이길용은 체육 전담 기자로 1920~1930년대 양정 체육의 면모를 세밀하게 분석 기사로 썼다. 〈부라보! 양정!〉은 기사 이전에 그 자체로 좋은 체육사 자료다. 손기정의 베를린 우승이 하루아침에 이루어진 것이 아님을 말해준다. 기사에 따르면 손기정은 마라톤 이전에 5000미터 주자였다. 〈전 일본 중등육상 양정 군(軍) 단연 우승, 손기정 군 1500미터에 신기록〉이라는 기사로 미루어 손기정은 마라톤이 아니라 장거리 선수였다.[6] 1936년 베를린올림픽 우승 4년 전인 1932년 5월 9일에 쓴 기사는 대략 이러하다.[7]

조선의 어느 운동도 아직 세계 레벨에 오르지 못한 오늘에 양정 육상경기부가 일본에 진출한다. 지난 3년 동안 오사카-고베 왕복 역전경주에서 내리 우승하고 돌아온 뒤 1931년 가을에 양정 김은배가 정규 마라톤에서 2시간 26분 12초로 세계 공인 기록을 깨뜨려 조선 육상경기계는 세계 레벨에 오른다. 손기정 이전에 세계 기록을 깬 김은배가 존재한 것이다. 양정고보 군(軍)은 1932년 4월 24일 도쿄-요코하마 간 왕복역전경주에서 28교에 달하는 강팀과 겨루어 신기록으로 우승하고 돌아온다. 경성 시내의 각 중학교 학생들이 이웃 동무 양정의 우승을 축하하는 환영의 밤을 5월 14일 밤 공회당에서 열었다. 학생계를 통틀어 처음 보는 아리따운 참 스포츠 정신의 미학이었다고 이길용은 평했다.

체육 명문으로 10년간
축적한 육상 패권

양정 육상경기부는 10년 세월에 걸쳐 땀방울과 스파이크 자국을 거름

417

고보 시절 손기정

삼아서 빛나는 승리의 탑을 쌓아갔다. 연희전문이 조선인 중등학교 육상경기 장려를 목적으로 육상대회를 연 것은 1923년 9월의 일이다. 이해에 바로 양정 육상경기부가 탄생했다. 만리동 신 교사로 이전한 몇 해 뒤의 일이다.

이후 1926년 4월의 경인 간 역 전경주, 그해 9월 연전의 제4회 대회, 1927년 봄 경성 역전경주 등 양정은 많은 대회를 휩쓸었다. 1927년 봄에 처음으로 진해만 철도 개통 기념으로 열린 육상대운동회에서도 원 정 우승했다. 1928년 9월 24일 연희전문 제6회 대회를 제패하며 양 정 육상경기부의 지반은 굳어질 대로 굳어졌고, 패권은 자타가 양정 의 것으로 믿었다. 연희전문이 주최하는 전조선중학교 육상경기대회 가 중요했다. 손기정 이전 시기인 1920년대에 양정 육상 패권의 토대 가 마련된 것이다.

1929년 1월 12일에는 조선 경기사에서 획기적으로 오사카-고 베 간 역전경주에 처녀 원정했다. 참가 24교와 고전 끝에 신기록으로 우승하고 돌아왔다. 이해 9월 24일 연전 제7회 대회에서 우승했다. 1930년 1월 13일에는 두 번째로 오사카-고베 간 역전경주에 원정을 가서 재차 우승했다. 이해 중단되었던 경인 간 역전경주가 조선체협 에 의해 다시 열렸는데 여기서도 양정은 우승했으며, 이해 9월의 연

우승 트로피를 앞에 두고, 오른쪽이 손기정

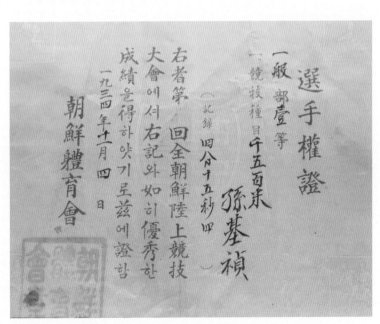

選手權證

一般 部壹等

一競技種目 千五百米

(記錄 四分十五秒四)

孫基禎

右者第一回全朝鮮陸上競技

大會에서 右記와 如히 優秀한

成績을 得하얏기로 玆에 證함

一九三四年十一月四日

朝鮮體育會

전조선육상경기대회 일반부 1500미터에서 1등을 한 손기정의 선수권증

전 제8회 대회에서도 또 우승했다. 누구나 육상경기라면 양정이 으레 우승할 것으로 예감하게 됐다.

1932년 4월 3일 경인 간 역전경주는 다시 시작된 후 세 번째를 맞았다. 총독부며 철도국 같은 큰 관청에서는 대학을 졸업한 쟁쟁한 일류 선수를 망라해도 2년 동안 연패라는 창피를 당했다 하여 이를 갈았다. 한낱 중학 팀에게 우승권을 뻐앗기지 않으려고 양 팀이 합해 전 총독부 팀을 편성했다. 양정은 만만치 않은 강팀과 함께 역전에 출전해 3년 연속 우승을 누렸다.

이길용 기자는 원정 대회 족족 우승의 월계관은 양정의 것이 되고 말았다고 기록했다. 양정이 가지고 있는 조선 기록 종목만도 마라톤에 김은배, 1만 미터에 김은배, 5000미터에 손기정 등 당당히 세 기록을 가지고 있다고 했다. '일본에까지 그 의기와 용력을 발휘하고 돌아온 동교 경기사는 실로 조선의 육상경기사, 아니 체육사의 일면을 찬란히 장식하고도 남는 바 있다'고 선언했다.

손기정이라는 스타가 탄생하기까지 많은 숨은 조력자가 있었다. 김봉수가 좋은 예다. 김봉수는 보성전문 이사장 김기태의 아들로 손기정의 양정고보 3년 선배(18회, 1934년 졸업)다. 손기정을 가짜 가정교사로 삼아 학비는 물론 생활비까지 대주며 어려울 때마다 후원자 역할을 했다. 마라톤 영웅 손기정의 보이지 않는 후원자였다.

베를린올림픽 출전,
2시간 29분 19초 2의 세계 신기록

손기정은 일본 원정 마라톤 경기 우승을 회고하면서 베를린 출전의 가능성을 다음과 같이 희망했다. 이 역시 손기정 자신이 직접 쓴 글이라 진실성이 높다.[8] 장문의 글이나 출전을 앞둔 그의 출사표 같은 것이라 그대로 인용한다.

지난번 동경 신궁경기대회에서 열린 마라손 경기에서 나는 세계 기록으로 오늘날까지 지켜 내려오던 2시간 26분 42초라는 초기록을 깨트리고, 단연 2시간 26분 14초로 전에 세계 기록보다 실로 28초라는 놀라운 기록을 짓고야 말았습니다. 그러자 갑작이 조선 안의 여러 신문사에서는 너무나 지나치는 격찬과 찬사로 또는 지나치는 선전으로 떠들석하게 '나'라는 일개 미미한 마라손 선수를 크게 세상에 알리우게 하였던 것입니다. 그러나 나는 그 '초인간적 기록'이라고 말하는 2시간 26분 14초를 짓고 피곤할 때로 피곤해 돌아왔을 때이외다. 동경 신궁경기 운동장 한쪽 구석에서 수많은 사람 속에 싸여서, 환호와 갈채를 받든 그 순간의 일이었읍니다. 나는 어쩐지 마음 한구석에 서운하고 쓸쓸한 생각이 일어나며 나도 모르게 저절로 눈물이 분명히 내 눈썹에 어리여저 나옴을 깨달았었읍니다. 물론 이 말을 듣는 여러분은 너무나 기뻐서 솟아오르는 눈물이어니 생각하실 분들도 계시리다마는, 그때의 내 가슴속에는 어쩐지 기쁨보다는 슬픔이 더 많이 용솟음쳤던 것만

421

이 사실입니다. (…)

사실 나는 이 마라손이란 운동에 처음 발을 디려놓든 때부터 오늘날까지 근근 10년이 되는 오랜 동안을 내려오면서도 단 한 번도 우리 사회와 가정의 힘을 조금도 못 입어왔던 것이외다. 바로 얼마 전의 일이었읍니다. 지난 3월 21일 역시 동경에서 열리었든 신궁경기대회에서 나는 일본 내지에서 유명한 모든 선수들을 물리치고 우승하였을 때이었읍니다. 비록 지기는 했을망정 달은 여러 선수들은 경기 시작하기 전에는 말할 것도 없고 경기가 끝난 뒤에도 여러 지도자들과 여러 단체의 코-취와 후원으로 그들의 몸을 단속하고 그들의 의기를 북돋우워 주기도 하며 그들을 위로도 하여주는 것을 몇 번이고 보았읍니다. 더구나 자기의 정한 종목이면, 그 종목에 대하야 각 선수들은 모두 매일같이 훌륭한 컨디슌 밑에서, 훌륭한 지도자 아래에서 꾸준히 코-취를 받아가면서 늘 연습하여오던 것을 보았읍니다. 이러한 그들이니, 내에게 대해서 "당신은 당신의 종목에 대해서 아무런 지도자도 안 가지고 연습하면 됩니까?" 하는 의미의 말로 의아스러운 듯이 묻는 말을 들었읍니다.

나는 이 한마디 말을 듣고 가슴이 철렁하며 얼골이 붉어지는 것을 깨달았읍니다. 그러나 나는 그 자리에서 그들에게까지 눈물을 보이고 싶지는 않어서 없는 용기를 다해서 "제 종목에 대해서 누구에게 지도를 받고 가르침을 받고 있겠소. 제 종목은 제가 혼자 연습해야 하지, 나는 그런 지도를 받을 줄 몰라요" 하는 의미의 대답을 억지로 한 기억이 납니다. 이 얼마나 이 땅 스포-쓰맨으로서의 뼈아픈 노릇입니까. 이러한 생각이 들 대마다 나는 그만 이 운동을 그만두고 싶은 생각도 여러 번 이러낫던 것입니다.

이러한 고적과 쓰라림을 꾹 참고 오늘날까지 짧지 않은 동안 그야말로 단신으로, 내 한 몸의 열과 성의로 꾸준히 연습하여 내려온 고난의 기록이라고나 할 것입니다. (…) 세계올림픽대회에 일본에서 파견 선수는 (마라손에 있어서) 얼마나 보내느냐 하면, 정선수로 네 사람, 후보로 두 사람, 합처서 6인을 파견한다고 합니다. 그런데 지금 일본 내의 유망한 선수들로 말하면, 일본대학의 '영목(鈴木)' 선수, 중국 지방의 '중촌(中村)' 선수, 동양대학의 '지중(池中)' 선수, 동경의 '감협(監脇)' 선수, 조선의 남승룡 등이외다. 이분들은 모다 훌륭한 선수들로 세계올림픽을 목표로 불철주야 하고 훌륭한 코-취 밑에서 매일같이 연습과 준비운동에 분주하고 있다고 합니다. (…)

명년 6월 중순경이면 올림픽 파견 선수들은 출발을 한다고 합니다. 떠나서 가는 도중에서도 계속해서 연습에 연습을 거듭한다고 합니다. 첫째 경성에 와서도 약 1주일간 합숙할 예정이라고 하며, 북구 '핀란드'에 가서는 약 1개월 연습을 할 계획이라고 합니다. 나는 세계무대가 처음이니만치 정작 떠나게만 된다면 나의 있는 힘과 정력을 다 받쳐 싸워봅니다. 전에 김은배나 권태하 두 분이 한 번 갔다 오기는 하였읍니다마는, 그리 훌륭한 기록은 못 내고 돌아왔읍니다. 세계올림픽대회에서 이 '마라손' 종목에 한해서마는 우승자에게 동상을 해여 세운다고 합니다. 일개의 미미한 조선 사람이 다만 맨발과 빈주먹으로 세계에 행해서 싸운 승리의 기록을 지을 영광을 가질 수 있다면 오직이나 장

423

한 일이겠습니까. 오직 나는 이 기회를 앞두고 밤낮 준비와 연습에 온 정신을 바치고 있습니다. (…)

영하 20~30도의 추위도 무릅스고 가만 만히 연습을 계속해온 나는 2년 전 10월 17일 처음으로 조선 신궁 예선에 입선되어 동경으로 들어 갔었던 입니다. 그 뒤에도 오늘날까지 4, 5차의 대회에 출전하야 크다 란 성과도 내었고 어떤 때는 하는 수없이 억울한 참패도 해보았습니다 만, 이제 명년 겨울 백림 무대를 밟게만 된다면 나는 이 기회를 최초인 동시에 또한 최후의 기회로 믿고 있는 힘과 정성을 다하야 싸워보렵니 다. 지금부터 그때의 순간순간을 눈앞에 그려보며 심장의 고동을 느낄 따름입니다.

손기정은 올림픽 본선 경기에서 '2시간 29분 19초 2'의 신기록 으로 금메달을 획득했다. 우승 다음 날 아돌프 히틀러와 만났다. 이 순간을 "160센티미터인 내 키에 비해 그의 손은 크고 억셌으며, 체 구는 우람했다. 그리고 독일을 이끌어가는 통치자답게 강인한 체취 를 풍겼다"라고 회고했다. 손기정은 한국인 중에서 히틀러와 공식적 으로 대면한 유일한 인물이다. 히틀러는 손기정에게 감명을 받았다고 한다. 올림픽에서 마라톤이 가진 높은 비중을 생각할 때 이 동양인 선 수에게 깊은 인상을 받았음을 알 수 있다. 히틀러는 손기정이 한국인 이라는 사실을 분명히 알고 있었다. 독일 작곡가 헤르바트 빈트가 손 기정을 위해 교향악을 작곡하고 히틀러 총통이 격찬했다는 기사도 남 아 있다.[9] 손기정은 나치 군인에게 사인 습격도 받았다. 나치즘의 죄

악상과 무관하게 올림픽의 승리가 가져온 결과다.

베를린올림픽에서 손기정이 우승하자 독일 방송도 적극 보도했다. 우승 소감을 녹음한 내용이 일본에 레코드로 남아 있다. 고향 신의주 억양이 배어 나온다. 수상 소감문은 자발적 발언이 아니라 일본 측에서 써준 것으로 짐작된다. '우리나라 일장기', 이런 표현이 자주 등장한다. 어쩔 수 없는 시대 상황이었다.

저는 손기정입니다. 24년간의 숙망을 달성하려고 우리들은 중대한 책임을 지고, 8월 9일 오후 3시에 스타트에 나섰습니다. 이때 나는 신궁대회 때 스타트와 같은 가벼운 기분이었습니다. 이 정도이면 반드시 우승하리라고 생각되었습니다. 쟈바라가 먼저 뛰어 달리기 시작했습니다. 나는 내 페이스대로 달렸습니다. 나는 침착한 태도로 달리었습니다. (…) 문제의 언덕에 다다르니 우리나라 일장기가 나를 응원하여주는 것이 보였습니다. 좌등 코취 역시 응원 중의 한 사람이 되어 큰 기를 흔들면서 '인제는 6킬로미터가 남았다'고 큰 고함을 지르는 소리에 일층 더 나는 용기를 내었습니다. 두 번째 언덕에 도달하였을 때도 역시 이곳에 나를 응원하여주는 우리나라 일장기가 날리고 있었습니다. 이때 수많은 응원자들은 이구동성으로 '인제는 1킬로미터 반이 남았다'고 고함치는 소리가 내 귀를 울려주었습니다. 나는 무의식중에서 죽을 힘을 다하여 더 뛰기 시작하였습니다. 그리하여 나는 이기었습니다. 기록의 시간은 2시간 29분 19초 2의 올림픽 신기록이었습니다. (…) 이 승리는 결코 내 개인의 승리가 아니라 전 우리 일본 국민의 승리라고

시상대 위의 손기정과 남승룡

손기정 우승을 커버로
다룬 베를린올림픽 신문
첫 호. 양정역사관

하겠습니다.

당시 사진을 보면 1위와 3위로 각각 단상에 올라선 손기정과 남
승룡 모두 어두운 표정을 지은 채 고개를 푹 숙이고 손기정은 묘목으
로 가슴의 일장기를 가린다. 남승룡은 어떻게 해서든 바지를 명치까
지 끌어올려 일장기를 가리고자 했다. 기뻐해야 할 날에 오히려 슬픔
에 사무친 나라 잃은 두 청년의 감정이 전해져 오는, 한국인이라면 누
구나 콧날이 시큰해질 만한 장면이다. 남승룡은 훗날, "기정이가 우승
해서 금메달을 땄다는 사실보다, 묘목을 받아 그것으로 일장기를 가
릴 수 있다는 것이 그렇게 부러울 수가 없었다"라고 회고했다.

손기정에 파묻혀서 세상 사람들이 잊은 남승룡을 기억해야 한
다. 손기정은 양정고 남승룡과 베를린올림픽 대표 선발전에 참가했
다. 일본 육상계에서는 당연히 순수 일본인을 뽑고 싶어 했겠지만, 실
력 이견이 없는 손기정과 남승룡을 떨어뜨리기엔 눈치가 보여서 대
표 팀으로 발탁한다. 일본 육상계는 1932년 LA올림픽 당시 일본 국
적으로 출전했던 조선인 선수 김은배, 권태하가 일본 선수의 페이스
메이커를 하라는 전략을 무시하고 각각 6위, 9위에 랭크됐던 악몽이
있어서, 베를린올림픽을 앞두고는 반드시 순수 일본인 선수를 뽑으려
고 했다. 그러나 대표 선발전에서 1위에 남승룡, 2위에 손기정이었다.
손기정의 금메달에 가려져 있기는 하지만 남승룡도 막판에 스퍼트를
내면서 무려 30명을 추월해 3위로 골인하는 대단한 모습을 보여줬다.
손기정과 더불어 반드시 기억해야 할 인물이다.

427

동아일보 일장기말소사건과
그 파장

《동아일보》는 1936년 8월 10일 호외를 발간해 시내에 뿌린다. 이런 격정을 담은 기사는 대부분의 언론이 같았다.

성전의 최고봉 정복/ 대망의 '올림픽 마라손'/ 세계의 시청 중 집리/ 당당, 손기정 군 우승/ 남 군도 3착 당당 입상으로/ 일착 손기정(양정고보생) 2시간 29분 19초 2, 3착 남승룡(명대 학생) 2시간 31분 42초/ 귀로 손·남 양 군 매진(邁進) 더욱 호조/ 출발 전야의 양 선수 심경/ 쾌보에 광희(狂喜) 작약하는 우중(雨中)의 대관중/ 본사의 쾌보 대기진(待機陳)/ 각 체육단 및 올림픽 선수 등 본사에 모여 철야 대기/ 손 군의 우승은 20억의 승리/ 조선체육회장 윤치호 씨 담(談)/ 오직 감격! 젊은 조선의 자랑/ 평소 사회 성원에 감사/ 양정 안·서(안종원, 서병훈 교장) 양씨 담….

조선 및 일본 언론은 센세이셔널하게 지면을 꾸려 내보냈다. 히틀러가 손 선수와 악수를 했느니, 향리에서는 불꽃놀이를 했느니 하는 다양한 기사가 올라왔다. 어린아이도 손기정을 알게 됐다. 손기정 열풍이 분 것이다. 그런데 사건이 터졌다. 분명히 시상대의 손기정 가슴에는 일장기가 달려 있었다. 《마이니치신문》이나 《도쿄신문》 등도 일장기 사진을 일제히 보도했다. 그런데 《동아일보》 지면에서 일장기

일장기말소사건. 왼쪽이 오사카아사히신문 스포츠지, 오른쪽이 동아일보

가 사라진 것이다. 총독부로서는 경악을 금치 못할 사건이었다.

경기도 경찰부에서 고등과원이 출동해 사회부장 현진건, 부원 장용서·임병철, 운동부원 이길용, 화가 이상범, 사진반원 4인 등 10명을 체포한다. 〈손 선수 국기 말소 사원 10명 경찰 구금 취조 중〉이라는 기사가 그것이다.[10] 취조 결과 고의로 일장기를 말소한 사실이 드러나 27일 저녁에 이르러 《동아일보》는 정간 처분을 받는다. 사원 10명 외에 주필 김준연도 일시 검거됐으나 곧 석방됐고, 설의식 편집국장은 사건 전후로 지방 여행 중이었기에 관련이 없었다. 화가 이상범, 체육기자 이길용, 사진과장 신낙균의 공모였음이 밝혀지고, 이들은 옥고를 치른다.

429

《동아일보》 발행 정지 처분. 리유(집무 자료) 《조선출판경찰월보》 제96
호. 1936년 《동아일보》의 일장기말소사건으로 인한 내선 융화 저해 염
려와 그에 따른 발행 정지.[11]

《조선중앙일보》도 일장기를 말소했는데, 자진 휴간(1936년 9월 4
일) 형식으로 발행을 정지했으나 휴간 동안 재정 상태가 재기 불능으
로 악화되어 끝내 복간을 못한 채 1937년 11월 5일로서 허가 효력이
자연 상실되어 폐간하고 만다. 조선총독부는 이 사건을 엄중하게 받
아들였고, 경찰은 발 빠르게 움직이고 있었다.[12]

제2의 일장기말소사건 같은 것이 먼 훗날인 1970년대에도 벌어
졌다. 1970년에 신민당 국회의원 박영록이 야간에 독일 베를린올림
픽기념관에 침입해 기념비의 손기정 국적을 'KOREA'라고 훼손한다.
불법 침입, 절도 및 공공재산 파손 혐의로 체포영장이 발부됐으나, 체
포 전에 한국으로 도망친다. 명백한 기물 파손이며 도려낸 'JAPAN'
문자는 그대로 들고 갔으므로 절도 혐의도 적용됐지만, 처벌은 받지
않았다.

국제올림픽위원회는 선수 시절과 은퇴 후 국적이 달라졌다고
해서 이름과 국적을 은퇴 후 기준으로 수정함을 인정하지 않는다. 식
민지 선수가 종주국 대표로 나와서 메달을 딴 사례는 손기정, 남승룡
말고도 많으며, 그들 역시 종주국 선수로 기록에 남았다. 현재 IOC에
서는 공식적으로 '기테이손, 일본(Kitei Son, Japan)'으로 기록하고 있다.
대신 약력에는 당시 일제하 한국인 출신임이 강조되며, 일장기말소사

건까지 기록되어 있다. 2011년 12월 9일 IOC는 손기정의 대한민국 국적은 인정했지만, 약력의 국적 자체는 바꾸지 않았다.

베를린 우승의 파장,
피압박 민족에게 선사한 희망

도산 안창호는 손기정에게 1936년 8월 23일 축전을 보낸다. 심훈은 우승을 찬양하며 〈오오 조선의 남아여!〉라는 시를 짓기도 했다. 이 시는 심훈이 같은 해 9월 갑작스럽게 장티푸스에 걸려 병사하면서 그의 마지막 시가 됐다. 다음과 같은 저명인사들의 축전이 뒤따랐다.

- 이광수: 원산 송도원에서 들었읍니다. 처음 들을 때에는, 가슴만 울넝거렸으나, 두고두고, 생각할 때에 여러 번 눈이 젖었읍니다. 돌아오는 때에 축하회 개최, 기념체육관, 기념체육학교, 기념도서관 창설, 이네 가지 다-했으면 좋겠읍니다. 또 기념동상을 세우기를 원합니다.
- 려운형(《조선중앙일보》사장): 손 군이 일착했다는 쾌보는 라디오를 통해 알게 되었읍니다. 그때 기쁘고 감격된 것은 무어라 말할 수 없었읍니다. 그래 곧 호외를 내게 했지요.
- 한용운: 손기정 씨 마라손 일착의 쾌보는 처음으로 《조선중앙일보》 호외를 보고서 알았는데 미상불 통쾌합니다.[13]

베를린에서 돌아오는 와중에 고향인 신의주공회당에서 열린 우승축하회는 인산인해였다. 〈축전과 기 행렬 등, 진남포시도 떠들썩/ 관서체육회도 백림으로 축전/ 김제환 씨 양정에 10원/ 천도교에서도 양 선수에 축전〉 등의 기사가 뜬다.[14] 또한 〈세계 제패에 각지의 축하 성대, 본사로는 축전과 축문이 답지, 금품의 의연도 다수, 각지 축하회, 마라톤 왕 손기정 군 공적탑 건설 계획, 양정고동창회의 결의〉 같은 기사도 뜬다.[15] 〈오늘의 영웅, 우리 손기정 군의 배후에 숨은 힘, 서봉훈 선생의 남다른 애호와 류, 조 양씨의 지도력/ 친절한 학우들의 눈물겨운 원조, 김봉수·이달훈 양 군의 물질적 조력이 심대〉 같은 기사도 확인된다.[16] 실제로 1937년 6월 27일에는 양정 교정에 손기정 기념비가 세워진다.

손기정은 일제 치하 조선 대중에게 암묵적으로 큰 인기와 존경을 얻었으며, 국내의 신문 광고, 특히 의약품, 식품 광고는 손기정의 올림픽 금메달을 축하하는 메시지를 담는 경우가 많았다. 어린이 대상 과자 광고에는 '이 과자를 먹고 쑥쑥 커 손기정과 같은 사람이 되겠다'라는 식의 카피가 많았다. 손기정의 우승은 식민지 치하 조선인에게 열광적 반응을 얻었고, 시골 아낙도 올림픽이 무엇인지 알 정도였다.

신드롬은 해외에서도 잇따른다. 임시정부 한국국민당에서 발행한 《한민(韓民)》은 베를린올림픽 우승을 즉각 보도했다. 1936년 8월 29일 자 발행의 제6호에 〈한국이 낳은 마라손 대왕 손·남 양 군의 대승첩〉 소식을 전했다. 제7호에는 한국국민당이 손기정과 남승룡에게 보내는 편지를 실었다. "그대들의 승전한 쾌보가 한번 세계에 전하매 한인은 가는 곳마다 기쁨에 넘쳐서 미칠 듯했다. 여기에는 남녀노소 · 노동자 · 자본가 · 소작인 · 지주의 구별이 없음은 물론이오. 심지어 적의 주구까지라도 뛰고 춤추었다"라며, 한민족 전체가 감격해하고 있음을 전했다. 우승이 불러온 전 민족적 반응을 말해준다.

《민족혁명(民族革命)》 창간호(1936년 1월 20일)는 "마라손으로 세계 기록을 돌파한 것은 우리가 체력으로나 지력으로나 결코 타민족에 떨어지지 않는 세계적 우수한 민족"이라고 했다. 《한청(韓青)》 제1권 제3기(1936년 10월 27일)에는 이런 글이 실린다.

중국 친구에게 이런 말을 종종 듣는다. 한국은 반다시 부흥할 민족이다. 한국은 다만 정치적으로 이족의 통치를 받을 뿐이오. 민족적으로는 그냥 생생해 간다. (…) 금차 올님픽에서 세계적 마라손 기록을 돌파한 손기정 군은 1일 1식도 어려운 빈한한 자제라지? 우리 중국 자제는 도야지같이 작구 처먹을 줄만 알지! 그 같은 강인한 정신은 차저볼 수 없다. 한국의 제2세 국민은 앞으로 더욱더 용감함으로서 세계적으로 상우군(常優軍)이 될 것이다. 일본은 불원한 장래에 반다시 한국민족에게 패멸되고야 말 것이다.

논자에 따라서는 '올림픽 민족주의'라는 표현도 쓴다.[17] 손기정은 가히 '신드롬'을 불러일으켰다.[18]

전 조선이 들뜨는 상황이니 조선총독부가 가만히 있을 리 없었

433

다. 통제와 감시 속에 그를 귀국시켰고, 올림픽 영웅에 걸맞은 환영 인파는 찾아볼 수 없었다. 여하튼 손기정은 금의환향에도 떳떳이 활동할 수가 없었다. 일장기말소사건을 통해 조선 민중의 민족의식 강화를 경계하던 조선총독부는 손기정에게 사복경찰을 붙여서 감시했고 손기정은 심적으로 괴로웠다.

손기정은 1937년 양정을 졸업하고 보성전문 상과(商科)에 입학했다. 보전에는 홍성하 교수가 체육부장을 맡고 있었다. 그는 민족주의자로서 학교 스포츠로 학생들의 사기를 진작시키자는 지론을 갖고 있었기에 김성수 교장을 설득했다. 1937년에 전 조선의 중등학교를 졸업하는 우수 운동선수 다수를 뽑아 상과에 수용했으며 손기정도 입학한다. 손기정은 보성전문 육상부를 대표해 1937년 봄에 조선학생 육상연맹이 주최하는 2개 대회에 출전, 보성전문의 우승에 기여했다.

손기정이 보전에서 활약을 펼치자, 조선총독부는 이를 골치 아프게 생각했다. 당시 조선인 학생이 진학할 수 있는 고등교육기관 가운데 조선인 교장이 있는 학교는 보성전문뿐이었고, 교수들 가운데엔 한국어로 강의하는 이도 있었다. 그런 학교에 올림픽 금메달리스트인 손기정이 재학하면서 육상대회에서 활약하자 하루아침에 영웅이 되어 그를 중심으로 서클이 형성됐다. 조선총독부는 손기정의 보성전문 재학을 꺼렸다. 총독부 관헌은 손기정을 주야로 감시했고 이를 견디다 못한 손기정은 1937년 2학기에 반강제로 보성전문을 중퇴하고 일본으로 건너가 도쿄 메이지대학 전문부 법과에 편입했다. 메이지대학에서는 우승할 수 있는 절호의 기회라고 생각했으나 일제의 통제로

비행기에서 내리는 손기정. 교복에 백선이 뚜렷하다

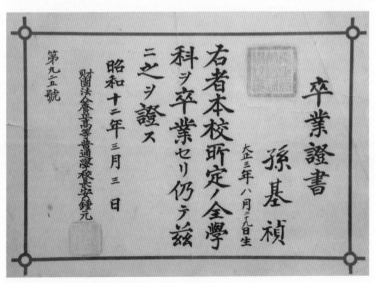

손기정의 졸업 증서. 양정역사관

운동을 포기한다. 결국 대학을 중퇴하고 돌아와 식산은행에 취직한
다.[19]

　　손기정은 베를린 우승 2년 뒤인 1938년 12월 1일 혼약을 맺는
다. 신부는 동덕여고 교원이던 러닝 선수 강봉신이었다. '평양 신공회
당에서 내외 귀신(貴紳)이 구름같이 모인 속에서 강 양과 결혼의 가례
를 마쳤다'고 했다. 신혼집은 연건정(町)이었다.[20]

레니 리펜슈탈이 만든
나치즘 문화 선전 영화

나치당은 베를린올림픽을 자신들의 치적이 우수함을 내외에 과시하
는 창구로 이용하고자 했다. 이에 엄청난 공력을 쏟아 기록화를 만들
었다. 〈올림피아 제1부: 민족의 제전(Fest der Völker)〉과 〈올림피아 제
2부: 미의 제전(Fest der Schönheit)〉이다. 레니 리펜슈탈(Leni Riefenstahl)
을 제작 대표로 하는 올림피아영화협회를 결성해 대회 기록의 영화화
에 전력을 다하기로 한 것이다. 독일 영화계를 총동원했으며, 제1선의
카메라맨이 44명이었다. 독일 카메라의 정수를 보여주며, 편집에까지
1년여 시간이 걸렸다. 모두 입체적 각도에서 촬영한 것이었다. 베를린
올림픽 이후 1년 8개월 뒤에 완성되어 조선에서도 1940년에 상영됐
다. 손기정은 훗날 이렇게 회고했다.

〈민족의 제전〉은 전 12권으로 올림피아·쿠-로스 구(丘)의 성화로부터 시작해 육상경기 전부와 마라손의 결승으로 막을 닫게 됩니다. 그리고 촬영 중에는 기구에 의해 공중 촬영, 즉 부감 촬영도 있습니다.[21]

이 영화는 조선에도 반입되어 상영됐으며, 다음과 같은 영화 평도 나왔다.

이 작품에는 대중적이란 것, 즉 선전가치라는 것을 굉장히 갖일 수 있다. 나는 솔직히 말하여 이 시사회에서 '히틀러-'의 표정집(表情集)과 손기정 선수의 달리는 준족과 그리고 '오웬스'의 긴장하고도 초조한 스타트 직전의 흥분, 긴장 그리고 파란(波蘭, 폴란드), 홍아리(洪牙利, 헝가리) 이런 나라 선수 중에도 파란의 여자 원반 투탄을 오늘에 보고 느끼는 감격적 씨인 등이었다.

이 한 작품을 맹글기 위해서 100대의 카메라가 등장되고 이 세계적인 극적 광경 움지기는 힘의 표정을 이만큼 수로(收路)한 리-펜스탈 여사의 혼신적 노력 등에 대해서 구구히 찬사을 너러놓고 십지는 않다. 다만 이 영화가 기록적인 것과 극영화적인 것과 구성이 혼돈된 점, 또는 각국 응원 군중의 표정의 특장이라거나 관중의 가지가지의 스냅이 더 한층 살었드라면 기록영화로서의 완벽이 아니였을까 생각된다.[22]

올림픽 이후 '황기(皇紀) 2600년 봉축 제11회 메이지신궁 국민 체육대회'가 1940년 10월 27일 도쿄 메이지신궁 내 가이엔경기장에

손기정과 레니 리펜슈탈. 20년 만의 해후

서 8일간 개최됐다. 손기정은 대회의 대미를 장식하는 성화단 일원으로 초대받았다.[23] 마침 독일에서 찾아온 여섯 명의 20세 전후 히틀러·유겐트단과 회견하게 된다. 손기정은 "팔에는 하-겐 크로이스의 휘장을 달았으며, 백림대회 시에 나를 보았노라 하나, 나는 모두 본 기억이 없는 분들이었다"라고 했다. "그들의 말이, 백림대회가 끝난 지 2년까지는 매년 크리스마스 날 밤에는 카페마다 내 사진을 크게 확대한 것을 벽에 걸어놓고 그곳 시민들이 건배를 들고 대단히 호화롭게 축하회를 열어주더라는 말을 들었다"라고도 했다.

　　대회가 끝난 뒤에 국학원대학 50주년 기념에 초대받아, 〈민족의 제전〉을 보고 일본서도 이만한 영화를 만들 수 있도록 운동의 문화적 발달과 지도자 양성 그리고 문화의 기술자 양성 등이 필요하다고 연설했다. 이러한 생각은 파시스트가 영화를 만든 의도를 제대로 이해하지 못한 측면으로 보인다. 손기정은 자신이 등장하는 올림픽 영화를 진지하게 보고 다음과 같은 평가를 내렸다.[24] 이 영화는 손기정 연구의 사료 측면으로도 이해된다.[25]

> 오림피아 영화의 제1부 〈민족의 제전〉에서 우리는 투쟁의 미라는 것을 발견케 되지만 제2부 〈미의 제전〉에서는 조화의 미라는 것을 발견케 된다. 물론 우리의 신경을 자극하는 데는 조화의 미보다도 투쟁의 미가 더 크겠으나, 예술적 가치에 있어서는 레니 리펜슈탈 여사로 하여금 제1부에서보다 제2부에서 성공을 보게 하지 않았는가 나는 생각한다.

만리동 양정 교사는 손기정기념관으로

해방 직후 조선체육회가 개최한 '자유해방 경축 종합경기대회'에서 손기정은 기수를 맡았다. 일장기를 달고 우승했던 손기정은 개막식에서 태극기를 들고 감격에 겨워 눈물을 흘렸다. 해방 이후에는 지도자로서 체육계에 공헌했다. 해방 직후 덕수궁에서 한글 창제 경축식이 대대적으로 열렸다. 영릉(英陵)에서 훈민정음을 들고 손기정 선수가 감격스럽게 입장하는 사진이 신문에 실렸다.[26] 사회 저명인사로서의

439

손기정이 받아온 그리스 투구. 국립중앙박물관

면모를 보여주는 대목이다.

　　1947년 보스턴마라톤대회에서 서윤복이 1위, 1950년 대회에
서는 함기용, 송길윤, 최윤칠이 1~3위로 골인했다. 손기정은 보스턴
마라톤대회에 감독으로 참여했다. 우승자 함기용도 양정고보 34회

1951년 졸업생이다.

손기정은 1948년 대한체육회 부회장 겸 마라톤 대표 팀 감독 (1948 런던올림픽부터 1964 도쿄올림픽까지)을 맡아 지휘했다. 코리아라는 이름으로 처음 참여한 올림픽에서 개막식 기수로 태극기를 들고 입장했다. 1983년에는 자서전《나의 조국 나의 마라톤》을 발간하고 1936년 베를린올림픽 당시의 상황과 심정을 밝혔다. 손기정의 인생 후반부에서 기억되어야 할 장면은 서울올림픽 개회식에서 최종 성화 봉송 주자로 뛴 것이다.

2002년 11월 15일에 숙환으로 타계했다. 국립 대전현충원 국가사회공헌자 묘역에 안장됐으며, 체육훈장 청룡장이 추서됐다. 모교 만리동 교사에 손기정기념공원이 조성됐다. 이 공원에 손기정기념재단도 마련됐다. 손기정이 받은 베를린올림픽 금메달은 등록문화재 제489호로 지정됐다. 손기정이 받아온 월계수는 만리동 교정에 심어졌다.

국립중앙박물관에는 그리스 유물로는 최초로 보물로 지정된 투구가 보존되어 있다. 국립중앙박물관 100선에 포함된 이 유물은 베를린올림픽 당시 손기정이 수상 기념으로 받은 것인데, 1875년 독일 고고학자가 그리스 올림피아 유적의 제우스신전에서 발굴한 기원전 600년경 코린토스 양식의 투구다. 그동안 베를린 샤를로텐부르크박물관에 보관되어 있다가 후대에 손기정에게 반환됐다. 손기정은 '이 그리스 투구는 나의 것이 아니라 민족의 것'이라면서 국립중앙박물관에 기증했다.[27]

유달영

星泉 柳達永
양정고보 17회
1911~2004

평생을 바친
농업과 농촌
재건의 길

고교 시절 덴마크 책을 읽고 농업의 길로

성천(星泉) 유달영은 경기도 이천시 대월면 고담리에서 태어났다. 고향에서 죽남공립보통학교(현 설성초등학교)를 마치고 양정고보로 진학했다. 양정고보 4학년 시절 《동아일보》의 브나로드운동에 참여하면서 일평생 농민을 위해 일하겠다는 결심을 세웠다. 유달영이 회고하는 당시 학교 교육의 추억담이다.

일본이 가장 나쁜 것은 우리나라 고등교육을 봉쇄했다는 점이예요. 사람들이 이 사실을 잊고 있는데 그걸 생각하면 정말 화가 나요. 서울에 고등학교라곤 양정·중앙·보성·배재·휘문밖에 없었는데 각 학교마다 1년에 100명씩 모집했죠. 내가 졸업(양정고)할 때 83명이 졸업했지. 대학은 하나도 세우지 못하게 했어요. 우리 국민들이 교육을 받아 우수해질까 봐 아예 교육 기회를 봉쇄해버린 거죠.[1]

유달영(오른쪽). 졸업 앨범. 1933

개교 70주년 기념집인《양정의 얼굴》에서 자신이 입학한 1933년 봄을 회고했다. 한 학년이 갑과 을 두 반씩이고 한 반 정원이 50명이었다. 5년제이므로 전교생이 500명에 지나지 않았다. 그는 1000여 명 지원자 중에서 선발되어 입학이 됐다고 했다. 10 대 1의 경쟁률이었다. 양정 뒤에는 공동묘지가 있어 늘 처량한 울음소리가 들렸다. 교사 뒤에는 오막살이집이 한 채 있었는데 무당집이었다.

염천교를 건너 만리동으로 들어서면 새벽부터 손수레를 끄는 노동자들이 꽉 차 있어 먼지가 자욱하고 파출소를 지나서 좁은 골로 들어서면 비 오는 날에는 밟아놓은 논바닥과 같았다. 길 주변에는 썩은 과실과 먹다 남은 빵조각을 늘어놓고 팔고 있고 특히 봉래동 기름 장사는 서울에서도 유명했다. 운동장 아래는 감나무 밭이 있었는데 늙은 고목에는 가지가 찢어지도록 흐드러지게 감이 열렸다. 그러나 울타리는 변변치 않았건마는 감을 잃어버렸다는 소문은 별로 듣지 못하였다. 교정에서나 교실 창에서 내다보면 사시로 푸르른 솔에 뒤덮인 남산이 한없이 아름답건만 그 중턱에 일본 나라의 신주를 앉혀 놓은 신사(神社)가 우뚝 자리 잡고 서울 장안을 내려다보고 있어 부지중에 고개를 돌리게 하곤 하였다.

유달영은 서울의 기차를 '잔인하기 승냥이 같은 일인들의 동양 침략의 대동맥'이라고 서술했다. 그는 이런 주위 환경에서 진실과 애국정신이 스며들어 있는 교가를 부르면서 공부했다. 일제 당시 조선심(朝鮮心)을 기르는 데 이처럼 여러모로 구비된 주위 환경을 가진 학교는 없었을 것으로 생각된다고 회고했다. 그가 표현한 조선심은 바로 은사 김교신이 강조하던 것이기도 했다. 유달영은 LA올림픽에서 동양인으로는 최초로 6위를 한 김은배와 동기생이고, 손기정의 올림픽 우승도 재학 중에 겪어 민족의 피를 끓게 했다고 회고했다.

　유달영은 양정 졸업 후 세브란스의학전문학교와 수원고등농림학교(수원고농) 사이에서 고민하다가 결국 수원고농으로 입학한다. 자신이 존경하던 은사 김교신에게 덴마크의 농업을 다룬《덴마크 이야기》란 소책자를 받고서 결정적으로 진로를 농업으로 결정했다. 무교회주의자 우치무라 간조(内村鑑三)가 농업국가 덴마크의 부흥담을 일본에 소개한 책이었다. 이후 한국 사회에 덴마크가 농업의 전범으로 알려지게 되는 것은 김교신, 유달영 등의 노력에 힘입었다. 유달영은 해방 이후《새 역사를 위하여: 덴마아크의 교육과 협동조합》을 저술했고, 많은 이에게 덴마크 농업에서 희망을 읽게 했다.[2]

　그는 수원고농에서 농업에 관한 전문적 소양을 키웠다. 당시 수원은 농업 연구의 중심이었다. 수원고농은 1918년 개교한 전문학교로 해방 이후 서울대학교 농대(농생명과학대학)로 병합된다. 유달영은 이후 미국으로 건너가 미네소타대학교에서 원예학을 전공하고, 1972년 건국대학교에서 명예 농학박사 학위를 받는 등 일생 농업 분야에서 일했다. 개성 호수돈여고보, 양정고보 등의 지리박물 교사, 서울대학교 농과대학 원예학 교수를 30여 년간(1946~1976) 지냈다. 양정고보의 지리박물은 은사 김교신이 담당하던 과목이었다.

유달영을 지칭하는 호칭은 매우 다양하다. 애국지사, 독립운동가, 농학자, 원예학자, 사회운동가, 재건국민운동본부장, 수필가, 서예가, 교수 등이다. 다방면에서 두각을 나타내며 왕성하게 활동했다는 증거이며 그만큼 능력 있고 열정이 있었다는 뜻이다. 그의 생애는 몇 단계로 나누어 설명이 가능하다.

김교신의 영향으로
농업에 투신

농업 분야에 뛰어든 계기는 김교신의 영향이 지대했던 것으로 보인다. 함흥농업학교를 졸업한 김교신의 농업학교 이력이 유달영에게도 영향을 미쳤을 것이다. 김교신과 유달영에게 영향을 준 우치무라 역시 농업과 수산을 전공한 공통점이 있다. 김교신의 농업학교 이력이 유달영으로 하여금 농업을 선택하는 데 영향을 미쳤다. 김교신은 농장 경영도 시도한 바 있다.

양정역사관에는 고색창연한 책장 하나가 보존되어 있다. 김교신이 쓰던 유리창 달린 책장이다. 측면 상단에 '서울대 농대 비품' 번호가 붙어 있다. 유달영이 물려받아 쓰다가 서울대학교 농대 교수 시절에도 옮겨서 쓰고 있었고, 그래서 학교 비품 관리 번호가 붙은 것이다. 사후에 양정역사관으로 이전해 보관하고 있다. 유달영의 생애에 그만큼 김교신의 영향이 컸음을 시사한다. 더 나아가 김교신과 사돈

447

관계를 맺어 가족으로 엮였다. 장녀 인숙이 김교신의 맏며느리이니, 스승과 제자가 사돈 관계를 맺은 셈이다. 《양정의 얼굴》에서 그는 스승 김교신을 이렇게 표현했다.

나를 5개년 동안 연속해서 담임했던 김교신 은사께서는 이미 저세상 분이 됐지마는 정의의 상징처럼 거룩한 애국자였다. 경건한 신앙에 자리 잡은 정신은 민족애가 불처럼 뜨거우면서도 세계인으로서의 금도를 가져 편협하지 않았었다. 근 20년 동안 개인으로 일제와 싸우면서 《성서조선》이란 잡지를 발간해 한국 기독교 개혁의 씨를 뿌려놓은 분이었다.

유달영은 학생 시절부터 활발하게 언론 등에 기고하는 등 사회 활동을 전개했다. 1932년 《중앙일보》는 본지 혁신에 대한 학생들의 의견을 싣는다. 양정고보 학생 신분으로 유달영은 〈엄격 정명한 비판에 노력, 문단 진흥〉을 말한다.[3] 학생 시절에도 기고할 정도로 당차게 활동했다는 뜻이다. 유달영은 고교 시절부터 제법 유명했다. 1932년 《동아일보》는 '중등 습자 3등'을 차지한 〈기쁨의 입상자를 찾아서〉라는 기사를 싣는다. 붓글씨도 잘 쓰고, 일도 잘하고, 운동에도 신경 쓰고, 입학시험도 준비하던 양정고보의 급장 인터뷰다. 유달영의 다방면적 기질과 활동성을 잘 말해주는 신문 기사다.

"학교에는 1년급 때밖에 글씨 쓰는 시간이 업습니다. 어릴 때 글방에

김교신의 양정고보 교사 시절 제자들과 함께. 앞줄 왼쪽이 유달영, 가운데가
김교신이다. 1933

김교신의 책장.
양정역사관

다닐 때 좀 써보았던 것인데 방학 때면 고향에를 가면-고향은 이천입니다-가친이 년로하신 분이라 글씨를 퍽 질기심으로 위로해드릴 겸 써본 것밧게는 업섯습니다. 이번 것도 학긔 초에 하로쯤으로 쓴 것이엇습니다. 그만한 것이라도 아주 붓을 노치 안 햇든 덕인가 합니다."

"글씨 잘 쓰는 것이 조흘 때가 만트군요."

"글쎄요, 요사이는 펜글씨나 잘 쓰면 되겠지요. 붓글씨는 앞으로 갈수록 실용적 방면에서는 멀어지는 동시에 순전히 미술적 경지로 더 가까워만 질 터이지요. 글씨 쓰는 동안은 정신이 집중되어 매우 맘이 가다듬어집니다."

"운동 가튼 것도 하십니까?"

"네. 아니 하는 편은 아닙니다. 문학에 취미를 가진 사람들은 대개 보면 기운을 못 쓰는 편이두군요. 나는 일즉이 검술도 좀 하는 척햇습니다마는 정구만은 늘 계속하고 잇습니다. 웃학교 시험 준비에 매우 분주한 시기인 만치 건강에 매우 주의를 하랴 합니다. 식전의 냉수마찰을 반드시 하고 있습니다."

군과 이러케 대화하는 동안의 그 명랑한 긔분과 활발한 긔색은 서 있는 방 속까지 밝게 하는 듯하얏다.

"달영 군은 급장으로 잇지요. 재주도 만코 일도 조하하는 사람입니다. 억세던 우리들의 압잡이로 집흘만 한 친구이지요."

이것은 군의 동료로서 서슴지 않고 전해주는 솔직한 말이엇다.[4]

이듬해인 1933년 《조선총독부관보》에 실린 수원고농 합격자 명단에 유달영이 확인된다. 일본인과 조선인 학생이 반반 비율이었다.[5] 양정고보 졸업과 동시에 농림학교에 진학한 것이다. 같은 총독부 관보 1936년 졸업생 명단에도 올라 있다.[6] 3년 만에 졸업한 것이다. 이로써 유달영은 1930년대에 본격적으로 농업의 길로 들어선다.

브나로드운동과
최용신과 맺은 친교

유달영은 20대 청년 시절인 1930년대에 최용신과 농촌계몽운동을 주도했다. 최용신은 수원군 반월면 사리(오늘의 안산시 본오동)에서 농촌계몽운동을 전개한 사회운동가다. 학교를 자퇴하고 농촌운동에 전념할 것을 결심, 처음에는 야학으로 출발했다. 일본 고베신학교에 유학했으나 신병으로 귀국했고, 샘골에서 농촌계몽운동을 지속하다가 사망했다. 훗날 유달영은 김교신의 권유로 최용신의 전기《최용신 소전》(성서조선사, 1939)을 출간한다. 심훈의 소설《상록수》의 주인공 채영신의 실제 모델로 알려진 최용신은 '인간 상록수'로 불리기도 했다.

심훈의《상록수》는 1935년《동아일보》창간 15주년 기념소설 공모전에 당선된 작품으로 농촌브나로드운동의 성과물이다. 3·1운동에 참여해 옥살이를 한 심훈은 평생 독립운동의 길로 나선다. 그에게 식민지 농촌의 문제는 본질적 모순 관계였으며, 계몽운동을 통해 농촌을 살리려는 강한 의지를 소설을 통해 드러낸다. 중국에서 신채호,

451

이회영 등과 친교를 맺고 조선으로 귀국한 다음에는《동아일보》사회부 기자로 입사한다. 심훈은 카프로 통합되는 염군사(焰群社)에서 활동했고, 1925년에는 카프에 가입한다. 1927년에는 일본으로 건너가며, 1935년에 소설《상록수》가 당선되어 필명을 날리는데, 지병으로 이듬해 사망한다. 소설의 내용은 대략 이렇다.

농촌계몽운동을 하던 학생 채영신과 박동혁은 계몽운동 모임에서 만나 동지애를 나눈다. 두 사람은 의미 없는 학업을 그만두고 각자 청석골과 한곡리로 내려가 농촌운동에 매진한다. 편지로 사랑을 나누며 3년간의 계몽사업 토대를 닦은 후에 결혼하기로 언약한다. 영신은 극빈한 청석골의 좁은 교회당을 빌려 야학과 여성 친목회를 운영한다. 고향 한곡리로 내려간 동혁은 청년들로 농우회를 조직하고 농우회관도 완공한다. 영신도 이에 자극받아 갖은 노력 끝에 청석회관을 건축했으나 맹장염으로 건강이 극도로 악화된다. 동혁이 영신을 간호하는 동안 한곡리의 고리대금업자가 수작을 부려 농우회를 폐차고 농우회관도 차지한다. 이에 격분한 동혁의 남동생이 회관에 불을 지르는데, 이 때문에 동혁이 체포되어 억울한 옥살이를 한다. 영신은 요양을 겸해 일본 유학길에 오르며, 가까스로 동혁을 면회하지만 이것이 마지막이 됐다. 유학 생활은 건강에 오히려 해가 되어 맹장염이 재발한 것이다. 동혁은 옥에서 나와 영신의 운구가 떠나갈 때 마지막 길을 배웅한다. 홀로 된 동혁은 한곡리로 돌아가 영신의 뜻을 이어갈 것을 다짐한다. 농촌계몽운동에 나선 두 청춘남녀의 이루어지지 못한 순애보와 식민지하 농촌의 고단한 삶, 그러면서도 브나로드운동의 필연성과 지속성을 강조하고 있다.

심훈은 충남 당진에 머물렀는
데, 그곳에서 활동한 장조카 심재영
의 야학운동과 공동경작회도 《상록
수》 완성에 도움이 됐을 것이다. 심
훈은 당선 상금으로 상록학원을 설
립해 농촌 학생 교육을 지원하기도
한다.

유달영은 수원고농을 다니고
있어 최용신의 농촌 현장과 가까운

최용신. 소설 '상록수'의 모델로
알려졌다

거리에 있었다. 유달영의 《최용신 양
의 생애》(1956)는 평소에 알던 그를 기리는 책이기도 하다. 서문은 김
교신이 썼다. 소설가 임옥인은 《최용신 양의 생애》 서평을 쓴다. 임옥
인은 원산 출신으로 김교신의 제자였다. 함흥 영성여고보와 일본 나
라여학교를 나와서 원산 루씨여고에 재직했다. 혜산진에 가정여학교
를 설립하고 그 자신이 부녀자 야학운동을 전개한 이력이 있다.

이미 세상에 널리 알려져 있는 고 심훈 작 《상록수》의 여주인공이 바
로 최용신 양이고 보매 독자의 관심은 배가 될 수밖에 없는 것이다. 최
양은 일찍 내가 교편을 잡았던 원산 루씨여고 졸업생이요, 내가 재직
시에 그의 초상을 예배당에 걸고 찬양하던 기억도 새로워서 감명 깊은
일이거니와 이 책의 서문을 쓰신 고 김교신 선생은 나의 은사이시고

453

보니, 개인적으로도 이만저만 반가운 일이 아닌 데다가 이 책이 지닌
객관적 의의와 가치를 생각할 때 더욱 고마운 일이 아닐 수 없다. 오늘
날 우리에게 절실히 요청되는 것은 백만 인의 구호보다 한 사람의 꾸
준한 실천이라고 하겠다.[7]

이 책은 1961년 5월에 재간행됐다.[8] 그해 9월에 유달영은 재건
국민운동본부장으로 취임한다.

재건국민운동의
비전과 좌절

유달영은 수원고농을 졸업한 이후에는 잠시 개성 호수돈여고에서 교
직 생활을 했다. 해방 이후에는 서울대학교 농대 교수로 재직했다. 문
교부 직원록을 보면 1952년에 조교수, 1953년에 부교수로 나온다. 잠
시 교환교수로 도미한다. 서울농대 교수로 재직하면서 1960년대부터
본격적으로 국가 일에 뛰어든다.

　5·16군사쿠데타 이후 애초에는 군사혁명에 대한 비판적 태도
를 견지했다. "5·16군사혁명은 실패한 혁명으로, 이 나라의 하나의
비극으로 종말 지어졌다는 사실을 기억해야 한다"라고 했다.[9] 그러나
유달영은 박정희 의장이 수차례에 걸쳐 간곡히 국가 재건을 맡아줄
것을 부탁하니 전권을 맡겨주면 하겠다는 뜻으로 국무총리급의 재건

국민운동본부 본부장을 맡는다. 〈국가재건최고회의 박정희 의장은 재건국민운동본부장 유진오 씨의 사의를 받아들여 후임에 서울대 농대 교수인 유달영 교수를 임명했다〉는 기사가 그것이다.[10] 재건국민운동본부 본부장은 국가재건최고회의법 제17조에 따라 최고회의 승인을 얻어 의장이 임명하게 되어 있었다. '유진오 의장은 고려대 총장으로서 오로지 재건국민운동만을 전념할 수 없어서' 그 직을 그만두었다고 한다.

새나라의 결실, 주간 새나라 부록, 1962년도 정부 시책 해설집

유달영은 본부장 취임식에서 재건운동을 민간운동으로 전환하겠다고 말했고, 민간운동으로 전환하는 데 필요한 법 개정도 촉구한다고 천명했다. 11일 오전에 열린 취임식은 대단히 성대하게 개최됐다. 박 의장에게 임명장을 받고 취임사에서 "군정은 아무리 잘한다 할지라도 결코 명예스러운 일이 아니며, 이 군정의 종지부를 속히 찍을 수 있도록 국민들 스스로가 스스로를 다스릴 수 있는 민주 정치의 능력을 길러야 한다"라고 말했다. 박 의장은 대독을 통해 국민운동 정신혁명과 생활혁명을 기한다면서 일각에서 국민운동이 관제운동이라는 것은 오해라고 강변했다.[11] 박 의장 자신이 관제운동이 아니라는 강변을 한 것은 본질적으로 그 운동의 관변적 속성을 자기 고백한 것

455

이다.

유달영은 사무실에 덴마크 지도자 니콜라이 그룬트비의 사진을 걸어놓고 집무할 정도로 덴마크 부흥의 기반인 협동사업 정신과 농촌 부흥의 길을 통해 우리나라를 재건하려 했다. 실제로 박정희가 유달영을 본부장으로 위촉한 것도 그가 펴낸 덴마크 책자를 읽고 감명을 받았기 때문이다. 유달영이 1958년 펴낸《새 역사를 위하여: 덴마아크의 교육과 협동조합》이 그것이다.[12] 재건국민운동본부 본부장으로 있던 1961년 11월 덴마크 대사가 유달영을 예방한다. 유달영은 자신의 저서를 대사에게 전달함으로써 자신의 '덴마크 사랑'을 표했다.

유달영은 각 시도지부의 자문위를 의결기관으로 하고, 도지부장에도 민간인을 배치하는 등 그 나름의 개혁을 시도했다. '지금까지의 국민운동은 위로부터의 명령에 의해 움직여온 것'이라고 지적하고 '앞으로는 밑에서 싹트게 하는 운동이 되도록 육성지도하겠다'고 말했다.[13] 1961년 9월에는 '국민노래운동'을 전개한다. 생활문화센터를 설치하고 백화점을 통해 정찰제 실시를 강제한다. 10월에 유달영은 '관료적 태도를 버리라'고 도지부장에게 훈시한다. 11월에는 일본의 민간 창설 기념일 참석으로 도일했는데, 홋카이도까지 시찰하고 15일간 체류했다. 같은 11월에 방한한 미국 러스크 국무장관 환영담을 발표했는데, '우리 국민의 확고한 반공의식과 건전한 새나라 건설 의욕을 전달하겠다'는 내용이었다.[14]

당시 재건국민운동본부는 전국에 운동지부가 있었고 농촌 지도자 7만여 명, 41만여 명의 농어촌청소년봉사대 등이 조직화됐다. 거대 조직의 관료화 체질은 변화가 쉽지 않았을 것이다. 같은 달에 유달영은 재건학생회 운영에 관해 '정치색을 띠지 않게' 하라고 훈시한다. '각급학교의 재건학생회는 순수한 학생 자치 활동에 의해 운영될 것이며, 정치성을 띠지 않도록 하겠다'고 말한다.

유달영은 사업 부문을 크게 국민 교육, 향토 개발, 생활 혁신, 사회 협동 넷으로 나누었다. 그러나 군사정권의 국정 철학이 개입되면서 1964년 운동본부는 해체되고, 이를 기반으로 군정 주도의 새마을운동으로 바뀐다. 유달영은 자신이 몰두한 국가재건운동이 반민주적 새마을운동으로 변질된 것에 분노했다. 농촌운동에 군사정권의 힘을 빌리려 의도했으나 뜻대로 되지 못했다. 1962년 10월에도 '정치적 이용은 안 된다'는 내용으로 인터뷰를 했다.[15]

유달영은 국가 단위에서 민간운동을 모색했지만, 재건국민운동은 관제 영향을 탈피하기 어려웠고 의도대로 굴러가지 못했다. 재건운동은 절반의 실패였지만 재건학교와 마을금고 등의 긍정적 유산을 남겼다. 마을금고는 민간 주도 경제운동으로 전개됐으며, 훗날 새마을금고로 갱신됐다. 1965년 유달영은 마산에 내려와 기자와 만난 자리에서 국민운동의 목표를 다음과 같이 언급했다.[16]

① 제일 중요한 사업은 마을금고운동이다. 이 운동은 경제자립운동에 뒷받침하는 가장 중요한 교육의 하나다.
② 재건학교사업이다. 이는 국민학교를 졸업하고 진학 못 하는 약 30만 아동을 대상으로 재건학교라는 교육 이념에 중학 과정을 마치게 하

457

는 것으로, '배우면서 일하고 일하면서 배운다'라는 표어를 그 실천 강령으로 삼는다.

농어촌을 중심으로 한 지역사회국민운동은 밑에서부터 위로 쌓아올리는 근본 문제에서 출발해 지역사회의 특색에 알맞은 여건을 충분히 살리도록 하고, 화려하고 나열적인 것보다는 실용적이고 실질적인 근본 자세에서 그 운동의 기점을 잡아야 한다고 유달영은 말했다. 그러나 밑으로부터의 운동은 군사정권에서 적용되기 어려웠다. 교육위원도 서울대학교, 연세대학교, 이화여자대학교 교수 등이 맡았고, 김활란이 주도해 유진오, 백낙준, 장이욱, 박종홍, 김기석이 고문이었으나 이들 역시 '밑으로부터의 운동'과는 상관이 없던 인물들이다. 유달영 자신은 재건국민운동이 1970년대의 유신정권과 더불어 시작된 새마을운동과 연관됨을 극도로 싫어했다. 민간운동의 전개와 관료의 개입과 통제로 이루어지는 새마을운동식 국가적 체제 동원은 본질적으로 양립이 쉽지 않은 것이었다.

유달영이 청년 시절부터 모색해온 민간 차원에서 꿈꾸던 농본의 철학과 실현은 만만한 과제가 아니었다. 1960년대 산업화 시대로 접어들면서, 이전의 사회구성체가 변모했으며 더 이상 예전 방식의 농촌운동은 설 자리를 잃었다. 이농으로 농촌이 해체되는 조건, 나아가 국가총생산에서 농업이 차지하는 비율이 가파르게 낮아지는 현상은 이전에는 없던 상황이었기 때문이다.

이후 그의 이력에는 조국의 미래를 책임질 인재 양성을 위한 한국보이스카우트 창단, 무궁화심기운동, 농촌이 경제적으로 자립하도록 하는 마을금고운동 등이 포함되어 있다. 1980년대에는 국정자문위원을 지냈다. 12·12사태로 촉발된 군사정권의 창출과 이를 보조하는 국정자문회의는 대통령 자문에 응하기 위해 국가원로로 구성됐던 헌법기관이었다. 국정자문회의는 군사정권 내내 어용단체 그 이상도 이하도 아닌 채로 명맥을 유지했기 때문에 보는 이의 각도에 따라 비판의 대상이 됐다.

'사람의 본업은 사람'이라는 일관된 좌우명

그의 생애를 볼 때 1960년대 이후에는 전반적으로 체제 순응의 길을 걸은 것으로 보인다. 특히 1980년대 이후에는 체제 순응 경향성이 더욱 강해졌다. 그에 따라 다양한 직책을 맡게 된다. 1983년 한국농축수산유통연구원을 창설해 초대 원장 취임, 1984년 주간《농축수산유통정보》창간, 1985년 한국무궁화연구회 창립, 1990년《한국농어민신문》창간, 밝은 사회를 위한 사회운동, 국가 위상을 높이고 애국심 고취를 위해 나라꽃 무궁화 개량과 보급에도 앞장섰다.

89세 되던 해에 인터뷰한 기사를 보면, 새벽 3시 30분에 일어나 밤 10시까지 부지런히 활동했다. '농심(農心)은 천심(天心)이고 건강한 정신을 갖게 한다'는 좌우명을 실천하고 있었다. 유달영의 기억 속에

459

는 보릿고개가 노년까지 남아 있었다.

> 쌀밥을 먹는 사람이 없었어요. 쌀은 일본에 내다팔고 보리밥이나 좁쌀
> 밥, 수수밥을 해먹었지요. 보리를 수확하기 전에 죽는 사람이 많아서
> 보릿고개라는 말이 생겼지. 조반석죽(朝飯夕粥)이라고 아침에는 노동을
> 해야 하니까 잡곡밥이라도 먹지만 저녁에는 누구나 죽을 먹었죠.[17]

유달영은 '대한민국의 설계자'에 속한다. 한국 우익의 기원이라
고 할 수 있다. '친일하지 않은 우익'이 대한민국의 설계자라는 주장
이 제기된 바 있다. 학병 세대가 그 중심인데 유달영을 포함한 장준
하, 김준엽, 지명관, 서영훈, 백낙준, 장기려, 선우휘, 김성한, 양호민,
김수환, 지학순, 조지훈 등을 꼽았다.[18]

그는 '재건의 교과서'라 불리는 《새역사를 위하여》 외에 서울
대학교 명예교수, 유기농업협회 회장 등으로 일하면서 《유토피아의
원시림》, 《누에와 천재》, 《나라꽃 무궁화》, 《인간 발견》, 《흙과 사랑》,
《소심록》, 《유달영 인생론집》 등 많은 수필집을 펴냈다. 문장을 잘 구
사했으며 일관된 삶의 자세를 인간, 자연, 농업, 식물 등에 빗대어 담
담하고 편하게 서술했다.

그는 '사람의 본업은 사람'이라는 명제 아래 계몽사회운동가로
서의 삶을 지켜나갔다. 자신의 수필집에서 '사람답게 사는 사람이 되
기 위한 방법론'을 인생, 사랑, 신앙 등에 걸쳐 다양하게 변주하며 설
파하곤 했다. 그의 에세이 잠언은 친숙하면서도 새삼스러운 공명을

불러일으킨다. 일제강점기부터 민족의식으로 출발해 농촌 현실을 고민하면서 살아왔고, 김교신으로부터 커다란 공명을 받은 자신의 신앙관까지 현대를 사는 사람에게 삶의 이정표로 제시하곤 했다.[19]

유달영은 서울대학교에서 은퇴해 명예교수로 있으면서 1991년 성천문화재단을 창립하고 이사장을 지냈다. 2004년 향년 93세에 사망했으며, 유언에 따라 전 재산은 재단 출연으로 사회에 환원됐다. 평생 모은 수십억 재산을 아파트 한 채 남기고 모두 문화재단에 희사했다. 2015년 농림축산식품부에 의해 '한국 농업의 별'로 선정됐다. 독립운동 공로를 인정받아 국립묘지에 안장됐고 정부는 건국포장을 수여해 그의 삶을 기렸다.

461

김교신

金敎臣
양정고보 교사
1901~1945

성서를 조선에,
조선을
성서 위에

12년간 봉직한
지리박물 교사

양정고보에는 김교신이라는 뜻 깊은 교사가 있었다. 이 책에서 다루는 다른 인물들이 양정 출신인 데 반해 그는 함흥농업학교 출신이다. 그러나 그가 양정에서 건네준 감화의 크기와 깊이, 제자와의 관련성 등을 생각하면 이 작업 말미에 펼쳐 보일 필요가 있다고 생각한다. 그만큼 양정 역사에서 중요한 위치를 점하기 때문이다.

김교신은 1901년 함흥에서 태어났다. 어릴 적 한학을 공부하고 함흥보통학교를 거쳐 함흥농업학교를 졸업했다. 함흥은 일제강점기에 학생운동이 치열하게 전개되던 곳이다. 1919년 함산학우회 주동으로 영생고보·함흥농업학교·함흥고보·영생여고보 학생과 일반인 등 1000여 명이 만세시위운동을 전개했다. 김교신 역시 함흥 시위 주모자로 몰렸다가 기소유예로 풀려난다. 민족이란 의미가 강렬하게 다가온 순간이었을 것이다.

463

김교신

    김교신은 1919년 일본으로 건너가 도쿄 세이소쿠영어학교에
입학했다. 1922년 도쿄고등사범학교 영문학과에 입학했으나 지리박
물과로 전과했고, 1927년에 졸업했다. 박물학은 생물학·지구과학·
우주과학 등 과학의 포괄적 범위를 포함하는 자연사보다 좁은 의미
이며, 동물·식물·광물 등의 표본·특성·분포 등을 통합적으로 다룬
다. 영국에서 수입되어 일본에서 늦게 시작된 박물학은 1920년대 중
반부터 식민지 조선의 지식인에게도 영향을 미쳤다. 조선박물학회가
1923년 창립되어《조선박물학잡지》를 1924년 창간, 1944년까지 발
간했다. 조선박물연구회는《조선식물명집》을 출판했는데, 이때 출판
식물부, 동물부 위원에 김교신도 올라 있다.[1] 김교신은 우리나라 박물

학의 역사에서도 초창기 인물인 셈이다. 농업학교를 졸업한 것도 식물에 대한 이해를 돕지 않았을까 추측해본다.

1960~1970년대에 양정을 다닌 이들은 붉은 벽돌 본관 뒤에 서 있던 흰색 콘크리트 건물을 기억할 것이다. 그 건물 5층인가에 생물실이 있었다. 구렁이 표본에서 호랑이 박제에 이르는 다양한 표본이 있던 비교적 큰 방이다. 그때만 해도 생물반이 있어서 교외로 채집하러 가기도 했다. 1933년 졸업 앨범에 김교신이 생물 표본실에 서 있는 사진이 실려 있다. 조류 박제 등이 즐비한 곳이다. 그때의 그 표본들이 1960년대까지 전수된 것이다. 1930년대로부터 불과 30여 년밖에 지나지 않은 시점이었다.

김교신의 전공은 그냥 박물학이 아니고 지리박물학이다. 땅의 풍토에 관한 지리적 이해는 결국 그 땅에서 살아가는 인간의 서사와 연결되고 인문 조건을 총합한다. 김교신은 지리박물 교사로서 조선의 풍토와 문명사 연구에도 진력했다. 그의 지리관은 오늘날로 치면 인문지리에 바탕을 둔 통합적인 것이다. 김교신은 《조선지리소고(朝鮮地理小考)》에서 조선의 산악·평야·기후·위치 등에 대해 언급한 뒤, "상술한 바와 같이 지리적 단원(單元)으로 보나 그 면적과 인구로 보나 산악과 해안선의 지세로 보나 이 위에 천혜로 주신 기후로 보나 (…) 그 대접으로 보나 조선의 지리적 요소에 관한 한 우리가 불평을 토하기보다 만족과 감사를 표하지 않을 수 없다. 이는 넉넉히 한 살림살이를 부지할 만한 강산이요, 넉넉히 인류 사상에 큰 공헌을 제공할 만한 활(活)무대이다"라고 평가했다. 이는 지리적 결정론을 강조하려 한 일

465

제의 식민사관을 부정한 것이다.

그는 강인한 체력을 바탕으로 주말마다 학생들과 함께 산악 모임을 이끈 것으로도 유명하다. 같은 양정학교의 황욱 교사가 전문 산악인으로서 체계 있게 등반을 가르쳤다면, 김교신은 서울 주변의 산을 오르며 학생들과 이야기를 나누었다. 엄혹한 식민지 상황에서 선생과 함께하는 주기적 등산은 무한의 감흥과 가르침을 주었을 것으로 짐작된다. 이 모임은 김교신이 인솔했던 무레사네회(물에산에회)였다. 다음 인용문은 1934년 11월 11일 김교신의 일기다. 무려 140명의 학생과 함께 산에 올랐다고 한다.

> 양정학교 생도 140명과 함께 북한산에 오르다. 대서문으로 올라 아문으로부터 도선사를 지나 우이동에 하산. 이로써 금추(今秋) 제3회. 벌써 노적봉에는 빙하가 달렸다. 오르면 오를수록 백운대의 속살거림이 번마다 다르고, 인수봉의 설교가 때에 따라 곡조를 변화한다. 40만 경성 인구 중에 이 영산에 귀를 기울이는 이가 많지 못함과 교육받은 남녀 중에도 북악산과 북한산을 분별치 못하며, 삼각산의 세 봉을 지점(指点)치 못하는 영웅(?)들이 불소함은 또한 우리의 무용한 흥분의 또 한 조건이 되는도다.

김교신의 양정고보 부임은 1928년이다. 도쿄고등사범을 1927년에 졸업했으니 졸업과 동시에 부임한 것이다. 김교신은 귀국 후 잠시 고향인 함흥 영생여고보에서 교직 생활을 하다가 양정으로 옮겨

생물 표본실에 서 있는 김교신, 1933년 졸업 앨범에서

양정 등산부. 1934년 11월 11일

이후 11년간 지리박물을 가르쳤다. 교육의 제1 목표는 '주체적 개성 형성', 즉 누구나 스스로 탐구하는 것이었다.

그는 학생들에게 졸업 후에 한 가지 전공과 한 가지 기호를 택하도록 했다. 전공은 일인 일사의 연구이며, 기호는 전공 외 분야(특히 철학과 문학 등)에서 상당한 조예를 쌓는 일이다. 각자 전공 중 하나를 택하여 전심전력으로 노력해 그 분야에서 최고 실력을 구사하기를 꿈꿔야 한다고 가르쳤다. 또한 심신의 조화를 위해 학생들에게 운동을 장려했다. 그 자신도 등산·농구·씨름·마라톤을 즐겨 했으며 답사, 즉 장거리를 걸을 수 있는 체력을 키우려 했다. 손기정도 그렇게 길러졌다.

김교신은 가정교육 역시 중요하다고 생각했다. 학생 20여 명과 함께 농사를 지으면서 밥도 같이 해 먹는 등 생활친화적 교육을 했고, 동시에 가정에서는 자식들을 강제하지 않고 자유롭게 기르고자 했다.[2] 당시는 첫 학년을 맡으면 졸업 시까지 5년 담임이었으므로 사제관계가 보통이 아니었다.

그는 체력이 타고난 데다 천하장사와 같이 강건했다. 김교신은 북한산 자락 정릉에서 돌을 주워 돌집을 직접 지었으며, 그곳에서 자전거를 타고 만리동까지 출퇴근할 정도로 강인한 체력을 지녔다. 곧은 성격과 날카로운 외모로 인해 '양칼'이라는 별명이 붙었으나, 수업이나 일상생활에서는 눈물을 흘릴 정도로 감수성이 풍부했다.

가르친 제자 중에는 수필가 윤오영, 체육인 정상희·손기정·김은배·남승룡, 동요시인 윤석중, 백양사 큰스님 서옹, 서울대학교 농대 교수 유달영, 안과 의사 구본술, 언론인 문제안·김영상, 화가 장욱진 등이 있다. 특히 손기정이 베를린올림픽에서 메달을 따는 과정에 김교신의 정신적 영향력이 컸다. 손기정은 〈비범했던 스승님〉이란 글에서 "바라만 보고 있어도, 아니 선생님이 계시다는 생각만 하고 있어도 무엇이 저절로 배워지는 것 같은 분이셨다"라고 썼다. 유달영은 '성서조선사건'으로 김교신과 같이 감옥 생활을 했으며, 혼례를 맺는 사돈 관계로까지 발전했다. 일제강점기 그가 던져준 삶의 태도와 철학은 해방 공간과 1950~1960년대까지 그에게 배운 제자들에게 전승됐다.

김교신이 감옥에서 나와 양정을 그만두고 짧은 기간 경기중학에서 가르칠 때 제자로는 안과 의사 구본술이 있다. 구본술은 한국실명예방재단 명예회장으로 있으면서 실명 예방 활동을 정착시키고 평생을 안과 의사로 헌신한 '한국 안과계의 산 역사'다. 김교신은 구본술이 안과 의사로 평생을 헌신하는 데 결정적 영향을 미쳤다. 경기중학교 3학년 당시 구본술은 이와무라 교장의 초빙으로 부임한 김교신을 처음 만났다. 이후 의학교에 입학했지만 공부에 어려움을 겪던 그는 김교신을 찾아가 상담을 받았다. 김교신이 의학은 인류와 민족을 위한 헌신적인 일이라며 독려했기에 마음을 다잡을 수 있었다고 회고했다.

무교회주의와
우치무라 간조의 영향

김교신의 인생에서 유학 당시 군국주의에 반대하고 성서 중심의 무교회주의를 주창하던 기독교 사상가 우치무라 간조(內村鑑三)와 야나이하라 다다오(矢內原忠雄)를 만난 것은 큰 사건이었다. 우치무라는 김교신보다 60년이나 윗세대이며, 야나이하라도 30년 윗세대다.

우치무라 간조는 도쿄영어학교 졸업 후 삿포로농학교에 입학, 수산학을 전공했고, 농학사 학위를 받으며 수석 졸업했다. 김교신과 직계 제자 유달영이 애초에 농업을 전공한 사실과 이상할 정도로 일치한다. 1882년 우치무라는 삿포로기독교회라는 서구 교회가 아닌 일본식 교회를 설립하고자 했다. 1884년 미국 애머스트칼리지에 편입해 졸업한 후 하트퍼드신학교에 입학해 신학을 배웠다. 하지만 심각한 만성 불면증에다 미국식 신학 교육에도 실망하여 입학 4개월 만에 자퇴했다. 1888년 일본으로 돌아왔고, 1889년부터 수산교육기관인 수산전습소(현 도쿄해양대학)에서 수산동물학을 가르쳤다. 김교신이 박물학을 가르친 것과 비슷한 궤적이다.

1890년 도쿄 제1고등중학 촉탁 교원이 됐고, 이듬해에 유명한 불경사건이 터진다. 천황의 '교육칙어(敎育勅語)' 봉독식에서 종교 신념에 따라 천황의 친필 서명에 경배하는 의식을 거부한 것이 문제된 것이다. 이로 인해 우치무라는 학교에서 해직된다. 1897년 이후로는 《만조보(万朝報)》 기자와 월간 《성서지연구(聖書之研究)》 간행인으로 일했다. 1921년에는 도쿄 한복판에서 일요일마다 〈로마서〉를 강의해 많은 청중이 감동을 받았다. 김교신이 도쿄고등사범에 재학하던 그 시절이다.

우치무라의 신학적 소신은 교회가 아니라 성서가 기독교 신앙

의 원천이라는 '오직성서(Sola Scriptu-
ra)주의'에 기반한다. 그의 신학은 당
연히 개신교 주류에 의해 크게 비판
받았고 저항이 뒤따랐다. 무교회라
는 단어는 1893년 간행된 《기독신도
의 위로》에 등장하며, 1901년에 잡지
《무교회》를 창간해 '교회가 없는 자
의 교회'를 말했다.[3]

김교신에게 영향을 준
우치무라 간조

우치무라 간조가 한국 식민지
와 제국주의를 비난하고 반대하는 것
은 김교신에게 큰 감동을 주었다. 김
교신이 무교회주의에 감명받은 것 이상으로 제국주의 반대에 감명받
았던 측면도 크다. 당시 일본과 조선의 교회는 대부분 전쟁을 방임하
는 제국주의 동조 세력이었다. 일제는 조선에 친일, 친제국주의 교회
만을 살려두었기 때문이다. 그가 교회에 참여하지 않는 무교회를 실
천한 것은 친일, 제국주의 교회에 한정한 것이지, 하느님의 교회 자체
를 부정한 것은 아니었다. 무교회주의는 교회가 필요 없다는 주장이
아니라, 달리 말하면 '참교회주의'에 가까웠다.

김교신에게 감화를 준 또 다른 인물 야나이하라 다다오는 우치
무라의 제자로, 식민정책학자였다. 도쿄대 법대 정치학과를 졸업한 뒤,
구미 유학을 거쳐서 도쿄대학 경제학부 교수가 됐다. 도쿄 제1고등학
교 재학 중 니토베 이나조(新渡戸稲造), 우치무라 간조를 만나 기독교에

471

입문했다. 우치무라 간조와 함께 일본 무교회파 기독교 지도자로 반전 평화를 부르짖었다. 《구약성서》의 예언자 이사야를 가지고 1937년 중일전쟁을 비판해 도쿄대학 교수를 사직했다. 경시청의 감시는 물론이고 극우파 테러에 늘 직면해 있었다. 하지만 언제 수감될지 모르는 상황에서도 자신을 따르는 제자들과 성서 공부를 지속했다.

야나이하라의 일관된 태도는 김교신이 신앙을 바탕으로 식민지 상황을 견뎌낸 것과 일치한다. 그는 대중서 《개혁자들》에서 예언자 이사야와 예레미야를 시작으로 사도 바울, 마르틴 루터, 에이브러햄 링컨, 올리버 크롬웰 그리고 우치무라 간조까지 누구에게도 얽매이지 않았던 일곱 개혁자의 생애를 소개하고, 그들이 바꾼 역사와 새로운 신앙의 돌파구를 보여준다.[4] 이 책의 부록에 무교회주의에 관한 그의 생각이 실려 있다. 야나이하라는 전후 도쿄대학 총장을 역임했다. 1966년 중앙공론사가 창립 80주년을 기념해 선정한 '근대 일본의 대지식인 10인'의 한 사람이기도 하다.

조선성서연구회와
조선의 기독교

김교신은 귀국 후에 송두용, 유석동, 양인성, 정상훈, 함석헌 등과 조선성서연구회를 조직해 무교회주의운동을 시작했다. 그가 생각하는 기독교는 교회 조직과 그 속에서 유지되어온 형식이 아닌, 예수와 성서 위에 세워진 조선을 위한 기독교, 곧 선교사의 사상적 지배에서 벗어나 한국인의 얼에 따른 기독교 사상을 생각하고 실천하는 조선의 기독교였다. 김교신과 여섯 명의 동인이 1927년 7월 월간《성서조선》을 창간, 1942년까지 발행에 온 힘을 쏟았다. 김교신, 함석헌, 송두용 등 우치무라 간조에게 무교회주의 기독교 신앙을 배운 일본 유학생 6인의 동인지였다.《성서조선》 15호까지는 정상훈이 책임을 맡았고, 16호부터는 김교신이 단독 발행했다.[5] 김교신 혼자 원고 수집, 편집, 총독부 검열, 교정, 출판, 배포 등의 모든 일을 감당해내는 1인 출판물 형태로 제작됐다.

자신의 운명을 건 고난의 작업이었다. 성서 연구, 성서 해설, 인생론, 신앙론 등 다양한 제목을 담아 조선을 위한 기독교를 주장하고, 동지들의 신앙과 신학 연구를 세상에 전파했다. 창간호 창간사에서 무교회주의와 '조선의 기독교'에 대한 입장을 밝혔다. "성서연구회를 시작하고 매주 때를 기해 조선을 생각하고 성서를 강하면서 지내온 지 반세여에 누가 동의해 어간의 소위 연구의 일단을 세상에 공개하려 하는 그 이름이《성서조선》"이라고 했다. 성서를 중시하고 회당을 차선에 놓는 원칙을 이렇게 말했다.

《성서조선》아, 너는 우선 이스라엘 집집으로 가라. 소위 기성 신자의 손을 거치지 말라. 그리스도보다 외인을 예배하고 성서보다 회당을 중시하는 자의 집에는 그 발의 먼지를 털지어다.

그에게《성서조선》은 '기독교의 조선'이 아니라 '조선의 기독교'로 자리매김하는 플랫폼이었다. 〈성서조선의 해(解)〉(1935년 4월)에서 "성서를 조선에, 조선을 성서 위에"라는 간명한 표현으로《성서조선》의 목적과 자신의 사상을 요약했다.

> 이를테면 이런 것들은 모두 풀의 꽃과 같고 아침이슬과 같아서 오늘 있었으나 내일에는 그 자취를 찾아볼 수 없을 것이며, 사상의 건축이라 풍우를 당해 파괴됨이 심하지 아니치 못할 것이다. 그러므로 이러한 구형적 조선 밑에 영구한 기반을 넣어야 할 것이니 그 지하의 기초 공사가, 즉 성서적 진리를 이 백성에게 소유시키는 일이다. 널리 깊게 조선을 연구해 영원한 새로운 조선을 성서 위에 세우라. 그러므로 조선을 성서 위에.[6]

조선의 것을 찾는 그의 열정은 조선문흥회 창립으로 이어진다. 창립 회원 중 장지영은 양정학교에서 같이 근무하던 교사다.

> 조선 문화의 연구와 진흥을 목적으로 김극배, 권상노, 장지영, 최선익, 변영태, 김교신 등이 주모해 종로 백합원에서 조선문흥회를 창립하고 문헌 수집, 도서 출판, 강습회 개최, 잡지 발행 등의 사업을 추진키로 되다. 간사로 장지영, 이병기, 권덕규가 선임되다.[7]

조선의 개신교는 19세기 말 전래한 이래 사실상 '선교사의 기독

성서조선 창간 동인들. 뒷줄 왼쪽부터 양인성, 함석헌, 앞줄 왼쪽부터 류석동, 정상훈, 김교신, 송두용. 1927

聖書朝鮮
金教臣主筆
第六拾四號
一九三四年 五月一日 發行

目次

先神을 爭하랴 ································ 主筆
중얼이어지있나 ···························· 主筆
最大한信仰 ································· 金教臣
聖書的으로본朝鮮歷史 ···················· 咸錫憲
四, 世界歷史의輪廓
古代히브리民族의孝道（二） ··············· 李昌甲
城西通信 ·································· 楊能漸
出閱운信仰의사람이다 ····················· 金教臣
一曲朝鮮의最高記錄 ························ 呂人漲

성서조선 표지

교'였다. 일제강점기에 개신교 선교사의 일부는 조선 독립을 위해 공헌했으나 전반적으로 종교와 민족의 분리를 추구했다. 가혹한 식민지 상황에서 민족의 정체성을 찾는 '조선의 기독교'가 되어야 한다는 김교신의 신념은 민족사적 요구이기도 했다. 그러나 대다수 개신교 목사나 신학자는 김교신을 배척했고 백안시했다. 일제강점기 말 많은 사람이 신사 참배에 나섰을 때, 주기철 목사 등을 제외하고는 그 어떤 반대도 없었다. 창씨개명을 거부하고 외롭게 자신의 길을 걸어간 김교신에게 '조선의 기독교'는 절체절명의 지상 과제이자 믿음이었다.

《성서조선》 회원 중 송두용을 주목할 필요가 있다. 송두용은 《성서조선》 회원 중 가장 어렸는데, 창간 당시 23세였다. 양정고보 8회(1924) 졸업생으로, 1928년에 양정에 부임한 김교신과 겹치는 시기는 없다. 도쿄에서 맺은 인연, 양정 학생과 교사라는 인연 등으로 가까운 사이가 됐다. 그 역시 도쿄농대에서 수학했다. 김교신이나 송두용, 유달영, 우치무라 등이 모두 농업 분야 학교에서 공부한 공통점이 있다. 송두용은 《성서조선》 동인으로서 식민 통치를 비판하다가 서대문형무소에 투옥됐다. 김교신은 송두용의 신앙을 '멧돼지 신앙'이라고 했다. 물불을 가리지 않는 그야말로 살아 움직이는 신앙이었다. 김교신이 사망한 이후에도, 조선이 해방된 이후에도 송두용은 초지일관 무교회주의 원칙을 지키며 살았다.

성서조선 필화사건과
감옥행

김교신이 펴낸《성서조선》은 다른 잡지와 마찬가지로 가혹한 검열을 감수해야 했다. 김교신은 이 잡지로 인해 많은 치욕을 당했는데, 그중 검열이 많은 부분을 차지했다.

> 《성서조선》을 발간함으로 받은 당치 않은 모든 치욕을 생각하면 생도들의 무례와 괄세쯤은 오히려 기특한 감을 금할 수 없는 일이다.[8]

김교신이 조선총독부 경무국에 출입하고 검열로 고심한 일은 제자나 지인의 기억 속에 뚜렷이 남아 있다. 출판물 취체, 출판법에 의한 안녕 금지, 불허가 출판물 목록 등의 용례에 《성서조선》이 빈번하게 등장한다.

어렵게 버텨오던 잡지는 1942년 3월호(158호)의 권두문 〈조와(弔蝸, '얼어 죽은 개구리를 애도함'이라는 뜻)〉로 인해 조선총독부에 의해 강제 폐간됐다. 조선총독부는 개구리에 빗대 조선이 일본의 억압으로 고통받고 있다고 표현했다며 강경하게 나섰다. 사실은 《성서조선》을 눈엣가시로 보고 핑계 삼아 폐간한 것이다.

> 작년 늦은 가을 이래로 새로운 기도터가 생겼다. 층암이 병풍처럼 둘러싸고, 가느다란 폭포 밑에 작은 연못을 형성한 곳에 평탄한 반석 하

477

나가 연못 속에서 솟아나 한 사람이 꿇어앉아서 기도하기에는 하늘이 마련해준 성전이다. 이 반석 위에서 때로는 가늘게 때로는 크게 기도하고 간구하고 찬송하다 보면, 전후좌우로 엉금엉금 기어오는 것은 연못 속에서 바위의 색깔에 적응해 보호색을 이룬 개구리들이다. 산속에 큰일이나 생겼다는 표정으로 새로 온 손님에게 접근하는 친구 개구리들. 때로는 5, 6마리, 때로는 7, 8마리.

늦가을도 지나서 연못 위에 엷은 얼음이 붙기 시작하더니 개구리들의 움직임이 날로 날로 느려지다가, 나중에 두꺼운 얼음이 연못의 투명함을 가리운 후로는 기도와 찬송의 음파가 저들의 고막에 닿는지 안 닿는지 알 길이 없었다. 이렇게 소식이 막힌 지 무릇 수개월 남짓! 봄비 쏟아지던 날 새벽, 이 바위틈의 얼음덩어리도 드디어 풀리는 날이 왔다. 오래간만에 친구 개구리들의 안부를 살피고자 연못 속을 구부려 찾아보았더니 오호라, 개구리 시체 두세 마리가 연못 꼬리에 둥둥 떠다니고 있지 않은가!

짐작컨대 지난겨울의 비상한 혹한에 연못의 적은 물이 밑바닥까지 얼어서 이 참사가 생긴 모양이다. 예년에는 얼지 않았던 데까지 얼어붙은 까닭인 듯. 얼어 죽은 개구리의 시체를 모아 매장해주고 보니 연못 바닥에 아직 두어 마리가 기어 다닌다. 아, 전멸은 면했나 보다!

경찰은 《성서조선》 전편을 압수 폐기하고 김교신과 함석헌, 송두용 등 기독교 지도자들과 장기려 박사를 포함해 전국의 독자 300여 명을 검거했다. 김교신의 애제자 유달영도 수감됐다. 《성서조선》

김교신은 뒷줄 오른쪽에서 네 번째. 김교신선생기념사업회

은 특정 교회나 교단의 자금이 아니라 독자의 지원 구독료로 간신히 운영되던 상황이었다. 가령 독자 중 하나인 장기려는 외과 의사로서 한평생 낮은 곳에서 청빈하게 인술을 베푼 인물이다. '한국의 슈바이처'로 불리는 인도주의자 장기려는 김교신, 함석헌 등의 무교회주의에 크게 감화를 받았다. 그는 32년간 무교회주의 성격의 부산 모임을 자신의 병원 사택과 사무실에서 주관했다.

　　일제는 이러한 구독자들까지 모두 엮어서 조사하고 일부는 감옥으로 보냈다. 김교신은 1년여 옥고를 치렀다. 경찰은 "너희 놈들은 지금까지 잡은 조선 놈들 중 가장 악질들이다. 너희들은 종교의 허울을 쓰고 조선민족의 정신을 깊이 심어 100년, 아니 500년 후에라도

479

독립이 될 터전을 마련해두려는 고약한 놈들"이라며 맹비난했다.

김교신은 이 사건이 일어나기 이전에도 이미 돼지(군국주의 국가들), 북쪽 아이(나치 독일의 침략을 당한 덴마크, 노르웨이, 네덜란드, 벨기에)와 서쪽 어른(폴란드)을 찢는 미친 독일셰퍼드(나치 독일), 미치기 시작한 불도그(무솔리니 독재정권 치하의 이탈리아) 등으로 빗댄 우화를 통해 제국주의를 비판하고 있었다.

흥남질소비료공장에서 맞은 최후

김교신은 서대문형무소에서 옥고를 치른 다음, 양정을 그만두고 경기중학에서 반년 정도 학생들을 가르치다 개성 송도고보로 간다. 거기서 다시 고향인 함흥으로 가서 질소비료공장(일본 노구치그룹이 조선에 설립한 조선질소비료공장의 흥남공장. 함흥비료공장이라고도 함)에 취업했다. 이 공장의 노동자는 5000여 명이었다. 김교신은 노동자 후생 관계 일을 담당했다. 근로과 직원으로서 후생, 노무, 의료, 주택 등 조선 노동자의 열악한 처우 개선을 위해 애썼다.

한편 평양기독병원에서 장기려와 함께 근무하던 청년 의사 박춘서는 장기려의 소개로 1945년 3월 28일 질소비료공장에 왔다. 박춘서는 이창호(오사카 간사이신학교 졸업, 양정고보 제자)와 또 다른 조선인 친구 한 사람을 만나 일본인 사택 지구의 김교신 자택을 방문했다. [9]

제국의 본진이라고 할 수 있는 일본의 질소비료공장, 그것도 일본인 사택 지구 한복판에서 '김교신'이란 문패가 걸린 느낌은 남다를 수밖에 없었다. 공장의 조선인은 모두 일본식 이름을 사용하고 있었다. 이런 거대한 흐름 속에서 창씨개명을 홀로 거부하고 조선 이름을 고수하다니! 박춘서는 속으로 생각했다. '일본인 사택 지구에서 김교신이라는 조선어 문패는 아마 이 집뿐일 것이다.'[10]

비료공장에서 일하던 김교신은 성실하고 강직했다. 그러나 1945년 4월 19일 발진티푸스에 감염돼 해방 100일 전 안타깝게 유명을 달리했다. 독립을 보지 못하고 눈을 감은 김교신은 일제강점기 암울한 시기에도 《조선지리소고》를 통해 '동양의 고난이 이 땅에 집중된 것은 한반도가 동양의 중심임을 증명하며, 따라서 동양의 가장 고귀한 사상 또한 한국에서 나올 것'이라고 우리 민족에게 희망을 전했다.

김교신의 기독교 사상과 활동상을 이해하는 지름길은 일기다. 김교신은 《성서조선》에 일기를 연재했다. 일기에는 지리박물 수업을 위해 찾아간 광산에서 만난 가난한 청소년 노동자에 대한 슬픔, 애국심, 사회주의자였던 친구 한림과의 우정, 불의를 참지 못하는 강직한 성격, 사회주의 유물론에 빠진 제자를 애통해하는 모습, 예수 사랑 복음 실천의 길 등이 담겨 있다.

김교신의 일기 등 그가 저술한 책은 해방 직후 부족했던 한국어 교육의 교본으로 사용할 정도로 뛰어났으며, 김교신의 투철한 교육 철학과 교육 현장의 생생한 이야기는 후배 교사에게 많은 영향을 끼쳤다. 그 책들은 무교회주의운동의 2세대인 노평구 등의 노력으로 《김교신 전집》으로 정리됐다.

481

2019년에는 김교신선생기념사업회에서 《성서조선》 영인본을 출간했다. 교회사학자 민경배(연세대)는 "민족교회사를 공부할수록 그 주류와 명맥은 김교신밖에 없겠다는 생각이 깊어가고, 그의 인품과 신앙이야말로 한국 기독교의 모습, 나라 사랑의 길이라는 생각이 더해 간다"라고 밝히는 등 김교신이 《성서조선》에서 보여준 기독교적 애국심은 잊히지 않고 있다. 김교신은 《성서조선》을 통해 조선인의 인격 변화를 추구했으며, 광복을 앞당길 수 있음도 암시했다. 모진 탄압 속에서 《성서조선》은 하나의 거대한 네트워크이자 시대의 플랫폼으로 작동했다. 그의 '조선의 기독교'는 '민족 기독교 사상'으로 표현될 수도 있을 것이다.[11] 한편 김교신의 신앙 실천 활동에는 나병 환자촌인 소록도도 연계된다.[12]

그에 관한 다양한 글과 평전이 출간됐다.[13] 평전에는 김교신의 일생과 조선산 기독교, 김교신과 장도원, 최태용 논쟁도 싣고 있다. 송준재는 〈민족의 교사, 김교신의 생애와 사상〉에서 "말 그대로 선생이었다. 무교회주의자로만 인식됐던 김교신은 신학자, 교육자, 평신도 신학자, 전도자, 노동자, 편집인 등 다양한 스펙트럼을 가지고 있다"라고 말했다. 민족, 종교, 교육 세 가지가 얽혀 있다고 보았다.

김교신은 만 44년의 짧은 생을 살았고, 평교사 생활과 정기 독자 수백 명의 작은 잡지 하나를 낸 것으로 삶을 마친 인물이지만, 그가 제자와 독자에게 끼친 정신적 영향은 측량하기 어렵다. 한 명의 교육자로 인한 영향이 어떻게 세상을 바꾸는지를 증명한 하나의 예다. 후대 사람은 한결같이 그에게 진심으로 존경을 표한다. 충남 홍성에

풀무학원을 설립한 주옥로는 〈김교신 선생 20주기 기념 강연〉에서 "평민적인 진정한 기독자이며, 성서 신앙의 확립자요, 진리에 근원한 애국자요, 우리 역사 최초의 참된 한국인이었다"라고 회고했다(주옥로, 《참 한국인》, 1965).[14]

2010년 광복절에 김교신에게 건국포장이 추서됐다. 그러나 전염병으로 유해가 함흥에 묻혀 있기에 현충원 안치는 불가능했다. 그 대신 2011년 대전 국립현충원에 위패가 모셔져 있다. 그를 기억하는 이들의 서사가 전설처럼 이어지는 중이다. '조선의 기독교'를 구현했던 그의 과제가 아직 끝나지 않았기 때문이다.

사제동행의
계보학

계보학(Genealogy)이란 조상이나 학문의 계통을 연구하는 학문이다. 당시 학생 수가 워낙 적어서 좁은 경성 시내에서 양정 동문들은 서로를 잘 알고 있었으며, 손쉽게 계보가 형성됐다. 독특했던 것은 입학할 때 담임이 5년 뒤 졸업할 때까지 맡았다는 점이다. 예민하고 감수성이 충만한 나이에 5년 동안 같은 교사가 맡는다는 것은 학생에게 지대한 영향을 준다.

양정의 학풍은 '상대적으로' 민족적이었다. '상대적'이었을 뿐, 양정 역시 일본어 교육 등 일제의 강제에서 예외가 아니었다. 다만 장지영처럼 한글운동에 몸을 바친 교사, 무교회주의의 외길을 걸은 지리박물 교사 김교신 같은 사람이 포진해 민족적 분위기로 충만했고, 학생들도 이에 감화를 받은 것으로 확인된다. 양정의 계보를 들여다보면 교사나 학생이 상호 겹치는 부분이 많다. 졸업 후 모교 교사로 봉직한 사람이 많았기에 동문과 교사 간 목록이 구분되지 않는 것이다. 따라서 '사제동행의 연대기'로 정리함이 옳으며, 양정은 사제동행으로 사학의 전통을 만들어왔다고 할 수 있다.

485

다종다양한 직업군, 다양한 층위를 일괄하여 설명하기는 어렵다. 자료도 충분하지 않다. 학생은 명부로 졸업 기수가 확인되지만, 양정의숙 시절은 명부가 사라져서 전모가 드러나지 않는다. 교사는 봉직 기간이 불명확한 경우가 많다. 3대 교장 서봉훈같이 42년간 장기 봉직한 사람도 있지만, 1년 남짓 거쳐 간 사람도 있고, 짧은 기간 근무한 강사도 있었다.

한국의 사회 병폐 중 하나가 패권주의다. 오늘의 특정 대학 패권이 그것이다. 고교 동문도 경우에 따라서는 패권으로서 기능했다. 반면 서울에 위치하고 전국구로 구성된 양정의 경우는 토착과는 애초부터 상관이 없었다. 미션스쿨 등이 교단 등의 자장권 안에 놓여 있는 반면, 양정은 상대적 자율성으로 움직여왔다. 이 책에서 다룬 인물군은 어찌 보면 학창 시절의 '주류'가 아니라, '각자 자신의 길을 걸어간 사람들'로서 한국 근대사의 디딤돌을 놓은 이들이다.

아무리 작은 조직과 단체의 역사라고 해도 이를 분류하고 하나의 계보로 서술함은 쉽지 않다. 선별과 나눔의 경직성과 착오가 개입되기 마련이다. 분량 제한이 있어 선별한 인물군도 제한적이다. 예측 가능한 범주에서 양정인의 계보를 만들어봄으로써 이 책의 본문에서 분량상 미처 다루지 못한 사람들을 소환해보고자 한다.

안국선(安國善, 1875~1926) 작가 및 정치학자, 양정의숙 강사

조소앙(趙素昻, 1887~1958) 독립운동가, 양정의숙 강사

장지영(張志暎, 1887~1976) 한글학자 및 독립운동가, 양정고보 교사

서봉훈(徐鳳勳, 1891~1947) 양정의숙 2회 1909년 졸업

미네기시 쇼타로(峰岸昌太郎, 1891~1949) 양정고보 체육 교사

이희승(李熙承, 1896~1989) 국어학자, 양정의숙 중퇴

김연창(金淵昌, 1899~?) 양정고보 8회 1924년 졸업, 양정고보 국어 교사, 한문 교사

이병규(李炳圭, 1901~1974) 화가, 양정고보 2회 1918년 졸업, 양정고교 미술 교사

김중식(金中植, 생몰년도 미상) 양정고보 3회 1919년 졸업, 양정고보 교사

김현철(金顯哲, 1901~1989) 관료, 양정고보 3회 1919년 졸업

서범석(徐範錫, 1902~1986) 언론인 및 정치가, 양정고보 4회 1920년 졸업

진헌식(陳憲植, 1902~1980) 정치인, 양정고보 7회 1923년 졸업, 양정 교사

조윤제(趙潤濟, 1904~1976) 국문학자, 양정고교 교사

송두용(宋斗用, 1904~1986) 무교회주의자, 양정고보 8회 1924년 졸업

김수기(金守基, ?~1936) 양정고보 체육 교사

황욱(黃澳, 생몰년도 미상) 양정고보 산악회 교사

박진(朴珍, 1905~1974) 연극인, 양정고보 7회 1923년 졸업

고일(高逸, 1905~1946) 도서관인, 양정고보 7회 1923년 졸업

엄경섭(嚴敬燮, 1906~1979) 양정 4대 교장, 양정고보 9회 1925년 졸업

서웅성(徐雄成, 1906~1997) 양정고보 10회 1926년 졸업

권태하(權泰夏, 1906~1971) 체육인

정상희(鄭商熙, 1907~1981) 체육인 및 사업가, 양정고보 13회 1929년

487

졸업

김은배(金銀培, 1907~1980) 체육인, 양정고보 17회 1933년 졸업

윤오영(尹五榮, 1907~1976) 수필가 및 국어 교사, 양정고보 13회 1929년 졸업

이상옥(李相玉, 1908~1981) 사학자, 양정고보 12회 1928년 졸업

배정현(裴廷鉉, 1909~1978) 대법관, 양정고보 11회 1927년 졸업

함병문(咸炳文, 생몰년도 미상) 양정고보 15회 1931년 졸업, 양정 교사

남승룡(南昇龍, 1912~2001) 체육인, 양정고보 20회 1936년 졸업

김두환(金斗煥, 1913~1994) 화가

이석린(李錫麟, 1914~1999) 한글학자, 양정고보 교사

김옥주(金沃周, 1915~1980) 정치인, 양정고보 졸업(연도 미상)

김영상(金永上, 1917~2003) 언론인 및 향토사학자, 양정 21회 1937년 졸업

윤이상(尹伊桑, 1917~1995) 음악가, 양정고교 음악 교사

문제안(文濟安, 1920~2012) 방송기자, 양정고보 21회 1937년 졸업

김학준(金學俊, 1922~2004) 정치인 및 교육자, 양정중학 28회 1944년 졸업

김상억(金尙億, 1923~?) 시인, 양정고교 교사, 청주대 교수

양훈(楊薰, 1923~1998) 희극배우, 양정고보 26회 1942년 졸업

송범(宋范, 1926~2007) 무용인, 양정중학 29회 1945년 졸업

김기령(金基鈴, 1926~2011) 의료인 및 성악가, 양정고보 29회 1945년 졸업

488

손성필(孫成弼, 1927~2014) 북한 관료, 양정고보 29회 1945년 졸업

강신호(姜信浩, 1927~2023) 제약업, 양정고보 30회 1946년 졸업

황명수(黃明秀, 1927~2020) 정치인, 양정고보 32회, 1948년 졸업

송원영(宋元英, 1928~1995) 정치인, 양정고보 31회 1947년 졸업

함기용(咸基鎔, 1930~2022) 육상선수 및 스포츠 행정가, 양정고보 34회
1950년 졸업

양정 계보학의 들머리 인물

조국광복운동에 뛰어든 상징적 인물들이 있다. 광복단 총사령으로 순
국한 박상진은 혁신 유생으로 출발해 신지식으로 무장한 지식인이었
다. 백산 안희제는 양정의숙 경제과를 졸업했다. 백산상회를 차려 독
립운동 자금을 대는 거점을 마련했다. 안정근은 안중근의 옥중 뒷바
라지를 하면서 안공근과 더불어 한평생 독립운동에 헌신했다. 양정의
숙을 중퇴하고 여순으로 건너가 형의 최후를 함께하다가 러시아, 중
국 등으로 평생 떠돌면서 몸을 바쳤다. 이분들은 모두 본문에서 상세
히 설명했다.

기억해야 할 교사

서봉훈은 1906년 양정의숙 법률과에 입학, 수석으로 졸업했다. 졸업
과 동시에 20세인 1913년에 양정의숙 교사로 부임해 한글과 한문을

489

가르쳤다. 법률에 관심이 높아서 양정의숙이 폐지될 1913년 무렵 법률에 관한 자신의 명확한 견해를 정리한 글이 남아 있다.[1] 양정의숙 이후 양정고보 교장에 이르기까지 한 학교에서 41년간 봉직했다. 만리동 학교 이전에 주축이었다. 양정의숙에서 양정고보로 넘어오는 과정에서 안착하게끔 하는 데 공헌이 컸다.

양정의숙 1회 윤우식 졸업증서(1908년 4월), 오택선 진급증서(1909년 4월)를 보면 강사진에 안국선이 등장한다. 순회강사였다. 출세작《금수회의록》으로 신소설 작가로만 알려져 있지만, 정치학의 선구자이며 근대 법제와 사회과학 번역가이자 통역이었다. 훗날 친일 죄상으로 민족문제연구소가 펴낸《친일인명사전》에 포함됐다. 조소앙은 경신학교, 양정의숙, 대동법률전문학원 등에서 교사로 활동했다. 양정의숙이 양정고보로 강등되기 직전에 법률을 강의한 것이다. 1913년 27세에 상하이로 망명해 독립운동에 뛰어들었으며, 1918년 임시정부 수립운동에 참여하고, 대한민국 임시헌장을 기초했다.

엄경섭(9회)은 선친이 창건자 엄주익이다. 호세이대학을 다녔으며, 1947년 6월 4일 제4대 교장으로 부임한 이래 오랫동안 (1947~1973) 고교 교장으로 봉직했다. 서웅성(10회)은 1924년부터 정구부원과 육상부 등 만능선수로 활약했다. 다치카와비행학교를 수석 졸업했다. 1928년에 경성으로 돌아와서 모교 체육 교사로 부임, 손기정을 지도했다. 서정창은 체육 교사로도 유명했지만 비행사로도 활동했다.

일제강점기 말 창씨개명 거부로 많은 교사가 교직을 떠났다. 창씨개명 거부 교사는 교장 안종원, 국어 교사 장지영, 국어 교사 함병업, 물리화학 교사 최재원, 화학 교사 조병욱, 국어 교사 조윤제, 서무직원 이제갑 등이었다. 교사직에서 용퇴한 이는 지리박물 교사 김교신, 체조 교사 서웅성, 수학 교사 조종관, 사무직원 이학선 등이다.

윤이상은 1953년부터 2년간 음악 교사로 재직했는데, 짧은 기간이었지만 양정 〈제2응원가〉를 작곡해 지금도 불리고 있다. 이후 베를린에서 음악가로 대성공을 거두었다. 동백림사건에 휘말려 옥고를 치렀다. 세계적으로 성공했지만 '상처받은 용' 그 자체였다.[2] 사후 고향 통영에 윤이상음악당이 건립됐다.

학생운동으로 사라진 인물

1919년 3·1운동에 많은 학생이 참여했다. 김중식도 3·1운동에 참여했으며, 졸업 후 양정고보에서 교사로 재직했다. 3·1운동 때 졸업반이던 김중식은 당시 상황을 기록에 남겼다(《양정의 얼굴》 38쪽). 1929년 광주학생항일운동의 결과 전국의 많은 학생이 퇴학을 당했다. 양정은 광주학생항일운동으로 제적된 광주고보의 박준채와 김만섭, 공주고보의 전용갑, 윤희병, 이정주 학생의 편입학을 허락했다. 박준채·전용갑·윤희병은 17회, 이정주는 18회로 양정고보를 무사히 졸업했다.[3] 동맹휴학과 야체이카사건 등으로 제적당하고 사라진 학생들의 이후 행적에 관해서는 알려진 것이 없다.

491

재발견되어야 할 한국 근대 서화사의 맥락

양정이 두각을 나타낸 분야 중 하나는 서화계였다. 안중식, 안종원, 손재형에 대해서는 본문에서 충분히 다루었다. 이병규는 양정고보 졸업 후 도쿄미술학교 서양화과에 유학, 1925년에 마쳤다. 조선총독부가 개최하는 〈조선미술전람회〉를 외면하면서 〈서화협회전〉, 도쿄미술학교 동문의 〈동미전〉, 〈조선미술전람회〉 출품을 거부하던 민족적 의식의 일부 젊은 양화가들이 1934년에 조직한 목일회 전시 등을 통해서만 작품을 발표했다. 미술부 지도교사 이병규가 담당한 학생들이 장욱진과 황술조였다. 김용준은 1931년 〈서화협회전〉을 평가하면서 "서양부의 용사들을 기록하면 역시 장석표, 이병규, 김응진, 정현웅, 길진섭 등일 것이다"라고 했다.[4] 해방 이후 양정을 다닌 이들은 정문 입구에 위치한 학교 온실에서 그림을 그리던 그를 본 기억이 있을 것이다. 이병규나 장욱진, 황술조의 특징은 동인회 차원에서 미술 활동을 하면서 그 나름의 자존심을 지켰다는 점이다. 김두환은 양정고와 가와바타(川端)미술학교를 졸업했고, 1935년부터 1940년까지 데이코쿠미술학교 서양화과에서 공부했다. 해방 이후에는 김두환회화연구소를 열었다.

문학예술계의 숨겨진 인물

문학예술 분야에서도 뛰어난 인물을 배출했다. 김진섭, 윤석중, 안병소, 정추 등은 앞에서 다루었다. 윤오영은 〈연암의 문장〉, 〈노계 가사의 재평가〉 등을 써서 박지원, 박인로 등 고전 문장가의 글을 한글로 옮겼다. 1974년 수필집 《고독의 반추》는 베스트셀러에 올랐으며, 한국 수필문학을 개척한 사람의 하나다. 그의 문장은 수려하되 검소하며, 간략 단아하되 깊은 인생의 경륜을 보여주기에 충분하다. 박진은 1918년 양정고보에 입학, 1923년 7회로 졸업했다. 고교 졸업 직후 일본 유학을 떠나 니혼대학에서 수학했다. 유학 중 연극에 대한 관심이 깊어졌다. 1929년 《별건곤》 기자로 입사해 한동안 언론인으로 활동했다. 1934년 토월회 재기 공연작 〈아리랑고개〉가 큰 성공을 거두어 이름을 알리게 됐고, 연출 외에 극작을 병행하기 시작했다. 1935년 동양극장과 전속 계약을 맺고 1939년까지 연출가이자 극작가로서 전성기를 보냈다. 해방 이후 한국 연극계의 중추인물이었다.

양훈은 양정고보를 졸업한 후 30여 년간 악극단 생활을 했다. 홀쭉한 몸매의 양석천과 콤비를 이뤄 '홀쭉이와 뚱뚱이'란 이름으로 더 유명하다. 다양한 매체가 없던 시절 악극단 활동을 하면서 몰라보는 사람이 없을 정도로 유명했다. 영화로도 진출해 성공을 거두었다. 극장 쇼, 영화, 코미디 프로그램 등 한 시대를 구가했다. 그의 천부적 연기는 노년층에게 오랜 추억으로 남아 있다.

송범은 1943년 양정중학 2학년에 다니던 중 최승희 공연을 보고 무용에 입문했다. 최승희는 당대의 '아이돌'로 손꼽혔다.[5] 양정을 1945년 29회로 졸업하고 당대 무용가 조택원과 장춘화를 사사했다. 신무용은 창작무용 개념에 가까운 것으로, 오늘날 국립무용단 무용의

493

기조를 이룬다. '근현대 무용의 아버지'로 일컬어지며 춤을 무대예술로 격상시킨 선구자였다. 국립극장 해오름극장 2층 로비에는 초대 단장 송범의 흉상이 세워져 있다. 자신의 춤 인생을 정리한 책을 펴내기도 했다.[6]

신문 및 방송인

본문에서 김을한을 다루었지만, 양정은 그 외에도 서범석, 김영상, 문제안 등 많은 언론인을 배출했다. 서범석은 재학 중 3·1운동에 참여했으며, 1924년부터 1931년까지 《조선일보》·《시대일보》·《동아일보》 기자로 활동했다. 1924년 4월 적기(赤旗)시위사건으로 경찰에 구금, 1925년 박헌영·임원근·신일용 등과 함께 좌익이라는 이유로 《조선일보》에서 해직됐다. 1931년 7월 만보산사건에서 한인 농민과 중국인 간의 충돌을 막기 위해 노력했다. 1931년 《동아일보》 봉천 특파원, 1933년 8월 만주국 수도 신경에서 창간된 친일 조선어 신문 《만몽일보》 편집국원이 됐다. 해방 후에는 20여 년 동안 민주당, 민중당, 신민당 등 야당 국회의원으로 일했다.

　김영상은 양정고보 졸업과 동시에 일본 릿쿄대학에서 영문학을 전공했다. 독서회사건으로 유학 시절 내내 보호관찰소의 감시를 받았다. 1943년 《매일신보》에서 출발해 1974년 《동아일보》를 떠날 때까지 31년간 현역 언론인이었다. 수습기자에서 편집국장, 논설위원에 이르기까지 발로 뛰는 기자였으며, 역사의 현장을 목도한 언론인이었다. 서울 향토사를 개척하고 갈고 닦아 한국 문화사의 중심에 올려놓았다. 언론인으로서, 향토사학자로서 두 전공을 섭렵한 보기 드문 경우다.

문제안은 1943년 경성방송국에 입사했다. 한국인 방송기자 1호이며, 1945년 9월 9일 제1방송을 한국어 방송 채널로 바꾸는 데 역할을 했다. "이제부터 한국어로 방송합니다"라는 말이 시작이었다.[7] 신탁통치 및 방송 개선책 등을 둘러싸고 미군정과 갈등을 빚은 끝에 방송사를 그만둔 다음에도 《조선중앙통신》, 《경향신문》, 《자유신문》, 《서울신문》, 《조선일보》 등에서 기자 생활을 했다. 해방 공간과 한국전쟁 시기에는 현장 기자로 활약했다. 한국전쟁 이후 한글학자 공병우와 최현배의 적극적인 권유로 한글학회 단체에서 오랫동안 한글운동을 했다.

조선어학회사건과 국문학·국어학 인물

양정은 국문학과 조선어운동의 산실이기도 했다. 장지영은 한성사범 출신으로 상동교회를 드나들다가 주시경과 운명적으로 만난다. 주시경 문하에서 국어학을 연구, 나라 사랑 정신과 학문의 기초를 다졌다. 정주 오산학교의 국어 및 수학 교사로 부임했다. 양정에는 1931년에 부임해 11년간(1931년 7월~1942년 7월) 봉직했다. 교사 시절에 조선어학회 조선어표준사정위원회 위원 등으로 활동했다. 창씨개명을 거부했으며, 1942년 수업 도중 교실에서 체포됐다. 조작된 조선어학회사

495

건으로 56세에 이극로, 정인승, 이윤재, 최현배, 이희승 등과 함께 홍
원과 함흥에서 옥고를 치렀다.[8]

　이희승은 경성고보(현 경기고)에 입학했으나 일본어 강요에 반발
해 자퇴하고 1912년부터 1913년까지 양정의숙 법률과에서 공부했
다. 양정의숙에서 양정고보로 강등되어 하고 싶은 법률 공부를 못 하
게 되자 중퇴했다. 1927년에 경성제대 예과를 수료, 1930년에는 경성
제대 법문학부 조선어학 및 문학과를 졸업했다. 조선어학회에 들어가
서 간사와 간사장을 역임했다. 조선어학회원을 고문과 투옥으로 탄압
한 조선어학회사건으로 일본이 패망할 때까지 3년간 옥살이를 했다.
해방 후 서울대 문리대 교수로 재직하면서 국어학 저술을 했고 국어
사전을 편찬했다. 연세대의 외솔 최현배와 함께 국어학계의 양대 산
맥으로 각각 한자 혼용, 한글 전용을 주창했다.

　조윤제는 1924년 4월 경성제대 예과가 창설되자 1회 문과 입학
생이 됐다. 1926년 예과를 수료하고 법문학부 문학과에 진학해 조선
어문학을 전공했으며, 1929년 3월 졸업했다. 경성사범학교 교사를 거
쳐서 양정고보에 오랫동안 재직하며 제자를 길러냈다. 졸업 앨범에
그의 얼굴 사진이 남아 있다. 해방 이후 경성대학 법문학부 재건 책임
을 맡았으며, 이어 동 대학의 법문학부장, 개편된 서울대학교의 대학
원 부원장, 문리과대학 교수 및 학장을 역임했다.[9] 국문학 연구의 개
척자이자 출발점이다.

　이또나(이석린)는 1936년 조선어학회에 가입한 후 조선어학회
기관지《한글》의 원고 수집과 편집, 교정, 발송 등을 담당했다. 1938

년 10월 조선어학회 회원이자 상록회 지도자인 신영철이 《한글》에 실은 글이 문제가 되어 3개월간 옥고를 치르고 1936년 불기소 방면 됐다. 그 후에도 일제의 조선어학회사건에 연루되어 1년여의 옥고를 치르고 1943년 기소유예로 출감했다. 해방 이후 오랫동안 양정에서 속담, 사자성어 등을 가르쳤다.

한국 근대 체육사의 영예로운 육상 명문

1920~1930년대 양정은 스포츠를 통해 민족의 자긍심을 고취했다. 럭비, 정구 등에서 두각을 나타냈지만, 특히 육상에서 발군의 실력을 보여주었다. 서정창은 1899년생으로 25세에 고등학교를 졸업했다. 양정고보를 마치고 히로시마고등사범을 나와서 양정고보에서 국어 교사로 봉직하면서 체육도 지도했다. 손기정을 지도한 교사 미네기시 쇼타로(峯岸昌太郎)는 사이타마현 출신으로 1917년 일본체조학교를 마쳤는데, 본디 유명 마라토너였다. 29세 되던 1921년 양정고보 육상 부 창설과 함께 부임해 육상부 제패에 기여했다. 김수기는 체육 교사 였지만, 1931년 '조선이 낳은 10대 운동가'에 포함될 정도로 뛰어난 체육인이기도 했다.[10] 손기정 등을 이끈 감독 겸 코치로 베를린올림 픽 마라톤 우승을 이끈 주역 중의 하나다.

권태하는 육상부에서 두각을 나타냈다. 1932년 고려육상경기회 의 이사로 활약, 같은 해 미국 LA올림픽에 참가해 9위를 차지했다. 리

497

쓰메이칸중학교를 거쳐서 메이지대학을 졸업했다. 1932년 남캘리포니아대학에서 경제학을 전공했다. 미국에서 유학하던 중 손기정에게 편지를 보내 마라톤에 입문하도록 힘을 북돋운 인물이다. 해방 이후 체육 조선의 재건을 위한 조선체육동지회의 총무위원으로 활약했으며, 조선마라톤보급회 위원장을 맡았다.

김은배는 육상선수인 남승룡의 3년, 손기정의 4년 선배다. 육상부에서 두각을 나타냈다. 1932년 LA올림픽에서 6위를 했다. 김은배 등이 깔아놓은 육상의 초석이 베를린올림픽 마라톤의 승리로 귀결된 것이다. 양정고보를 졸업한 뒤에는 와세다대학 정경학부에서 경제학을 전공했다. 해방 이후 조선육상경기연맹, 한국마라톤보급회 등을 조직해 육상 발전에 크게 기여했다.

함병문은 양정 육상이 부흥기를 구가할 때 뛰던 선수다.[11] 만능 운동선수였다. 1933년 경기 정구 예선에서 함병문·노병익조가 우승했다. 1934년에는 보성전문이 정구에서 우승했는데, 역시 함병문·노병익조였다.[12] 양정 졸업 이후 보성전문으로 진학한 것이다. 함병문이 양정에서 교사로도 활동했음이 졸업 앨범에 남아 있다. 흥미로운 것은 1928년 서대문경찰서장이 작성한 학생 맹휴에 관한 정보철인 〈사립 양정고등학교의 분쟁에 관한 건〉에 함병문의 이름이 올라 있다는 점이다.

남승룡은 19세에 체육 명문인 양정고보 1학년에 편입했다. 1930년 조선신궁대회 마라톤에서 2위를 차지하며 선수 자질을 드러냈다. 양정 20회로 1936년 졸업했는데, 21회 손기정의 선배였다.

1934년 도쿄 메지로상업학교 5학년으로 편입했으며, 1935년 메이지 대학 정치경제학부에 진학했다. 베를린올림픽 마라톤에서 동메달을 따고 고향 순천으로 돌아오자 순천공회당에 유지들이 모여들어 대성황을 이루었다.[13] 1940년에 조선철도국 계리과(計理課) 회계부서에 입사했다.[14] 베를린 이후 손기정이 말년까지 화려한 주목을 받았다면, 남승룡은 손기정의 그늘에 가려졌다. 뛰어난 마라토너였던 남승룡에 관한 재평가가 필요한 대목이다.

함기용은 손기정과 남승룡의 추천으로 양정중학교에 스카우트되어 학업을 마쳤다. 고교 3학년 재학 중이던 1950년 4월 제54회 보스턴마라톤에 참가해 우승했다. 이 대회가 화제가 된 것은 함기용이 1위, 송길윤과 최윤칠이 각각 2, 3위로 들어왔기 때문이다. 〈유사 이래 초유 보스턴마라톤 한국 전패(全覇)〉라는 기사가 뜰 정도였다.[15] 함기용은 "1948년 대한민국 건국 이후 태극기를 가슴에 달고 우승한 최초의 한국인입니다. 손기정 선배는 일제강점기, 서윤복 선배는 미군정기에 우승했지만, 저는 건국 이후 우승했으니까요"라고 회고했다.[16] 그의 고향인 춘천에 기념동상이 세워졌다.

양정 역사에서 독특한 체육인이 존재한다. 경제인으로서도 성공을 거둔 정상희다. 당연한 일이지만 졸업과 동시에 생업 전선에 뛰어드는 이들이 다수다. 많은 사업가가 있을 것이므로 일일이 명기하기 어려울 정도다. 그중 단 한 명을 꼽으라면 단연 정상희다. 양정고보 13회로 1929년 졸업했으며, 메이지대학 법학부를 마쳤다. 베를린 올림픽 당시 권태하와 함께 조선육상경기협회 명예비서 자격으로 베

499

를린에 공식 파견됐다. 현지에서 한 달간 합숙하며 마라톤 우승을 위해 손기정과 남승룡을 격려하고 보호했다. 일본은 조선인 두 명이 올림픽 마라톤에 나가는 것을 막고, 대신 일본인 선수 두 명과 조선인 한 명으로 구성하기 위해 현지 선발전을 강행하겠다는 꼼수를 부렸다. 이에 정상희는 일본 임원들에게 적극적으로 항의하고 설득했다. 그러나 현지 선발전은 강행됐고, 결과는 손기정과 남승룡 그리고 마지막 한 선수가 일본인으로 정해졌다. 정상희는 권태하와 더불어 현지 코스와 경쟁자들을 치밀하게 분석하며 작전을 짰고, 손기정 1위, 남승룡 3위라는 빛나는 성과를 이루어냈다.

조선체육협회는 1919년 조선총독부의 어용단체로 조직된 체육기관이었다. 일장기말소사건으로 말미암아 조선체육회는 조선체육협회에 강제 통합된다. 그만큼 당대 체육계에서 힘이 있던 조직이었다. 정상희는 1935년 이래 조선체육협회에서 봉직하다가 1940년 사퇴하고 대련만주기계유공업주식회사로 옮겼다. 그의 환송회가 반도호텔에서 열렸다. 경기도 사회과장 등 다수의 일본인 실력가들이 모였다. 정상희가 당시 식민 세력의 핵심들과 가까웠음을 뜻한다. 실제로 훗날 정상희는 부일행위자로 규정됐다.

정상희는 해방 이후 1948년 대한체육회 이사로서 보스턴마라톤 승리에 기여했다. 1956년 제16회 올림픽에서 한국선수단을 이끈 총감독, 1971년 대한육상경기연맹 회장, 대한올림픽위원회 위원을 거쳤다. 한국 스포츠사의 중요한 대목에 그가 있었다. 한편 정치계로 진출하여 제1공화국 시절 제4, 5대 국회의원을 역임했다.

그의 다른 측면은 사업가였다. 1939년부터 협신산업상사 대표이사, 삼호방직 부사장을 역임했고, 1940년 만주로 가서 회사 경영에 참여했다. 이후 그는 사업에 두각을 나타냈다. 대한방직협회 이사, 삼호무역 부사장, 동화통신사 부사장, 제일화재해상보험 사장, 삼호방직무역 회장을 지냈다. 삼성그룹이 만들어지면서 삼성전자 초대 대표이사 사장, 삼성물산 사장, 동방생명보험 대표이사 등을 지냈다.

정상희가 걸어간 길은 삼성의 역사이기도 하다. 정상희는 삼성그룹 초대 회장 이병철과 사돈지간이다. 정상희의 차남 정재은이 이병철의 5녀 이명희와 혼약을 맺는다. 따라서 신세계그룹 정용진 회장의 할아버지가 정상희, 외할아버지가 이병철이다. 삼성가 덕분에 신세계가 성립된 것으로 아는 이들이 많은데, 실은 당대의 실력가 정상희가 곁에 있었다.

한국 근대 등산사의 시초, 양정산악회

양정산악회는 고교 산악회의 상징이었으며, 한국 산악사의 들머리를 장식한다. 황욱은 1927년부터 양정에서 영어 교사로 봉직했는데, 양정산악부와 관련이 깊다. 그는 한평생 산을 사랑한 사람이었다. 릿쿄대학 영문과 유학 시절 산악반에 들어가 등반 기술을 배웠다. 한국 산악사에서 선구적 등반가였던[17] 그는 양정에 부임하면서 1930년대 초반부터 암벽등반 기술을 전수했다. 더불어 외국 등반가의 활동사, 고

501

봉 정복 기록, 산악인의 저서를 수집, 연구했다. 1930년 여름 양정산악회의 백두산 등정은 수주 변영로, 민세 안재홍, 김상용 시인 등이 동참해 16일간 진행됐다. 산악부원 중 황욱의 제자로는 손기정, 김영상, 한상욱 등이 있었다. 일찍이《양정산악 60년사》가 발간되기도 했다.[18] 황욱의 직계가 1960~1970년대에 양정에서 영어와 프랑스어를 가르친 황영엽 교사다.

신앙의 길로 간 사람들

양정 출신 중에는 대선사로 이름 높은 선지식 서옹이 있다. 성철과 함께 선승의 대표 인물로, 평생 백양사에서 주석했다. 고교 시절 깊은 고뇌 끝에 졸업과 동시에 출가해 일가를 이루고 조계종 종정 등을 역임했다.

양정 역사에서는 특히 개신교의 무교회주의운동을 주목한다. 무교회주의자 김교신이 12년간 교사로 복무하면서 많은 제자를 길러낸 것이다. 한국 기독교사에서 중요한 의미를 지니는 무교회주의운동의 도도한 맥락이 만리동 교사에서 펼쳐졌다. 김교신의 제자 중 특히 유달영과는 사돈 관계까지 맺었다. 양정역사관에는 김교신이 쓰다가 제자이자 사돈인 유달영에게 물려준 책장과《성서조선》이 고스란히 보존되어 있다.

《성서조선》발간 당시 23세, 가장 어린 청년으로 참가한 송두용 목사도 양정 출신이다. 송두용은 무교회주의 기독교 사상가, 자선가,

출판인, 교육자, 독립유공자다. 그의 아내 배계복은 평생 신앙의 동반자였다. 《성서조선》 동인으로서 일제의 식민 통치를 비판하다가 서대문형무소에 수감됐다. 도쿄농업대학에서 수학했으며, 김교신·함석헌 등 6인 동지의 한 사람으로 1927년 《성서조선》을 발간했다.

한국 도서관사에 남을 인물

양정의 역사에는 한국 도서관사에 남을 인물도 여럿 있다. 수필가 김진섭은 경성제대 도서관 사서를 지내다 해방 이후 서울대 도서관장이 됐는데, 한국전쟁 당시 납북됐다. 유달영도 농업, 농민운동으로만 알려져 있지만, 수원고농 도서관장을 역임했다. 고일은 1918년 양정고보에 입학해 1923년 졸업했다. 1919년 경인기차통학생친목회의 문예부원으로 활동했으며, 미술사가 우현 고유섭, 일장기말소사건의 주역인 《동아일보》 기자 이길용, 치과 의사이면서 언론인인 임영균 등과 함께 동인지 《제물포》를 발행했다. 양정 졸업 이후에는 연천공립보통학교 촉탁으로 근무하다가 일본인 교장의 뺨을 때린 사건으로 6개월 만에 그만두고 인천으로 돌아왔다. 《조선일보》 기자를 잠시 거쳐 1924년 육당 최남선이 창간한 《시대일보》 인천지국으로 옮긴다. 이때 사상운동, 노동운동에 열정적으로 임해 요주의 인물로 낙인찍혔고 옥고도 치렀다. 고일은 경기 언론의 선두 주자이자 개척자였다.[19] 해방 이후 인천시립도서관장을 지냈다.

독특한 길을 걸어간 의사

양정 역시 많은 의사(医師)를 배출했는데, 특이하게도 의사의 길과 예술의 길을 함께 걸은 이들이 있다. 김기령은 양정을 졸업하고 해방 직후 음대에 지원해 한동안 성악을 공부했다. 1948년 〈연세대 음악제, 본사 후원으로 17일 정동교회서〉라는 기사가 확인된다. 세브란스음악구락부와 정동교회가 주관하는 음악제였는데, 남성 4중창에 김기령이 포함되어 있다. 음악에 대한 열정이 대단했다.[20] 그러나 다시 세브란스의과대학에 진학해 1955년에 졸업했고, 1961년 일본에서 의학박사 학위를 취득했다. 음악과 의학의 두 길을 걷게 된 것이다. 의학의 길도 음악과 관련이 있는 이비인후과로 선택했다. 1969년부터 1991년까지 21년간 연세대 의과대학 교수로 재직했다. 이비인후과 의사로서, 의학자로서, 음악인으로서 여러 길을 걸었으나 하나의 길로 완성돼갔다.

강신호는 서울대 의과대학에서 학사와 석사를 마쳤다. 독일 프라이부르크대학교에서 의학박사 학위를 받았다. 동아제약 창립자이며, 동아쏘시오그룹의 명예회장을 지냈다. 동아제약은 의약품 제조 회사로, 시작은 1932년 부친이 설립한 강중희상점이다. 1963년 자양강장제 박카스-디를 생산하기 시작했고, 곧이어 범국민적 자양강장제 제품으로 성장했다. 강신호를 '박카스의 아버지'라고 일컫는 이유다. 그는 한국 제약업의 산증인이다. 1987년 한국제약협회장, 1992년 한국산업기술진흥협회장, 2004~2007년 제29~30대 전국경제인연합회장을 역임했다. 한편 한자에 관심을 기울여 직원에게도 한자 교육을 권했고, 스스로 책을 펴내기도 했다.[21] 개인 기록으로는 고희 기념 수필집이 전해온다.[22]

정치가와 관료

전반적으로 양정 출신은 야당 계열에 몸을 담는 경향성을 보여준다. 김현철은 1901년 서울 회현동에서 태어났으며, 3·1운동이 나던 해에 양정을 졸업했다. 졸업 후 1922년 경성고등공업학교 광산과 졸업, 1933년 대한민국 임시정부 구미외교위원부 위원이 됐다. 8·15광복을 맞이해 귀국, 농림부 차관, 재무부 장관, 부흥부 장관 등을 지냈다. 5·16군사쿠데타 이후 다시 요직에 등용되어 1962년 경제기획원장을 지냈으며, 그해 7월부터 1년 5개월간 내각수반을 지냈다.

진헌식은 일본 주오대학에서 법학을 전공하고 보성전문과 양정고보에서 강사 생활을 했다. 임시정부 내무부 정치공작대 비서장을 거쳤으며, 1948년 고향 연기에서 대한독립촉성국민회 소속으로 제헌국회의원에 당선됐다. 1951년 충남지사, 1952년 충남대 학장, 1952~1953년 내무부 장관을 역임한 정치인이기도 하다. 10월 유신이후 박정희 정권에 반대하며 민주회복국민선언에 찬동, 서명하고 민주회복국민회의에서 활동했다.

김학준은 대전사범학교 강습과를 수료한 뒤, 당진 기지시에서 초등 교사를 했다. 경성 경제전문학교 2년을 수료하고 서울대 문리대

505

학 사회학과를 졸업했다. 공주사범대 부속중학교 강사를 거쳤으며, 공주사범대 조교수를 지냈다. 이후에는 정치적 행보를 보였다. 공주에서 민주당으로 출마해 1958년 4대, 1960년 5대 국회의원에 당선됐지만, 5·16군사쿠데타 이후인 1964년 총선에서는 낙선했다. 제9대 체신부 차관을 역임했다.

황명수는 32회(1949) 졸업생이다. 같은 해 곧바로 동국대 정치학과에 입학, 1953년에 졸업했다. 한때 영인초등학교 교사, 아산중학교 교사를 지냈고, 공군사관학교 교관 등을 역임했다. 정계 입문 후 유진산계 핵심 인물로 활동했다. 유진산 이후에는 김영삼의 측근으로서 1984년 민주화추진협의회에 현역 의원으로 유일하게 가입했다. 신민당 원내 부총무, 통일민주당 부총재, 신한국당, 민자당 사무총장, 새정치국민회의 부총재 등을 지냈다. 충남권을 대표하는 정치인이었다.

송원용은 양정 졸업 후 고려대 철학과에 진학해 1952년 졸업했다. 반탁운동의 선봉에 서서 반공주의 학생운동에 매진했다. 이는 이후 그의 정치적 기반으로 활용된다. 1954년 《경향신문》 기자가 됐으며, 정치부장으로 재직하며 자유당 정권의 폭정을 비판해 명망을 얻었다. 이후 행보는 현실 정치인의 길이었다. 신민당 동대문 갑구 지구당위원장, 신민당 중앙정책의원 등을 거쳐 제7, 8, 9, 10대 의원을 지냈다.

사법 관료로 판사의 길을 걸은 배정현 대법관도 있다. 양정을 졸업하고 경성제대 예과에 입학, 1932년 법문학부 법학과를 4기로 졸업했다. 1936년 조선변호사시험에 합격, 1938년 서울에서 변호사로 개업했다. 해방 이후 미군정기 법무부 및 재판소 접수위원, 경기도 군정장관고문, 경성대학 법학과 강사, 서울지방변호사회 부회장, 변호사시험 위원 등을 지냈다. 1954년 9월부터 1961년 6월까지 대법관을 지냈으며, 1960년부터 1961년까지는 대법원장 권한대행을 겸했다.

북으로 간 사람들

동문록을 보면 빈칸으로 남아 있는 인물군이 있다. 본디 고향이 이북이거나 북을 택해 떠난 이들이다. 손성필 남북적십자회담 대표 같은 동문은 고위직이라 그 나름의 약력이 알려져 있으나, 대개는 그대로 북에서 사망한 것으로 보인다. 분단의 상처와 분리 현상이 양정에서도 예외는 아니었다. 즉 이름 없이 사라진 사람들이 많다.

　　김옥주는 광양공립보통학교를 나와서 양정고보를 졸업했다. 일본으로 건너가 와세다대학 법학부를 나왔다. 조선화학공업주식회사에 입사 후 조선인 노동자 대우개선투쟁으로 투옥됐다. 광양 진상국민학교 교사도 역임했다. 1948년 선거에서 무소속으로 광양선거구에 출마해 제헌국회의원이 된 뒤 대한민국 헌법 및 정부조직법 기초위원을 맡았다. 국가보안법을 반대하고 국회에서 논란을 제기했다. 한미협정에 관해서도 자주성을 강조했으며, 일제 청산을 위한 반민특위에도 헌신했다. 1949년 일명 국회프락치사건에 연루돼 징역 6년형을 받고 복역했다. 한국전쟁 당시 서울을 점령한 조선인민군에 의해 석방됐고, 월북했다.

손성필은 황해도 송화에서 태어났다. 1945년 양정고보를 29회로 졸업, 일본 주오대학을 다녔으나 중퇴하고 귀국했다. 해방 이후 김일성종합대학 특설학부 및 모스크바대학을 다녔다. 1954년 중앙당학교 교원, 1964년 11월 중앙당학교 부장까지 올라갔다. 북한 사회에서 청년 시절 교육을 받은 인재로서 승승장구하는 관료의 길이었다. 인민경제대학 총장, 내각고등교육상, 1970년 제5차 당대회에서 중앙위원회 후보위원에 선출됐다. 1971년 8월 적십자회 중앙위원장에 임명, 1972년 12월 5기 최고인민회의 대의원에 선출됐다. 조선로동당 대표단장으로 세계 여러 나라를 방문했으며, 적십자회 대표단장으로 필리핀, 중국, 한국 등을 방문했다. 한국 방문 시 모교 동기인 송범 등과 만날 기회가 있었다. 서울 방문은 장안의 화제였다. 동문 간의 만남은 화기애애하게 진행됐다고 당시 신문 기사가 전하고 있다.

프롤로그. 대한제국부터 해방공간까지_양정의숙에서 양정고보까지

1   송우혜,《마지막 황태자 1: 못생긴 엄상궁의 천하》, 푸른역사, 2010, pp.32~33.

2   포달 제162호 '제실재산정리국관제', 궁내부령(宮內府令) 제8호 '제실재산정리국 분과규정'(국회도서관 편,《한말근대법령자료집》6, 국회도서관, 1971).

3   송우혜, 앞의 책, p.297.

4   《진명 100년 인물 100년》, 진명여자고등학교총동창회, 2006.

5   《황성신문》, 1905년 3월 21일.

6   観相者,〈千態万状의 京城 教育界 人物〉,《개벽》58.

7   《매일신보》, 1918년 3월 15일.

8   《매일신보》, 1918년 3월 15일.

9   이영석·신근식,《한시로 이어가는 양정 이야기》, 진기획, 2021, p.56.

10   이영석·신근식, 앞의 책, pp.46~48.

11   《황성신문》, 1905년 4월 4일.

12   김효진,《법관양성소와 근대 한국》, 소명출판, 2014.

13   김주중,〈갑오개혁기-병합 초기(1910년대) 사립 법률학교에 관한 연구〉,《교육문제 연구》70, 고려대학교 교육문제연구소, 1919, pp.117~144.

14   김효전,〈양정의숙의 법학교육〉,《법사학연구》45, 한국법사학회, 2012, pp.44~100.

15   《대한매일신보》, 1908년 10월 3일.

16   《조선총독부관보》170, 1913년 2월 26일.

17   《조선총독부관보》1108, 1916년 4월 17일.

18 《조선총독부관보》2460, 1921년 3월 28일.

19 《동아일보》, 1920년 9월 7일.

20 《동아일보》, 1919년 5월 15일.

21 《매일신보》, 1919년 12월 21일.

22 《매일신보》, 1921년 12월 11일.

23 《동아일보》, 1928년 6월 25일.

24 《매일신보》, 1928년 6월 22일.

25 《매일신보》, 1920년 3월 26일.

26 《매일신보》, 1928년 6월 21일.

27 《동아일보》, 1929년 11월 28일.

28 《대한매일신보》, 1905년 1월 31일.

29 양정창학 100주년 기념사업회 편, 《양심정기의 사람들》, 국학자료원, 2005, p.423.

박상진 _ 광복회 총사령, 항일무장독립운동사의 선구자

1 권진호, 《19세기 영남학파의 종장: 정재 류치명의 삶과 학문》, 한국국학진흥원, 2008.

2 박걸순, 《박상진: 독립전쟁론의 선구자 광복회 총사령》, 한국의 독립운동가들 시리즈, 역사공간, 2014.

3 박중훈, 《역사, 그 안의 역사: 광복회 총사령 박상진과 가족 이야기》, (사)대한광복회 총사령 고헌박상진의사 추모사업회, 2021, pp.23~30.

4 〈朝鮮人 槪況 送付에 관한 件〉, 《警泌》26, 1919년 3월 26일.

5 박은식 지음, 김도형 옮김, 《한국독립운동지혈사》, 소명출판, 2008.

6 박영석, 〈대한광복회연구〉, 《재만한인독립운동사연구》, 일조각, 1988, pp.140~178.

7 《광복회 100주년 자료집》 1, 대한광복회총사령 고헌박상진의사추모사업회, 2014, p.29.

8 조동걸, 〈대한광복회의 결성과 그 선행조직〉, 《한국학논총》5, 국민대학교 한국학연구소, 1999.

9 慶北警務部, 《高等警察要史》, pp.181~183; 《독립운동사자료집》10, 독립운동사편찬위원회, p.1109; 《독립운동사자료집》11, pp.673~674.

10 朴永錫, 〈대한광복회연구〉, 《한국민족운동사연구》1, 국사편찬위원회, 1986.

11 朴孟鎭, 《固軒實記略抄》, 1946.

12 '国権恢復ヲ標榜セル不穩団体員発見処分ノ件ヲ続報'(高第9007号; 秘受8096号), 1918年 4月 23日.

13 '国権恢復ヲ標榜セル不逞鮮人検挙'(高第23808号; 秘受14119号), 1918年 8月 16日.

14 《동아일보》, 1921년 8월 10일.

15 《동아일보》, 1921년 8월 7일.

16 《동아일보》, 1921년 8월 13일.

17 이영석·신근식, 《한시로 이어가는 양정 이야기》, 진기획, 2021, p.99.

18 《동아일보》, 1921년 8월 23일.

19 〈朴尚鎭 等의 連累로 光復會의 関係者 禹利見 等 十七名 予審決定, 이십이일 경성디방법원에서/ 予審終結決定〉, 《동아일보》, 1921년 12월 25일.

20 《동아일보》, 1922년 12월 23일.

21 〈出版警察概況-不許可 差押 및 削除 出版物 記事要旨〉, 《朝鮮出版警察月報》 25(《중앙일보》, 1930년 8월 29일).

22 국가보훈처, 《独立有功者功勳録》 7권, 1990, p.643.

23 장병혜, 《역사를 왜곡한 자, 그를 고발한다》, 역사바로잡기회, 1992.

안정근 _ 안중근의 뒤를 따라, 온 가족이 독립운동전선으로

1 안중근, 《안응칠 역사》, 독도 도서관친구들, 2020.

2 《신한민보》, 1909년 12월 15일.

3 신운용 지음, 안중근의사기념사업회 안중근연구소 엮음, 《안중근과 한국근대사》, 채륜, 2009.

4 황재문, 《안중근 평전》, 한겨레출판, 2011, p.348.

5 《대한매일신보》, 1910년 2월 9일.

6 《황성신문》 1910년 2월 8일.

7 〈블라디보스토크 在住 한인 등이 기획하는 本邦 관리 암살 음모에 관한 건〉, 《機密韓》 41, 1910년 8월 22일.

8 〈不逞団関係雑件-朝鮮人의 部-在西比利亜〉 1, 《機密韓》 58, 1910년 9월 30일.

9 《機密韓》 61, 1919년 10월 4일.

10 《機密韓》 62, 1910년 10월 8일.

11 《憲機》 232·165, 1911년 1월 28일.

12 정운현·정창현,《안중근家 사람들》, 역사인, 2017, p.168.

13 〈興士団極東支部 解散에 関한 件〉,《上海派秘》541-1, 1940년 7월 18일.

14 《독립신문》, 1920년 1월 31일.

15 《신한민보》, 1922년 8월 24일.

16 《매일신문》, 1921년 1월 17일.

17 윤대원,《상해시기 대한민국임시정부 연구》, 서울대학교출판부, 2006, pp.166~167.

18 신용하,《한국 항일독립운동사 연구》, 경인문화사, 2005, p.211.

19 〈墾北視察員の報告〉,《高警》37231, 1920년 11월 25일.

20 박창욱,〈김좌진 장군의 신화를 깬다〉,《역사비평》, 1994년 2월, pp.182~187.

21 박환,〈러시아 대한민국적십자회 설립과 활동〉,《일제강점기, 한국전쟁기 인도주의 활동》(국제인도주의 학술회의), 대한적십자사, 민족운동사학회, 2020.

22 《신한민보》, 1922년 4월 6일.

23 《동아일보》, 1922년 2월 5일.

24 오영섭,〈일제시기 안정근의 항일독립운동〉,《남북문화예술연구》2, 남북문화예술 학회, 2008, pp.65~119.

25 〈汽船 俊昌号 買入 계획에 관한 건〉,《機密発》55, 1910년 9월 29일.

26 《중외일보》, 1927년 7월 19일.

27 《삼천리》5-1, 별책부록, 1932년 1월 1일.

28 〈北支地方に於ける要視察(容疑者を含む) 朝鮮人の概況〉,《소화사상통제사자료》 24, 1939년 6월.

29 《조선중앙일보》, 1934년 9월 21일.

30 《동광신문》, 1949년 3월 25일.

31 《매일신보》, 1949년 4월 10일.

안희제 _ 백산상회, 경제를 통한 독립운동의 총본산

1 하강진,〈백산 안희제의 가학 전통과 유람시: 장석산의 남유록 수록 작품을 중심으로〉,《역사와 경계》102, 부산경남사학회, 2017, pp.231~272.

2 신해영,《倫理學教科書》, 보성중학교, 1906.

3 강대민,〈백산 안희제의 대동청년단 운동〉,《경성대학인문사회과학》18-2, 1997, pp.71~86.

4 《조선총독부관보》384, 1913년 11월 10일.

5 《朝鮮銀行會社組合要錄》, 1921년판.

6 《朝鮮銀行會社組合要錄》, 1923년판.

7 《朝鮮銀行會社組合要錄》, 1927년판.

8 《조선총독부관보》, 1917년 11월 17일.

9 오미일, 〈일제시기 白山商會의 창립과 변천〉, 《영남학》 26, 경북대영남문화연구원, 2014, pp.323~365.

10 〈不穩新聞 配付에 관한 건〉, 《高警》 26588, 1921년 8월 25일.

11 〈北京 天津 附近在住 朝鮮人의 狀況 報告書 進達의 件〉, 《機密》 123, 1925년 3월 20일.

12 《동아일보》, 1921년 8월 17일.

13 〈大正8年乃至同10年 朝鮮騷擾事件関係書類 共7冊 其6〉, 密 第102号 其877/《高警》 12653, 1920년 5월 4일.

14 〈제헌의원 문시환〉, 《경향신문》, 1973년 11월 12일.

15 〈己未育英會에 관한 건〉, 密 第102号 其877/《高警》 12653, 1920년 5월 4일.

16 이순욱, 〈백산 안희제의 매체투쟁과 자력(自力)〉, 《역사와 경계》, 부산경남사학회, 2016.

17 〈신문사 인재순례〉, 《삼천리》 4, 1930년 1월 11일.

18 朴永錫, 〈民族光復 후의 大倧教運動〉, 《日帝下 独立運動史研究》, 一潮閣, 1984, pp.284~285.

19 《대종교중광 60년사》, 대종교총본사, 1971, pp.307~308.

20 《동아일보》, 1956년 9월 5일.

박준채 _ 만리동으로 올라온 광주학생항일운동의 주역

1 양정창학 100주년기념사업회, 《사진으로 본 양정 백년》, 2005, p.40.

2 박준채, 〈광주학생운동〉, 《신동아》, 1969년 9월.

3 정세현, 《항일학생 민족운동사연구》, 일지사, 1975.

4 《신한민보》, 1930년 1월 30일.

5 《중외일보》, 1929년 11월 5일.

6 김호일, 《한국근대 학생운동사》, 선인, 2005, pp.239~240.

7 김호일, 앞의 책, p.278.

8 〈出版警察概況-不許可 差押 및 削除 出版物 記事要旨-〉, 《朝鮮日報》, 1929년

11월 7일.

9   《한민》4, 1936년 6월 25일.

10 《중외일보》, 1928년 6월 11일.

11 《한겨레》, 2022년 7월 15일.

12 《광주일보》, 2023년 2월 26일.

안종원 _ 교육자이자 서화가, 두 길을 가다

1   조용만,《30년대의 문화예술인들》, 범양사, 1988, p.229.

2   황정수,《경성의 화가들, 근대를 거닐다》북촌편, 푸른역사, 2022, p.25.

3   최열,《화전(画伝)》, 청년사, 2004, pp.169~170.

4   《기호흥학회월보》1, 1908년 8월 25일.

5   《태극학보》11, 1907년 6월 24일.

6   《태극학보》17, 1908년 1월 24일.

7   이태호,《이야기 한국 미술사》, 마로니에북스, 2019, pp.470~473.

8   이구열,《우리 근대미술 뒷이야기》, 돌베개, 2005, p.111.

9   《동광》38, 1932년 10월 1일.

10 観相者,〈千態万状의 京城 教育界 人物〉,《개벽》58, 1925년 4월호.

11 《동아일보》, 1927년 6월 2일.

12 《동아일보》, 1929년 11월 12일.

13 《중외일보》, 1929년 11월 10일.

14 《삼천리》4-10, 1932년 10월 1일.

15 《삼천리》6-8, 1934년 8월 1일.

16 《동아일보》, 1935년 1월 1일.

17 《삼천리》8-2, 1936년 2월 1일.

18 《동아일보》, 1936년 8월 12일.

19 《조선일보》, 1936년 11월 19일.

20 〈私立養正高等普通学校의 紛争에 関한 件〉, 서대문경찰서, 1928년 6월 19일.

21 安鍾元. 年齢ハ五十八年. 職業ハ私立養正高等普通学校長. 住居ハ京城府長沙
    洞二二七番地ノ二号. 判事ハ刑事訴訟法第百八十六条第一項ニ記載シタル者
    ナリヤ否ヲ問ヒ其ノ該当セサルコトヲ認メ鑑定人トシテ訊問スヘキ旨ヲ告ケ偽
    証ノ罰ヲ諭示シ宣誓ヲ為サシメタリ(宣誓書転載省略). 判事ハ鑑定人ニ対シ証

第二号ノ二, 証第二十八号ノ二, 証第三十号ノ四(何レモ朝鮮話巻五)ト証第二十号(日記帳)トハ同一人ノ筆蹟ナリヤ否ヤヲ鑑定シ結果ヲ鑑定書ヲ以テ報告スヘキ旨命シタリ. 右調書ハ之ヲ供述者ニ読聞ケタルニ相違ナキ旨申立テ自署捺印シタリ. 供述者 安鍾元. 昭和九年七月二十七日 京城地方法院.

22 임창순 외,《한국현대서예사》, 통천문화사, 1981.

23 이태호,《이야기 한국 미술사》, 마로니에북스, 2019, p.488.

24 〈경성천지를 진선미화하는 금일-제2회 조선미전 개막〉,《매일신보》, 1923년 5월 11일.

25 《조선총독부관보》3244, 1923년 6월 5일.

26 〈書画 協會 第三回 展覧會를 보고〉,《개벽》35, 1923년 5월 1일.

27 《동명》, 1923년 4월 8일.

28 〈書画界로 観한 京城〉,《개벽》48, 1924년 6월 1일.

29 《삼천리》3-11, 1931년 11월 1일.

30 《동아일보》, 1933년 9월 23일.

31 서예박물관,〈가나아트 이호재 기증 조선·근대 서화전〉, 2019년 12월~2020년 3월.

손재형 _ 예서체의 대가, '서예'라는 말을 만들다

1 《동아일보》, 1957년 4월 20일.

2 《동아일보》, 1954년 3월 21일.

3 《동아일보》, 1930년 1월 4일.

4 《동아일보》, 1931년 5월 26일.

5 《동아일보》, 1938년 5월 6일.

6 황정수,《경성의 화가들, 근대를 거닐다》북촌편, 푸른역사, 2022, p.164.

7 〈한국 서예의 거장 소전 손재형〉, 전남 도립미술관, 2021.

8 《동아일보》, 1940년 5월 17일.

9 이흥우,《간송 전형필》, 보성중고등학교, 1996.

10 《자유신문》, 1949년 11월 10일.

11 《호남신문》, 1949년 1월 21일.

12 《서울신문》, 1954년 3월 28일.

13 엄복란,〈소전 손재형 서예의 독창성 연구〉, 성균관대학교 석사학위논문, 2023.

1 김진섭, 〈주중교우록〉, 《조광》 5-9, 1939, pp.263~269.

2 김진섭, 〈土水黃述祚의 遺作展을 앞두고〉 上, 《동아일보》, 1940년 6월 25일.

3 이화관, 〈조선 화가 총평〉, 《동광》, 1931년 5월.

4 홍순득, 〈제2회 동미전 평〉 5, 《동아일보》, 1931년 4월 19일.

5 최열, 《한국근현대미술사학》, 청년사, 2010, p.608.

6 기혜경, 〈목일회 연구〉, 《한국근대미술과 시각문화》, 조형교육, 2002.

7 김현숙, 〈한국 동양주의 미술의 대두와 전개양상〉, 《한국근대미술과 시각문화》, 조형교육, 2002.

8 김진섭, 〈土水黃述祚의 遺作展을 앞두고〉 下, 《동아일보》, 1940년 6월 26일.

9 〈黃述祚(土水) 甘浦의 秋色〉, 《동아일보》, 1937년 9월 25일.

10 이종석, 〈재평가받는 작고 화가 황술조〉, 《중앙일보》, 1975년 3월 11일.

11 최열, 《한국근현대미술사학》, 청년사, 2010, p.168.

12 김용준, 〈암흑시대의 미술〉, 《조선미술대요》, 열화당, 2001, pp.242~243.

13 강정화, 〈토수 황술조의 예술세계연구: 1930년대 매체 비평문을 중심으로〉, 《한국학연구》 62, 인하대학교 한국학연구소, 2021, pp.327~351.

장욱진 _ 그림처럼 정확한 나의 분신은 없다

1 김형국·강운구 편, 《장욱진 먹그림》, 열화당, 1998.

2 장욱진, 《강가의 아틀리에》, 민음사, 1976.

3 《동아일보》, 1938년 6월 14일.

4 《매일신보》, 1945년 8월 24일.

5 김재원, 《경복궁 야화》, 탐구당, 1991.

6 황수영, 〈불적일화〉, 《불교신문》, 2002년 10월 28일.

7 장욱진, 《강가의 아틀리에》, 민음사, 1976.

8 이인범 편, 《신사실파》, 유영국미술문화재단, 2008, pp.28~31.

9 윤범모, 〈국방부 종군화가단의 활동〉, 《한겨레》, 2017년 8월 24일.

10 이태호, 《이야기 한국 미술사》, 마로니에북스, 2019, pp.525~526.

11 정준모, 〈증언으로서의 전쟁미술〉, 《국제신문》, 2010년 11월 7일.

12 김재원, 《경복궁 야화》, 탐구당, 1991.

13 A. 맥타가트 지음, 신재숙 옮김, 〈제3회 국전평〉, 《현대문학》, 1955년 1월.

14 김영주, 〈그 의도와 결과를〉, 《조선일보》, 1956년 6월 29일.

15 해방 이후 장욱진의 가족과 소소한 개인적 삶에 관해서는 《여성신문》(1996년 7월 26 일~9월 6일) 연재본과 〈아내 이순경의 화가 이야기〉(김형국 엮음, 《장욱진의 색깔있는 종이그림》, 열화당, 1999)에 기반한다.

16 한일자, 〈오리지날리티의 가능성〉, 《경향신문》, 1961년 6월 14일.

17 작가 자신이 쓴 이 책자는 1976년 초판본, 탄생 100주년을 맞이해 2017년 재간행 됐다.

18 정이안·심영옥, 〈장욱진의 먹그림에 나타난 불교적, 도가적 도상에 관한 연구〉, 《조 형교육》 88, 한국조형교육학회, 2023, pp.319~340.

19 〈인물로 보는 한국미술사: 한국의 미술가〉, 사회평론, 2006. p.573

20 '장욱진 연보', 〈장욱진의 색깔있는 종이그림〉, 열화당, 1999, pp.164~165.

21 〈인물로 보는 한국미술사: 한국의 미술가〉, 사회평론, 2006. p.579.

22 《조선일보》, 1973년 12월 8일.

23 장욱진, 《강가의 아틀리에》, 민음사, 1976.

박병래 _ 백자를 닮은 컬렉터, 평생 수집품을 무상 기증하다

1 한국의학인물사 편찬위원회 편, 《한국의학인물사》, 태학사, 2008.

2 《동아일보》, 1936년 5월 10일.

3 정구충, 〈의계의 개척자들〉, 《의협신보》, 1975년 1월 13일.

4 《매일신보》, 1945년 9월 18일.

5 《동아일보》, 1945년 12월 5일.

6 《조선일보》, 1946년 1월 19일.

7 《자유신문》, 1946년 3월 23일.

8 《민주중보》, 1949년 6월 28일.

9 박병래, 《陶磁余滴》, 중앙일보사, 1974, pp.23~24.

10 이광표, 《명품의 탄생》, 산처럼, 2009.

11 이상백, 《한국사》 근세 전기편, 진단학회, 1962, p.783, p.837.

12 국립중앙박물관, 《국립중앙박물관 100선》, 안그라픽스, 2006.

13 국립중앙박물관 엮음, 《박병래 수집 이조도자》, 1981.

14 박병래, 《수정 박병래 소장 이조도자기 도록》, 중앙일보사, 1974.

517

15　正隆二年銘銅鐘, 높이 22.5㎝, 毅宗 11년(1157).

16　한영대 지음, 박경희 옮김, 〈도자 한길에 바친 청빈의 정열-수정 박병래〉, 《조선미의 탐구자들》, 학고재, 1997.

김진섭 _ 수필가와 도서관장으로, 개척자의 길로

1　박진영, 〈학교서 배우지 않은 문학 이야기〉, 《서울경제》, 2020년 6월 4일.

2　남을우, 〈수필가 김진섭 연구〉, 이화여자대학교 대학원 석사학위논문, 1963.

3　《동아일보》, 1939년 3월 14일.

4　《동아일보》, 1939년 9월 9일.

5　《동아일보》, 1939년 9월 9일.

6　《동아일보》, 1947년 1월 27일.

7　정희, 〈김진섭의 '인생예찬' 연구〉, 순천대학교 석사학위논문, 2011.

8　김진섭, 〈奇怪한 批評現象, 梁柱東氏에게〉, 《동아일보》, 1927년 3월 22일.

9　《동아일보》, 1927년 7월 31일.

10　《동아일보》, 1931년 6월 18일.

11　《동아일보》, 1932년 1월 1일.

12　《동아일보》, 1932년 1월 1일.

13　《동아일보》, 1938년 12월 1일.

14　김진섭, 〈酒中交友錄〉, 《조광》 5-9, 1939, pp.263~269.

15　백창민·이혜숙, 〈세상과 도서관이 잊은 사람들〉 16, 《오마이뉴스》, 2021년 6월 13일.

16　《동아일보》, 1962년 5월 29일.

17　《동아일보》, 1962년 6월 25일.

18　선안나 엮음, 《김진섭 선집》, 현대문학, 2011; 류경동 엮음, 《김진섭 수필선집》, 지식을만드는지식, 2017.

김을한 _ 영친왕과 덕혜옹주의 최후 기록자

1　《동아일보》, 1957년 3월 24일.

2　김을한, 《일제강점기 동경 유학생 그리고 토월회 이야기》, 탐구당, 2019.

3　박승희, 〈토월회의 과거와 현재를 말함〉, 《조선일보》, 1929년 10월 31일~11월 21일.

4   김을한, 《韓国新聞史話》, 탐구당, 1975.

5   〈文芸時代社 作品募集〉, 《매일신보》, 1926년 9월 30일.

6   〈総督府를 싸고도는 新聞記者陣〉, 《삼천리》 6-9, 1934년 9월 1일.

7   〈年終掉尾의 大넌쎈스, 金善学事件과 各新聞 号外戦, 泰山鳴動鼠一匹〉, 《별건
     곤》 36, 1931년 1월 1일.

8   〈号外의 号外〉, 《별건곤》 70, 1934년 2월 1일.

9   〈重大事件의 発覚端緒, 羅錫疇의 臨終〉, 《삼천리》 17, 1931년 7월 1일.

10   정진석, 〈만주의 한국어 언론사 연구〉, 《신문연구》, 1989년 여름호.

11   《동아일보》, 1929년 1월 16일.

12   정진석, 《인물한국언론사》, 나남출판, 1995.

13   〈李完用의 後孫들, 8·15 前 그들의 功績은 이렇다!〉, 《反民者罪状記》, 1949.

14   《경향신문》, 1946년 11월 29, 30일.

15   《경향신문》, 1949년 8월 7일.

16   《자유신문》, 1948년 7월 2일.

17   〈주일공사 등 환송회 성대〉, 《자유신문》, 1950년 5월 11일.

18   《동아일보》, 1949년 12월 13일.

19   〈한일회담의 전망〉, 《서울신문》, 1953년 1월 19일.

20   《마산일보》, 1961년 8월 7일.

21   김을한, 〈영친왕의 생애〉, 《중앙일보》, 1970년 5월 2일.

22   김을한, 〈해방에서 환국까지〉, 《중앙일보》, 1970년 8월 17일.

23   《동아일보》, 1956년 2월 21일.

24   김을한, 《좌옹 윤치호전》, 을유문화사, 1982.

25   윤치호 지음, 박정신 외 옮김, 〈1940년 7월 21일 일요일〉, 《국역 윤치호 영문일기》
     10, 국사편찬위원회, 2014~2016.

26   김영상, 〈동명 김을한〉, 《한국언론인물사화》, 대한언론인회, 1992.

27   김을한, 《조선의 마지막 황태자 영친왕》, 페이퍼로드, 2021.

28   김을한, 《일제강점기 동경 유학생 그리고 토월회 이야기》, 탐구당, 2019.

안병소 _ 불운한 천재 바이올리니스트, 음악계의 대부가 되다

1   〈少年 提琴家의 바욜린 独奏會, 선생을 놀라게 한 15세 소년, 안병소 군이 처음 음   519
     악단에 출현, 25日 青年會館에서〉, 《동아일보》, 1927년 11월 25일.

2   門外漢,〈少年音楽家安柄珆君의 提琴独奏를 듯고〉,《동아일보》, 1927년 11월 27일.

3   정창권,《근대 장애인사》, 사우, 2020.

4   《문화일보》, 2008년 4월 18일.

5   《중외일보》, 1927년 12월 29일.

6   《중외일보》, 1928년 5월 9일.

7   《중외일보》, 1928년 5월 15일.

8   《중외일보》, 1929년 6월 27일.

9   〈天才少年 提琴家 安柄珆 君, 渡米送別音楽會 廿二日밤 八時 中央青年會館에서〉,《동아일보》, 1929년 6월 19일.

10 〈安柄珆 君 提琴独奏會, 금일 원산에서〉,《동아일보》, 1930년 4월 13일;《중외일보》, 1930년 4월 17일.

11 홍종인,〈半島 楽壇人 漫評〉,《동광》22, 1931년 6월 1일.

12 〈新友會執行委員會ノ件〉,《京鐘警高秘》5230, 昭和 4年 4月 23日.

13 1. 我等ハ組織의 団結ヲ鞏固ニス. 2. 我等ハ意識的 智識向上ヲ促進セシム. 3. 我等ハ正義ト誠実ヲ以テ相互親睦ヲ圖ル=.

14 홍종인,〈一九三一年의 総決算, 三一年의 朝鮮楽団回顧〉,《동광》, 1931년 12월 1일.

15 《동광》31, 1932년 3월 5일.

16 홍종인,〈楽壇의 新人 旧人, 新秋 음악계에 대한 기대〉,《동광》37, 1932년 9월 1일.

17 蔡奎燁,〈人気音楽家언파레-트〉,《삼천리》4-7, 1932년 6월 15일.

18 〈평양 대음악회, 제1夜 대성황〉,《조선중앙일보》, 1933년 8월 24일.

19 〈提琴家 安柄珆 君 伊太利留学, 李愛内 嬢은 独逸에 李寅善 君도 伊太利〉,《동아일보》, 1934년 4월 8일.

20 《삼천리》8-2, 1936년 2월 1일.

21 漢陽花郎,〈樂壇 메리-그라운드〉,《삼천리》6-9, 1934년 9월 1일.

22 김미현,〈피아노와 근대: 초기 한국 피아노 음악의 사회사〉,《음악학》19, 2010, pp.167~168.

23 이경분,〈베를린의 한국 음악유학생 연구: 안병소와 이애내를 중심으로〉,《음악논단》39, 한양대음악연구소, 2018, pp.41~47.

24 安柄珆,〈伯林遊記〉,《해공론》4-10, 1938년 10월 1일.

25 《동아일보》, 1938년 5월 24일.

26 《삼천리》 12-6, 1940년 6월 1일.

27 허지연, 〈한국 근대 바이올린계의 형성과정 연구〉, 한국연구재단, 2021 (과제번호: 2021S1A5B5A17046690).

28 안병소, 《음악가의 생활》, 青色紙社, 1938.

29 《수산경제신문》, 1947년 10월 7일.

30 〈우리 집 사진첩: 음악이 매진 결혼, '안병소' 씨 댁을 찾아서〉, 《부인신보》, 1948년 10월 8일.

31 음악가 부부를 찾는 인터뷰는 일제강점기에도 종종 이루어졌다. 〈음악결혼 안병소 이애내 씨 신가정 탐방기〉, 《조선춘추》, 1941년 6월 1일.

32 《중앙일보》 1979년 3월 10일.

33 민경찬, 《한국음악사》 양악편, 두리미디어, 2006, pp.70~79.

34 안주경, "The Avant-Courier of an Age of Turbulence and Tragedy: The Life and Legacy of the Musician and First Korean Violin Virtuoso, Byeongso Ahn," Dissertation, University of Illinois, 2017.

35 《한국투데이》, 2022년 7월 5일(https://www.hantoday.net).

36 《원불교신문》, 2022년 10월 17일(http://www.wonnews.co.kr).

윤석중 _ 기찻길 옆 오막살이, 아기 아기 잘도 잔다

1 한용희, 《한국동요음악사》, 세광음악출판사, 1887.

2 그가 펴낸 책의 목록이다. 《윤석중 동요집》, 신구서림, 1932. / 《잃어버린 댕기》, 계수나무, 1933. / 《윤석중 동요선》, 박문서림, 1939. / 《어깨동무》, 박문서관, 1940. / 《초생달》, 박문출판사, 1946. / 《노래동산》, 학문사, 1956. / 《엄마손》, 학급문고간행회, 1960. / 《카네이션은 엄마꽃》, 교학사, 1967. / 《노래가 없다면》(전집), 웅진출판사, 1988.

3 《삼천리》 13-9, 1941년 9월 1일.

4 《삼천리》 5-10, 1933년 10월 1일.

5 尹石重, 〈올뱀이의 눈〉(제1회, 全2回, 新春文芸 童話劇 選外佳作), 《동아일보》, 1925년 5월 9일.

6 《삼천리》 7-5, 1935년 6월 1일.

7 《삼천리》 11-7, 1939년 6월 1일.

8   《동광》37, 1932년 9월 1일.

9   김용희, 〈윤석중의 동요문학과 시 의식〉, 《세계적인 동요시인 윤석중》, 한국문인협회 서산지부, 2021, p.27.

10 박영종, 〈재현된 동심: '윤석중 동요선'을 읽고〉, 박문서관, 1938년 10월 1일.

11 《삼천리》12-8, 1940년 9월 1일.

12 《동아일보》, 1929년 4월 14일.

13 《삼천리》7-10, 1935년 11월 1일.

14 《매일신보》, 1945년 9월 21일.

15 《매일신보》, 1945년 10월 17일.

16 《자유신문》, 1947년 5월 12일.

17 《자유신문》, 1946년 5월 5일.

18 《자유신문》, 1946년 7월 11일.

19 《자유신문》, 1946년 3월 5일.

20 《자유신문》, 1946년 7월 22일.

21 《자유신문》, 1947년 4월 27일.

22 《자유신문》, 1946년 10월 15일.

23 준비위원 梁在応, 南基薰, 楊美林, 尹小星, 安俊植, 朴興珉, 丁洪教, 尹世九, 孫洪明, 金秉儀, 郭福山, 崔青谷, 尹石重, 琴徹, 金永寿, 安永浩, 方洙源, 玄德, 鄭泰炳, 朴仁範, 陣公燮, 金泰哲, 鄭成昊, 金元竜. 《동아일보》, 1947년 2월 14일.

24 《경향신문》, 1949년 4월 30일.

25 《자유신문》, 1949년 12월 9일.

26 김제곤, 〈석동 윤석중의 삶과 문학세계〉, 《세계적인 동요시인 윤석중》, 한국문인협회 서산지부, 2021, p.51.

27 윤석중, 《윤석중 전집》5권, 웅진출판사, 1988.

28 윤석중, 《윤석중 동요 525곡집 1924~1979》, 세광출판사, 1980.

정추_ 남북에서 사라진 비운의 천재 작곡가

1   이경분, 〈베를린의 한국음악유학생 연구: 안병소와 이애내를 중심으로〉, 《음악논단》39, 한양대음악연구소, 2018, pp.41~47.

2   정철훈, 《북한 영화의 대부 정준채 평전》, 선인, 2022.

3   《쿨투라》98, 2022년 8월호.

4   정철훈, 《북한 영화의 대부 정준채 평전》, 선인, 2022.

5   김재웅, 《예고된 쿠데타, 8월 종파사건》, 푸른역사, 2024.

6   송흥근, 〈북한이 버린 천재 음악가 정추 1923~2013〉, 《신동아》, 2013년 7월 19일.

7   구해우, 〈박제가 된 천재 음악가 정추, 통일조국 노래를 부르고 싶다〉, 《주간동아》, 2011년 6월 27일.

8   박주관, 〈광주의 작곡가 정추를 아십니까〉, 《굿뉴스피플》, 2011년 9월 1일.

9   정철훈, 〈이주 작곡가 정추와 정율성의 교유 및 음악적 연대〉, 《국제한인문학연구》 24, 2019.

장덕창 _ 조선인 파일럿에서 공군참모총장까지

1   양정창학 100주년기념사업회 편, 《양심정기의 사람들》, 2005, p.126.

2   《동아일보》, 1921년 11월 21일.

3   《동아일보》, 1921년 11월 21일.

4   《동아일보》, 1922년 5월 31일.

5   《매일신보》, 1922년 6월 4일.

6   〈魚群鑑察의 飛行, 금월 20일부터 일본에서, 朝鮮 飛行家 張德昌 氏도 參加〉, 《동아일보》, 1924년 5월 12일.

7   한상도, 《韓国独立運動과 中国軍官学校》, 문학과지성사, 1994, pp.141~142.

8   《신한민보》, 1925년 12월 31일.

9   〈장덕창 씨! 고국방문 비행, 5월 5일부터 19일까지 열다섯 곳에서 비행할 예정〉, 《시대일보》, 1925년 4월 24일.

10 〈장 비행사 금일 군산 출발〉, 《시대일보》, 1925년 6월 7일.

11 〈만선 연락비행, 6월 1일부터 비행사 장덕창 씨〉, 《동아일보》, 1925년 5월 29일.

12 〈장덕창 군 비행 도착, 근근 비행할 터〉, 《동아일보》, 1925년 5월 26일.

13 〈인천 방문비행, 비행사 장덕창 씨가 수상비행기로〉, 《동아일보》, 1925년 6월 9일.

14 〈장덕창 씨 비행기 견학, 본보 이리지국 주최〉, 《동아일보》, 1925년 6월 9일.

15 〈민간 비행가 장덕창 씨, 강상비행대회, 십이삼 양일간 平壤에서〉, 《동아일보》, 1925년 6월 9일.

16 《매일신보》, 1925년 6월 12일.

17 〈장덕창 씨 飛機 墮落, 기계 고장으로 한강 연안에〉, 《동아일보》, 1925년 6월 12일.

18 〈飛機로 鯨群搜索, 일본에서 처음으로 시험, 飛行士는 張德昌 氏〉, 《동아일보》,

523

1925년 10월 16일.

19 〈창덕궁 전하의 장려, 이재극 씨를 통해 창덕궁에서도 찬성〉, 《시대일보》, 1925년 11월 15일.

20 〈북경 시가와 조선의 사비행사 안창남, 민성기, 이기연, 장덕창〉, 《동아일보》, 1925년 12월 6일.

21 〈朝鮮의 四비행사 빙군에 가담 활약, 안창남, 장덕창, 이기연, 민성기, 무대는 북경 張家口間〉, 《동아일보》, 1925년 12월 5일.

22 《중외일보》, 1927년 7월 16일.

23 〈최초의 항공사, 장덕창 씨 귀국〉, 《중외일보》, 1927년 8월 14일.

24 《신한민보》, 1927년 8월 18일.

25 滄浪子, 〈三千里特種記事: 三千里 蒼空에 뜬 白衣飛行士 群像〉, 《삼천리》 7-1, 1935년 1월 1일.

26 愼鏞璜, 〈航程三千里·飛行15년: 나의 飛行家로서의 感懷〉, 《삼천리》 7-6, 1935년 7월 1일.

27 〈航空熱과 朝鮮青年〉, 《삼천리》 13-3, 1941년 3월 1일.

28 《동아일보》, 1945년 10월 10일.

29 《동아일보》, 1948년 4월 1일.

30 〈蒼空에 銀翼 난무, 항공대한의 기염 드높다〉, 《동아일보》, 1949년 9월 16일.

31 《동아일보》, 1953년 4월 8일.

32 《동아일보》, 1955년 1월 23일.

33 《매일신보》, 1937년 5월 25일.

34 《동아일보》, 1960년 12월 9일.

서옹 _ 선교 양종에 밝은 한국 불교의 뛰어난 선지식

1 김용태, 〈조선 후기 불교의 강학 전통과 백양사 강원의 역사〉, 《불교학연구》, 2010, pp.283~328.

2 김수인, 〈깨달음과 철학의 주체지: 히사마츠 신이치를 중심으로〉, 《원불교사상과 종교문화》 55, 2013.

3 《서옹스님의 임제록 연의》, 아침단청, 2012.

4 이능화, 《조선불교통사》, 신문관, 1918.

5 초암 정만순, 《서옹스님 이야기》, 2024년 6월 25일.

6   이동하, 《한국불교 수선 결사에 관한 연구》, 동국대학교 대학원 선학과 박사학위논문, 2022.

7   고불총림 백양사, 《참사람의 향기: 상순 대종사 1주기 추모집》, 2015.

손기정 _ 압록강 변을 달리던 베를린올림픽의 마라톤 영웅

1   손기정, 〈伯林올림픽 대회를 바라보며〉, 《삼천리》 8-1, 1936년 1월 1일.

2   데라시마 젠이치 지음, 김연빈·김솔찬 옮김, 《손기정평전》, 귀거래사, 2020, pp.14~15.

3   양정창학 100주년기념사업회 엮음, 《양심정기의 사람들》, 2005, p.462.

4   채백, 《사라진 일장기의 진실: 일제강점기 일장기 말소 사건 연구》, 커뮤니케이션북스, 2014.

5   한국체육기자연맹, 《일장기 말소의거 기자: 이길용》, 한국체육기자연맹, 1993.

6   《조선중앙일보》, 1935년 8월 25일.

7   이길용, 〈부라보! 養正!, 일본역 전경주에 우승하기까지〉, 《동광》 34, 1932년 6월 2일.

8   손기정, 〈伯林올림픽대회를 바라보며〉, 《삼천리》 8-1, 1936년 1월 1일.

9   《동아일보》, 1938년 10월 19일.

10   《삼천리》 8-11, 1936년 11월 1일.

11   《조선총독부관보》 3972.

12   警察情報(昭和 11年) 京高檢秘 2344, 東亜日報의 発行停止에 関한 件, 京畿道 警察部長, 1936年 8月 29日; 警察情報綴(昭和 11年) 地檢秘 1280, 東亜日報 掲載의 孫基禎写真中 国旗表章 抹消에 関한 件, 1936年 8月 28日.

13   〈伯林遠征記〉, 《삼천리》 9-4, 1937년 5월 1일.

14   《조선중앙일보》, 1936년 7월 28일.

15   《조선중앙일보》, 1936년 8월 18일.

16   《조선중앙일보》, 1936년 8월 12일.

17   허성호, 《식민지 조선의 올림픽 민족주의》, 동북아역사재단, 2023.

18   천정환, 〈조선의 사나이거든 풋뿔을 차라: 스포츠 민족주의와 식민지 근대〉, 푸른역사, 2010.

19   〈손기정 군 植銀 출근〉, 《삼천리》 12-4, 1940년 4월 1일.

20   〈손기정 애인 방문기, 그들의 로-만스는 어떠가〉, 《삼천리》 10-12, 1938년 12월 1일.

21 손기정,〈伯林 올림픽 映画 '民族의 祭典'을 보고〉,《삼천리》12-6, 1946년 6월 1일.

22 〈명화의 인상, 민족의 제전〉,《삼천리》12-8, 1940년 9월 1일.

23 손기정,〈체육대제전 참관과 조선체육진흥에의 전망〉,《삼천리》13-1, 1941년 1월 1일.

24 손기정,〈오림피아 제2부 미의 제전, 그때의 백림을 회상하며-1월 23일〉,《삼천리》13-3, 1941년 3월 1일.

25 허진석,〈손기정 연구의 사료로서 영화 '올림피아(Olympia)'에 대한 고찰〉,《한국체육사학회지》, 2014, p.19.

26 《동아일보》, 1946년 10월 10일.

27 국립중앙박물관,《국립중앙박물관 100선》, 안그라픽스, 2006.

유달영 _ 평생을 바친 농업과 농촌 재건의 길

1 〈인터뷰 유달영〉,《월간조선》, 1999년 11월호.

2 유달영,《새 역사를 위하여: 덴마아크의 교육과 협동조합》, 부민문화사, 1961.

3 《중앙일보》, 1932년 12월 11일.

4 〈깃븜의 入賞者를 차저서〉 10,《동아일보》, 1932년 10월 2일.

5 《조선총독부관보》1866, 1933년 3월 31일.

6 《조선총독부관보》2757, 1936년 3월 25일.

7 《동아일보》, 1956년 6월 19일.

8 《동아일보》, 1961년 5월 2일.

9 《동아일보》, 1965년 5월 15일.

10 《마산일보》, 1961년 9월 9일.

11 〈再建運動 民間運動으로 転換柳達永本部長 就任式서 闡明 '早速한 軍政終止 위해 国民 스스로 民主力量 기르도록', '法 改正도 考慮'〉,《동아일보》, 1961년 9월 11일.

12 《동아일보》, 1958년 7월 16일.

13 〈諮問委를 議決機関으로 柳達永 再建運動本部長會見談 道支部長에도 民間人〉,《동아일보》, 1961년 9월 12일.

14 《동아일보》, 1961년 11월 12일.

15 〈정치적 이용 안 된다, 유달영 본부장, 국민운동에 언급〉,《동아일보》, 1962년 2월 8일.

16 〈올해의 재건국민운동〉,《마산일보》, 1965년 5월 19일.

17 〈인터뷰 유달영〉,《월간조선》, 1999년 11월호.

18 김건우,《대한민국의 설계자들》, 느티나무책방, 2017.

19 유달영 지음, 홍용희 엮음,《유달영 수필선집》, 지식을만드는지식, 2017.

김교신 _ 성서를 조선에, 조선을 성서 위에

1 《조선일보》, 1936년 11월 5일.

2 송순재, 〈민족의 교사 김교신의 생애와 사상〉,《주간 기독교》, 2020년 3월 3일.

3 스즈키 노리히사 지음, 김진만 옮김,《무교회주의자 우치무라 간조》, 소화, 1995.

4 야나이하라 다다오 지음, 홍순명 옮김,《개혁자들》, 포이에마, 2019.

5 전인수, 〈성서조선의 검열연구〉, 한국기독교역사학회 제417회 발표문, 2023년 10월 7일.

6 《성서조선》, 1935년 4월.

7 《동아일보》, 1933년 1월 13일.

8 〈교사 심경의 변화(39.3)〉, 김교신 지음, 노평구 엮음,《김교신 전집》1, 부키, 2001, p.68.

9 박상익, 〈함흥질소에서 창씨개명을 거부한 유일한 조선인〉, https://cafe.net/kimkyoshin

10 전인수, 〈김교신과 일본질소비료회사의 관계에 대한 기존 논의 재검토〉,《한국기독교와 역사》56, 한국기독교역사연구소, 2022년 3월.

11 유인연,《김교신과 김인서의 민족기독교사상의 비교연구》, 서울기독교대학교 신학전문대학원 박사학위논문, 2006.

12 김재현 엮음,《소록도 100년의 이야기: 1916~2016》, KIATS, 2016.

13 전인수,《김교신 평전》, 삼원서원, 2012.

14 김건우, 〈김교신의 '성서조선'과 민족운동〉,《주간동아》, 2015년 11월 2일.

에필로그. 사제동행의 계보학

1 서봉훈, 〈법학에 관한 소감〉,《新文界》1-6, 新文社, 1913.

2 윤이상·루이제 린저 지음, 홍종도 옮김,《윤이상·루이제 린저의 대담: 상처 입은 용》, 한울, 1988.

527

3 양정창학 100주년기념사업회, 《사진으로 본 양정 백년》, 2005, p.40.

4 김용준, 〈서화협전의 인상〉, 《삼천리》 3-11, 1931년 11월 1일.

5 이병옥, 〈송범 춤 여정에 나타난 예술적 성향과 무용사적 의의〉, 《춤웹진》 180, 2024년 8월.

6 김태원 엮음, 《나의 춤, 나의 길: 송범의 춤예술 60년》, 현대미학사, 2002.

7 문제안, 〈이제부터 한국말로 방송한다〉, 《8·15의 기억: 해방공간의 풍경, 40인의 역사체험》, 한길사, 2005.

8 〈열운 장지영 특집호〉, 《나라사랑》 29, 외솔회, 1978.

9 심재완, 〈도남 조윤제 박사의 회고〉, 《문학한글》 6, 한글학회, 1992년 12월.

10 《동광》 29, 1931년 12월 27일.

11 《동아일보》, 1931년 1월 28일.

12 《동아일보》, 1933년 9월 13일.

13 《매일신보》, 1936년 10월 16일.

14 《부산일보》, 1940년 4월 3일.

15 《자유신문》, 1950년 4월 21일.

16 〈건국 이후 태극기 달고 첫 세계 1등〉, 《월간조선》, 1912년 7월호.

17 〈산중칼럼: 선구적 등반가 황욱과 김정태의 등산 50년〉, 《사람과 산》 376, 산악문화, 2021.

18 양정산악60년사편찬위원회 엮음, 《양정산악 60년사》, 1997.

19 신연수, 〈인천석금의 저자 고일의 경기언론 25년사 회고〉, 《아라문학》 173, 2021.

20 《동아일보》, 1948년 12월 17일.

21 강신호, 《동아제약 강신호 회장이 엮은 생활한자 3,000자》, 아카데미아, 2012.

22 강신호, 《얻은 것은 언젠가 잃게 되고》, 수석문화재단, 1997.

찾아보기

529

531

533

535